산업민주주의

1

Industrial Democracy
by Beatrice Webb and Sidney Webb

Published by Acanet, Korea, 2018

한국연구재단총서 학술명저번역 605

산업민주주의
1

Industrial Democracy

비어트리스 웹 · 시드니 웹 지음 | **박홍규** 옮김

아카넷

옮긴이 일러두기

1. 이 책은 Beatrice Webb과 Sidney Webb의 *Industrial Democracy*, Longmans, Green and Co. 1897의 서문(19쪽) 및 본문(851쪽)의 번역이다. 즉 부록(참고문헌 등)과 엄청나게 많은 분량의 색인은 번역에서 제외하거나 조정했다. 번역에서 제외한 부록은 4개인데, 부록 1 '단체교섭의 법률상 지위'와 부록 4 '노동조합운동 관련 서적'은 원저의 재판에서부터 생략되었고, 부록 2 '산업적 기생주의와 내셔널 미니멈 정책의 자유무역론에 대한 관계'나 부록 3 '결혼율, 출산율, 빈민 수, 임금 및 밀 가격의 상대적 변동에 관한 통계'는 그 내용이 더 이상 의미 없는 것이라는 이유에서 이 번역서에서는 제외했다. 색인은 중요한 인명과 사항으로 조정했다.

2. 이 책은 19세기 영국의 노동조합운동을 중심으로 하여 쓴 책이므로, 21세기의 한국인이 이해하기 어려운 당시의 여러 노동조합명이나 직업명이 많이 등장한다. 그러한 노동조합명이나 직업명을 21세기 한국에서는 볼 수 없으므로 부득이 역자가 그것을 만들어내야 했지만, 이상한 것이 많아서 경우에 따라 옮긴이 주로 풀이했다.

3. 각주는 '옮긴이 주'라고 표시한 것 외에는 모두 원저 주이다.

4. 책 이름은 『 』, 논문 이름은 「 」, 잡지나 보고서 등은 〈 〉로 표시했다. 책은 원저의 인용방법에 따라 원어로 제목과 출판지 및 출판연도를 밝히되, 제목은 우리말로 번역해 그 내용이 어떤 것인지 알게 했다. 그러나 논문이나 잡지는 특별한 경우가 아니면 우리말로 번역하고 원어는 표기하지 않았다.

서문

우리는 이 두 권의 책에서 영국의 노동조합운동[1]을 과학적으로 분석하고자 한다. 우리는 이 과제를 수행하기 위해 6년의 세월을 바쳤고, 그동안 나라 안팎으로 사실상 모든 노동조합 조직의 규약과 그 목적 달성에 사용되고 있는 방법과 규제를 검토했다. 1894년에 출판한 『노동조합운동의 역사』[2]에서 우리는 노동조합운동의 기원과 성장 전반을 산업적 · 정치적으로 탐구하고, 직업과 지역에 따른 노동조합운동의 분포에 대한 통계적 설명과, 노동조합의 생활과 성격의 성질을 보여주는 개관으로 결론을 맺었다. 따라서 독자는, 동물생태학으로부터 빌려 말하자면 자연사라고 할 수 있는 과거와 현재의 노동조합운동이 갖는 그러한 외부적 특징의 묘사에 대해서는 이미 알고 있다. 생물의 이러한 외부적 형태와 습성의 특징은, 그 목적과 효과에 관한 어떤 과학적 일반화를 하는 데에도 확실히 충분하지 않다. 또한 이론적인 것이든 실제적인 것이든 간에, 어떤 유용한 결론도

---

1) Trade Unionism은 이 책에서 노동조합주의가 아니라 노동조합운동으로 번역된다(단 문맥에 따라 노동조합주의라고 번역되는 경우가 예외적으로 있다). 노동조합주의라고 번역함은 ism을 보통 주의라고 번역하는 관행에 따르는 것이지만, 그 구체적인 의미는 노동조합운동이라고 할 수 있기 때문이다. (옮긴이 주)

2) *History of Trade Unionism*, 이 책의 번역은 김금수 옮김, 『영국 노동조합운동사』, 형성사, 1990. (옮긴이 주)

노동조합운동에 대한 '상식'으로부터 추론하거나, 이러한 '상식'을 추상적인 결합의 어떤 상상적 형태라는 정의로 가공하여 내릴 수 없다. 다른 모든 학문과 마찬가지로 사회학은, 오로지 실제 사실에 대한 정확한 관찰이라는 기초 위에서만 발달할 수 있다.

이 책의 1부에서는 노동조합의 구조를 취급한다. 오늘의 앵글로색슨 세계[3]에서 노동조합은 민주주의적인 것이다. 즉 그 내부 규약은 모두 '인민의, 인민에 의한, 인민을 위한' 원칙에 따르고 있다. 가입이 자유롭다는 점에서 노동조합이 국가와 같은 정치 단체[4]와 얼마나 다른지는 분석을 하면서 다루게 될 것이다. 그러나 노동조합은 직업에 따라 결합된 육체적[5] 임금노동자만으로 구성된다는 점에서 다른 민주주의적 단체와 학문적으로 구분된다. 우리는 상이한 노동조합들이 상이한 발전 단계에서 이러한 종류의 민주주의를 어떻게 드러내는지를 보여줄 것이다. 이 책의 이 부분은, 노동조합운동이 국가에 미치는 영향이 좋은 것인지 나쁜 것인지에 대해서만 알고 싶은 사람들에게는 흥미롭지 못할 것이다. 자본과 노동 사이의 투쟁에 적극적으로 참여하고 있는 고용인[6]과 노동조합 임원, 또는 노동 투쟁

---

3) 영국만이 아니라 영국이 지배했거나 지배한 지역 모두를 뜻한다. 영어권 세계라고도 할 수 있겠으나 인도와 같은 식민지에서는 영어 외 다른 많은 언어가 사용되었으므로 문제가 있다. 그러나 그런 식민지의 노동조합이 민주적이었는지에 대해서는 의문이 있다. (옮긴이 주)
4) Political Government를 옮긴 말인데, 이에는 국가나 정부만이 아니라 공공기관도 포함된다. (옮긴이 주)
5) 이 책이 집필된 19세기 말에는 노동조합이 사무노동자가 아닌 육체노동자만으로 구성되었으나 그 뒤 사무노동자도 노동조합에 가입했다. (옮긴이 주)
6) Employer는 고용주, 사용자, 사업주, 경영자, 회사 등, Employee는 근로자, 직원, 직장인, 고용인, 종업원 등으로 번역되지만 어느 말이나 적합하지 않다. 법률용어는 사용자와 근로자이지만 노동자를 '사용'한다는 말은 적합하지 않다. 그렇다고 해서 고용인에 대응되는 고용'주'라는 말도 '주인'을 뜻하는 점에서 적합하지 않다. 고용주-고용인, 사용주-사용인이라는 구별도 적합하지 않다. 대응되는 말이 없는 종업원이라는 말에도 문제가 있다. 그래서

에서 어느 편에 설지 주저하는 정치가에게, 선거인과 대표와 공무원의 관계, 중앙정부와 지방정부의 관계, 과세와 대표의 관계 —연합이나, 소수자에 대한 '자치'의 허용, 또는 일반투표[7]나 발안권[8]의 채택과 관련하여 생기는 곤란은 말할 필요도 없이— 에 대한 우리의 상세한 분석은 지루하고 부적절하게 보일 것이다. 반면, 노동조합운동의 상업적 측면에 대해 특별한 흥미가 없는 연구자에게는 이 부분이 이 책에서 가장 흥미로울 것이다. 육체적인 임금 노동자[9]가 정치기구에 참여하는 것을, 현대 정치의 위험한 요소는 아니지만 현저한 요소라고 간주하는 사람들은, 여기서 여러 현상이 분리되어 존재한다는 것을 발견할 것이다. 상이한 시기와 장소에서 저절로 발생하고, 다른 계급의 전통이나 이익에 의해 구속되지 않으며, 끊임없이 그 조직을 변혁하여 새롭고 다양한 조건에 적응해가는, 이 수많은 노동 계급 민주주의는, 노동자가 어떻게 행정적 능률과 인민적 통제의 결합이라고 하는 문제를 처리해가는지에 대한 최상의 관찰 분야를 제공한다.

이 책의 반 이상을 차지하는 2부에서는 노동조합의 기능을 서술적으로 분석한다. 즉 노동조합이 사용하는 방법, 강제하는 규제, 그리고 정책에 대한 것이다. 우리는 이 분석을 학문적으로 정확하게 함과 동시에, 오늘의 영국과 관련하여 완전하게 철저히 하기 위해 최선을 다했다. 물론 우리는

이는 고용을 하는 사람과 고용되는 사람이라는 구별이므로 고용인과 피고용인이라고 구별하는 것이 적합하다고 생각하여 이 책에서는 앞으로 그 말을 사용하도록 한다. (옮긴이 주)

7) Referendum은 흔히 국민투표로 번역되지만 여기서는 국가적 사안에 대한 투표만을 뜻하는 것이 아니라 어떤 단체(국가도 포함) 구성원이 전부 참여하는 일반투표의 의미를 갖는다. (옮긴이 주)

8) Initiative도 흔히 국민발안이라고 번역되지만 여기서는 발안권 일반을 말한다. (옮긴이 주)

9) 흔히 말하는 육체노동자를 말한다. 육체라는 말에 문제가 있다고 보는지 근육노동자라고 하기도 하지만 이 책에서는 정신노동자 내지 사무노동자에 대응되는 말로 육체노동자라는 말을 사용하기로 한다. (옮긴이 주)

여러 노동조합 각각의 여러 규율을 모두 열거하지는 않았지만, 영국의 모든 지역에 있는 모든 직업에 대한 연구를 진행했다. 그리고 우리의 분석은 노동조합 움직임의 모든 현존 유형과 종류를 망라했다고 믿는다. 나아가 우리는 우리의 서술을 양적인 것으로 만들고자 노력해왔다. 또한 우리는 확보할 수 있는 모든 통계를 실었다. 그리고 모든 경우에, 규제의 각 전형이 노동조합 행동의 전체에 대해 갖는 정적이고 동적인, 상대적 비율의 인상을 독자들에게 주고자 노력했다. 모든 직업의 거의 무수한 전문적 규제를 정리하면서, 우리에게 무엇보다도 필요한 것은 학문적 분류였다. 많은 실험의 결과, 우리는 분류의 원칙이 여러 규제의 심리적 기원, 즉 그 규제를 채택하게 하는 직접적 목적이나 그것들이 교정되도록 고안된 직접적 불만에 있음을 발견했다. 우리가 이 원칙에 따라 수행한 관찰은 수많은 외견상의 모순과 부정합에 빛을 던져주었다. 그리하여 많은 보기 중에서 두 가지만 들어 설명하면, 독자는 '표준 임금률'에 대한 장에서, 어떤 노동조합은 왜 도급에 반대하고, 다른 노동조합은 왜 시간급에 반대하는가 하는 이유에 대한 설명을 발견하게 될 것이다. 또 '표준 노동시간'[10]의 장에서, 어떤 노동조합은 왜 노동시간의 규제를 노동조합의 최대 목적의 하나로 삼고 있는지, 반면 마찬가지로 강력하고 공격적인 다른 노동조합은 이에 대해 반대하지는 않아도 무관심한 이유가 무엇인지에 대한 설명을 발견하게 될 것이다. 이와 똑같은 분류의 원칙은 독자로 하여금, 노동자 계급의 생활에 대한 피상적 관찰자를 곤혹하게 하는 '스무팅'(Smooting)[11]이나 '파트

---

10) 우리나라 법률용어는 노동시간이 아니라 근로시간이지만, 근로라는 말이 '열심히 일한다'는 뜻이어서 법률용어로 적절하지 않다는 이유에서 이 책에서는 노동이라는 말을 사용하도록 하고, 따라서 근로시간이 아니라 노동시간이라는 말을 사용하도록 한다. (옮긴이 주)
11) 다른 곳에서 하루 종일 일한 뒤에 다시금 다른 고용인을 위해 노동하는 것. (옮긴이 주)

너링'(Partnering)[12]을 금지하는 규제와 같이 외견상 자의적이고 무의미한 규제를 이해하게 하고, 적절한 범주에 둘 수 있게 한다. 이는 기계나 도제제도, 그리고 여성의 노동조합 가입 승인과 같은 문제에 관한 노동조합 정책의 복잡한 변화를 우리가 해석하는 데 도움을 준다. 이는 또한 노동조합운동의 모든 행동을, 무엇이 경제적으로 달성될 수 있는지, 그리고 어떤 사회상태가 결국 바람직한 것인지에 관한 의견의 상위에 근거한 세 가지 별도의, 그리고 경우에 따라서는 서로 배타적인 정책으로 분류한다고 하는, 더욱 깊은 분석에 도움이 된다. 노동조합 세계의 의견과 행동의 분열이 어떻게 현저하게, 외부의 더욱 넓은 세계의 그것에 대응하는지를 우리가 발견한 것은, 바로 그 가정의 심리를 통해서였다.

우리가 이론의 영역에 들어가고자 적극적으로 시도한 것은, 오직 이 책의 3부의 4개 장에서뿐이다. 우리는 먼저 노동조합운동이 부의 생산과 분배에 미치는 영향에 관한 영국 경제학자들 사이의 의견이 현저하게 변화한 바를 추적했다. 독자들 중에는 영국 여러 대학의 경제학 교수들이 노동자의 단결에 호의를 갖는, 막연하기는 하지만 권위 있는 의견을 지금 갖고 있음에 만족하여, 여기서 더 이상 이 책을 읽는 것을 중지하는 사람이 있을지 모른다. 그러나 주로 경쟁과 단결이라는 이상적 개념에 근거하는 이 판단은, 우리에게는 내용이 없는 것으로 보인다. 따라서 우리는 독자들에게 산업계에서 경쟁이 어떻게 작동하는지에 대한 새로운 분석, 즉 실제로 존재하는 산업계의 조직과 움직임에 대한 우리의 관점을 제공했다. 우리가 노동조합운동의 필요성을 발견하는 것은, 소매점의 개별 고객부터 공

---

12) 고용인이 2명의 방적공에 대해 오직 1명의 소년 사계공을 고용하고자 시도하는 것. 1부 10장을 참조하라. (옮긴이 주)

장이나 광산의 육체노동자에까지 확대되는 거래의 오랜 연관에 대한 이러한 분석에서이다. 이어 우리는 이상적 경쟁 세계의 추상적 단결이 아니라, 지금 우리가 알고 있는 산업 세계의 현실 노동조합운동의 경제적 특징을 분석한다. 따라서 우리는 우리 자신의 노동조합 이론, 즉 우리가 이미 서술한 방법이나 규제가 부의 생산과 분배, 그리고 개인의 인격 발달에 지금 어떤 식으로 영향을 주고 있는지에 대한 우리 자신의 해석을 서술한다. 이 이론은 사회적 편의에 관한 우리의 특별한 견해와 함께, 어떤 형태의 노동조합운동에 대해서는 현저하게 유리한 요약을, 그리고 다른 형태의 노동조합운동에 대해서는 마찬가지로 현저하게 불리한 요약을 하게 한다. 마지막 장에서 우리는 심지어 설교나 예언을 하고자 시도한다. 그리고 충분히 발전된 민주주의 국가에서의 노동조합의 정확한 판도인 미래의 산업민주주의를 고찰한다.

사실의 서술, 이론을 향한 일반화, 도덕적 판단으로 이루어지는 하나의 책은, 최선의 경우에도 효용도가 상이한 부분을 포함하기 마련이다. 1부의 구조, 2부의 기능에 대한 서술은 특정 시대, 특정 국가의 노동조합운동에 대한 분석적 기록으로서 그 나름의 영구적인 사회학적 가치를 갖기를 우리는 희망한다. 3부에 포함된 경제적 일반화는, 만일 그것이 다른 연구자에 의한 증명을 거쳐 옳은 것으로 판단된다고 해도, 우리가 일을 마친 장소를 출발점으로 하는 추론가의 개괄에 대한 발판에 불과하다. 모든 학문상의 이론과 마찬가지로, 이러한 개괄도 급속히 파괴되어, 일부는 부조리하거나 왜곡된 것으로 거부되고, 일부는 뒤에 나타나게 될 더욱 큰 견해에 흡수될 것이다. 마지막으로 우리가 서술하는 사실을 정확하다고 인정하고, 우리가 의거하고 있는 경제이론을 과학적이라고 승인하는 사람들도, 어떤 사회상태가 바람직한지에 대한 관점에서 우리와 견해를 함께하는 한, 노동조합운동에 대한 우리의 판단과 미래의 산업민주주의에서 노동조합이 갖는 영구적이지만 한정된 기능에 대한 우리의 생각에만 동의할 것이다.

사회학의 어떤 부문에서 과학적인 일을 하고자 고려하는 사람들은, 우리가 이 연구와 다른 연구에서 발견한 조사방법에 대한 간단한 설명에서 실제적인 도움을 발견할 수 있을 것이다.[13]

먼저, 연구자는 그를 일하게 이끌 수 있는 실제 문제에 대한 궁극적인 답이 아니라, 그가 흥미를 갖는 조직의 실제 구조와 기능이 무엇인지를 발견하는 것에 전력을 기울여야 한다. 따라서 그의 주된 과제는 가능한 한 많은 표본을 비교하고, 그것들 사이에 존재하는 유사함과 상위함을, 그것들이 현저하든 않든 간에, 정확하게 기록하여 관찰하며 분해하는 것이다. 이는 과학적 관찰자가 분류와 연속관계에 대해 어떤 선입견도 없는 마음으로 출발해야 한다는 것을 의미하지는 않는다. 그런 사람이 존재한다고 해도, 그는 어떤 관찰도 할 수 없을 것이다. 반대로 연구자는 설령 견강부회로 보인다고 해도, 그의 손에 넣을 수 있는 가정을 확보해야 한다. 사실, 권위에 의해 편중되지 않도록 경계해야 한다. 새로운 진리를 발견하기 위한 수단으로서, 괴짜나 열광자의 극단적인 착상 또는 실제적 인간의 가장 변덕스러운 결론이, 이미 그 완전한 효과를 낳은 확실한 일반화보다도 더욱더 도움이 된다고 증명될 수 있다. 여러 현상 사이의 관계에 대한 어떤 선입관이라고 해도 대부분, 만일 그것이 사실과 비교할 수 있을 정도로 충분하게 범위가 설정되고 표현이 분명하다면, 관찰자에게 도움이 될 수 있을 것이다. 위험한 것은, 유일한 가정만을 갖는 것이다. 왜냐하면 이는 필

---

13) 저자들은 뒤에 조사방법에 대한 책을 썼는데 이 책은 그 분야의 고전으로 꼽혀 세계 각국어로 번역되었다. 이에 대해서는 책 끝의 '옮긴이 해설'을 참조하라. (옮긴이 주)

연적으로 사실의 선택에서 편견을 갖게 하기 때문이다. 또는 궁극적인 원인과 일반적 결과에 관한 원대한 이론만을 갖게 하는 것도 위험하다. 왜냐하면 이러한 것들은 한 사람의 연구자가 추구할 수 있는 어떤 사실에 의해서도 시험될 수 없기 때문이다.

처음부터 연구자는 집필을 하는 데에 하나의 명백한 원칙을 채택해야 한다. 우리는 모양과 크기가 일정한 별도의 용지를 준비하고, 그 한 쪽(page) 한 쪽을 하나의 관찰로 채우고서, 각각에 근거, 지역, 일시를 정확하게 기록하는 것이 편리함을 발견했다. 이러한 점들에 대해 연구가 진행됨에 따라, 우리는 기록된 사실들을 모을 수 있는 제목을 부가했다. 가령, 산업, 직업의 특수한 부문, 단체, 성별, 연령, 관련자의 지위, 심리적인 의도, 또는 치유되어야 할 불만 같은 것이었다. 이러한 용지들은 기록된 사실들을 때와 장소에 따라 분포되는 상태의 방면에서 고찰하고자 하거나, 그것과 다른 상황과의 부합을 고찰하고자 원하는 바에 따라, 다양한 순서로 바뀌고 다시 바뀔 수 있다. 연구자는, 만일 그것이 최초 연구의 여러 주일 동안 자료를 필사하고 다시 필사하는 것을 의미한다고 해도, 자신의 집필을 완전하게 하고 기계적으로 정확하게 하기 위해 엄청난 노력을 해야 한다.

실제로 연구를 시작하기 전에, 여러 가지 문제에 대한 기존의 연구를 읽어보는 것이 좋다. 이는 각각 해부를 위한 자료를 일정한 부분으로 나누기 위해서는 어떻게 해야 하는가에 대한 시험적 아이디어를 얻도록 이끌 것이다. 이는 또한 사실들 사이의 관계에 대한 가정을 수집하는 데 도움이 될 것이다. 왕립위원회와 특별위원회의 방대한 의사록이 참으로 유용하게 도움이 되는 경우가 바로 여기에서이다. 그 속에 나오는 수많은 질문과 답변이 과학적 가치를 갖는 이론적 판단이나 실제적 결론으로 끝나는 경우는 거의 없다. 그러나 연구자에게 그것들은 가끔 의도하지 않은 착상이나 가정의 원천이 되는 것으로 증명된다. 왜냐하면 그것들은 질서 없는 표본이거나 선택되지 않은 표본의 집합이기 때문이다.

　사실에 대한 실제 조사를 진행하는 데에는 세 가지의 유용한 발견 수단이 있다. 즉 기록문서, 개인적 관찰, 그리고 인터뷰이다. 이 세 가지는 모두 초보적인 착상과 가정을 확보하는 데 유용하다. 그러나 질적 분석과 양적 분석의 방법이나 입증 방식으로서는, 그 세 가지가 모두 그 성격이 다르고, 가치도 같지 않다.

　이러한 수단들 중에서 가장 필수적인 것은 기록문서이다. 기록문서가 연구자에게 재료를 부여하려는 의도가 아니라, 단체 자체의 미래 지침을 위한 자료로서 사실의 기록을 간직하고 있다는 것은 인간의 행동, 특히 사회적 행동의 특성이다. 기록문서가 그 문제에 대한 단순한 문헌과 다른 본질적인 점은, 그것이 어떤 의도도 없이 자동적으로 어떤 것을 증명하는 점에 있다. 요컨대, 그것은 최소한의 개인적 편견으로 사실을 등록하는 기계적 기억의 일종이다. 따라서 모든 종류의 단체가 갖는 회계 보고, 사적 회합의 의사록, 내부 통계, 규약, 보고서는 측정할 수 없는 가치를 갖는 재료를 제공하는 것으로, 연구자는 그런 재료로부터 조직의 구성과 정책뿐 아니라, 그 수많은 동기와 의도를 발견한다. 선언문이나 날조된 보고서와 같이 오로지 사람들에게 영향을 주기 위해 만들어진 문서라고 해도, 비밀 기록과 비교함에 의해 그 필자가 은폐하고자 하는 것이 무엇인지를 보여주는 것이라고 해도 문서적 가치를 갖는다. 따라서 연구자는 반드시 아무리 중요하지 않다고 해도 확보할 수 있는 모든 문서를 수집해야 한다. 확보가 불가능한 경우에는 시간이 허용하는 한 풍부하게 추출하여, 반드시 실제의 말을 복사해야 한다. 왜냐하면 그는 사후에 그에게 중요한 것이 무엇인지를 알 수 없기 때문이다. 이러한 문서 사용에 의해, 사회학은 신중한 실험이라는 방법을 사용할 수 없다고 하는 약점을 어느 정도 보충할 수 있는 하나의 연구 방법을 갖게 된다. 우리는 문서 수집이 미래의 사회학자들에 대해 갖는 관계가, 화석이나 해골의 수집이 동물학자들에 대해 갖는 관계와 마찬가지이고, 전자의 도서관은 후자의 박물관과 같은 것이 되리라고까지 감히 생각한다.

그 다음으로 중요한 것은 직접 관찰이라는 방법이다. 이는 인터뷰나 어떤 조직의 외부적 결과의 조사를 뜻하는 것이 아니라, 기관의 내부로부터 당사자의 실제 결정과 그것이 낳는 원인인 동기의 발동을 끊임없이 관찰하는 것을 뜻한다. 연구자에게 어려운 점은, 그의 존재로 인해 사건의 정상적 진행이 변화되게 하지 않고, 그러한 관찰의 지위에 들어가는 것이다. 어떤 사회조직의 업무에 개인적으로 참여하는 것이 과학적 연구에 이익이 될 수 있는 것은 바로 이 경우이고, 또한 이 경우뿐이다. 철도 전무나 시의회 의원, 또는 노동조합 임원은, 만일 훈련된 연구자라면 그 단체의 참된 구조와 실제의 움직임을 정확하게 서술하는 유일한 기회를 갖게 될 것이다. 불행히도 활동적인 실무 관리자가 성공적 연구를 위한 희망과 능력과 훈련을 갖는 경우를 찾기란 참으로 어렵다. 이러한 방법을 사용하고자 하는 외부인은 실제로 두 가지 중 하나를 선택할 수밖에 없다. 즉 연구하고자 하는 하나의 사회 계급을 선택하고, 그 조직에 참여하거나 그 직업에 종사하는 것이다. 그리하여 저자 중 한 사람은 상이한 연구 단계에서 집세 수납원, 양복장이, 노동자 가족의 노동자 하숙인이 되는 것이 유용함을 발견하게 된다. 반면 저자 중 다른 사람은 민주적 단체의 실제 구성원이 되거나, 2개 부문 이상의 조직에 개인적으로 참여하여 많은 것을 얻게 된다. 이러한 적극적 종류의 참여는, 개인과 단체의 친밀함이나 신용을 확보하여 그들의 공장이나 사무실이나 사적 회합의 출입 허가와 같은 특권을 확보함에 의해 보충될 수 있다. 이러한 수동적 관찰에서 여성이야말로 특히 사회학적 연구에 특별히 적합하다고 우리는 생각한다. 이는 단순히 여성이 조용하게 동기를 주목하는 것에 익숙하기 때문만이 아니라, 여성이 상업적 경쟁자나 정치적 반대자가 될 수 있는 것을 본능적으로 거부하는, 접근과 신용을 얻을 수 있기 때문이다. 개인적 관찰이라고 하는 이러한 방법의 가장 나쁜 결점은, 관찰자가 우연히 관찰하게 되는 개별 사실과, 사실들 사이의 관계에 대해 부당한 중요성을 부여하고자 하는 것을 거의 면하기 어렵다고 하는 점이다. 따라서 그는 그가 관찰한 것을, 단지 분류나 연속관계의 가정으로 사용하기 위해, 문서의 충분한 음미나 인터뷰라고 하는 더욱 광범위한 방법에 의한 입증을 위해서, 필연적으로 연결되는 사실이 아니라 개별적인 사실의 집합으로 기록해야 한다.

우리가 말하는 사회학적 연구의 수단으로서의 인터뷰는, 말하자면 문서의 확보와 여러 가지 절차의 직접 관찰을 위한 기회의 확보에 이르는 대기실을 형성하는 예비적 담화나 사교적 친화보다도 더욱 중대한 무엇을 의미한다. 과학적 의미의 인터뷰는 유능한 증인에게, 그가 직접 경험한 사실에 대해 노련하게 질문하는 것이다. 증인은 어떤 강제도 받지 않으므로, 인터뷰어[14]는 증명될 수 없는 많은 것, 즉 개인적 의견, 현재의 전통, 사실들에 대한 전문(傳聞) 보고에 대해서도 공감하면서 들어야 할 것이다. 그 모든 것들은 연구의 새로운 원천을 제시하고 편견을 보여주는 데 유용할 수 있다. 그러나 인터뷰의 참된 역할은 인터뷰를 받는 사람이 실제로 본

---

14) Interviewer는 회견자라고 번역할 수도 있으나, 앞에서 Interview를 인터뷰라고 적었으므로 여기서도 인터뷰어라고 표기한다. (옮긴이 주)

사실을 확인하는 것이다. 따라서 전문적 인터뷰어는 침상을 지키는 의사와 마찬가지로, 환자의 모든 가정과 추정을 바로 승인하고, 자신의 탐정적 기량을 사용한 교묘한 반대심문에 의해 감정과 사적 이익과 이론의 덩어리에서 사실이라는 곡식을 가려내는 것이다. 그리하여 어떤 단체의 우두머리와 친구가 되는 것은 지극히 중요한 일이지만, 우리는 세부적인 사실을 취급하는 그의 부하로부터 훨씬 더 많은 실제적 지식을 얻는 것이 보통이었다. 그러나 설령 사실 문제에서도 인터뷰를 결정적 증거로 보는 것은 불가능하다. 사람은 누구라도 그의 주의나 그의 개인적 이익이나 그의 계급이나 사회적 편의에 관한 그의 견해에 의한 편견에서 벗어날 수 없음을 잊어서는 안 된다. 만일 연구자가 이러한 편견을 탐지할 수 없다면, 그것은 그 자신의 것과 같다고 말해도 무방하다! 따라서 인터뷰의 완전한 이익은 연구 뒤의 단계, 즉 연구자가 무엇을 질문해야 하는가를 정확하게 알 수 있도록 그의 분석이 진전된 때에만 이를 얻을 수 있다. 그러면 그것은 그에게 어떤 특수한 사실의 존재와 그것이 다른 것과 관련되어 그의 가정적 결론이 옳은지 틀린지를 확정해줄 수 있다. 질문의 분석에 양적인 가치를 부여하기 위해 인터뷰를 더욱 널리 사용하는 방법이 있다. 일단 연구자가 스스로 몇 가지 전형적인 표본을 분석하고, 명백하게 인정될 수 있는 속성 중에서 무엇이 그에게 의미를 갖는지를 발견한다면, 그는 우리가 대규모 인터뷰 방법이라고 할 수 있는 것에 의해 그러한 속성의 분포에 관한 지식을 종종 얻을 수 있게 될 것이다. 그 방법을 가장 교묘하고도 철저히 적용한 사례는, 찰스 부스(Charles Booth)[15] 씨가 런던의 이스트 엔드(East End)

---

15) 찰스 부스(1840~1916)는 영국의 유명한 사회 문제 연구가로 기선회사의 회장, 왕립학회 회원, 추밀고문관 등을 역임하였다. 1908년에 양로연금법의 성립에 커다란 역할을 하

에서 모든 학교위원회의 가정 방문원을 이용한 것이다. 직접 관찰에 의해 이스트 엔드 인구의 과학적 분류와 합치되는 어떤 명백한 특징을 발견한 뒤에, 부스 씨는 몇백 명과 인터뷰를 함으로써 100만 명의 상태에 관한 일정한 세목을 만들 수 있었다. 그렇게 얻어진 결과가 다른 조사 ―가령 그 자체가 거대하고 상당히 비과학적인 대규모 인터뷰 제도에 불과한 국세조사― 에 의해 검토되면, 확실히 많은 양적 가치가 종종 사회학적 연구에 기여할 수 있을 것이다.

　마지막으로 모든 사회학적 일에서 만일 하나의 연구가 1인 이상에 의해 취급될 수 있다면 거기에는 특별한 이익이 있다고 할 수 있다. 동시에 하나의 문제를 취급하는, 친밀하게 결합된 집단이 개별적으로 일하는 같은 수의 사람들보다도 훨씬 큰일을 할 수도 있다. 우리의 노동조합운동 연구에서 우리는 일의 모든 부문에서 둘이서 함께 일할 뿐만 아니라, 우리의 동료이자 친구인 F. W. 골턴(Frank Wallace Galton)[16] 씨와의 6년간에 걸친 협력을 특히 유익했다고 생각해왔다. 한 집단의 구성원이 그 선입관이나 일시적 가정의 저장고, 문제가 되는 사실이나 유사한 사실에 대한 그들 자신의 경험, 정보의 근원이 될 수 있는 것에 관한 그들의 지식, 인터뷰의 기회, 문서에 대한 접근 등을 '함께 모을' 때, 그들은 사회학적 연구의 한정된 주제가 갖는 광대함과 복잡함에 대해 어떤 개인보다도 더욱 잘 대항할 수 있다. 그들은 끊임없는 비평에 의해 각자를 편견, 관찰의 천박함, 잘못된 추론, 사상의 혼란 등으로부터 구제하는 면에서 커다란 효과를 올릴 수

였다. 사회 문제를 연구하여 『런던 시민의 생활과 노동(*Life and Labour of the People in London*)』(총 17권)을 저술하였다. (옮긴이 주)
16)　프랭크 골턴(1867~1952)은 영국의 정치가이자 언론인으로 웹 부부의 비서를 지냈고, 뒤에 페이비언협회에서 활동했다. (옮긴이 주)

있다. 그러나 이러한 종류의 공동 사업에는 특유의 어려움과 위험이 있다. 모든 구성원이 서로 친밀하게 교제하고 공통의 의지와 목적을 가지고 일하며 적어도 서로의 특성과 자격을 이해할 수 있을 정도로 훈련과 능력이 같지 않으면, 그들의 공동 노동의 결과는 그 윤곽이 모호해지고 거의 참된 가치를 갖지 못하게 될 것이다. 통일, 평등, 규율이 없다면 그 단체의 상이한 각 구성원은 같은 사실을 언제나 다른 이름으로 기록하고, 상이한 사실을 나타내는 데에 같은 말을 사용하게 될 것이다.

이러한 관찰과 증명의 방법을 추구함으로써, 사회조직의 명확하게 한정된 어떤 부분에 몰두하는 총명하고 근면하며 양심적인 연구자 또는 연구 집단은, 반드시 과학적 가치가 있는 책을 분명히 만들어낼 것이다. 그들이 그 알려진 사실로부터 다른 사실에 적용할 수 있는 하나의 새로운 일반화를 추출할 수 있는가 없는가 ―즉 그들이 어떤 새로운 과학적 법칙을 발견할 수 있는가 없는가― 는 통찰력과 창조력의, 어느 정도 희귀한 결합이나, 오랫동안 계속된 강력한 추리력의 유무에 의할 것이다. 그러한 일반화에 이르렀을 때, 그것은 미래의 사람들에 대한 일의 새로운 분야를 제공하는 것으로서, 그 사람들의 일은 그 '사상의 질서'를 '사물의 질서'와 비교하여 끝없는 음미를 가함으로써, 법칙의 최초의 불완전한 서술을 확충하고 제한하며 가감하는 것이다. 오로지 이러한 수단에 의해서만 사회학에서든 인간 탐구의 다른 영역에서든 간에, 인류는 과학이라고 하는 조직적 지식 체계를 소유하게 된다.

우리는 사회학적 연구의 실제적 가치에 대해 몇 마디를 더하고자 한다. 우주의 모든 부분에 대한 호기심을 충족하고자 노력하게 하는 과학자의 흥미는 별도로 하고, 사회적 사실과 법칙에 관한 지식은 모든 의식적이고 이성적인 인간 행동에 필요불가결한 것이다. 사회생활의 전체, 즉 사회의 전체 구조와 기능은 인간의 간섭으로 성립한다. 야만사회와 구별되는 문명사회의 본질적 특징은, 그러한 간섭이 충동적이지 않고 의식적이라고 하는 점이다. 왜냐하면 비록 인간사회의 어떤 종류는 본능에 근거하여 움직일지 모르지만, 문명은 사회학적 사실과 그러한 사실들의 관계에 대한 조직적 지식에 의해 좌우되기 때문이다. 그리고 이러한 지식은 퍼뜨려질 수 있기 위해 충분히 일반화되어야 한다. 우리는 모두 실제로 기사나 화학자가 되는 것을 피할 수 있지만, 어떤 소비자도, 생산자도, 시민도, 실제로 사회학자가 되는 것을 피할 수는 없다. 그가 금전상의 이익만을 추구하든, 계급이나 사회적 편의에 대한 어떤 이상을 따르든 간에, 그의 행동이나 무위는 그것이 우주의 참된 질서에 대응하는 한에서만, 그 목적을 조장할 수 있을 것이다. 노동자는 노동조합에 가입할 수도 있고, 가입하지 않을 수도 있다. 그러나 그의 결정이 합리적이라면 그것은 노동조합이란 무엇인가, 어느 정도로 그것은 건전한 공제조합인가, 노동조합이라는 방법은 그의 자유를 증대시키는가 감소시키는가, 또는 그 구제는 그 자신과 그의 계급에 대해 어떤 범위까지 고용조건을 개선시키는가 개악시키는가에 관한 지식에 근거해야 한다. 최대의 기업 자유를 향수하고자 하거나, 최대의 이익을 얻고자 하는 고용인은, 자신의 노동자와 싸우거나 그들의 요구를 받아들이기 전에 노동조합운동의 원인과 의미를 찾고, 노동조합이 포기하거나 주장하는 것의 실체, 그 재정적인 힘과 단점, 여론의 지지를 얻는 정도를 알아내야 한다. 보통의 소문이나 클럽 —그것이 식당이든, 팔 말(Pall Mall)가[17]의 궁전이든 간에— 의 가십이 어떤 사람에게 지적으로 '그의 사무를 처리하지 못하게 하는' 것은, 그것이 기사로 하여금 다리를 세우지 못

17) 런던의 클럽 중심지. (옮긴이 주)

하게 하는 것과 마찬가지이다. 그리고 사적 행동에서 나아가 선거인, 대표자, 관리로 남녀가 공익에 관련된 회사나 지방자치체나 국가 자체에 참여하는 경우, 종종 개인적인 사업가를 만족시키는 사실의 모호한 지식은 충분하지 못할 것이다. 의식적인 집단적 행동은 다른 사람에게 전할 수 있는 어떤 일정한 정책을 포함한다. 시의원이나 내각 각료는 언제나 개개의 경우에 어떻게 처리해야 할지 결정하고 행동해야 한다. 그의 작위나 부작위가 실행 가능하고 인기가 있으며 그 목적 달성에 언제나 성공하는가 아닌가는, 그것이 사실에 적합한가 여부에 달려 있다. 이는 모든 노동자와 모든 고용인, 심지어 모든 박애주의자와 모든 정치가가 사회 문제에 관하여 스스로 연구해야 한다는 것을 뜻하지 않는다. 이는 그의 건강이 의거하는 생리적 연구를 스스로 하지 않는 것과 마찬가지이다. 그러나 그들이 그것을 좋아하든 않든 간에, 그 목적의 달성이나 실패는 문제의 사실과 그러한 사실의 인과관계에 대한 그들의 독창적이거나 빌려온 과학적 지식에 달려 있다. 사회학에서도 다른 과학에서도 우리는 완전한 지식에 도저히 이를 수 없다. 그러나 이는 우리의 행동에 있어서 이미 알려져 있는 사실에 대해 언제나 가장 권위 있는 설명을 사용하는 것을 정지시키는 것은 아니다. 그 연구자가 가장 많은 과학적 진리를 발견하고, 그 실무자가 그러한 진리의 적용에 가장 기민한 국민이야말로 세계의 경쟁에서 가장 큰 성공을 얻을 수 있다.

과학적 연구가 지식의 다른 부문에서와 마찬가지로 사회학에서도 유능한 연구자만이 아니라 막대한 비용이 필요한 것은, 아직 일반적으로 인정되고 있지 않다. 공공 기금으로부터 어떤 종류의 사회학적 연구에 기부를 하고 지원하도록 정하는 규정은 아직 우리나라에 없다. 따라서 긴급을 요하는 연구의 경우에도 어떤 자립된 진보를 이룬다는 것은 지금 불가능하다. 사회개혁가는 언제나 지식의 결여, 그리고 지식에서만 생길 수 있는 발명의 결핍 때문에 스스로 정지하고 있음을 느끼고 있다. 부자가 사회에 커다란 이익을 주고자 그의 여유를 바칠 수 있는 목적으로서는 유능한 연구자의 손에 의해 주류 매매에 대한 행정적 통제, 지방정치와 중앙정치의 관계, 인구 문제, 여성의 산업 고용의 조건, 조세의 참된 부담, 시정의 운용 등 지적할 수 있는 많은 미결 문제의 일정 연구를 하게 하는 것 이상으로 의미 있는 것은 없다고 생각한다. 이러한 여러 문제의 하나를 상당 정도로 연구하기에는, 연구자 자신의 생활비나 간행물 발간 시의 비용을 제외하여도, 여행비나 재료비나 여러 가지 부수적 지출이 비용으로서 모두 1000파운드를 넘는다고 해도 좋기 때문이다. 어떤 한 가지 부문에서 발견을 위한 영구적 시설, 즉 강좌를 설정하기 위해서는 먼저 1만 파운드가 필요하다. 세계에서 가장 부유한 도시이자 사회학적 연구를 위한 최적의 장소인 런던에서 지금 이러한 목적을 위해 부여되는 금액은 1년에 100파운드도 되지 않는다.

마지막으로 남은 것은 많은 친구들, 고용인들, 노동자들에게 우리의 감사를 전하는 것이다. 그들은 그들 각자의 직업에 대한 정보로 우리를 도와주었다. 이 책의 어떤 부분은 원고로 또는 교정쇄로 프랜시스 에지워스(Francis Edgeworth) 교수,[18] 휴인스(Hewins) 교수, 레너드 홉하우스(Leonard Hobhouse)[19] 씨 등에 의해 읽혔고, 우리는 그들에게 많은 유용한 제안

---

18) 프랜시스 에지워스(1845~1926)는 영국의 경제학자이다. 그의 『수리 정신학(*Mathematical Psychics*)』(1881)이 번역되어 있다. (옮긴이 주)
19) 레너드 홉하우스(1864~1929)는 영국의 사회학자, 정치학자, 윤리학자, 저널리스트로 자유주의를 대변했다. 그의 『자유주의의 본질(*Liberalism*)』(1911)이 번역되어 있다. (옮긴이 주)

과 비평으로 빚을 졌다. 여러 장의 초고는 영국의 〈경제 저널(*Economic Journal*)〉, 〈경제 리뷰(*Economic Review*)〉, 〈19세기(*Nineteenth Century*)〉, 〈진보 리뷰(*Progress Review*)〉, 뉴욕의 〈정치학 쿼털리(*Political Science Quarterly*)〉, 베를린의 브라운(Braun) 박사의 〈사회적 입법과 통계 아르히브(*Archiv für Soziale Gesetzgebung und Statistik*)〉에 발표되었다. 그것들은 편집자의 허락을 얻어 여기에 다시 수록되었다. 이 책의 대부분은 1896년부터 1897년까지 런던경제정치대학교(London School of Economics and Political Science)에서 강의되었다.

1897년 11월,
런던, 웨스트민스터, 그로브가, 41

비어트리스 웹, 시드니 웹

1부

노동조합의 구조

1장
초기 민주주의[1]

18세기 지방의 직업 클럽[2]에 민주주의가 가장 단순한 형태로 나타났다. 우리(Uri)나 아펜젤(Appenzell)[3]의 시민들과 마찬가지로, 노동자들은 오랫동안 모든 관련자의 '투표권'(Voices) 외에 다른 어떤 권위도 인정하지 않았다. 각 노동조합의 조합원들은 일반 총회에서 스스로 규약(Regulation)을

---

1) 1896년 시드니 웹과 비어트리스 웹이 미국에서 저작권을 획득.
2) Club은 동호회나 사교모임 같은 여러 가지 모임을 말한다. (옮긴이 주)
3) 초기의 노동조합 총회는 실제로 그 정신과 형태에 있어서 과거 스위스의 캔턴(Canton, 주)의 '지역총회'(Landesgemeinden), 즉 지역 시민의 총회와 많은 점에서 유사했다. 이러한 고풍의 스위스 민주주의에 대한 최근의 가장 좋은 설명은 위젠 랑베르(Eugène Rambert)의 『스위스 알프스: 역사와 민족 시론(*Les Alpes Suisses: Études Historiques et Nationales*)』(Lausanne, 1889)이다. J. M. 빈센트(Vincent)의 『스위스의 주와 연방정부(*State and Federal Government in Switzerland*)』(Baltimore, 1891)는 영어로 된 어떤 설명보다도 정확하고 상세하다. 프리먼(Freeman)이 『영국 헌법의 성장(*The Growth of the English Constitution*)』(London, 1872)에서 그것들을 그림처럼 묘사한 것은 유명하다.

제정하고, 그것을 개별적인 사안에 적용했으며, 기금 사용에 대해 투표했고, 공동복리를 위해 필요하다고 생각되는 각 노동조합원의 행동을 결정했다. 따라서 초기의 규약은 이러한 '직업'이나 '단체'(Body)의 일반 총회에서의 질서와 예의를 유지하는 점에 전념했다. 종종 특정한 집회를 위해서만 선출된 의장은, 이러한 생각에 의해 대단한 존경을 받았고, 일시적이기는 하지만 특별한 권한을 부여받았다. 그래서 1785년에 설립된 '런던 양모공(羊毛工) 노동조합'(London Society of Woolstaplers) 규약에서는 다음과 같이 규정되었다. "이 노동조합의 집회마다 예의와 질서에 관한 규칙을 유지하기 위해 의장 1명을 선출한다. 의장이 탁자를 세 번 크게 두드리는 적절한 주의를 주었음에도 불구하고, 어떤 노동조합원이 침묵을 지키지 않으면 벌금 3펜스에 처한다. 어떤 토의 중에도 의장을 향해 발언하는 것을 방해하면 벌금 6펜스에 처한다. 벌금에 처해진 자가 무례한 말을 하면 다시 벌금 6펜스에 처한다. 의장이 잘못하여 노동조합에 소란과 무질서를 야기하거나, 이 조항과 다음 조항의 엄격한 준수를 해태하면 의장직을 물러나야 하고, 그를 대신하는 다른 의장을 선출한다. 의장에게는 포도주를 제외한 다른 음료를 제공한다."[4]

'쇄모공(刷毛工) 노동조합'(Society of Journeymen Brushmakers) 규약은 "현재의 왕과 그 신교도 계승자에 대해 충성하지 않고, 건강이 좋지 못하며, 훌륭한 인격을 갖추지 못하면" 노동조합원이 될 수 없다는 규정과 함께 다음과 같은 규정을 두었다. "집회의 저녁마다 질서 유지를 위해 출석 노동조합원 중에서 선출하는 의장을 둔다. 의장에게는 1실링을 지급한다. 의장 수임을 거부하면 벌금 6펜스에 처한다. 노동조합원이 정치적 발언,

---

4) 〈'런던 양모공 노동조합' 규약 조항들〉(London, 1813).

욕설, 도박 조장 등 질서를 문란하는 행위를 하거나 의장의 명령에도 불구하고 침묵하지 않는 경우 벌금 1실링에 처한다."[5]

과거의 모든 노동조합의 규약은 주로 이처럼 총회의 효율성을 보장하고자 했다. 정치적이거나 종교적인 논쟁, 선동적인 발언이나 노래, 저주, 욕설, 음담패설, 도박, 침묵의 거부에 대해서는 벌금에 처해지는 제재를 가함과 동시에, 음주 등에 대해서도 정교하고 상세한 규정을 두었다. 모든 단체와 마찬가지로 노동조합의 집회도 집주인에게서 무료로 빌린 음식점의 방에서 열렸기 때문에, 노동조합원이 음주를 하는 것은 당연했다. 규약 중에는 집회마다 사용할 수 있는 액수를 정한 것도 있었다. 가령 '주철공(鑄鐵工) 공제 노동조합'(Friendly Society of Ironfounders)에서는 1809년에 노동조합원이 매월 1실링을 '상자'(Box)에 넣고, '출석 유무에 관계없이 술값으로' 3펜스를 내야 한다고 규정했다. '쇄모공 노동조합'은 "매 집회 밤에는 8시에 큰 잔 하나, 10시에 작은 잔 하나의 표를 각각 받고 그 이상은 안 된다"[6]고 규정했다. 그리고 '맨체스터 식자공(植字工; Compositors) 노동조합'은 1826년에 "이 노동조합에서는 노동조합의 집회 중에 희망하는 자에게

---

5) 〈쇄모공 노동조합' 규약〉(London, 1806).

6) 소규모의 '프레스턴 목수 노동조합'(Preston Society of Carpenters)의 노동조합원은 1807년에 평균 45명이었는데, 집회마다 6실링에서 7실링 6다임의 비용이 들었음을 장부에서 볼 수 있다. 1837년까지도 '증기기관 제작공 노동조합'(Steam-Engine Makers' Society) 규약은 수입의 3분의 1 —1개월 1실링 중 4펜스— 을 "음식에 사용했고 … 혼란을 피하기 위하여 클럽의 운영시간 중에는 클럽의 방에서 술을 마셔서는 안 되지만, 클럽의 밤마다 의장이 임명한 웨이터나 간사가 주는 것은 마셔도 된다"고 규정했다. 이러한 습관의 소멸에 대한 몇 가지 사례는 『노동조합운동의 역사』, 185쪽, 186쪽에 나온다. 또한 〈정치학 쿼털리(*Political Quarterly*)〉, 1897년 3월호에 실린 애슐리(W. J. Ashley) 교수의 「직인의 클럽(Journeymen's clubs)」을 참조하라.

흡연을 허용한다"고 규정했다.[7]

따라서 의장 다음으로 중요한 임원은 총무(Stewards) 또는 간사(Marshalmen)로, 보통은 2~4명이 교대로 선출된다. 그들의 임무는 '면사방적공(綿絲紡績工; Cotton-spinners) 노동조합'의 용어를 사용하면 "모든 집회에서 술을 위원실에 나르고 순서에 따라 따른다"[8]는 것이었다. 그리고 노동조합원들은 어떤 경우에 "임원석에 앉은 임원이나 신참자 이외에는 순번에 따르지 않는 한 음주를 금지한다"고 했다.[9] 회계가 없는 경우가 종종 있었지만, 많지 않은 자금은 모아지는 대로 즉시 소비하거나 음식점의 주인에게 맡기는 것이 보통이었다. 그러나 중세의 길드에서 흔했던, 자물쇠가 세 개 달린 고풍의 상자를 가진 경우도 종종 있었다. 그런 경우에 노동조합원은 차례로 '열쇠 주인'(Keymasters), 즉 지금 우리가 말하는 식으로는 수탁자(Trustees)로 행동한다. 그래서 '에든버러 제화공(Shoemaker) 노동조합'은 다음과 같이 규정했다. "열쇠 주인은 노동조합원 명부에 따라 선임된다. 즉 제1 열쇠 주인은 명부의 제1위자, 최종 열쇠 주인은 명부의 중위에서 시작하여 마지막까지 미치게 된다. 열쇠 주인이 되기를 거부하면 벌

---

7) 〈'맨체스터 인쇄공 노동조합'(Manchester Typographical Society) 의사록 원고〉, 1826년 3월 7일.

8) 〈'올덤 시 면사방적공 공제 노동조합'원이 작성하고, 그들 사이에서 준수해야 할 조항, 규약, 질서, 명령〉(Oldham, 1797; 1892년 재판).

9) 1809년 '주철공 공제 노동조합' 규약. 또한 1784년 '리버풀 조선공 노동조합'(Liverpool Shipwrights' Society) 규약에서도 다음과 같이 규정했다. "간사에게 무단으로 술을 요구한 자는 그의 권리를 상실하고, 간사에게 요구한 술의 대금을 노동조합 금고를 위해 지불해야 한다. … 간사는 월례회에서 노동조합이 허가한 범위를 넘은 술에 대한 대금을 지불해야 한다. 노동조합의 어떤 노동조합원도 클럽의 방에서 클럽을 운용하는 시간에 흡연을 할 수 없다. 이를 위반한 자는 그의 권리를 상실하고, 노동조합 금고를 위해 4펜스를 간사에게 지불해야 한다." 〈'조선공 노동조합' 규약〉(Liverpool, 1784) 제8~9조.

금 1실링 6펜스에 처한다."[10] 1824년에 설립된 '글래스고 제강공(製綱工) 공제 노동조합'(Glasgow Ropemakers' Friendly Society)의 오래된 상자는 그 노동조합의 '문장'(紋章; Coat of Arms)으로 정교하게 장식한 것으로 매년 선출된 의장이 보관했다.[11] 최근 30년 동안, '노동조합 위원장 선거', 즉 매년 치러지는 선거일에 파이프를 선두로 하는 밧줄 방적공(Rope Spinner) 행렬이 글래스고 거리를 돌면서 그 상자를 새 의장의 집으로 정중하게 운반하고, 마지막에는 연회로 의식을 끝내는 관례가 이어졌다. 회계 처리나 통신 사무는 그 뒤에 발달했고, 사무원이나 서기가 요구되었을 때 자격을 갖춘 소수에서 강제로 선발되어야 했다. 그러나 자료에 의하면, 초기의 서기는 다른 동료들과 마찬가지로 임기가 짧았고, 의장에게 너무나도 종속적인 지위에 있었다.

여러 종류의 위원회로 임원을 보충할 필요가 생겼을 때에도, 이러한 초기 민주주의가 여전히 투표함을 미신처럼 숭배하는 한,[12] 우리가 아는 범

---

10) 〈'에든버러 시 제화공 노동조합'(Journeymen Shoemakers of the City of Edinburgh) 규약〉(Edinburgh, 1778). 이 노동조합은 1727년에 설립되었다.

11) 〈제강공 공제 동맹 노동조합 규약' 및 명령〉(Glasgow, 1836). 이는 '글래스고 제강공 직업 보호 및 공제 노동조합'의 일반법과 규약에 재록되었다(Glasgow, 1884). '글래스고 인쇄공 노동조합' 노동조합원들은 1823년 "선거의 밤, 금고를 의장 집에서 집회 장소로 가져왔고, 집회 후 새 의장 집에 옮겨갈 사람을 임명"한다고 결정했다. '글래스고 인쇄공 노동조합', 1823년 10월 4일, 〈총회 의사록 원고〉.

12) 말할 필요도 없이, 추첨에 의한 임원 선거는 더욱 빠른 시기에 자주 행해졌다. 스위스 '지역집회'에서 그 실제를 볼 수 있어서 흥미롭다. 1640년, 글라루스주의 지역집회는 각각의 임원에 대해 8명씩의 후보자를 선출하기 시작하고, 그들 중에서 추첨을 했다. 50년 뒤에 슈이츠주가 그 예를 따랐다. 1793년에 글라루스주 지역집회는 주의 지사, 부속 지방의 책임자 등을 포함한 모든 임원을 추첨으로 뽑았다. 당선자들은 그 직책을 최고의 가격으로 파는 경우도 자주 있었다. 그런 관행은 1837년까지 완전히 없어지지 않았고, 나이 든 사람들은 지금도 검은 포로 둘러싸인 7개의 은과 1개의 금박으로 된 8개 구슬 주위를 돌았음을 기억한다. 위젠 랑베르(Eugène Rambert), 앞의 책, 226쪽, 276쪽 참고.

위에서 실제 추첨에 의해 선임되는 경우는 없었지만, 위원은 보통 '증기기관 제작공 노동조합'의 경우처럼 '명부 기재 순서에 따라' 선출되었다.[13] '남부 양모공(羊毛工) 친목 노동조합'(Southern Amicable Union Society of Woolstaplers)의 규약에는 "위원회에의 취임을 거부하거나 정기 총회 출석을 해태한 자는 벌금에 처하고 … 그 대신 교대로 다음 순위자를 임명한다."[14] '리버풀 조선공 노동조합'의 규약은 "위원은 장부 기재에 따라 차례로 선임하고, 임원 취임을 거부하는 자는 벌금 10실링 6펜스에 처한다"고 규정했다.[15] 매우 오랜 역사를 갖는 '제혁공(製革工; Curriers) 노동조합'은 1843년, 다음과 같이 결의했다. 즉 그 목적을 위하여 "노동조합원 전부를 기록하는 3칸의 명부표를 만들고, 그 연령을 가능한 한 노년, 중년, 청년으로 나누도록 한다. 그래서 노년의 경험과 중년의 온당한 판단은 청년의 결점을 보완하기에 충분하다."[16] 사실상 어떤 경우에 위원회 위원은 임원들에 의해 선출되기도 한다. 그래서 오래된 '제지 직인(製紙; Journeymen Papermakers) 노동조합'에서는 각 '대구'(大區; Grand Division)마다 8명으로 구성된 위원회를 두었는데, "사기를 방지하기 위해 3개월마다 4명의 구위원이 퇴직하고 4명의 신위원이 취임하도록 하고, 또 질서 유지를 위해 의장 1인을 선출하고, 의장은 서기와 함께 4명의 구위원을 대체할 4명의 신위원을 지명한다"고 규정했다.

---

13) 〈증기기관 제작공 노동조합' 규약〉, 1837년판.
14) 〈남부 양모공 친목 노동조합' 규약〉(London, 1873).
15) 1800년 11월 11일 화요일 리버풀에서 설립된 '조선공 공제 노동조합' 규약(Liverpool, 1800) 19조. '런던 제범공(製帆工) 노동조합'은 1836년 다음과 같이 결정했다. "오늘 저녁 이후 임원 임명은 위원 중 마지막 사람부터 시작해야 한다. 최후의 임원으로부터 교대로 명부의 순서에 따라 12명으로 위원회를 구성한다." 1836년 9월 26일, 〈총회의사록 원고〉.
16) 〈런던 제혁공 노동조합', 1843년 1월, 의사록 원고〉.

이처럼 초기의 직업 단체는 가장 원초적인 형태의 민주주의로, 영구적으로 분화된 임원, 집행위원회, 대의원회의 구분 같은 것은 아직 두지 않았다. 총회는 모든 힘을 기울여 사무를 처리하고, 필요한 경우에만 임원이나 위원회에 그 기능의 일부를 위임했다. 그런 위임을 피할 수 없는 극단의 경우는 '사기를 방지'하거나 특정 노동조합원의 부당한 세력을 방지하기 위해 순번과 임기 단임제를 채택한 때였다. 사실 이러한 노동조합 민주주의의 최초 형태에서 우리는 "모든 인간은 평등하다"는 것만이 아니라 "모두에 관련된 사항은 모두가 결정해야 한다"는 가장 소박한(childlike) 믿음을 발견하게 된다.

이러한 형태의 민주주의는 오직 업무가 가장 작은 경우에만 가능하다는 것이 분명하다. 그러나 우리의 견해에 의하면, 이처럼 단순한 이상으로부터 최초로 떠나게 만든 것은, 노동조합의 재정적 및 사무적 업무의 성장 때문이 아니라, 고용인과의 투쟁이 필요했기 때문이었다. 노동조합이 적어도 1824년[17]까지 당한 법적 및 사회적 박해는 비밀과 민첩함을 그 성공적 수행을 위한 절대적 요건으로 삼게 했다. 따라서 모든 긴급한 경우에 지휘권은 언제나 총회의 수중에서, 한 사람의 대표는 아니라고 해도 책임 있는 위원회에게 넘어간다는 것을 우리는 알게 된다. 그래서 1720년과 1834년 사이에 그 전투적 단결로 인해 계속 의회의 주목을 받은 '런던 재봉공(裁縫工; Tailors) 노동조합'은, 실제로 두 개의 규약, 즉 전시의 것과 평시의 것을 만들었다.[18] 평시에 그 노동조합은 런던과 웨스트민스터에 있는 30개의

---

17) 1824년 단결금지법이 폐지되었다. (옮긴이 주)
18) 런던경제정치대학교가 출판한 '연구'의 하나로 F. W. 골턴이 편집한 흥미로운 『노동조합의 역사를 설명하는 발췌 문헌 1: 재봉업(*Select Documents Illustrating the History of Trade Unionism: 1. The Tailoring Trade*)』(London, 1896)을 참조하라.

'직업 회관'(Houses of Call)에서 열린 소규모의 자치적 총회로 구성되었다. 그러나 그 투쟁 조직은 1818년 프랜시스 플레이스(Francis Place)[19]가 다음 과 같이 기록했듯이 전혀 상이한 것이었다. "각 직업 회관에는 한 사람의 대표가 있었다. 그는 특별한 경우에 일종의 암묵적 동의에 의해 선출되어, 노동조합원 대다수에게는 누가 선출되었는지 알려지지 않는 경우가 대부 분이었다. 대표는 위원회를 구성하고, 위원회는 다시 어느 정도 유사한 방 식으로 더 작은 소위원회를 구성한다. 그 소위원회는 매우 특수한 경우에 모든 권력을 가지고, 모든 명령을 내리며 그 지휘에 모두가 묵종한다. 그 지휘는 경우의 필요성을 넘지 않고, 추호도 그 임명의 목적 범위를 벗어나 지 않았다. 그 조직은 지극히 완전하고, 그 운용은 매우 교묘하여 어떤 불 만도 없었고, 모든 업무는 지극히 단순하고 매우 확실하여 대다수 직인 은, 어떤 식으로든 돕는다고 하기보다도 맹종했다."[20] 이어 '스코틀랜드 수 직공(手織工; Handloom Weavers) 노동조합'의 오랜 소송이 마지막에는 대 투쟁으로 변하여 칼라일(Carlisle)에서 애버딘(Aberdeen)에 이르는 3만 대 의 직기(looms)를 움직이는 노동자가 1812년 11월 10일, 일제히 파업에 돌 입했을 때 그 지휘는 글래스고에 있는 5명의 전제적 위원회에 의했다. 위 원회는 정기적으로 모든 지역에서 대리를 소집했고, 그 대리는 그 선거인 들에게 명령을 내렸으며, 그 명령은 철저히 지켜졌다.[21] 1824년의 단결금 지법(Combination Law) 폐지 이전에 노동조합이 조직된 모든 직업의 고용

---

19) 프랜시스 플레이스(1771~1854)는 영국의 사회개혁가이자 정치가로 특히 1824~1825년 의 회에서 단결금지법을 철폐하는 데 크게 기여했고 이어 선거법 개정 운동에 헌신했다. (옮 긴이 주)
20) F. W. 골턴, 앞의 책에 재수록된 〈고르곤(*The Gorgon*)〉, 20호, 1818년 10월 3일자.
21) 〈1824년 직인 및 기계에 관한 하원위원회의 증언〉. 특히 리치먼드(Richmond)의 증언.

인은 그러한 '자기 선출' 위원회에 대해 엄청난 불만을 토로했고, 단결이나 공모를 이유로 기소하여 그것을 파괴하려는 노력을 계속했다. 이러한 소위원회의 실제 구성을 둘러싼 신비로움의 원인은, 이러한 지속적인 기소의 위험성에 있었다. 그러나 긴급 상황이 강력한 행동을 요구할 때면 언제나 그런 위원회가 나타났다는 것은, 노동조합이 하나의 대표적 성격을 갖는 규약상의 기관을 설정하는 것에 실패한 탓으로 생긴 필연적인 결과이다.

지금까지 우리가 주로 다룬 것은 특정한 도시나 지방에 한정된 직업 단체였다. 어떤 직업에서도 이러한 지역 단체가 연합 노동조합을 만들 때나, 또는 하나의 직업 단체가 다른 도시의 노동조합원을 입회시키는 경우에는, '직업'이나 모든 노동조합원의 일반 총회에 의한 통치는 실현되지 못하게 되었다.[22] 지금은 이 시기에 이르러 어떤 종류의 대의제도가 불가피

---

22) 전국적 노동조합의 지부는 지금도 여전히 총회에 모인 노동조합원들에 의해 지배되고 있다. 이러한 이유와 다른 이유에 의해 보통, 대도시에 노동조합원들이 너무 많아져서 하나의 지부 장소에서는 수용할 수 없을 정도가 되면, 여러 지부 각각이 설립된다. 그러한 지부는 보통, 그 대표를 지역위원회에 파견하여, 그 지역위원회는 그 도시나 지역의 참된 통치자가 된다. 그러나 어떤 노동조합에서는, 그 직업의 총회에 의한 직접통치라는 관념이 여전히 지배적이어서, 런던과 같은 거대한 중심지에서도 매우 큰 대중 집회가 열린다. 그래서 '런던 식자공 노동조합'은 종종 1만 명에 이르는 노동조합원을 회의에 소집하여, 흥분하는 대중 집회에서 고용인에 대한 평화나 전쟁의 문제를 결정하도록 한다. '전국 제화공 노동조합'의 경우, 그 연합 조직이 거대한 대의제를 채택하고 있음에도 불구하고, 지역 조직에서는 지금도 여전히 그 직업의 총회를 그 지역의 최고 통치기관으로 삼고 있다. 런던이나 레스터의 제화공들은 종종, 수천 명이 참가하는 총회를 열었는데, 그 결과는 종종 노동조합에 재앙이 되기도 했다. 가령 1891년, 어느 런던 회사의 직공이 성급하게도 그 노동조합과 고용인 사이의 단체협약에 반하여 파업을 했을 때, 그 지부는 런던 노동조합원 전체의 대집회를 소집했고, 거기에 약 7000명이 참가했다. 그 집회는 노동조합 임원의 말을 듣는 것도 거부하고, 반항적인 파업자들을 지지한다고 결의했다. 그 결과 고용인은 모든 직업에 대한 '직장폐쇄'(Lock Out)를 결정했다('전국제화공 노동조합' 월보, 1891년 11월). 1893년에는 그 노동조합의 집행부가 레스터에 모든 노동조합의 특별대리인 회의를 소집하고, 중재에 위임한다고 하는 전국 협약으로부터의 철퇴를 그 총회에서 결의한 런던 노

한 것처럼 보인다. 그러나 노동조합원들이 종종 앵글로색슨 특유의 민주주의라고 간주되는 것, 즉 사무 집행부를 임명하고 감독하는 선출 대의원회를 그들의 조직 속에 편입하는 것이 얼마나 서서히, 어쩔 수 없이, 불완전하게 이루어져 왔는지 주목하는 것이 중요하다. 최근 세대까지, 어떤 노동조합도 이러한 모델의 구조를 형성하지 않았다. 초기에도 노동조합의 '규약'을 제정하거나 수정하기 위해 지역 노동조합으로부터의 대리인(Delegates)회가 있었음이 사실이다.[23] 목수들의 9개 지역 단체로 구성

동조합원에 대해 재판을 할 필요성을 인정했다. 이 대리인회 소집의 회람에는 총 집회의 광경이 다음과 같이 선명하게 서술되었다. "회의장은 만원이었고, 노동조합 대표인 저지(Judge) 씨는 의장석에 앉아 있었다. 처음부터 소요분자들은 다시금 토의를 방해하고, 그래서 우리의 의견을 더욱 현명하고 더욱 이성적인 노동조합원 다수 앞에서 개진할 수 없다는 것을 바로 알 수 있었다. … 우리의 노동조합과 같은 민주적 노동조합이 그런 진행에 의해 집회를 정지시키게 된다면 … 만일 노동조합원이 스스로 신뢰하고 스스로 선출한 집행부의 말을 들으려고 하지 않고, 닭이 울고 고양이가 우는 것으로 모욕을 당한다면 다른 수단을 취해야 할 시간이 된 것이다." 대리인회는 74표에 대해 9표로, 런던 노동조합원을 엄격하게 견책하고, 그들의 결의를 취소했다(1893년 3월 14일 집행위원회 회람, 레스터 대리인회 특별보고, 1893년 4월 17일). 그러나 대부분의 노동조합에서는 경험에 의해 '총 집회'(Agreegate Meetings)는 실제로 '소요 집회'(Aggravated Meeting)인 것이 분명하고, 따라서 지역위원회나 대리인회에 호의적으로 총 집회를 포기하기에 이르렀다.

23) 우리는 『노동조합운동의 역사』, 46쪽에서 제모공(制帽工)이 1772년, 1775년 및 1777년에, 전국 각지에서 온 대리인의 회의를 소집했다고 기록했다. 그 뒤 그 자료(〈하원잡지〉, 36권; 플레이스 원고, 27, 799-68; 직인 및 기계 위원회)를 더욱더 검토한 결과, 우리는 이러한 '회의'가 1816년의 것과 마찬가지로 런던의 여러 작업장에서 온 대리인들로 구성된 것에 불과하다고 믿게 되었다. 우리는 18세기를 통하여, 전국에서 지역 단체의 대리인들로 구성된 노동조합 집회가 한 번도 열린 적이 없음을 알았다. 그러나 제모공 회의가 단순히 런던의 직공을 대표하는 것에 불과하다고 해도, 그들의 '세칙'은 분명히 다른 단체에 의해 채택되었고, 그리하여 그 범위는 전국적으로 확대되었다. 직업의 중요한 중심에 의해 전국적으로 규율되는 것과 유사한 사례는, '런던 양모공 노동조합'이 '영국 양모공에 대한' '결의'에서도 볼 수 있고, 또 메이드스턴에서 대규모로 열린 직업 회합에서 채택한 '영국의 제지 직인이 준수해야 할 규약'에서도 볼 수 있다. 각 직업의 지역 단체들의 느슨한 연대에서, 중요한 직업 중심은 사실상 종종 '통제부'로 기능했다.

된 '대표단'(Deputation)은 1827년, '주택 목수 및 가구공 공제 노동조합'(Friendly Society of Operative House Carpenters and Joiners)을 만들기 위해 런던에서 만났고, 같은 집회는 매년 연합회의 규약을 개정하고 재정을 조정하기 위해 열렸다. 그러한 대표자 회의가 직업 전체를 위해 움직여야 할 상설위원회와 집행 임원을 임명하게 되는 것이 자연스러운 발전일 것이다. 그러나 1824년에서 1840년 사이에 당시의 거대한 전국 단체가 그 규약을 제정했을 때, 선출된 대표의 총회는 전혀 규정되지 않았거나, 아니면 오직 장기간에 엄격하게 제한된 목적을 위해 소집되었다. 어떤 경우에도 우리는 상설의 최고 회의로 기능하는 것을 보지 못했다. 노동조합은 팽창하는 민주주의의 필요에 따라, 규약 제정이라는 현저한 실험을 한 것이었다.

개별 지역 단체의 느슨한 연대로부터 전국 조직으로 전환하는 최초의 발걸음은 지휘부, 즉 '통제부'(Governing Branch)라는 자리의 임명이었다. 하나의 도시에 사는 노동조합원은 그가 속한 지부의 일상 업무와 함께, 모든 단체의 일상 업무를 처리하는 책임을 맡았다. 따라서 그 도시의 지부 임원과 지부 위원회가 중앙 통제자가 된다.[24] 이 경우에도 역시, 지도 사상

24) 1830년에서 1834년 사이에 제정된 더욱 정교한 노동조합 규약의 몇 가지에는 권위의 위계가 있다. 누구도 단체 전체에 의해 선출되지 않고, 각자는 일반 행정의 특정 부문에 대해 책임을 진다. 가령 1823년에 제정된 '제지 직인이 준수해야 할 규약과 조문'은 "영국을 5'대구'로 나누고, 모든 자금은 저장하며, 비상시에 요구하는 곳에 보낸다"고 규정했다. 이러한 '대구'는 그 직업의 5개 중요 중심의 지부로서, 그 주위 지역의 모든 공장에 대한 지배권을 부여받았다. '제1 대구'(메이드스턴)는 나머지 대구들에 남겨지기에는 너무나도 중요한 성질의 사무를 결정할 힘을 부여받았다. 이러한 지리적 위계는 흥미롭게도, 그 당시의 규약 대부분에 대해, 특히 1833~1834년의 오언주의 노동조합('건축공 노동조합'과 '전국 통일직업 노동조합' 자체를 포함) 대부분에 대해 분명히, 그 모범을 보여주었다. 이와 마찬가지의 지리적 위계는 1892년의 마지막 개정까지 '남부 양모공 친화 노동조합' 조직의 특징을 형성했다. 같은 위계제가 잔존한 것은 단 하나뿐이다. 18세기에 설립된 '양모공 연합 노동조합'은 지리적 구분으로 나누어져 6개 중요 도시에 의해 통치되는데 런던을 교통의 중심으

은 단체의 대표였던 한 사람의 통제자를 갖는 것이 아니라, 각 부서로 하여금 순차적으로 통제의 특권과 부담을 갖게 하는 것이다. 따라서 통제 영역은 언제나 단기에 변하고, 종종 순번에 따른다. 그리하여 '증기기관 제작공 노동조합'의 1826년 규약은 다음과 같이 규정했다. "단체의 중앙 지부는 장부 기재의 순서에 따라, 제1지부에서 시작하여 교호로 노동조합 각 지부에 둔다. 중앙 지부의 지부장은 전년도 결산을 끝낸 뒤에 그 장부를 중앙 지부에 보낸다."[25] 다른 경우에는, 통제의 자리가 노동조합원 전체에 의해 정기적으로 투표에 의해 결정된다. 그 노동조합원은 보통, 그것을 도시에서 도시로 이전하는 것을 좋다고 하는 생각에 심히 기울어진 것으로 보인다. 그 이유는, 주철공의 어느 지부가 다음과 같이 말한 것에서 볼 수 있다. "이 점과 관련하여 거의 모든 직업 단체의 역사가 무엇인지 우리는 묻는다. 어떤 지부나 그 일부가 너무나 오래 통제권을 가졌을 때, 단체의 이익에 냉담하게 되고, 무책임한 권력을 맡으려고 노력하며, 그 태만에 의해 공금 낭비, 부당 관리, 사기를 반드시 낳게 된다."[26]

'통제부' 제도는 생각될 수 있는 중앙 조직의 가장 값싼 조직이라는 장점이 있다. 그것에 의해 전국 노동조합도 작은 지방 조직과 마찬가지로 그다지 많지 않은 경비로 집행위원회를 둘 수 있다.[27] 중앙집행부의 기능이, 실

로 하고 있다. 가령 서부 라이딩의 지부는 리즈 위원회에 의해 통치되며, 1892년 셰필드 지부가 파업에 들어갔을 때, 리즈 지부의 서기에 의해 통괄되었다.

25) 규약 19조; 1826년 규약은 1837년 〈연례보고서〉에 재록되었다.
26) '주철공 공제 노동조합' 브리스틀 지부의 모든 노동조합원에게 보낸 편지(1849년 〈연보〉에 수록).
27) 임원 순번제라는 생각과 지방통제부라는 생각은, 18세기에 영국 전역에 수없이 존재한 촌락 질병 단체에서 기원을 찾을 수 있다. 1824년, 어느 반대론자는 이러한 단체가, "순번제로 몇 가지 임원을 계승한 정규 노동조합원들의 관리하에 있었고, 능력이나 독립성 또는 공평성이라는 점에서 그 역할을 적절하게 행하는 자격을 갖지 못했으며, 또는 집회 장소에

제로 자치적인 지역 지부 사이의 통신의 중심이 되는 것에 제한된다면, 그 조직은 변경될 필요가 없다. 서기의 임무는 위원회의 그것과 같이, 보통의 직인이 그 직장에서 일하는 범위를 넘지 않고, 그들의 임원 업무는 오직 저녁 시간만을 이용하는 것이다. 그러나 지부가 많아지고 중앙 기금이 형성됨에 따라, 전국 조직의 사무는 이제 임원의 모든 시간을 필요로 하게 되고, 따라서 그에게 월급을 지급하지 않을 수 없게 된다. 일반 기금에서 월급이 나오기 때문에, 임명권은 당연히 지부 집회로부터 노동조합원 전체의 '투표'로 옮겨진다. 그리하여 위원장(General Secretary)은 혼자서 특별한 지위에 서게 된다. 노동조합의 여러 임원 중에서 혼자서 그는 모든 노동조합원에 의해 선출된다. 그러나 최고 권위는 여전히 '투표'에 있다. 본래의 '규약'에 의해 정해지지 않은 모든 제안은 평시와 전시의 모든 문제와 함께 노동조합원의 표결에 부쳐졌다.[28] 그러나 이것이 전부가 아니었다. 총회에

가깝게 사는, 가장 활동적이고 종종은 가장 부적당한 사람들로 구성된 상설위원회의 통제 하에 있다"고 썼다. 존 토머스 베처 목사(Rev. John Thomas Becher), 『적법하고 과학적인 원칙에 의한 공제 노동조합의 조직(The Constitution of Friendly Societies upon Legal and Scientific Principles)』(1824, London, 제2판), 50쪽.

작은 것들을 큰 것과 비교하면 우리는 대영제국이 '통제부'에 의해 운영되고 있다고 말할 수 있다. 제국 전체에 관한 업무는 제국의 관리나 연방의 관리에 의해서가 아니라, 제국의 일부인 영국 본토(United Kingdom of Great Britain and Ireland)의 관리에 의해 처리되고 있다. 그리고 그들은 제국 의회나 연방 의회의 지휘를 받는 것이 아니라, 웨스트민스터에 있는 본토 입법부의 지휘를 받고 있다.

28) 18세기 초에 설립되어 매우 오래된 '쇄모공 노동조합'은 지금까지 그 전통적인 '투표' 수집 방법을 유지하고 있다. 모든 지역 중에서 가장 보수적이라고 하는 런던에서는 과거와 마찬가지로, '상자를 돌리지 않는' 한 어떤 규약의 개정도 있을 수 없다. 노동조합의 오래된 쇠로 만든 상자 속에는 토의 제목에 관련된 모든 서류가 들어 있고, 실업 중인 노동조합원은 그 상자를 들고 공장에서 공장으로 '모든 직장을 돌도록' 위탁된다. 그 상자가 어느 공장에 도착하면, 모든 노동자는 일을 멈추고, 상자 주위에 모여든다. 그리고 상자를 열고서 그 내용물을 읽고 토의한다. 이어 공장의 대리인은 다음 대리인 집회에서 투표하는 방법을 가

모인 각 지부는 어떤 제안에 대해서도 그것을 노동조합 전체의 표결에 부칠 수 있는 권리를 주장했다. 그래서 우리는 역사를 갖는 거의 대부분의 노동조합에서 일반투표제가 이용되었고, 악용되었으며, 제한된 점에 대한 가장 교훈적인 다수의 실험을 발견한다.

지금까지 설명한 것이 지난 세대 노동조합 규약의 전형이었다. 그 선구자인, 총회가 지배하는 낡은 지역 단체가 여전히 노동조합 세계에 영향을 미치고 있듯이, 위에서 말한 것도 지금까지 여전히 몇 가지 경우에는 변함없이 존속해왔다. 그러나 낡은 노동조합이 그 활력을 유지하고 있다고 해도, 그 구조는 점진적으로 개조되어온 반면, 현대 노동조합의 가장 강력한 것에 이르러서는 전혀 다른 양식에 근거하여 형성되어왔다. 이 진화 과정을 검토해보면, 우리는 현행 조직의 과도적 성격을 분명히 알 수 있고, 유효한 행정과 인민의 통제의 융합 문제를 더욱 큰 범위에서 해결하는 데에 귀중한 단서를 얻을 수 있다.

우리는 노동조합이 지역적인 것으로부터 전국적인 것으로 변화하면서 자신도 모르게 초기 민주주의의 이상을 포기해왔다는 사실을 이미 서술했다. 사무적 업무를 수행하게 하기 위해 한 사람을 별도로 두는 것은, 모든 노동조합원에 의한 평등하고 동일한 봉사를 불가능하게 만들었고, 통치 계급의 분리라고 하는 것의 기초를 낳게 되었다. 노동조합원에게 요구된 순환근무라고 하는 관행은 조용히 사라졌다. 위원장은 일단 그 지위에 오르게 되면, 그가 명백하게 부적절하다거나 무능하다고 증명되지 않

르쳐준다. 그 뒤 상자를 닫고 다음 공장으로 이동된다. 1829년의 낡은 기록에 의하면, 그런 관습이 지극히 세밀한 점까지 적어도 여러 세대에 걸쳐 여전히 변함없이 행해졌다. 그것은 거의 200년이나 오래된 것이었다.

는 한, 매년 재선된다는 확신에 의존할 수 있다. 종일 노동조합 사무에 종사하는 그는, 사무실이나 작업장에 있는 동료 노동조합원들과는 전혀 다른 전문적 숙련을 빠르게 익혔다. 설령 다른 노동조합원들이 현재 임원의 기술과 마찬가지이거나 그것보다 더 훌륭한 천품의 재능을 갖는다고 해도, 전국적 조직에는 그런 능력이 알려질 수 있는 기회가 없다. 한편, 위원장은 인쇄된 회람과 재정 보고서에 의해 그의 이름과 인품을 끊임없이 수천 명의 노동조합원들에게 선전한다. 또 그런 회람과 보고서는 분산된 지부 사이의 유일한 연결 고리가 되고, 사무실의 정규 업무를 수행하는 그의 능력을 적극적으로 증명하는 것이 된다. 노동조합원이 계속 늘어남에 따라, 재정 체계나 노동조합 정책도 계속 확대되고 정교하게 되며, 이에 따라 전임 직원의 지위도 더욱더 안정적으로 된다. 위원장도 그 사무의 발전과 함께 변화한다. 그 업무는 더 이상 일반인에 의해 유효하게 수행될 수 없고, 어느 정도의 사전 업무 훈련이 거의 불가피하게 된다. 가령 광부(鑛夫; Coalminers)는, 노동조합 세계에 대한 우리의 서술에서 보았듯이, 대체로 특별하게 훈련된 부문인 중량조사원(重量調査員; Checkweigh-men) 중에서 그들의 서기를 뽑았다.[29] 심지어 면공(綿工; Cotton Operatives)은 임원 선임을 위한 후보자들에게 경쟁시험을 부과하는 제도를 채택했다.[30] 다른 노동조합에서도 그 선임은 점차 소수 임원으로 구성되는 작은 계급에 더욱 분명히 국한되게 되어, 사무실 업무와 고용인과의 교섭에 유능하다는 것을 증명하지 못한 후보자는 선거에서 매우 불리한 위치에 놓이게 되

---

29) 『노동조합운동의 역사』, 291쪽.
30) 같은 책, 294쪽; 뒤에 나오는 이 책 2부 2장 '단체교섭의 방법'을 참조하라. 그중에 시험문제가 수록되어 있다.

었다. 유효한 행정이라고 하는 최고의 필요성은, 임기의 영속성과 맞물려, 노동조합원 전반과는 그 인격, 훈련, 임무라는 점에서 더욱더 차이가 나는 임원 지배 계급을 점차적으로 더욱 분화시키게 되었다. 조합원 투표로 위원장을 매년 투표하는 제도는, 직역의 빈번한 순환과 모든 노동조합원에 의한 동일한 봉사를 이끄는 것과는 멀어지게 만들었고, 사실상 언제나 영국 공무원의 오랜 임기조차 능가하는 영속적인 임기를 결과했다. 따라서 현존하는 노동조합 중에서 가장 영향력이 큰 것들의 최근 규약에서, 재선을 금지하는 모든 규정을 삭제하고, 임원의 실질적 영속성을 암묵리에 인정한 것은 주목할 만한 사실이다. 사실상 '면사방적공 합동 노동조합' (Amalgamated Association of Operative Cotton-spinners)은 더욱 나아가 그 규약에 위원장은 "그가 만족하는 한 그 직을 계속 수행한다"고 명문으로 규정했다.[31]

이처럼 모든 사정이 유급 임원의 지위를 높이고자 하는 경향이 있었음에 반하여, 그들을 지휘해야 할 집행위원회는 그 직업에 종사하는 노동자들로 구성되었기 때문에, 그 본질적인 약점을 여전히 유지했다. 중요하지 않은 세부 사항에 대한 개정이 있었지만, 그것은 노동조합원들의 어느 지리적 분파에 의해서만 선출되는 낡은 단체의 모습 그대로 유지되었다. 처음에는 각 지부가 순번에 따라 통제의 자리로 봉사했다. 이는 그 직업의 더욱 중요한 중심으로부터 급속히 통제부를 선정하는 제도로 변했다. 나아가 정기적으로 이러한 권위를 변경하고자 하는 희망은 오랫동안 소멸되지 않았고, 어떤 직업에서는 지금도 여전히 존속하고 있지만,[32] 임원의 성

---

31) 〈1891년 및 1894년 규약〉 12조.

32) 특히 배관공(Plumbers)과 철공(鐵工; Irondressers). 1877년 '벽돌공 노동조합'(Operative

장과, 상당한 장기간의 사무실 임차 확보의 필요성은, 비록 그러한 변화가 규약에 명시적으로 규정되지 않았다고 해도, 본부를 실무적으로 안정시키게 만들었다. 그리하여 '주철공 공제 노동조합'은 1846년 이래, '석공 공제 노동조합'(Friendly Society of Operative Stonemasons)은 1883년 이래, 그 본부를 런던에서 이전하지 않고 그대로 두었다. 오랫동안 항구에서 항구로 이전했던 '보일러 제작공 연합 노동조합'(United Society of Boilermakers)은 1880년 이후로는 뉴캐슬에 머물렀고, 결국 1888년 그 소유지에 멋진 사무실을 건축하여 그 문제를 최종적으로 해결했다.[33] 노동조합의 통제에 대하여 각 부서에 평등하고 동일한 참여를 확보하고자 하는 노동조합 민주주의 측의 뿌리 깊은 희망은, 유효한 관리를 확보하고자 하는 필요성 앞에 양보해야만 했다. 가동성을 상실하는 가운데 집행위원회는 노동조합의 나머지 사람들에 의해 명시적이고 새로운 위임을 부여받았기 때문에, 위원장에 대한 도덕적 영향조차 상실했다. 모든 노동조합원의 선거에 의해 선출된 유급 임원은 사실상 위원회보다도 더욱더 대표로서의 권위를 갖는다고 선언할 수 있었다. 집행자로서의 위원회 기능은 오로지 위원회의 구성원들

Bricklayers' Society) 총회에서 3년마다 본부를 바꾸어 집행부를 변경해야 한다는 제안이 있었으나, 의장의 캐스팅보트에 의해 부결되었다. 〈벽돌공 노동조합' 회람〉, 1877년 9월.

33) 이 변화와 함께, 전국적 사무와 지부의 사무의 분화가 행해졌다. 대규모 노동조합의 위원회 업무는 야간에만 근무하는 사람들에 의해, 지부 운영에 더하여 수행할 수 있는 것 이상이 되었다. 따라서 우리는 중앙 집행위원회가 지부의 집행위원회와는 완전히 다른 것이 되었고, 가끔은 ('배관공 합동 노동조합'과 같이) 동일한 선거인들에 의해 선거되고, 더욱 일반적으로는 본부에서 그다지 멀지 않은 범위 내의 모든 지부 노동조합원에 의해 선거되었다. 그래서 '목수 합동 노동조합'은 본부에서 12마일 내의 노동조합원들에게 ―즉 맨체스터와 그 부근의 35개 지부― 선거권을 부여하고, '주철공 공제노동조합'은 런던 지역의 6개 지부에 부여했다. '보일러 제작공 연합 노동조합'에서는 1897년까지, 타인 지방의 20개 지부가 순번으로 집행위원회를 형성하는 7명의 위원 중 1명을 지명했다.

이 종종 일하는, 노동조합 사무실이 도시에 세워졌다고 하는 우연한 사건에만 의존하기 때문이다. 나아가 어떤 노동조합에서는 '사무 순환제'라는 관념이 여전히 남아 있었고, 위원회 사람들은 단기간의 임기로 선출되었으며, 재선은 금지되었다. 이처럼 피곤한 육체노동자들의 무경험적이고 우연하게 선출된 위원회는 저녁에만 집회를 하고, 위원회가 지휘 감독하게 되어 있는 상임의 숙련된 전문가가 제출하는 어떤 실제적 제안을 거절하거나 비판하기 힘들었다.[34]

이처럼 약한 집행위원회를 보고, 유급 임원의 우월한 힘을 가장 분명하게 억제하는 것은, 성문 규약이라는 기본 장치였다. 경험도 상상력도 없는 보통 노동자는, 거대한 전국적 조직의 집행부가 인쇄된 규약에 기계적으로 복종하여 축소될 수 있다고 분별없이 생각했다. 따라서 여러 노동조합에서 규약을 계속 정교하게 만드는 것은, 임원이나 위원회의 임의재량의 여지를 조금도 남기지 않으려고 하는 무익한 노력이었다. 이러한 규약을 제정하고 수정하는 어렵고도 치밀한 작업은 어떤 특정인이나 특정 집단에 위임되어서는 안 되고, 일반적으로 모인 '단체'나 '직업'에 의해 수행되어야 한다고 하는 것이, 이러한 초기 민주주의자들이 갖는 신념의 본질적 부분이었다.[35]

---

34) 노동조합 세계 이외, 매년 집행위원회와 통제의 자리가 바뀌는 유일한 조직은, 세계적인 연합 공제노동조합인 Ancient Orders of Foresters라고 우리는 믿는다.

35) 자신들의 규약을 제정하려고 하는 노동조합 운동가들의 이러한 선호는, 정치학도에게 '인민에 의한 직접 입법'이 일반적인 입법의 경우보다도, 헌법의 편찬 및 개정에 관련된, 더욱 오래되고 광범위한 역사를 갖는다고 하는 점을 상기시켜줄 것이다. 그래서 이미 1779년에, 매사추세츠주의 시민들은 일반투표에 의해, 헌법이 편찬되어야 한다고 주장했고, 마찬가지로 준비된 초안은 반드시 채택되어야 한다고 결정했다. 1818년, 코네티컷 헌법은, 헌법에 대한 어떤 특별한 수정도 일반투표에 부칠 수 있다는 규정을 포함했다. 유럽에서 같은 시련을 받은 최초의 헌법은, 1793년의 프랑스 헌법이었다. 그 헌법은 최초의 집회에서 채

노동조합이 도시에서 도시로 확장되고 모든 조합원의 집회가 불가능하게 되었을 때, 우리가 설명했듯이 대리인 집회에 의해 '조문'은 정착되었고 수정되었다. 따라서 주철공, 석공, 목수, 마차 제작공(Coachmakers), 증기 기관 제작공과 같은 노동자들 노동조합의 초기 역사에서, 상이한 지역에서 온 대리인들의 집회가, 조합의 기초를 형성하는 어느 정도 시험적인 규율을 보충하거나 개정하는 역할을 맡았다. 그러나 이러한 집회를, 노동조합이 추구해야 할 방침을 결정하는 전권을 갖는 '의회'라고 생각하는 것은 심각한 오해이다. 대리인은 오직 특수하고 엄정하게 한정된 목적을 위하여 모였다. 뿐만 아니라, 심지어 이러한 목적도 그들에 의해 다루어질 수 없었다. 우리가 아는 한, 대리인은 그들이 각각 속하는 지부에서 이미 행해진 투표에 의해 결정해야 했다. 많은 노동조합에서 대리인은 조합원들의 투표를 기계적으로 전달하는 도구에 불과했다. 그리하여 당시 최대이자 가장 강력한 노동조합이었던 '석공 공제 노동조합'은 1834년과 1839년 사이에 오로지 규약 수정이라는 목적을 위해 매년 대리인 집회를 열었다. 이 집회의 힘이 얼마나 제한적인 것이었는가는 중앙집행부의 진술에서 발췌한 다음으로부터 판단할 수 있다. "대리인들이 최근 만나게 되었기 때문에, 대위원회(Grand Committee)는 모든 지부에 대해 대리인의 행동에 대한

택되었지만, 효력을 갖지는 못했다. 이러한 관행은 1830년 프랑스혁명 이후, 1831년 7월의 생갈(St. Gall)주 이후 스위스의 여러 주 헌법들에서 일반화되었다. 이에 대해서는 찰스 보조드(Charles Borgeaud)의 『헌법의 채택과 수정(*The Adoption and Amendment of Constitutions*)』(London, 1895)이 있는 여러 우수한 논문을 참조하라. 브라이스(Bryce)의 『미국의 공화정(*The American Commonwealth*)』(London, 1891)을 참조하라. 시몬 데플루아주(Simon Deploige)의 『스위스의 일반투표(*Le Referendum en Suisse*)』(Brussels, 1892)의 C. P. 트레블리언(Trevelyan)과 릴리언 톰(Lilian Tomm)에 의한 영역판은 주석 및 부록과 함께, 런던경제정치대학교에서 곧 출판될 것이다.

다음의 결의를 제시한다. 대리인의 임무는 선거인 다수가 내린 명령에 따라 투표하는 것임이 명백하다. 따라서 그들은 그들이 대표하는 지부나 지역에 의해 위임되지 않는 한, 어떤 의안도 제시해서는 안 된다. 이러한 목적을 위해 우리는 다음의 결의안을 제출한다. 즉 각 지부는 현안이 되고 있는 각 문제에 어떻게 투표할 것인가 하는 성문의 지시를 그들의 대리인에게 부여하고, 대리인은 그가 받은 지시에 반하여 투표할 수 없으며, 지시를 검토한 결과 어떤 의안에 대해 과반수 찬성이 있음이 분명할 때, 토론 없이 이를 통과시켜야 한다."[36] 1838년의 대리인 집회는 이 견해에 동의했다. 모든 지부는 대리인 집회 2개월 전에 규약 변경에 대한 결의를 통보받았다. 그것은 〈격주 보고(Fortnightly Return)〉에 인쇄되었고, 각 지부에서 토론되었다. 이어 다수결에 의한 조합원의 의향에 따라 대리인은 지시를 받았고, 어떤 문제에 대한 명백한 다수결이 없는 경우에만, 대리인은 자신의 표결에 대한 처분을 할 수 있었다. 그러나 이러한 제한조차 석공의 민주주의 관념을 만족시키지 못했다. 1837년, 리버풀 지부는 "대리인 집회에서 행해진 노동조합 규약의 모든 변경은" "그것을 인쇄하기 전에 우리의 노동조합에서 고려하기 위해" 모든 지부에 통고되어야 한다고 요구했다.[37] 이에 대해 중앙집행부는, 규약의 수정과 통과를 위해 노동조합은 차기 대리인 회의까지 모든 시간을 바쳐야 한다는 이유에서 그러한 절차를 부드럽게 물리쳤다. 그러나 이 요구는 다른 지부의 찬성을 얻었고, 1844년에는 그 의안을 〈격주 보고〉에 게재하고, 각 지부 회의에서 채택하는 투표를 집계하는 방법에 의해 규약의 필요한 수정을 하는 관행이 확립되었다. 유사

---

36) 〈석공 격주 보고〉, 1836년 5월(집행위원회에 의해 격주마다 모든 지부에 배포된 회람).
37) 같은 책, 1837년 5월.

한 변화가 주철공, 증기기관 제작공, 마차 제작공과 같은 다른 거대한 노동조합에서도 생겨났다. 1펜스 세제의 도입에 의해 격주나 매월의 회람이 가능해지고, 이에 따라 어떤 특수한 제안에 대해서도 신속하고도 값싸게 그 투표를 모을 수 있게 되자, 중앙 도시에 가는 대리인의 마차 비용을 지불하고, 1일 6실링의 비율로 그 도시 체재비를 지급하는[38] 상당한 비용을 들여도 전혀 이익이 없다고 부하직원 다수가 느끼게 되었다. 사실상 대리인 집회는 일반투표(Referendum)로 대체되었다.[39]

현대의 정치학도는 일반투표라는 말을, 대표자 회의가 심의한 법안을 일반 인민의 투표에 부치는 제도라고 이해한다. 동일한 원칙이 다르게 발전한 것이 발안권이라고 하는 것이다. 이는 공동체의 일부가 그 제안을 총선거권자의 투표에 부치자고 요구하는 권리이다. 대표자 회의는 초기 노동조합 조직에 없었기 때문에, 일반투표와 발안권은 모두 가장 노골적인 형태였다. 새로운 규약이나 규약의 개정, 조합 방침의 제안이나 그 특별한 적용은 바로 모든 조합원의 투표에 부칠 수 있었다. 이러한 조합원의 의견을 구하는 관행은, 중앙집행부에 한정되지 않았다. 어떤 지부도 동일하게 어떤 제안이라도 노동조합의 공식 회람을 통하여 투표에 부칠

---

38) 1838년, 대다수 '석공 공제 노동조합'의 지부는 "노동조합의 심의에 부친 모든 의안에 대해, 각 지부에 그 의안에 대한 찬반 조합원의 수를 헤아려 지역 지부를 거쳐 본부에 전달하고, 의안의 찬반은 지부의 수에 의하지 않고 전원의 다수결에 의해야 한다"고 가결했다. 〈격주 보고〉, 1838년 1월 19일.

39) 적어도 하나의 노동조합에서 일반투표제를 채택한 것이, 1850~1860년경 영국에서 리팅하우젠(Rittinghausen)과 빅토르 콩시데랑(Victor Considérant)이 쓴 팸플릿의 번역이 유포된 점에서 직접 기인한다는 점은 흥미롭다. 1889년 3월 〈인쇄공 회람〉 중에는 리버풀 인쇄공인 존 멜슨(John Melson)이 그 팸플릿에서 '인민에 의한 직접 입법'이라는 아이디어를 얻어서, 노동조합에 대해 그 채택을 주장했다. 처음에는 실패했으나, 1861년 대리인 집회에서 일반투표가 미래의 입법 방법으로 채택되었다.

수 있었다. 문제가 아무리 불완전하게 작성되었다고 해도, 그 결과가 노동조합의 규약이나 과거의 관행과 아무리 모순된다고 해도, 조합원의 투표에 의해 돌아온 대답은 최종적인 것이고 즉시 효력을 발휘하는 것이었다. 순수한 민주주의는, 야기된 모든 문제에 대한, 인민의 다수에 의한 직접 결정을 포함한다고 믿는 사람들은, 1843~1870년 사이의 거대 노동조합 역사 속에서 그 이상이 어떤 제한이나 장애도 없이 실현되었음을 볼 수 있을 것이다.

그 결과는 의미심장하고, 풍부한 정치적 교훈을 갖는 것이었다. 노동조합이 왕성했을 때는 언제나, 엄청난 제안으로 시작되었음을 볼 수 있다. 모든 활동적 지부에는 새로운 규약이 제안되었고, 공식 회람의 모든 지면에는 난폭하고 종종 상호 모순의 수정 기획들로 가득 찼다. 가령 '영국 마차 제작공 노동조합'의 집행위원회에서는 하나의 회람에 44개 제안을 동시에 투표에 부치자고 했다.[40] 그 제안들은 너무나도 다양하고, 어떤 경우에는 상상하기도 어려울 정도로 서로 모순되었다. 가령 1838~1839년 '석공 노동조합'의 연보에 기재된 것만을 보아도, 하나의 지부가 모든 노동조합에 대해 시간급으로 해야 한다고 주장한 반면, 다른 지부는 위원장의 지위를 입찰에 부쳐서 "가장 값싼 자를 그 요직에 선출된 자로 보아야 한다"고 주장했다.[41] 어느 대리인 집회에서는 중앙집행부에 대해 "밤마다 맥주 한 잔을" 제공해야 한다는 중요한 문제를 조합원 투표에 부쳐야 한다고 했고, 중앙집행부는 모든 아일랜드 지부에 대해 자치제를 강제하는 문제에 대해

---

40) 〈사계 보고〉, 1860년 6월.
41) 경매를 거쳐 최고가를 부른 사람에게 공직을 판매하는 것은, 17세기 스위스의 '지역집회'에서 종종 행해졌다. 위젠 랑베르, 앞의 책, 225쪽을 참조하라.

서도 표결에 부치기도 했다. 조합원은 장래의 의회 조사를 두려워하여, 모든 "휘장, 입회식, 암호"를 폐지한다고 가결했으나, 뉴캐슬 지부가 "우리의 모든 불만의 근원을 제거하는 유일한 방법"으로 노동시간 단축을 주장한 제안을 거부했다. 중앙집행부는 "무수한 결의와 규약 수정으로 인해 최근 10개월간 노동조합을 계속 혼란 상태에 빠지게 하고, 오로지 규약과 조합의 존엄을 해치기에 이르러" 이에 대해 항의하게 되었다.[42] 다른 노동조합도 동일한 발전 단계에 이르러, 같은 결과를 초래했다. '주철공 공제 노동조합'의 집행위원회는 다음과 같이 개탄했다. "규칙적으로 제안에 광분하는 경향이 분명히 있다. 다른 지부가 제안하기 때문에 우리 지부도 제안한다는 식이다. 그래서 불합리하고 기이한 제안들이 속출하고 있다."[43] 이 제도는 보험금과 급부금의 비율과 관련하여 가장 불행한 결과를 초래했다. 노동자의 다수가 이러한 점에 대해 전문가 조언의 필요성을 이해할 수 없었거나, 모든 보험에 대한 고려를 무시한 것은 놀라운 일이 아니다. 따라서 그 조합원들은 언제나 보험료 비율이 인상되어야 한다고는 믿으려고 하지 않은 반면, 급부금의 확장을 위한 어떤 제안에 대해서도 일반적으로 믿는 경향이 있었다. 급부금 확장은 많은 노동조합을 파산하게 만든 대중적 편견이었다. 그 제도의 병폐는 이에 그치지 않았다. 더욱 파괴적인 경향은, 특정한 개인에 대하여 일정한 급부금을 받을 수 있는 자격이 없다고 하는 집행부의 결정에 대항하여, 조합원의 투표에 호소하고자 하는 분위기였다. 가령 '영국 마차 제작공 노동조합'의 집행부는, 규약에 복종하여 단순히 질병에 걸린 사람에게 재해 급부금을 분명하게 거부하는 것은 그

---

42) 〈격주 보고〉, 1838년 7월.
43) 〈주철공 월보〉, 1855년 4월.

들에게 아무 소용이 없다고 엄청난 불만을 토로했다. 거의 대부분의 경우에, 청구권자는 친구들이 쓴 유려한 문장의 회람을 배경으로 삼아, 조합원들에게 호소하여 언제나 그 결정을 파기했기 때문이다.[44] '주철공 공제 노동조합'은 1년에 19회의 투표를 했는데, 그 대부분이 급부금 사무의 세부 사항에 관한 것이었다.[45] '석공 노동조합'의 집행부는, 지부가 투표에 앞서 개인적 고통을 구제하고자 하는 요구를 지지하기 위하여 노동조합 전체에 회람을 송달하는 풍조를 발달시켜 온 것에 대해 일찍부터 항의했다.[46]

일반투표를 무제한으로 사용하는 점에 문제가 많다는 것이 사려 깊은 조합원들에게는 금방 분명해졌다. 거칠고 불합리한 제안들이 거의 일제히 거부된 것은 조합원 다수의 공적으로 돌려야 한다. 그리고 많은 노동조합에서는, 책임 있는 집행부가 제기한 제안 외의 제안들이 같은 운명에 빠지는 것이 일반적이었다.[47] 이어 발안권이 실제로는 폐지되기에 이르렀다. 지부들도 언제나 패배하는 제안들을 보내는 것에 지쳐버렸다. 그러나 문제가 생길 때마다 그것을 결정하는 조합원 전체의 권리는, 그들의 민주주의 사상과 확고하게 결합되어 직접적인 폐지나 명시적인 비판은 불가능했다. 따라서 그 관행이 소멸하게 된 것은 단순한 피곤 때문이 아니라, 암묵리에 취해진 다른 방법 때문이었다. 즉 여러 조합에서 순차적으로 중앙집행부와 위원장 ―행정 문제를 실제로 다루는 사람들― 이 조합원 투표에 호소하는 관행에 저항하여 조용히 그들의 영향력을 행사했다. 그리하여 '영

---

44) 〈영국 마차 제작공 노동조합 사계 보고〉, 1859년 9월.
45) 1869년 보고.
46) 〈격주 보고〉, 1849년 1월 18일.
47) 정치학도는 스위스의 발안권이 실제로 입법으로 실현된 경우는, 20년 이상 그것이 행해진 취리히 같은 주에서도, 매우 적은 수에 머물렀음을 알 것이다. 스튀시(Stüssi), 『취리히주의 일반투표와 발안권(Referendum and Initiative in Canton Zurich)』을 참조하라.

국 마차 제작공 노동조합'(United Kingdom Society of Coachmakers)의 집행 위원회는 규약에 따라 급부금 지급에 관한 위원회의 결정을 파기하는 조합원의 관행에 대해 강력하게 항의했다. 집행부는 규약에 의해 자격을 갖춘 사람이 누구인지를 결정하는 유일한 권리를 갖는다고 선언하고, 불복하는 청구자가 공식 회람을 통하여 조합원에게 호소할 수 있게 하는 것을 거부했다. 이는 엄청난 불만을 야기했으나, 집행위원회는 자신들의 지위를 확고하게 하고, 결국 그것을 관철해냈다. '배관공 노동조합'의 13개 지부가 1868년, 양로연금을 받을 수 있는 적령을 낮추어야 하고, 사무실 비용을 삭감해야 한다고 제안했을 때, 위원장은, 그 문제는 차기 대리인 집회에서 다루어야 한다는 이유에서, 그 부적절한 제안을 조합원 투표에 부치기를 거부했다.[48] 다음 단계는 어떤 문제에 대한 것이든 호소할 기회를 제한하는 것이었다. '마차 제작공 노동조합'의 집행부는 종래와 같이 제안을 사계 보고 대신, 앞으로는 연례 보고의 경우에만 할 수 있다고 선언했는데, 이러한 제한은 몇 년 뒤 규약에 성문화되었다.[49] 더욱더 큰 효과가 나타난 것은, 조합의 결정이 제안과 반대가 된 경우, 표결에 든 비용을 지부에 부과한다는 규약을 제정한 것이었다.[50] 또 다른 방안은 규약의 체계적 수정이라는 기회를 이용하여, 특정 기간에는 어떤 변경도 없어야 한다고 선언하는 것이었다. 그 특정 기간을 1863년 '목수 일반 노동조합'은 1년으로, 1869년 '제본공 병합 노동조합'(Bookbinders' Consolidated Union)과 1878년 '석공 공제 노동조합'은 3년으로, 1889년 '벽돌공 노동조합'은 10년으

---

48) 〈월례 회보〉, 1868년 4월.
49) 〈사계 보고〉, 1854년 11월; 1857년 규약.
50) 〈금속세공인 동맹 노동조합 규약〉(Glasgow, 1892) 등 다수.

로 정했다.[51] 마지막으로 규약의 제정이나 개정에 관련된 일반투표도 완전히 없어졌다. 1866년, '목수 합동 노동조합' 대리인 집회는 집행부가 "규약의 변경이나 추가와 관련하여 비상시 외에는 조합원 투표를 해서는 안 되고, 비상시에도 총평의회의 의결에 의해서만 가능하다"고 결정했다.[52] 이미 40년간 모든 문제에 대해 열광적으로 투표를 해온 '석공 노동조합'도 1878년, 규약 수정 업무를 특별하게 선출된 위원회에만 한정하는 규약을 받아들였다.

그리하여 반세기 동안의 일반투표와 발안권에 대한 실제 실험의 결과는, 그것을 연장하는 것이 아니라, 그 적용을 더욱 엄격하게 제한하는 것으로 되었다. 노동조합의 운영에 모든 조합원을 참여시키고자 하는 시도는 입법의 불안정, 재정의 위험한 불건전, 행정의 일반적 약화를 초래했다. 그 결과, 발안권은 명문 규정에 의해, 또는 집행부의 지속적인 영향을 통하여 일찍 포기되었다. 이는 노동조합 구조의 권력 균형을 더욱더 이동시키는 결과를 낳았다. 문제를 투표에 붙이는 권리가 실제로 집행부에 한정되게 되었을 때, 일반투표는 조합원에게 어떤 유효한 통제도 행사할 수 없게 되었다. 만일 집행부가 투표에 붙일 과제, 문제 제기의 시기, 문제를 드러내는 형식을 선택할 수 있다면, 일반투표는 집행부에 대항하게 하는 것이 아니라, 집행부의 권력을 더욱 강화시키는 결과를 초래했다. 집행부가 희망하는 어떤 변화도, 가장 교묘한 말로 서술될 수 있었고, 확신적인 논의로 지원되었기에, 대다수에 의해 거의 예외 없이 채택되었다. 그리하여 집행부의 모든 결의안은 필요한 경우, 인민투표[53]의 강력한 지원을 얻을

---

51) 〈월례 보고〉, 1889년 10월.
52) 〈월례 회람〉, 1866년 4월.

수 있었다.[54] 일반투표에 대한 노동조합 민주주의자들의 의존은 사실상, 조합원 전체를 통치에의 실제 참여로부터 제외시키는 결과를 초래했다. 그리고 집행위원회가 실제로는 유급 상근 임원에게 종속되었다는 점을 상기하면, 우리가 서술한 바와 같은 일반투표의 궁극적 결과는 의안을 기초하고, 그것을 지지하기 위한 논의를 집필하며, 조합원과의 유일한 통신수단을 형성하는 공식적 회람을 편집하는 위원장의 영향력을 더욱 강화시킨 것이었음을 우리는 쉽게 이해할 수 있다.

따라서 우리는 노동조합 조직의 거의 모든 영향력은, 위원장의 영향을 확대하고 견고하게 만드는 경향이 있음을 알 수 있다. 만일 민주주의가 총회, 임원의 매년 선거, 발안권, 일반투표 외에는 어떤 인민적 통제의 방법도 제공할 수 없다면, 노동조합의 역사는 다음 사실, 즉 단순한 행정적 필요의 압박은 언제나 반드시 정부에 대한 일반 시민의 유력한 통제를 전적으로 상실시키는 결과를 초래한다는 사실을 명백하게 한다. 단 한 사람의 상근 임원을 두고 있는. 지금 존재하는 유력한 노동조합들이 실제로 개인 독재제의 단계를 넘어 진보하지 않는다는 것을 지적하기란 어렵지 않

---

53) Plebiscitary는 보통 Referendum과 같이 국민투표로 번역되지만 여기서는 인민투표로 번역한다. (옮긴이 주)

54) 레키(Lecky, *Democracy and Liberty*, vol. i, 12쪽, 31쪽, 32쪽) 씨는 프랑스에서 어떻게 "대대로 정부가 다음 사실, 즉 인민투표가 어떻게 강력한 행정부를 좌우하고 지도하게 되었는지, 권력 찬탈을 비호하고 정당화하는 데에 얼마나 유용했는지를 곧 알게 되었는지를 지적했다. 총재의 권력을 수립한 1795년 헌법, 10년 임기로 선출된 3명의 통령(Consul)에게 행정권을 부여한 1799년 헌법, 보나파르트를 종신 통령으로 만들고, 다시 선거제도를 바꾼 1802년 헌법, 1804년에 건설된 제국, 1815년 나폴레옹에 의해 공포된 헌법의 추가 법령은 모두 직접적인 인민투표에 부쳐졌다." 1852년부터 1870년까지 나폴레옹 3세의 정부는, 4회의 인민투표에 의해 승인되었다. 라페리에르(Laferrière), 『1789년 이후의 프랑스 헌법(*Constitutions de la France Depuis 1789*)』; 쥘 클레르(Jules Clère), 『보편 투표의 역사(*Histoire du Souffrage Universel*)』를 참조하라.

다. 그러나 앞에서 보았듯이, 위원장의 영향력을 증대시키는 경향이 있는 노동조합과 그 업무의 발전 자체는, 그의 개인적 권위에 새로운 억제를 낳게 되는 경우가 자주 발생한다. 은행이나 주식회사 또는 어떤 조직이라도, 노동 계급에 의해 형성되지 않은 조직을 검토해보면, 최고의 집행 임원들은, 일반 조합원이 아니라 지배적 위원회에 의해 임명되고, 그들의 부하를 채용하고 해고하는 데에 절대적인 권력은 아니라고 해도 자유재량을 갖게 됨이 일반적임을 우리는 알게 된다. 다른 계획은 그 조직의 효율적인 작동을 심각하게 저하시킬 수 있기 때문이다. 만일 노동조합이 이러한 절차를 채택하면, 위원장은 절대적인 지배자가 될 것이다. 그러나 영국의 노동 계급 단체는, 거의 예외 없이 모든 조합원에 의한 모든 임원의 직접 선거를 고집해왔다. 충족되어야 할 지위가 본부의 서기거나, 또는 국내의 일부 지역을 위해 행동하는 지역 대리인이라고 해도 조합원들은 그들 손으로 임명하는 것을 고집스럽게 유지해왔다. 따라서 현존하는 거대한 노동조합에서 위원장이 통괄하는 사람들은 그가 임면과 승진을 자유롭게 할 수 있는 유순하게 종속된 부하들이 아니라, 각자 조합원 일반에 의해 직접 임명되고 각자 선거되는 다수 직원들이다.[55] 그리하여 개인적으로 독재하고자 하는 어떤 시도도 신속하게 통제되고 있다. 그러나 상호 충돌과 개인적 질투로 인해 부당하게 행정을 약화시킬 수 있다는 큰 위험이 따른다. 그러나 그 일반적인 결과는, 노동조합의 사무를 그들이 최선이라고 생각하는 방식에 의해 시행하기 위해 모든 유급 직원이 친밀하게 협력한 것이다. 따라

---

55) 심지어 사무직원들도 최근에는 조합원들에 의해 조합원 중에서 채용되고 있다. 그리고 극소수의 조합에서 위원장이나 집행위원회가 선임한 속기사나 숙련된 서기가, 육체노동으로 단련된 최적 직공보다도 책상 위의 업무에 더 적합하다는 것을 깨닫게 되었다. 그러나 '연와적공 노동조합'은 최근 집행위원회가 속기사를 임명하도록 허용했다.

서 우리는 개인적 독재 대신에, 견고하게 단결하고 실제로 유력한 관료제를 갖게 된다.

이러한 유형의 조직하에서 노동조합은 고도의 능력을 발휘할 수 있다. 가령 '보일러 제작공 및 철선 제작공 노동조합'(United Society of Boilermakers and Ironshipbuilders)(1832년 설립; 1896년 12월 현재 조합원 수는 4만 776명)은 분명히 영국 노동조합 중에서 가장 강력하고 가장 잘 관리된 것 중의 하나이다. 최근 20년간, 경기가 좋을 때나 나쁠 때나 계속적으로 번영한 역사를 가지고 있다. 오랫동안 그 노동조합은 모든 조선 항구를 지배했고, 지금은 영국의 모든 조선공을 실제로 포함하고 있다. 보험회사로서도, 가장 격심한 불경기가 닥친 산업계 최악의 연도에도 특별하게 고안되고 관대한 성격의 급부금을 지급할 수 있었다. 이처럼 대범한 급부금에도 불구하고, 그 노동조합은 17만 5560파운드의 적립금을 만들었다. 뿐만 아니라 이러한 번영은 노동조합운동의 투쟁적 측면을 무시하여 얻어진 것이 아니었다. 반대로 그 노동조합은 어떤 다른 노동조합보다도, 조합원의 노동조건에 대해 엄격하게 통제하는 것으로 유명했다. 가령 도제제도 제한을 더욱 엄격하고도 일반적으로 강제하고, 비조합원과의 노동을 철저하게 금지했다. 나아가 우리가 다른 곳에서 서술했듯이, 국내의 모든 항구에 적용되는 정교한 전국 단체협약을 어떤 노동조합보다도 성공적으로 체결하고 시행했다. 나아가 이처럼 강인하고 성공적인, 고용인에 대한 정책은 파업을 현저하게 절제하는 것과 맞물려왔다. 이는 노동조합의 막강한 재정력과 강력한 단결력에 의존할 뿐 아니라, 조합원에게 강제되는 암묵적인 복종과 중앙집행부에 의해 부여되고 행사되는 충분한 규율권에 귀결되는 사실이다.[56]

이 특별한 노동조합의 실력과 영향력은 대부분 철선 제작업(鐵船 製作業)

의 특수한 팽창에 따르는 유리한 전략적 지위에 기인하는 것이 물론이다. 그러나 그것이 규약상으로는 시원적인 민주주의의 모든 측면을 유지하면서도, 실무적으로는 유효한 인민적 통제가 거의 작용하지 않는 관료제로 되어 있음은 흥미롭다. '보일러 제작공 노동조합'의 형식적 규약은 여전히 초기 노동조합의 전형적 측면을 포함하고 있다. 이 거대한 전국 노동조합의 집행권은 언제나 변화하는 위원회에 주어져 있고, 그 위원회의 구성원은 각 지역에서 선출되어 오로지 12개월 근무하며 그 뒤 3년간은 재선될 수 없다. 모든 유급 임원은 조합원 전체에 의해 각각 선출되고, 임기도 미리 정해진 2년에서 5년에 한정된다. 노동조합이 바라는 경우 대리인 집회를 연다는 규정이 있지만, 기부금과 급부금의 비율을 포함한 모든 규약은 총투표에 의해 변경될 수 있다. 심지어 대리인 집회가 열려도, 규약의 개정은 각 지부 총회의 투표에 부쳐져야 한다. 나아가 어떤 것에 대한 제안도 이와 같은 총투표에 부쳐야 한다고 모든 지부가 주장할 수 있다. 요컨대, 이 노동조합은 시원적 유형의 노동조합 민주주의 형태를 유지하고 있다.

그러나 집행위원회, 지부 회의, 일반투표가 그 노동조합 규약의 대부분을 차지하지만, 그 모든 정책을 지휘하고 모든 업무를 수행한 것은, 인쇄된 회칙에는 전혀 알려지지 않은 상임 임원들로 구성되는 비공식 집단이었다. 20년 전, 노동조합은 다행히도 위원장으로 로버트 나이트(Robert Knight) 씨를 임명했다. 그는 비범한 능력과 확고한 인격을 갖춘 사람으로 지금까지도 이 작은 왕국의 영원한 수상으로 있다.

---

56) G. 폰 슐츠-게버니츠(G. von Schulze-Gaevernitz) 박사의 『사회적 평화(*Zum Socialen Frieden*)』(Leipzig, 1890) 2권 중 이 조직에 관한 열정적인 서술을 참조하라. 영어 번역서 『사회적 평화(*Social Peace*)』(London, 1893), 239~243쪽을 참조하라.

그의 오랜 지배 동안, 그 주위로 젊은 임원단이 구성되었다. 그들은 각자의 장점 때문에 임명되었지만, 조합원에 대한 충성이라는 점에서 그들의 우두머리와 경쟁할 수 없었다. 위원장이 5년 임기로 선출되었듯이, 이 지역 대리인들은 명목상 임기가 2년이다. 그러나 우리가 다른 곳에서 설명한 이유에 의해 이 모든 임원들은 판사의 그것처럼 종신직을 누리고 있다. 노동조합 경륜에 대한 나이트 씨의 명백한 탁월성은, 명목상은 독립적인 지역 대리인으로 구성된 집행위원회의 무한한 지원과 함께 실질적 내각을 구성하게 하여, 어려운 정책 문제에 대한 고문역이자, 평의회가 결정한 영역을 수행하는 장관으로 봉사하게 했다. 노동조합의 성문 규약으로부터, 경제학도가 감탄하도록 한, 전국 고용인 단체와의 모든 전국 단체협약과 정교한 단체교섭을 가능하게 한 도금공이나 대갈못공(Rivetter)으로 구성된, 작은 뉴캐슬 노동자 위원회의 저녁 모임에서 비롯되었다고 상상할 수 있다. 그러나 그 노동조합이 대표적 성격을 갖지 못하고, 구성원의 임기가 짧으며, 실제적인 순환근무로 인해 언제나 유동적인 집행위원회에 대해, 그렇게 대규모 노동조합의 일상 업무에조차 유효한 영향력을 행사하기 어려웠다. 전국적 협약에 포함되어 있는 복잡한 조정은 그 범위를 절대적으로 넘어선다. 어떤 어려운 정책 문제에서 실제로 발생한 것에 대해, 나이트 씨는 그 지역 대리인들을 런던이나 맨체스터에 소집하여 중대한 담판을 하게 했고, 뉴캐슬 집행부는 이를 형식적으로 인정했다. 또 급부금에 대한 실무 행정이 지역위원회에 의해 수행되지만, 그 자금의 절대적 집중과 집행위원회에 부여된 최상의 규제력은, 재정상의 고용정책에서처럼 그 위원회나 위원장에게 지배력을 행사하게 했다. 인민의 의지를 유효하게 표현할 수 있는 유일하게 참된 기회는, 문제를 지부 총회의 총투표에 부치게 되는 것이었다. 이러한 종류의 일반투표는, 위원장이 어떤 말을 선택하든 간에,

공식 회람을 통해 제출되고, 각 지역에서 상임 임원의 힘에 의해 후원되어, 오로지 공식적 의견을 조합원 전체에게 억누르는 것에 불과하게 되는 것은 지금 다시 지적할 필요도 없다. 그래서 위원장과 그 비공식 내각이란 1895년의 변혁에 이르러 절대최고의 것이 되었다.[57]

'보일러 제작공 노동조합'의 경우, 유급 임원의 비공식 내각에 의한 통치는 지금까지 대단히 성공적이었다. 그러나 나이트 씨보다 능력이 못한 행정가가 노동조합 전체에 대해 책임을 지고, 각자가 속하는 개별 지역위원회에 대해서만 명목상 종속되는 지역 임원 모두와 합쳐져서, 하나의 연합 내각을 이루기란 매우 어려운 것이 분명하다. 이러한 상황하에서 어떤 개인적인 충돌이나 불충도 쉽게, 노동조합의 번영을 좌우하는 대(對)고용인 정책 전체를 마비시킬 수 있다. 나아가, 나이트 씨의 고결하고 유능한 통제하에서는 어떤 감독권의 결여도 느껴지지 않았다고 해도, 규약에 부패한, 태만한, 또는 무능한 위원장에 대한 어떤 통제에 대해서도 규정하지 않는다면 결점이라고 보지 않을 수 없다. 노동조합의 행정에 대해 유력한 비판을 할 수 있는 지위에 있는 사람은 유급 임원들이다. 그들은 자신들의 상부에 반대하여 총투표의 불확실한 호소에 의해 그들의 지위를 위험하게 하지 않으려고 함은 당연하다. 마지막으로, 이러한 제도는 민주주의적 형식을 갖추고는 있지만, 실제로는 도금공이나 대갈못공으로 하여금 소속 노동조합의 중앙 행정에 대해 전혀 적극적으로 참여하게 하지 못한다. 그

---

57) 이 장을 쓴 뒤 1895년, 그 제도는 변경되었다. 런던 등의 도시 조합원이 점차 그들의 관료를, 과거 형태하에서는 완전하게 통제할 수 없음을 느끼기에 이르렀기 때문이었다. 새로운 규약에서는, 모든 조합을 7개 선거구로 나누어 3년 임기로 선출하고, 매년 3분의 1씩 교대하게 하여 7명의 유급 대표 집행위원에게 조합의 통치를 위임했다. 〈보일러 제작공 등 연합 노동조합 규약〉(Newcastle, 1895년). 이 변경의 효과에 대한 비판은 그것이 1879년에 행해진 것에 불과하다는 이유에서 너무나도 시기 상조였다.

들에게는 자신의 의견을 표현할 어떤 실질적인 기회가 부여되지 않으며, 어떤 여론의 형성을 위해서도 그들의 지성에 호소하는 경우는 없다. 요컨대 보일러 제작공은 그들이 이러한 정부 형태에 만족하는 한, 유효한 행정을 확보하기 위해, 민주주의의 모든 교육적 영향력과 정치적 보장을 희생시킨다.

잉글랜드[58] 북부의 잘 조직된 '광부 노동조합'에서는, '인민에 의한 직접 입법'이라는 이론이 여전히 막강하다. 그래서 1863년에 설립된 '노섬벌랜드 광부 상호 신용 노동조합'(Northumberland Miners' Mutual Confident Association)의 1만 9000명 조합원은 모든 정책 문제는 물론이고 단순한 행정적 세부 사항까지 여러 지역모임에서의 투표로 결정한다.[59] 대리인 회의는 계절마다 열리고, 1894년 규약에 의하면 분명히 "예정된 안건 전체에 대해 자유롭고 구속 없이 숙고할 목적으로 모인다"고 선언하지만, 그 기능은 엄격하게 의견 제시에 그치고, 안건의 전체 목록은 "투표를 위해 지부에 되돌려준다"고 되어 있다.[60] 집행위원회는 전원에 의해 선거되고, 그 임

---

58) 영국에서 북아일랜드를 제외한 잉글랜드섬을 말한다. 웹의 생존 시에는 잉글랜드와 아일랜드를 합쳐 영국(United Kingdom)이라고 했으나, 지금은 아일랜드가 북아일랜드를 남기고 독립했다. (옮긴이 주)

59) 가령 1894년 6월 9일, 1회 표결로 결정된 25개의 제안을 보라. 〈노섬벌랜드 광부의사록〉, 1894년, 23~26쪽.

60) 규약 15조. 여기서 우리는 최고규범(Imperative Mandate) 실시의 불편한 결과에서 생기는, 입법기능과 심의의 확실한 구별에 대한 희귀한 예를 볼 수 있다. 1893~1894년 규약 수정을 담당한 위원회는 다음과 같이 보고했다. "현재와 같은 대리인 회의에서 사무를 다루는 방법은, 오랫동안 불만족스럽게 느껴졌다. 계획을 위해 안건이 제안되고 인쇄되어 지부에 배부된다. 그 뒤 대리인은 엄격하고 신속한 훈령을 받아 파견되어 찬반의 투표를 하게 된다. 대리인이 반대하는 투표를 하면, 전혀 다른 의미를 갖게 되고, 찬성하는 경우에 지부가 기대하는 것과 전혀 다른 효과를 갖게 된다. 그래서 우리 조합원이 불충분한 정보로 인해 제안에 대해 범한 폐해를 제거하기 위하여, 우리는 다음과 같이 제안한다. 계획이 지부에

기는 6개월이며 재선은 허용되지 않는다. 마지막으로, 유급 임원도 조합원 전원에 의해 선거된다. 계속되는 인민투표에 나타난 정책의 불완전이, 노동조합 기관의 상이한 부문 간의 유기적 관련성이 결여되어 있기 때문이라는 점에 연구자는 동의할 것이다. 1894년 6월, '광부 연합 노동조합' 가입 건에 관해 총조합원 투표를 채택했을 때, 5807 대 6730으로 가결했다. 그러나 바로 그 다음 달, 각 지부가 '광부 연합 노동조합'의 유명한 정책을 실현하여, 1892년 이래 받아들인 16%에 이르는 임금 삭감을 되돌린다고 선언할 때, 2 대 1 이상의 부정적인 투표를 했다. 다른 지역의 항쟁을 지원하기 위하여 기부한다는 안을 마찬가지로 결정적으로 거부하여 이를 뒷받침했다. "그들은 그 원칙과 정책을 알고서 연합회에 참가갔고, 참가 직후 곧 그들이 방금 품었던 원칙을 포기했다"는 것은 그들의 집행위원회 구성원의 한 사람이 행한 비평이었다.[61] 이러한 모순되는 행동은 많은 논의를 초래했고, 노섬벌랜드 광부들이 연합회 최고기관인 특별평의회의 결정에 복종하기를 거부한 것은, 그 조직의 나머지 구성원들과 모순된다고 선언되었다. 그럼에도 1894년 7월, 그 집행위원회의 강력한 반대의 영향력에도 불구하고, 5507 대 8445로 연합회 가입을 가결했다. 연합회 임원은 당연히, 신규 가입 신청이, 가입을 위한 조직의 정책에 따른다는 의지를 뜻하

송부된 뒤, 지부는 그 대리인을 총회에 보내어 제안을 심의하게 하고, 그것이 끝나면 그들은 돌아와서 심의 결과를 보고하며, 그 뒤 그 투표를 본부에 송부해야 한다. 이러한 원칙을 실행한다는 것은, 조합원에게 매우 유리하고 중요한 것이라고 우리는 생각하고, 그것은 현재 제도 이상으로 집회를 필요로 하지 않으며 비용도 들지 않을 것이다. 한편 지부는 충분한 지식을 가지고, 여러 가지 제안에 대해 투표를 할 기회를 갖게 되고, 지금과 같이 많은 경우에 정보가 없는 것은 아니게 될 것이다." 〈노섬벌랜드 광부의사록〉, 1894(87~88쪽), 1894년 2월 3일 보고.

61) 〈노섬벌랜드 광부의사록〉, 1893년 소재, 1893년 9월 23일 회의 보고.

는지 아닌지 물었다. 이에 대해 다시 지역별 투표가 행해져, 가입 안건은 1 대 5 이상의 다수결로 거부되었다.[62]

이러한 '광부 연합 노동조합' 가입의 예에서 문제는 조합에 대해 매우 어렵고 중대한 것이어서, 조합원 측의 어느 정도 주저가 기대될 수 있을 뿐이라고 하는 반대가 있을지도 모른다. 그러나 우리는 노섬벌랜드 광부들과는 모순되는 투표를 한 수많은 유사 예를 정책과 내부 행정의 두 가지 차원에서 볼 수 있다. 우리는 그들의 경험이, 일반투표에 의한 통치에 어떤 이익이 있든 간에, 이 제도는 집행부에 어떤 정책도 부여하지 않는다는 중대한 결점을 갖는다고 하는, 다른 증거에 불과하다고 주장한다. '노섬벌랜드 광부 노동조합'의 경우, 그 결과는 그 영향력을 현저하게 감소시킨 것이었고, 몇 번이나 분열의 위험을 초래했다.[63] 다행히도 그 노동조합에는 탁월한 능력과 경험을 가진 완벽한 통합의 집행 임원들의 봉사가 있었다. 그 임원들은 명확하게 정의되고 일관된 정책을 가지고, 조합원의 무지하고 모순된 투표도 통제하고 변경할 수 있었다.

1869년에 설립된 '더럼 광부 노동조합'(Durham Miners' Association)의 조직도 본질적으로는 노섬벌랜드 광부 노동조합과 유사하기 때문에, 상세히

62) 노섬벌랜드 광부들의 일반투표가 '직접투표'(Ballot)와 소위 '대리투표'(Proxy Voting)라고 하는, 두 가지의 다른 형태를 취했음을 반드시 설명해야 한다. 파업에 관한 문제, 기타 대리인 회의에 의해 명백하게 명령된 것은, 조합원 개인에 의한 직접투표로 결정된다. 대리인 회의가 지부에 부탁한 일상 사무는 각 지부의 총회에서 논의되어, 지부의 투표, 즉 '대리투표'는 전체로 그 출석자의 단순한 다수에 의해 결정된다. 지부의 투표는 엄밀하게 그 조합원에 비례하여 1 내지 30을 계산한다. 조합원의 직접투표에 의하면 연합에 찬성하는 3표가 얻어졌음에도 불구하고, 지부의 '대리투표'에 의하면 그 반대가 행해지는 것이(이 사실에서 어떤 결론을 내릴 수 있는지는 모르지만) 인정되는 것이 흥미롭다.
63) 가령 1893년 9월 23일, "우리 노동조합의 분열"을 저지하기 위해 특별히 소집된 특별회의 보고서를 참조하라. 〈노섬벌랜드 광부 의사록〉, 1893.

설명할 필요는 없을 것이다.[64] 그러나 일반투표에 의한 통치의 결과라고 하는 더럼의 경험은 노섬벌랜드의 그것과 동일하고,[65] 심지어 조직에는 더욱 불리했음을 아는 것은 흥미롭다. '더럼 광부 노동조합'은 집중된 6만 명의 조합원 수에도 불구하고, 노동조합 세계에 중요한 영향력을 행사하지 못했고, 심지어 고용인까지 '그 내부의 허약함'을 개탄하게 했다. 평의회가 집행부의 행위를 파기하고, 투표의 결과 평의회의 결의를 번복시켜 더럼 광산주들은 언제 협정을 체결할 수 있는지, 반항적인 지부에 대해 얼마나 오랫동안 협정을 강제할 수 있는지 전혀 알 수 없다고 말했다.

그 뒤 '광부 연합 노동조합'을 직접 모방하여 같은 지역에서 생긴 새로운 조직들은, 조합원 전체에게 더 작은 권력을 부여했다는 점은 매우 중요하다. 그래서 1874년 '더럼 광부 노동조합'에서 생겨난 '더럼 코크스 및 인부 노동조합'(Durham Cokemen and Labores' Association)은 그 규약에서 모(母)단체의 실제 조항을 따라, 집행위원회와 임원의 선거권을 조합원 전체에게 주지 않고, 최고의 '평의회'에 주었다. 1872년에 설립된 '더럼 지방 탄광 기관공 상호조합(Durham County Colliery Enginemen's Mutual Aid Association)', 1879년에 설립된 '더럼 탄광 기계공 노동조합'(Durham Colliery Mechanics' Association), (적어도 임원 선거에 관한 한) '노섬벌랜드 직공장 상호 노동조합'(Northumberland Deputies' Mutual Aid Association)도 마찬가지였다.

---

64) 더럼 광부 노동조합의 임원 선거는 명목상 평의회에 맡겨져 있으나, 규약에는 각 지부가 그 대리인에게 투표 방법을 위임한다고 하는 명백한 규정이 있다.

65) 이는 가령 1893~1896년의 '더럼 광부 연합 노동조합' 의사록 중에 나오는 더럼 투표에 관한 서술, 또는 1892년의 더럼 대파업 역사에 나오는 비참한 결과에 관한 서술, 또는 1891년 실크스턴 파업에 관한 서술에서 살펴볼 수 있다. 더럼 광부의사록은 비조합원이 볼 수 없다.

따라서 민주주의가, "모든 것에 관련된 모든 것이 모두에 의해 결정되어야 한다"는 것을 의미하고, 각 시민은 통치에 있어서 동등하고 동일한 참여권을 누려야 한다는 것을 의미한다면, 노동조합의 역사는 그 불가피한 결과를 분명히 보여준다. 임원의 순환, 총회, 일반투표, 발안권, 또는 최고 훈시에 의해 규제되는 대리인과 같은 방안에 의한 통치는 바로 비효율과 분열을 결과하거나, 아니면 개인적 독재나 전문 관료의 통제할 수 없는 지배를 초래한다. 이러한 결론은 1세기에 걸친 실험의 결과, 막연하고 거의 무의식적으로 여러 직업을 더욱 나아가게 만들었다. 민주주의의 낡은 이론은 지금도 여전히 신봉되고 있고, 새로운 목적을 위하여 어떤 단체가 형성되어야 하는 경우, 지속적으로 일선에 나타났다.[66] 그러나 노동조합의 조직은 조용한 혁명을 경험했다. 모든 조합원들이 임원을 차례로 교대한다는 낡은 이상은 실제로 포기되었다. 총회에 호소하는 빈번도나 중요도가 서서히 감소되었다. 발안권과 일반투표의 사용은 모든 복잡한 쟁점의 경우 암묵리에 폐지되었고, 점차적으로 특별 비상시의 몇 가지 특별 문제에 한정되었다. 대리인은 매년 더욱 많고 복잡한 문제들을 취급하게 되었고,

---

66) 우리는 1894~1895년에 '독립노동당'이라는 형태의 정치 단체 구성원들의 토론을 그 예증으로 들 수 있다. 가령 헤크니 지부의 창립 시에 그들은 "지부장과 지부 집행위원회는 임명되어서는 안 되고, 그 사무는 주일 회의에 참석하는 구성원에게 맡겨져야 한다고 결의했다."(〈노동지도자〉, 1895년 1월 26일) 이러한 견해는 단순히 민중에 한정되지 않았다. 그 정당에서 가장 유명한 사람인 〈크레리언〉 편집자는, 1894년 11월 3일의 사설에서 다음과 같이 분명하게 선언했다. "민주주의란 인민이 스스로를 통치하는 것이다. 인민이 자신의 일을 관리하는 것이다. 따라서 그들의 임원은 인민의 의사를 실천하도록 맡겨진 공적 하인이나 대리인이어야 한다. … 지금 민중 쪽에서 임원의 재능과 유용성을 과도하게 평가하는 경향이 너무나 뚜렷하게 나타나고 있다. … 위원회의 위원이나 의회의 의원처럼 임원이나 대리인의 보통 업무에 관해서만은, 보통 시민이 정말 정직하다면 필요한 모든 일을 충분히 할 수 있을 정도로 현명하다는 것이 거의 명백한 것이다. … 따라서 모든 임원은 1년 봉사 뒤에 퇴직하게 하고, 새로운 사람을 선출해야 한다."

따라서 불가피하게 대표자로서의 더 큰 자유를 행사하는 경향이 생겨났다. 마지막으로 노동조합 세계에서 민주주의의 전형적인 현대적 형태라고 하는 것, 즉 상임 임원의 직무 집행을 감독하는 집행위원회를 임명하고 통제하는 대의원회를 선출했다.

2장
대의제도

노동조합 세계에서 대의제도를 가장 많이 이용한 두 개의 조직은 모두 그 성장과 탁월성이 가장 두드러진 현대의 것들이다. 조합원 수, 정치적 영향, 1년 수입(年收)에서 광부와 면공의 양대 연합 조합은 다른 것들을 압도하고, 이제 모든 노동조합원 수의 5분의 1을 포함하고 있다. 우리는 이 두 개 직업이 그 수와 능력에서 다른 어떤 직업보다도 뛰어난 전문적 임원을 둔 점에서 특징적이라고 다른 곳에서 지적했다.[1] 또한 앞으로 우리가 보듯이 민주주의의 근본 문제, 즉 행정적 효율성과 인민적 통제의 결합이라는 문제를 성공적으로 해결한 점에서 그 둘은 서로 유사하다. 각각의 경우에 그 해결은 대의제도의 솔직한 수용에 있었다.

면공 조직의 전형이라고 할 수 있는 '면사방적공 합동 노동조합'에서,

---

1) 『노동조합운동의 역사』, 298쪽; 또한 이 책의 뒤에 나오는 '단체교섭의 방법'을 참조하라.

'입법권'은 명백하게 '노동조합에 속하는 여러 지역과 지방의 대표로 구성된 회의'에 부여되었다.[2] 이 '면사방적공 의회'는 조합원 수에 엄격히 비례하여 매년 선거되어, 거의 100명의 대표로 구성되었다. 그것은 매 계절마다 맨체스터에서 열렸고, 그 밖에도 집행평의회는 언제나 이를 소집할 수 있었다. 한 번 선출되면, 그것은 영국 의회처럼, 절대적인 권위를 누렸다. 그 권력과 직능에는 어떤 명문상의 제한도 없었고, 그 결정에 대해서는 어떤 이의도 있을 수 없었다. 그 규약에는 조합원의 투표에 대한 규정이 없었고, 계절 집회의 의제는 정보를 위해 지역조합의 집행부에 회람되었지만, 의원이 그 선거인들로부터 훈령을 받을 필요가 있다는 생각이 전혀 없어서, 의제에 포함된 것 외의 어떤 사무도 처리할 수 있음이 명시적으로 규정되었다.[3] 노동조합의 실제 '정부'는 '일반 대표의 집회'(General Representative Meeting)에 의해 선출된 집행평의회에 의해 운영되고, 위원장, 회계, 서기, 그리고 13명의 평의원들로 구성된다. 13명 중 최소한 7명은 현재 면공이어야 하고, 나머지 6명은 관례에 따라 주된 지역 조직에 의해 임명되고 유지되는 상임 임원이다. 이 평의회가 이 흥미로운 조직의 '내각'에 해당하는 것으로, 노동조합의 모든 업무를 실제로 감독하고, 입법 기구 회의에서 그 의제를 준비하고 그 모든 진행을 지휘하는 중요한 일을 수행한다. 행정의 일상 업무를 위하여 이러한 '내각'은, 위원회를 임명하는 규약에 의해 권위가 부여된다. 위원회는 관례상 6명의 '신사' ―통상 지역 임원이라

---

2) 〈'면사방적공 합동 노동조합' 규약〉(Manchester, 1894), 4쪽, 7조.
3) 규약 9조, 5쪽. 의원총회는 심지어 의원 자신의 임기를 포함하여 규약의 근본적 기초를 변경할 수 있는 점에서 영국의 의회와 유사하다. 합동조합을 좌우하는 규약은 특별한 통지를 받고 열리는 의원총회에 의해, 그 선거인으로부터 어떤 확인도 없이 변경할 수 있는 것이었다. 규약 45조, 27~28쪽.

고 한다— 로 구성된다. 그 실무는 위원장에 의해 수행되고, 위원장은 필요할 때마다 스스로 사무보조원을 고용할 수 있다. 지금까지 서술한 모든 노동조합 조직과 현저히 다른 점은 '면사방적공 합동 노동조합'의 규약이 이러한 집행위원장의 선거권을 조합원 총회에 부여하지 않았지만, "상임위원장의 선거 및 그 보수 결정권은 지역과 지방 대표의 회의에 속한다"고 분명하게 선언했다.[4] 나아가 이미 설명했듯이, 이러한 지위에 대한 후보자는 경쟁시험을 통과하고, 규약상 그는 "그가 만족하게 하는 한 그 지위에 임명되고 유임된다"고 정해져 있으므로, 일단 선출되면 영국의 행정관의 그것과 같은 정년을 보장받는다.[5]

따라서 '면사방적공 합동 노동조합'은 인민적 통치를 확보하기 위한 모든 초기 수단을 전혀 채택하지 않았다. 총회나 총원집회[6]는 그 조직 안에 존재하지 않고, 규약에는 일반투표나 발안권에 관한 규정도 없다. 직위의 순환과 같은 생각도 없다. 조합원들이 선출하는 임원도 없다. 마지막으로 대리인이라는 것도 완전히 포기되어 있고, 실질적으로나 명목상으로나 대표가 그것을 대체한다. 한편 그 노동조합은 현대적 유형의 완벽한 민주국가로서 완비되어 있다. 즉 최고의 독립된 권력을 행사하는 선출된 의회를 두고 있다. 또 그 의회에 의해서만 임명되고 의회에 대해서만 책임을 지는 내각을 두고 있다. 그리고 그 집행위원장은 오로지 효율성에 근거해서 임명되므로 행정관과 마찬가지의 정년을 보장받는다.[7]

---

4) 규약 12조, 6쪽.
5) 같은 책.
6) 이는 각각 General Meeting과 Agreegate Meeting으로 구분되는 것의 역어이다. (옮긴이 주)
7) 목면 공업의 여타 부문, 특히 직공(織工)과 소기공(梳機工; Cardroom Hand)의 연합은 임원과 집행위원회를 스스로 임명하고 대의원회를 선출하는 같은 원칙에 의해 조직되었으

우리는 최근 7년간, 이러한 특별한 조직의 작용을 주의 깊게 보았고, 효율성과 인민적 통제를 함께 확보하는 것에 성공했음을 증명할 수 있다. 그 효율성은 적절하고 노련하며 비교적 높은 보수의 상임 관리직의 존재로 인한 것이다.[8] 그러나 이러한 행정부가 인민적 통제를 충분히 받는다는 것은, 면공 임원이, 그들이 봉사하는 조합원의 견해의 발전에 따라, 그 정치적·산업적 정책을 적응시키는 정확성을 통해 볼 수 있다. 인민적 희망에 대한 이러한 감수성은, 선출된 대표들의 실질적 최고성에 의해 확보된다. 왜냐하면 '면사방적공 의회'는 우세한 관료제의 결정을 시인하는 임시 조합원의 형식적 집합이 아니기 때문이다. 반대로 그것은 고도로 조직된 심의 집단으로서, 각 지역에서 온 활동적 대표들로 구성되고, 그 선거인들의 특수하고, 종종 서로 반대되기도 하는 이해관계를 유지하기 위해 노력하기 때문이다. 그들이 얼마나 열심히 참여하는지는, 상이한 영역이 빈

나, 약간의 사소한 차이는 있다. 방적공도 참여하는 '방직 공장직공 연합 노동조합'(United Textile Factory Workers' Association)도 마찬가지 형태인 '입법평의회'로 형성되었다. 그것은 실제로 집행위원회로 회의, 즉 대의원회에 의해 선출된다. (이 조직은 1896년 일시적으로 중단되었다.) 나아가 '면사방적공 합동 노동조합'에 속하는 여러 지역 노동조합의 규약은 이와 마찬가지의 구성적 영향을 보여준다. 하나의 마을에 한정되는 더욱 작은 노동조합에서는, 위원회와 임원을 선출하는 단순한 관리가 행해진다. 그러나 정년제가 규약으로서, 서기와 회계는 각각 "만족감을 주는 한 그 직을 유지한다"고 명백하게 규정된다. 나아가 모든 조합원의 반 이상은, 두 개의 중요한 '지역'인 올덤과 볼턴에 속한다. 그 지역에는 정교한 연합 규약이 있다. 이는 대체로 연합 규약에 따르지만, 더 오래된 형태를 유지하기도 한다. 그래서 올덤에서는 임원이 정년을 보장받고, 오로지 대의원회에 대해서만 책임을 지지만, 결원이 생기면 조합원의 일반투표에 의해 충원된다. 대의원회는 최고의 입법권과 행정권을 갖지만, 파업을 하기 전에는 모든 조합원에 의한 직접투표를 해야 한다. 한편, 볼턴에서는 모든 것을 대의원회에 위임하지만, 집행평의회에서 의원이 퇴직하는 경우, 12개월 동안은 재선을 하지 않는다고 규정하여, 직위의 순환제에 미련을 두고 있음을 보여준다.

8) '면사방적공 합동 노동조합'의 1만 9000명 조합원은 그 직업에서 여전히 일하고 있는 무수한 지역 임원 외에, 10명의 상임 임원을 두고 있다.

번하게 '분파 집회'를 열고, 거기에 각 지역의 임원과 노동자들이 참여하여 서로 상의하여 총회에 정책 방향을 관철시키고자 하는 것을 통해 알 수 있다. 그러한 상의와 용의주도한 협동은 적어도 올덤의 대의원회에서는 더욱 발전되었다. 우리가 아는 한, '올덤 면사방적공 지역 노동조합'(Oldham Operative Cotton-spinners' Provincial Association)의 규약은 '지역회의[9]'에 대한 명문 규정을 두고 있는 점에서, 민주주의 역사 중 독보적인 지위에 있다. 1891년 규약은 "합동 노동조합의 계절회의나 특별회의에 참가하는 대의원들에 의해 업무를 수행할 때는 언제나, 우리 노동조합의 이해관계에 관한 중대한 것이어서 이러한 지역 대의원들의 투표에 관한 일치된 행동이 필요한 경우, 서기는 특별회의를 소집할 수 있다. 그 소집의 취지는 노동조합의 월례회람 속에 의제 및 일시와 함께 발표할 수 있고, 그 회의는 합동 노동조합 회의를 하기 최소한 7일 전에 노동조합 회의실에서 열어야 한다. 합동 노동조합 평의회에 속하는 지역 대의원들은 그 회의에 참석해서 필요한 보고를 해야 하고, 출석자의 다수에 의해 통과된 결의는, 합동 노동조합의 계절회의나 특별회의에 출석하는 올덤 지역의 모든 대의원에게 구속력을 발휘하고, 그의 지시에 반하여 행동하는 사람은 더 이상 그가 대표하는 지역의 대의원이 될 수 없으며, 12개월간 노동조합에 관련된 어떤 지위의 후보자로 나설 수 없다. 이러한 특별회의 출석에 대한 급여는 지역

---

9) 이러한 의미의 지역회의(Caucus)는 19세기 초, 미국의 민주당이 미국 의회에서 처음 채택했다. 『정치 편람(*Statesman's Manual*)』, 1권, 294쪽, 338쪽; 우드로 윌슨(Woodrow Wilson), 『의회 정치(*Congressional Government*)』(12판, New York, 1896), 327~330쪽; 랠러(Lalor), 『정치학사전(*Cyclopaedia of Political Science*)』(New York, 1891), 1권, 357쪽. '최초 집회'라는 의미의 Caucus는 미국의 여러 주, 특히 매사추세츠주에서 법률로 규정되어 있다. F. W. 댈린저(Dallinger), 『미국의 선거제 관직의 임명(*Norminations for Effective Office in the United States*)』(London, 1897)을 참조하라.

집행위원회에 부여된 표준에 따른다."[10] 그러나 이처럼 엄격한 규약이 없다고 해도, 대의원이 일반 조합원의 희망을 표현할 수 없는 위험성은 거의 없을 것이다. 그들의 선거인과 같은 생활을 하고, 매년 선거된다면, 조합원 전반과의 접촉을 결여할 우려는 거의 없다. 선거인들의 다음 집회에 참석한 각 대의원이 면전에서 그의 행동에 대해 보고하도록 하는 일상적 관행과, 모든 조합원 사이에서 인쇄된 보고서를 널리 회람시키는 것은, 신문을 대신하는 것으로 유효하다. 반면, 대의원회가 최고 권력을 행사하는 하나의 상설기관이고, 그 의원들은 매년 거의 변경되지 않으므로 6개월마다 선출되는 집행평의회와 그것이 임명하는 임원에 대한 참된 권위를 갖게 된다. '면사방적공 의회'의 전형적 의원은 그의 선거인의 희망을 발표하는 데 노련할 뿐만 아니라, 상당한 정도로 행정적 세부 사항과 최근 시사에 대한 지식을 가지며, 그것은 임원의 행동을 이해하고 통제할 수 있게 한다.

광부는 이미 다른 곳에서 설명했듯이, 면공과 같이 철저히 대의제도를 채택하지 않는다. 노섬벌랜드와 더럼이라는 두 개의 거대한 지역은 낡은 조직을 보유하는 노동조합을 가지고 있다. 그러나 더욱 철저한 현대 정신의 영향을 받고 있는 광부들이 있는 다른 지역에서는 대의제도가 행해지고 있음을 볼 수 있다. 요크셔, 랭커셔, 중부 지역의 강력한 노동조합들은 두 선출된 대의원회에 의해 지배되고 있다. 그 대의원회는 집행위원회와 상임 임원들을 임명한다. 그러나 광부 노동조합에서 대의제도를 채택하는 가장 현저한 예는, 1887년에 설립된 '영국 광부 연합 노동조합'(Miners Federation of Great Britain)이다. 이 거대한 연합은 지금 노동조합에 가입한 광부의 3분의 2를 포함하지만, 처음부터 완벽한 대의제도를 채택했다. 최고 권위

---

10) 〈올덤 면사방적공 지역 노동조합' 관리부를 위한 규약 및 규제〉, 64조, 41~42쪽.

는, 필요에 따라 소집된 각 주나 지역의 노동조합에 의해 선출된 대의원으로 구성된 '평의회'(Conference)에 부여된다. 이 평의회는 정책 결정, 규약 변경, 무제한의 기부금 징수에 대해 통제받지 않는 권력을 행사한다.[11] 이 결정에 대해서는 어떤 이의 제기도 불가능하다. 조합원 전체의 투표에 대해서는 어떤 규정도 없고, 평의회가 연합의 집행위원회와 모든 임원을 임명한다. 평의회가 폐회 중에는 집행위원회가 연합의 이익을 증진시키기 위한 행동을 취할 권력을 명백하게 부여받으며, 임원의 순환을 정한 규정이 없으므로 그 집행부는 경험 있는 부원을 둘 수 있다.

  '광부 의회'라고 하는 이 평의회는 많은 점에서 노동조합 세계의 가장 중요한 회의이다. 그 정기 연차 회의는 중부 지방 도시에서 열리고, 종종 1주일이 걸리며, 그 밖에 사무적 필요가 있으면 며칠씩 회의가 열린다. 이는 매우 유력한 심의 기구로서 연합을 구성하는 각 노동조합을 대표하는 50~70명의 의원으로 구성된다. 그중에는 지역 노동조합의 상임 임원, 가장 노련한 중량조사원, 광산 부락의 유력한 여론 지도자가 포함된다. 임원들은 실제 의안의 제출, 기초, 수정과 같은 중요한 일을 하는 것으로 당연히 기대되지만, 임원이 아닌 구성원이 업무와 같은 토의에 개입하는 일이 종종 있다. 일반 공중과 신문기자는 입장할 수 없지만, 평의회는 보통 간단한 결의록을 작성하여 신문사에 공급하며, 의사록의 완전한 보고서 —종종 인쇄판으로 100쪽을 넘긴다— 는 뒤에 지부에 보내어진다. 그 주제는 산업적 정책과 정치적 정책의 모든 영역을 포함하고, 특정 지역의

---

11) 이는 1893년 7월의 중요 회의 소집의 회람 속에서 명백하게 표현되었다. 단 이는 의심할 바 없이, 지금도 여전히 일반투표나 최고훈령이라는 관행에 매달려 있는 몇 개의 구식 지역 노동조합에 관한 것이다. 즉 "대리인은 임금 문제를 다루는 전권을 가지고 평의회에 참석하도록 임명되어야 한다"는 것이다.

기술적 불만으로부터, '광산 국유화' 문제에까지 이른다.[12] 평의회가 결정한 정책의 실제 실시는 집행위원회에 전적으로 위임되지만, 정책의 변경이 필요하면 언제나 평의회가 소집되도록 기대된다. 비상시에는 집행위원

---

12) 그리하여 1894년의 연차 회의 의제로는 형식적 업무, 몇 가지 규약 개정, 집행위원회의 보고 외에 8시간 노동시간 법안, 석탄의 집적, 토요일의 정규 휴일화, 거래의 부정 경쟁을 방지하기 위한 공공기관의 설치, 광산규제법과 사용자책임법의 개정, 외국 탄광 노동조합과의 국제적 연대, 그리고 광산 국유화가 있었다. 연합회의의 의원은 각 노동조합의 조합원 수에 비례하여 투표권을 가졌다. 이러한 관행은 종종 '대리투표' 또는 더 정확하게 '누적투표'라고 불렸다. 그것은 노동조합 세계의 다른 부문에서는 알려지지 않았지만, 광부 노동조합에서는 오래전부터 특징적인 것이었다. 그래서 '영국 광부 연합' 규약에는 최고의 '평의회'에 보내야 할 대의원 수에 대해 규정하고 있지 않지만, "각 주, 연합, 지역은 다음과 같은 방법으로 모든 문제에 대해 투표를 한다. 즉 회비를 낸 조합원 1000명 또는 1000명 단수마다 1표로 하고, 투표는 어떤 경우에도 수에 따른다"고 규정한다(1895년 〈영국 광부 연합회 규약〉, 10조). 이와 같은 원칙은 국제광부회의에서 채택되어왔고, 이러한 관행은 여러 주 노동조합이나 연합에서도 행해지고 있다. 랭커셔와 첼셔 연합회는 조합원 500명에 대해 1명의 비율로 평의회에 보내야 할 의원 수를 결정한다. 그러나 그 투표는 같은 비례로 '대리'되어야 한다고 명시하고 있다. 중부 지방 연합회도 같은 규약을 채택한다. 요크셔, 노팅엄셔, 더럼, 서부 컴벌랜드의 노동조합은 각 지부마다 1명의 의원을 허용하고, 그 투표는 정확하게 그가 대표하는 조합원에 따라 계상된다. 이 '누적투표'는 임원의 선거를 비롯한 모든 중요한 방침을 결정할 때 언제나 채택된다. 그러나 중요하지 않은 사항의 결정에서는 '1인 1표'의 원칙에 의해 이의 없이 행해지는 경우가 드물지 않다. 광부가 예외적으로 이 투표 방식을 취하는 경향에 대하여 설명하기란 쉽지 않다. 특히 그들의 회합은 앞에서 지적한 것처럼, 면공 이외의 어떤 직업과 비교해도 실제로 그 성질이 더욱 '대의적'이고 최고훈령이라는 사상에 의해 더욱 덜 구속되기 때문이다. 그 관행은 집회의 크기를 감소시키는 편의는 있지만, 이는 유일한 이익에 불과한 것으로 보인다. '비례대표'의 방법이 전혀 행해지지 않는 가운데, 의견의 상대적 분배에 대하여 참된 안내는 전혀 부여되지 않는다. 가령 요크셔의 대표들은 그 지역의 투표권을 행사함에 있어서 기껏해야 단지 선거인 다수의 견해를 표현할 수 있을 뿐이다. 따라서 선거인 수에 있어서 그 과반수에 불과한 더욱 작은 지역과 의견을 함께하는 것에 머무는 경우에도, 그 지역에 대한 투표수로 우월한 실제의 권리는 없다. 한편 만일 '광부 연합 노동조합'의 모든 조합원이 공평하게 균등 선거구로 나누어지고, 각각 1명의 의원을 선거하는 경우, 의견의 다양한 상위가 훌륭하게 대표되는 기회는 더욱 많아질 것이고, 그럼에도 대소 지역 간의 정확한 균형은 여전히 보장될 것이다.

회가 그 대의원회를 몇 주마다 소집하여 실질적 권한이 그 회의에 있음을 보여준다.[13] '광부 연합 노동조합'이 산업과 정치의 강력한 권력을 파이프(Fife)[14]에서 서머싯(Somerset)[15]에 이르는 하나의 지역에 휘두르고, 그 조합원 수를 20만 명으로 계산하게 한 성공은, 실적 있는 통치와 참된 민중적 감독의 융합이라는 방법으로 알려진 것에 대해 설득력 있는 증거를 제공한다.

면공과 광부의 거대한 연합 조직은 충분히 대의제도를 채택하고 성공할 수 있다는 점에서, 다른 노동조합보다 앞서가고 있다. 그러나 노동조합 세계 전반을 통하여 유사한 경향을 추적하기란 쉽다. 우리는 이미 규약 개정이라는 과업을 거의 모든 노동조합에서도 특별히 선출된 위원회에 회부한다는 혁신에 대해 논평했다. 그러한 개정 위원회의 업무가, 지부에 의해 제안된 수정에 대해 적절한 형태를 부여하고, 종종 그것들 사이에서 선택된다는 것에 제한되었다는 것이 처음에는 당연하게 여겨졌다. 규약의 개정을 위해서 형식상 조합원의 투표에 의해 승인되어야 한다는 것이 여전히 보통이지만, 수정위원회는 광범위한 권한을 부여받아왔고, 대다수 노동조합에서는 오늘날 그들 자신의 판단에 의해 자유롭게 변경하는 것이 실무상 가능하게 되었다.[16] 그러나 대의제도로 나아가는 추세가 가장 현저하게 나타

---

13) 1893년 대파업 사이에 평의회는 6개월간 8회 열렸다.

14) 스코틀랜드의 한 지역. (옮긴이 주)

15) 잉글랜드 남서부 주. (옮긴이 주)

16) 주된 공제조합에서는 최고훈령이 없어진다고 하는 동일한 현상이 나타나고 있다. 1890년 4월, 〈공제조합 월간잡지〉에서 "지부는 … 그 대리인에 대해 투표에 대한 지시를 하도록 권고된다. 이에 대해 우리는 전적으로 반대한다. 하나의 제안은 그 외곽을 부수어, 설명되기까지 껍질 밖으로 나오지 않고 그 충분한 의미는 나타나지 않는다. 훈령에 구속되는 대리인은 그들을 보내는 지부의 필연적 무지를 단지 기계적으로 대표하는 자가 되는 것에 불과하고, 따라서 그 단체의 입법은 그런 것이라면 우편으로 보낼 수도 있다."

난 경우는, 중앙집행부의 조직에서였다. 즉 '통제부'의 낡은 방식을 대신하는 것으로, 조합원 모두를 대표하는 집행위원회가 나타난 것이었다.[17]

이러한 변혁은 면직과 광산을 제외하고는 다른 노동조합보다 조합원이 많은 '전국 제화공 노동조합'(National Union of Boot and Shoe Operative)(조합원 3만 7000명)과 '기계공 합동 노동조합'(Amalgamated Society of Engineers)(조합원 8만 7313명)에서도 나타났다. 1890년까지 '전국 제화공 노동조합'은 하나의 도시에 속한 하나의 지역 집행평의회에 의해 지배되고, 대의원회의 비정기적 투표에 의해 통제되었다. 그 회의는 처음에는 4년마다, 뒤에는 2년마다 열렸다. 7년 전에 그 조직은 완전히 바뀌었다. 즉 노동조합은 5개의 균등한 선거구로 나누어져 각각 1명씩 뽑아, 2년간 집행평의회에서 봉사하게 했다. 평의회는 그들 5명의 대표와, 모든 조합원의 선거로 뽑은 3명의 임원으로 구성되었다. 그 권한은 노동조합의 일상 업무만이 아니라, 지부의 결정에 대하여 개별 조합원이 이의를 제기하는 경우의 최

---

17) 그래서 1872년에 설립된 '철도 종업원 합동 노동조합'(Amalgamated Society of Railway Servants)은 조합원 4만 4000명의 사무를 13명으로 구성된 집행위원회가 처리하도록 하고 있다. 그 위원은 13개의 평등 선거구에서 매년 투표로 선출된다. 위원회는 최소한 계절별로 런던에서 열리고, 필요하면 더 자주 열린다. 그 위에 60명의 대의원이 매년 모이는 최고 권력이 있다. 60개의 평등 선거구에서 선출된 대의원들은 4일간 회의를 열어, 청원을 청취하고 규약을 개정하며, 노동조합의 방침을 결정한다. 이와 같은 조직이 '기관사 및 화부 동맹 노동조합'(Associated Society Locomotive Enginenmen and Firemen, 1880년 설립)에서도 행해진다. 중요하지 않은 세부적 상위점이 있지만, 1889년의 대경기 시대에 생긴 여러 노동조합 중에는, 더욱 영속적인 것은 그것을 모방한 것들이었다. 그중에서 가스 노동자와 부두 노동자의 노동조합이 가장 유명하다. '지역'에 따라 집행위원회를 선출한다는 방식은, 우리가 아는 한, 정치계에는 거의 알려져 있지 않다. 18세기 펜실베이니아주의 행정평의회는 지역별로 1명의 위원을 선출한 것이었다(*Federalist*, 57호). 이와 같은 제도는 스위스의 1~2개 주의 항상 변하는 헌법에서도 종종 나타난다(Vincent, 앞의 책, 참조). 현재 이러한 제도가 행해지는 경우를 우리는 모른다(로웰(Lowell), 『대륙 유럽의 정부와 정당(*Governments and Parties on Continental Europe*)』(London, 1896)).

종 결정권도 포함했다. 대의원회 또는 '전국평의회'(National Conference)는 정책을 결정하고 규약을 수정하기 위해 만났다. 그 의결에는 조합원 투표에 의한 승인이 더 이상 필요하지 않았다. 비록 일반투표와 지역의 조합원 총회가 여전히 형식적으로는 조직에 남아 있었지만, 최근 몇 년 사이에 돌발한 사건들의 복잡함과 곤란함으로 인해, 집행평의회는 일반투표에 의한 문제 제기 대신, 전국평의회를 빈번하게 소집했다.

'기계공 합동 노동조합'의 경우, 그 조직의 변경은 더욱 커져갔다. 1851년부터 1891년까지 여러 번 개정된 '기계공 합동 노동조합'의 규약에서 우리는 조합원 총회, 일반투표, 조합원에 의한 모든 임원의 직접 선거가 여전히 있음을 볼 수 있다. 또 집행권은 한 지역에서 선출된 위원회에 있고, 나아가 의장은 2년 이상 연임이 금지되었다. '보일러 제작공 연합 노동조합'에서는 본질적으로 유사한 조직이 현저한 성공과 실적을 초래했으나, 이는 조합원에 의한 참된 통제를 희생한 결과였음을 우리는 이미 서술했다. 1872년 이후 그 노동조합의 역사에서는 강력하고 통합된 중앙 행정을 위해, 집행권을 약화시킬 경향이 있는 모든 것을 실제로 포기했음을 우리는 보았다. 반면 '기계공 합동 노동조합'의 경우, 중앙집행부에 대항하여 개별 조합원을 보호하는 모든 제도나 형식적 절차를 완강하게 고집했다.[18]

18) 가령 재정 문제에 있어서, 기금은 단 한 푼이라고 해도 노동조합에 속하지만, 각 지부는 그 수입을 보유하고, 매년의 복잡한 '균분'에만 복종할 뿐이다. 따라서 지부는 그 선택에 따라 얼마든지 지출할 수 있었고, 사후에 중앙집행부에 의해 취소될 수 있었다. 중앙집행부의 결정도 결코 최종적인 것이 아니었다. 취소를 당한 지부는 —보통은 집행부를 지지하는 조합원 다수가 아니라— 다른 단체인 총평의회에 이의를 제기할 수 있고, 실제로 그렇게 했다. 총평의회는 그러한 이의 제기에 대해 결정할 명백한 목적으로 3년마다 열렸다. 나아가 총평의회에서 다시 정기 대의원회에 이의를 제기할 수 있었다. 그사이에는 취소 대상이 된 돈을 상환할 필요가 없었고, 따라서 집행부 결정의 대부분은 바로, 그것에 반대하는 이의를 낳았음을 쉽게 이해할 수 있다. 나아가 이러한 여러 가지 이의절차에서 하부의 결정

한편, 1851년 합동의 목적은, 고용인에 대한 정책의 통일 확보였지만, 유급 임원을 두지 못하게 되어 중앙집행부는 지역 지부나 지역위원회의 교섭이나 결정에 대한 실질적 통제권을 갖지 못했다. 그 결과 산업 상태의 변천에 따른 중대한, 고용인에 대한 정책 문제의 취급에 실패했을 뿐 아니라, 더욱 행정을 마비하게 되어, 이를 방지하고자 하는 임원과 위원의 노력도 무위가 되었다. 이러한 폐해를 교정하기 위해 1892년, 대의원들은 리즈에서 만나, 지부에서 제안한 두 가지를 검토했다. 그 하나는 일부의 사람들이, 중앙집행부를 돕기 위해 '보일러 제작공 연합 노동조합' 사례에 따라 노동조합 전체에서 선출된 유급의 지역 대의원단의 임명을 주장한 것이었다. 또 하나는 집행위원회를 대의원 조직으로 바꾸고, 전국을 균등한 8개 선거구로 나누어 각각 의원을 선출하고, 그들로 하여금 노동조합의 사무를 전적으로 다루는 유급의 집행위원회를 구성하여 런던에 상설하자는 것이었다. 아마도 이러한 구제책은 문제의 다른 측면들에 착안하여 각각의 대안으로 제시된 것이었다. 결국 대리인회가 두 가지 모두 채택하여, 그 결과 단번에 유급 임원수가 3명에서 17명으로 늘어난 것은 그 긴급성을 보여준 것이었다.[19]

'기계공 합동 노동조합'의 조직 변혁이 어느 정도까지 유효한 행정과 진정한 민중통제를 초래할지를 보기 위해서는 더 많은 시간이 필요하다. 이러한 성격의 집행위원회가 지배하는 것이, 스스로 내각 임명권을 갖는 대

은 대부분 파기되었음을 우리가 부가한다면, 이러한 잦은 이의 제기의 결과, 모든 권위가 파기되었음을 쉽게 상상할 수 있다.

19) '보일러 제작공 연합 노동조합'이 1895년, 대표 집행부 제도를 채택하여 '기계공 합동 노동조합'과 거의 같게 되었음은 흥미로운 사실이다. 이제 두 노동조합의 중요한 차이는 중앙집행부와 지역 지부의 업무상 관계에 있다. 다음 장 '지배의 단위'를 참조하라.

의 기구에 의한 통치와는 근본적으로 상이하고, 분명 약점을 갖는다는 것은 쉽게 알 수 있다. 동료의 투표에 의해 기계공장으로부터 스탬퍼드가[20]의 사무실로 이전한 8명의 의원은 이러한 생활의 근본적 변화에 의해, 선거인들로부터 완전히 격리당했다.

종일 사무실의 일상 업무에 종사하면서 그들은 선반(旋盤)이나 화로에서 일하는 사람들의 감정을 여실히 체감할 가능성을 상실할 수밖에 없었다. 계속 런던에 살면서 그들은 새로운 지역의 영향을 받았고, 따라서 타인이나 클라이드, 벨파스트나 랭커셔[21]의 특별한 불만이나 민중 여론의 새로운 경향에 접촉할 기회를 무의식중에 결여하기 마련이다. 대표들의 임기가 3년뿐이었고, 임기 종료 시에는 재선을 위해 다시 선거전에 나서야 했지만, 유급 임원으로 조합원에게 봉사한 자를 다시 육체노동자가 되도록 하는 것은 조합원들이 가장 두려워하는 것일 수 있었다. 따라서 이 제도 자체에 대해 기계공 사이에 감정의 격변이 생기지 않는 한, 대표 집행위원회의 현 의원들은 실제로 상임 직원이 되는 것에 어느 정도의 신뢰를 가지고 의존했을 것이다.

이러한 비난은 대표제 집행부의 다른 사례에 동일하게 적용되지는 않는다. 스탬퍼드가 사무실의 전통은, 공제조합의 모든 사무를 집행위원회 자체의 위원들이 상세하게 다루어야 하는 것이어서, 의원은 매일 사무실에 출근하여 그 업무에 철저히 몰두해야 했다. 이와 같은 조직 형태를 채택한 다른 노동조합들의 경우, 대표 집행부원들은 여전히 그들의 선거구에 거주하고, 심지어 그 직장에서 근무하는 경우도 있었다. 대의원회와 마찬가

---

20) Stamford Street는 런던 중앙의 거리. (옮긴이 주)
21) Tyne, Clyde, Belfast, Lancashire는 모두 영국의 지방 도시들이다. (옮긴이 주)

지로 그들은 오로지 더욱 중요한 문제를 결정하기 위해 계절별로 또는 필요한 때에 모였고, 세부적인 일상 사무는 지역의 소위원회나 임원단에 위임했다. 그래서 '제화공 전국 노동조합'은 통상 월 1회만 열렸고, '기관사 및 화부 노동조합 동맹'의 집행위원회는 필요에 따라서만 소집되었으나, 월 1~2회를 넘지 않았다. '철도 종업원 합동 노동조합'의 집행평의회는 계절별로 런던에서 열렸고, '가스 노동자 및 일반 노동자 전국 연합 노동조합'(National Union of Gasworkers and General Labores)의 집행위원회도 마찬가지였다. 이 모든 경우에 대표 집행부는 지역의 유급 임원으로 구성되든, 직업에서 노동하는 사람으로 구성되든 간에, '기계공 합동 노동조합'에 비해 그 선거인과 접촉할 기회가 많은 것은 분명하다.

그러나 우리의 의견으로는, 가장 좋은 조건하에서도 대표 집행부에 의한 지배에는 근본적인 결점이 있다. 대표 지배 기구의 가장 큰 의무의 하나는, 노동조합의 정책을 실제로 수행하는 상임 임원진을 비판하고 통제하며 지휘하는 것이다. 사실 그 주된 작용은 행정부에 대해 참되고 지속적인 권위를 행사하는 것이다. 이제 모든 경험은, 상임 임원이 대표 기구에 종속되어야 하고, 순수하게 그 하위에 있어야 한다는 것이 필수적 조건임을 보여준다. 이러한 조건은 '면사방적공 합동 노동조합'과 '광부 연합 노동조합'과 같은 조직에서 대의원회가 스스로 임원을 임명하고 그 직무를 정하며 그 보수를 결정함에 의해 충족된다. 그러나 대표 집행부에 근거한 노동조합 조직에는 그것이 전적으로 결여되어 있다. 이러한 제도하에서는 임원의 임명이나 보수 결정에 대해 집행위원회는 관여하지 않는다. 대표 집행부는 구식의 집행부와 달리, 그 단체적 자격에 있어서 모든 조합원의 이름으로 말할 자격을 갖는데, 이는 위원장 자신에 의해서거나, 가끔은 서기에 의해 행해진다. 이 모든 사람들은 동일한 최고 권력인 조합원의 투표로부터 유사하게 그들의 지위를 갖고, 노동조합의 성문 규약에 명확하게 규정된 각자의 직무와 보수를 갖는다.

조직의 각 부문에서 연락이 전적으로 결여된 결과, 두 가지 길 가운데 하나만이 실제로 가능했다. 여러 임원 사이에서 또는 그들과 집행위원회 구성원 사이에서, 질투를 불러일으키는 것이 그 하나일 수 있다. 우리는 지금 무능하고 방종한 위원장이 그의 지위를 잇고자 하는 그의 동료 중 한두 사람에 의해 쫓겨나는 사례를 몇 가지나 알고 있다. 인민투표에 대한 경쟁자의 관계에 의해 생기는 의심은 적극적인 배임행위를 방지하는 효과가 있지만, 동시에 유용한 정책 실행에 장애가 되고, 심지어 불충실을 통한 정책의 실패를 초래할 수도 있다. 더욱 일반적으로 집행위원회는 스스로 임원을 통제할 수 없음을 알고, 공통된 선거인의 공격에 대항하는 상호 원조에 근거하여, 그들과 반쯤 무의식적인 묵계를 맺는 경향이 있다. 만일 위원회의 위원 자신이 유급 임원인 경우, 그들은 동료 직원의 약점에 대해 동료의식을 가질 뿐만 아니라, 이들에 반대하여 인민투표에 호소하는 것이 개인적으로 위험하다는 것을 생생하게 느꼈다. 반면 만일 위원이 직장에서 계속 일한다면, 그러한 탄핵의 경우 매우 불리한 지위에 있게 되어 거의 성공할 수 없음을 알았다. 그들은 노동조합 전체에 그 이름을 알리거나, 노동조합의 기구를 통제할 수 있는 유리한 지위에 있는 임원을 성공적으로 탄핵하기 위해 필요한 어떤 사무적 경험도, 상세한 사실에 대한 지식도 갖지 못했다. 그리하여 대표 집행부에 의해 지배되는 수많은 노동조합에 임원과 대의원이 반반씩을 구성하는 지배관계가 형성되었다. 이러한 관계는 '보일러 제작공 연합 노동조합'의 경우에서 서술했듯이, 관료제의 결점을 모두 가짐에도 불구하고, 그 계급적 조직과 임원단의 우세한 권력에 의해 실적을 올리는 것은 불가능하다. 요컨대 유급 대표나 임원 중에 활동가나 '양심적 비평가' 또는 불충(不忠)의 동료가 있는 경우, 일반 조합원은 진행 사실에 접할 수 있지만, 그 노동조합의 통치기구는 감정적인 공격이나 탄핵에 의해 언제나 방해를 당한다. 반면 만일 이와 반대로 여러 가지 자격을 가지고 본부에 모인 사람들이 '좋은 동료'인 경우, 노동조합 기구는 원활하게 작동할 것이고, 그 노력과 능력을 충분히 발휘하여 성적을 올릴 수 있지만, 한편 이러한 지배에 대한 민중의 통제는 완전히 없어지지 않을 수 없다.

그러면 우리는 대표 집행부에 의한 지배는 낡은 방식에 비해 참으로 진보된 것이지만, 그 자신의 내각과 임원을 임명하는 대의원회에 의한 지배와 비교하면 열등하다는 것을 분명히 알게 된다. 그러나 영국 전역에 확대된 전국적 노동조합은, 그 조합원들이 희망한다고 해도, 바로 그 우월한 형태를 쉽게 채택할 수 없다. 면공 노동조합의 경우, 실제로 모든 조합원들이 맨체스터에서 30마일 사방에 집중되어 있다는 특별하게 유리한 사정이 있다. 따라서 통상 토요일 오후에 열리는 100명의 대리인으로 구성된 빈번한 집회도 노동시간의 상실이나 노동조합 비용의 사용 없이 가능했다. 이는 조합원의 4분의 3이 랭커서, 웨스트요크셔, 중부 공업지역에 집중되어 있는 '광부 연합 노동조합'의 경우에도 마찬가지로 볼 수 있는 것이다. 심지어 다른 지방에 있는 탄광에서도 그곳에 조합원들이 밀집되어 한 사람의 대리인이 그 주의 수백 개 지부를 유효하게 대표할 수 있다. 나아가 '광부 연합 노동조합'의 조합원 수는 매우 많아서 50명에서 70명에 이르는 대리인이 자주 모여도 그 비용이 노동조합 전체 비용에 비해 너무나 작았다는 점도 간과할 수 없다. 기계공과 건축공의 거대 노동조합의 경우는 매우 다르다. 가령 '영국 목수 연합 노동조합'의 4만 6000명 조합원은 400개의 도시와 마을에 분산된 623개 지부로 나누어진다. 각 도시에는 각각의 취업규칙, 표준 임금률, 표준 노동시간이 있고, 그 부근의 도시와는 밀접한 관계를 전혀 갖지 않는다. 뉴캐슬 지부에서 선출된 대표자는 조선공에 대항하는 한계설정에 대한 지역의 긴급 문제에 몰두하여, 핵섬(Hexam) 지부의 토요일 반휴일에 대한 간단한 요구나, 달링턴(Darlington)에 있는 가구공장의 도제 수 증가 문제에 대해서는 그다지 주목하지 못하고 있다. '기계공 합동 노동조합'에 대해서도 마찬가지로 볼 수 있다. 그 노동조합에는 497개의 지부가 있고, 8만 명의 조합원이 영국의 300개 도시에서 일하고 있다. 전국을 통한 노동조건의 획일화가 점차 확대되고, 대도시에 공업이 집중되며, 매년 여행의 편의가 늘어나고, 유급 지역 임원의 수가 착실하게 증가하는 것을 보면서, 우리는 이러한 지리적 어려움에 대해 반드시 비관적인 견해를 갖지는 않는다. 그러나 그처럼 많은 고립된 지부와 함께, 건축업이나 기계업에서 조직 개조의 방법으로서 대의원회를 빈번하게 여는 것이 곤란한 이유를 이해하기는 쉽다.

노동조합이 대의제도를 채택하는 것을 느리고 철저하지 못하게 한 주된 일반적인 요인은 노동자들이 민주주의에 있어서 대표의 특수한 기능을 쉽게 이해하지 못한 것이었다. 우리가 보았듯이 노동조합운동 초기의 조직에 관한 사상에는 대표라는 아이디어가 전혀 포함되지 않았다. 지위 순환제에 의해 선출된 위원이나 규약 개정의 위임을 받은 대리인은 단지 '투표'를 기계적으로 전달하기 위한 기구에 불과한 것으로 언제나 간주되어왔다. 따라서 그 직무는 그의 지시를 이해하기에 충분한 지성과, 그 지시를 이행하는 복종심을 넘어, 아무런 특별한 자격을 필요로 하지 않았다. 면공 노동조합과 광부 노동조합과 같은 노동조합 조직의 대표자가 부담하는 임무는 매우 다르다. 그의 주된 기능은 여전히 보통 노동자의 마음을 표현하는 것이다. 그러나 대리인과 달리, 그는 특별한 문제에 대한 표결을 기계적으로 전달하는 도구는 아니다. 보통의 노동조합원은 그의 희망을 표현하는 충분한 능력을 갖지 못한다. 또 행정기술이 미숙하므로 그의 불만을 구제해줄 수 있는 구체적 방법에 대한 판단이 불가능하다. 전문적 대표가 없다면, 그는 직업적 임원에게 의존해야 한다. 그러나 다른 이유 때문이지만, 이 특수한 업무에 대해서는 직업적 임원도 일반인과 마찬가지로 무능하다. 그 생활이 일반 노동자의 생활과 매우 다르기 때문에, 인민 대부분의 실제 불만을 알지 못하게 된다. 또 일상 업무에 몰두하게 되면, 그들이 제출하는 서로 모순된 불평이나 실행할 수 없는 제안으로부터 그 참된 욕구가 과연 무엇인지 이해할 수 없게 되는 경향이 있기 때문이다. 인민과 그 종복 사이의 통역자로 행동한다는 것이야말로 대표의 제1 기능이다.

그러나 이는 그 임무의 반에 불과하다. 그에게는 또한 직업적 임원을 감독한다는 매우 어렵고 복잡한 과업이 맡겨져 있다. 앞에서 보았듯이, 그 일은 보통 사람이 완전히 좌절하는 것이다. 그 일은 먼저 지배 기구에 대한 어느 정도의 지식을 요구하고, 나아가 나날의 생계를 얻는 데 여념이 없는 보통 사람에게는 불가능한 시간의 희생과 사고의 집중을 요구한다. 행정이 복잡한 경우 이러한 사정은 더욱 강화되어 더욱 특수한 분업이 필요해지고, 대의원회 자체가 내각, 또는 이러한 임무에 특별히 통하는 사람들로 구성된 집행위원회를 선임하게 된다. 따라서 사람을 현명하게 뽑는 상당히 직관적 능력이 보통의 대표를 뽑는 데에도 필요하다. 마지막으로 중요한 의무는 정책이나 방안의 문제를 결정하는 것이다. 일반 시민은 명백한 쟁점에 대해 생각할 뿐이다. 반면 대표는 실제 사회의 복잡한 사정에 의해 필요하게 된, 매우 균형 있는 타협안 중에서 하나를 선택하도록 언제나 요구된다. 선거인의 희망 ―그는 재빠르게 희망의 전부가 아니라 이상적인 것임을 인정하므로― 이 여러 가지 사정에 따라 최대한 실현될 수 있는가 여부는, 그가 갖는 실제 상황에 대한 날카로운 관찰력에 달려 있다.

따라서 완전한 대의원회를 구성하는 것은 결코 쉬운 일일 수 없다. 1주 단위의 임금에 의존하는 육체노동자들로만 구성된 공동체에서 그 과업은 매우 어려운 일이다. 은행가와 기업인 단체에서 그 이익을 보호하기 위해 고용된 유급 임원을 지휘하고 감독하는 대의원회는 이를 쉽게 할 수 있다. 선거인, 대표 및 임원은 거의 같은 생활을 하기 때문에, 유사한 지적 분위기에 둘러싸여서 거의 같은 교육과 지적 훈련을 받으며, 본질적으로 같은 지도와 감독을 받는 사업의 하나에 종사한다. 나아가 그 계급의 희망을 표현하기 위해 필요한 시간과 사고를 제공할 수 있는 사람이 없어서는 안 된다. 따라서 대의제가 중산 계급 단체에서 가장 잘 행해지고 있음은 전혀 놀라운 일이 아니다.[22] 이 모든 점에서 육체노동자는 매우 불리한 지위에 있다. 동료에 의해 선출된 노동자는 그 천부의 능력 여하에 불구하고, 전문 임원을 유효하게 감독하고 지휘하는 것이 유일한 조건인 특수한 숙련과 일반적 지식을 갖지 못한다. 그가 감독해야 할 노련한 임원과 평등하게 될 수 있기 위해서는 그전에, 새로운 임무를 위해 그의 모든 시간과 생각을 바칠 필요가 있고, 따라서 그의 이전 직업을 포기해야 한다. 불행히도 이는 그의 생활 태도, 사고방식을 바꾸게 되고, 또한 보통은 지적 분위기를 변화시켜, 그가 반드시 표현해야 할, 선반이나 화로에서 일하는 육체노동자들의 감정을 생생하게 알지 못하게 한다. 이는 확실히 잔인한 아이러니로서, 세계 전역에서 임금 노동자가 무의식적으로 대의제를 혐오하게 되는 이유의 하나를 여기서 발견할 수 있다고 우리는 생각한다. 노동자 대표

---

22) 이 점에 대해서는 아칠러 로리아(Achille Loria), 『사회조직의 경제적 기초(Les Bases Economiques de la Constitution Sociale)』(Paris, 1893), 150~154쪽을 보라.

에게 그의 임무의 절반을 수행하게 한다면, 바로 그 절반에 필요한 자격을 상실하게 된다. 만일 그가 본질적으로 육체노동자인 점을 유지하게 된다면 그는 정신노동자 임원과 경쟁할 수 없고, 그가 정신노동자와 같은 자격을 갖게 된다면 그가 설명해야 할 선거인의 희망과 접촉하지 못하게 될 수 있다. 따라서 랭커셔, 요크셔, 중부의 날카로운 노동자들이 이러한 조직상의 어려움을 어떻게 극복했는지를 살펴보는 것은 대단히 흥미롭다.

면방공과 광부의 의회에서는 언제나 두 가지 종류의 의원을 볼 수 있다. 즉 여러 지역의 유급 임원, 그리고 방적기나 광산에서 여전히 노동하고 있는 임금 노동자인 대표이다. 이러한 현대적 조직들은, 우리가 열거한 두 개의 자격을 한 사람의 대표에게 갖게 할 수 없다는 것을 의식적으로 인식시키는 듯이 보인다. 이처럼 그들의 의회에 여전히 자기 직업에 종사하는 사람들이 상당 부분을 차지하고 있는 것은, 그 회의에 노동자 계급의 감정을 충만하게 하기 위한 것이다. 각각의 공업지대로부터 선발된 사람들, 여러 지역에서 온 유급 임원들로 이루어진 조직은, 앞서 말했듯이 직업적 임원을 감독하는 데에 절대적으로 불가결한 지식과 재능과 행정 실무 경험의 종합을 갖추어야 한다. 선거인이 동료 노동자만을 선출한다면, 그렇게 만들어진 대의원회가 그 임무를 충분히 수행할 수 있을지 더욱 의심스럽다. 반면 만일 대의원회가 유급 임원들로만 구성된다면, 그리고 그중 한두 사람을 뽑아 연합회의 전국적 사무 집행을 하게 한다면, 설령 조합원 대부분의 희망을 계속 표현한다고 해도, 신뢰를 유지하기에는 어쩔 수 없이 실패할 것이다. 동일한 대의원회에 두 가지 요소를 결합시키는 것은 실제로 매우 유효한 활동 조직을 결과한 것이다.

이러한 직업에서 그 실험의 성공은 그 조직이 연합에 기초한다는 점을 주목하는 것이 중요하다. '광부 연합 노동조합'이나 '면사방적공 합동 노동조합'을 구성하는 여러 단체는 독특한 규약, 독립된 기금, 독자적 임원진을 가지고 있다. 따라서 연합 노동조합 의회 의원으로 선출된 유급 임원은 연합 노동조합 자체의 임원단과는 전혀 다른 이해관계, 직무, 책임을 갖게 된다. 가령 '노팅엄 광부 노동조합'의 서기는, 광부 연합회 의회의 의원으로서 연합 집행평의회나 연합 임원단의 행동을 어떻게 비판해도, 그 유급 직원으로서의 지위를 위험하게 할 우려는 전혀 없다. 마찬가지로 '로치데일 면사방적공 노동조합'의 서기가 맨체스터에서 열린 계절회의에 출석했을 때, '로체스터 방적공 노동조합'에 불리하다고 생각하는 것이면 '면사방적공 합동 노동조합' 집행평의회의 어떤 제안에도 반대하고, 가능하다면 이를 부결하기에 전혀 주저하지 않았다. 대표 집행부라는 형태로 유급 직원을 대표 자격으로 이용하는 것은, 앞에서 보았듯이 실제로 전제적 지배를 형성할 우려가 있다. 그러나 연합 대의원회라는 형태에서는 이러한 위험성은 최소한으로 줄어든다. 왜냐하면 연합 노동조합의 집행부와 임원단은 조합원 일반에 의존하는 것이 아니라 대의원회 자체에 의존하는 것이고, 대표는 모든 다른 선거단체에 대해 책임을 지고, 다수의 비임원을 포함하기 때문이다.

지금까지 우리는 노동조합 민주주의의 조직상 발전에 대해 분석해왔다. 그 사실을 다른 기질의 연구자라면 다르게 해석할 것이다. 우리에게는 그것들이 행정 실적과 민중 통제를 결합한다는 문제를 해결하기 위하여, 오랫동안 무교육자를 위해 행해져 온 고난의 역사로 보인다. 무엇보다도 먼저 필요한 것은 조합원의 전원 일치였다. 법적인 박해와 공중의 혐오 사이에서 계속적 단결을 형성하기 위해서는 모든 조합원의 적극적인 일치가 필요했다. 그리고 강력한 노동조합이 소수의 개별 노동자가 그들의 뜻에 반하여 조합에 계속 머물도록 강제할 수 있다는 것을 이해할 수 있다. 그러나 그러한 강제적 압박에 의해서도 대다수를 차지하는 불평분자를 복종시키거나, 엄청난 불만을 갖는 자가 상당한 다수로 각각 또는 단체로 탈당하는 것을 방지할 수 없을 것이다. 따라서 모든 문제는 모든 단체의 '투표'에 붙여지고, 각 조합원은 그 공통의 사업에 대해 평등하고 균일하게 참여해야 한다는 점에는 의문의 여지가 없는 것으로 추정되었다. 노동조합이 발전하여 특별한 불만의 구제를 일치하여 요구하는 성난 군중으로부터, 일정한 조합 정책에 따르도록 의무화된, 전국적 범위의 보험회사가 되면, 조합원들은 효율적인 행정의 필요성을 더욱더 많이 인정하지 않을 수 없게된다. 이러한 효율성은 계속적으로 증가되는 기능의 전문화를 필요로 한다.[23] 즉 사무가 더욱 많아지고, 문제가 더욱 어렵고 복잡해짐에 따라 일반 조합원과는 능력, 훈련 및 생활습관을 달리하는 조합의 임원 계급이 스스로 발달하지 않을 수 없었다. 사무 집행의 직무를 전문화시키는 것에 실패하면, 즉시 조합의 와해가 초래되었다. 반면, 이러한 전문화 자체는 민중에 의한 통제를 소멸시키고, 불가결한 민중의 동의를 상실시키는 위험성을 갖게 되었다. 노동조합 초기의 임원 순환제, 일반 총회, 인민투표제라는 방법은, 참된 민중적 감독을 확보하기 위한 방법으로서는 사실상 전적으로 효과가 없었다. 각각의 특별한 위기 시에, 개별 조합원은 자신이 창조한 조합 기관에 의해 압도당하는 자신을 발견하게 된다. 이러한 단계에서는 전제적인 관료제도가 불가피하게 나타나는 것으로 보인다. 그러나

---

23) "학문과 정치를 함께 번영시키는 노동의 점진적인 분화"—액턴 경(Lord Acton), 『근대사의 통일(*The Unity of Modern History*)』(London, 1896), 3쪽. "만일 다른 것보다도 더욱 명백한 하나의 원리가 있다고 한다면, 그것은 다름이 아니라, 정치든 단순한 상업이든 간에 어떤 사업에서도, 누군가를 신용해야 한다는 것이다. ⋯ 권력과 그 사용에 대한 엄격한 책임이야말로 선정(善政)의 근본적 요건이다." 우드로 윌슨(Woodrow Wilson), 『의회정치(*Congressional Government*)』(New York, 1896), 12판.

민주주의는 다른 방법을 발견하여 어떤 유리한 경우의 조합에서는 그 문제를 해결할 수 있었다. 즉 집행부를 분화하여 상인의 전문 행정부로 두면서, 이에 대응하여 입법부를 분화시켜 최고대의원회를 설치하여 균형을 맞추어, 대체로 무능하다고 판단된 일반 조합원 스스로가 지휘 감독을 할 수 있게 한 것이었다. 육체노동자의 공동체에서는 그런 회의를 하는 것이 매우 어려워, 매년 늘어나는 유급 직원에 의해 대부분의 일이 수행된다는 것을 우리는 이미 보아왔다. 그러나 대의원회에서는 그러한 유급 직원이 전혀 새로운 자격으로 출석한다. 노동자들이 그들에게 기대하는 직무는 집행의 직무가 아니라, 비판과 지휘의 직무이다. 직업적인 행정 관리에 균형을 맞추기 위해 직업적 대의원을 두는 것이다.

낮은 노동 계급 조직에 대한 이러한 상세한 분석은, 다수 독자들에게 일반 정치에 대한 재료를 제공하여야 흥미로울 수 있을 것이다. 따라서 노동조합 민주주의의 조직상 문제가 국가나 지방자치단체의 정치와 어느 정도 유사하다는 것을 고찰하는 것이 중요하다.

정치의 근본적 요건은 민주주의 국가나 노동조합에서나 마찬가지이다. 두 경우 모두 문제는, 행정적 효율성을 민중 통제와 어떻게 결합시키느냐 하는 것이다. 궁극적으로 두 가지는 마찬가지로 일반적 동의의 지속에 의존한다. 앞에서 보아왔듯이 노동조합과 같은 자발적 단체에서 이러한 일반적 동의는 제1의 요건이다. 한편 민주주의 국가에서는 국적 포기란 사실상 불가능함과 동시에, 통치자를 바꾸기도 쉽지 않다. 따라서 가장 민주주의적인 국가에서도 피통치자의 계속적 찬동은 노동조합에서와 같은 정도로 절대적인 요건이 아니다. 한편, 국가의 건전한 존립을 위해 행정의 유효성을 필요로 하는 정도는 노동조합의 경우보다도 더욱 크다. 그러나 그 중요도에 있어서는 서로 달라도 민주주의 국가와 노동조합을 통하여 어느 정도의 민중적 찬동과 적절한 행정적 효율성을 결합하지 않으면 계속 존속할 수 없다는 것도 여전히 사실이다.

더욱 중요한 점은, 민중의 찬동이 어느 경우에나 같은 성질이라는 점이다. 즉 민주주의 국가에서나 노동조합에서나, 민중의 최종 판단은, 제안에 대해서가 아니라 결과에 대해 표명된다. 어떤 제안에 대해 미리 명시적으로 민중투표의 승인을 얻었다고 하여도 그 효력이 없고, 그 결과가 인민이 희망한 것과 다르다면, 집행부는 그들의 지지를 계속 받을 수 없다. 민주주의 국가에서도 노동조합에서도 마찬가지로, 현명한 정부는 반드시 이러한 민중의 동의를 얻고자 할 것이다. 문화의 발전 중 어느 특정한 단계가 대부분의 시민들에게 순간적으로 불쾌한 경우가 발생한다면, 그런 방향으로 나아가고자 시도하는 집행부는 그 행위가 악인 경우보다도 더 무자비하게 배척될 수 있다. 따라서 우리가 일반투표제의 논리적 무익함과 대의제의 필요성에 대해 말해온 모든 것은, 노동조합의 경우보다도 더욱 유력하게 민주주의 국가에 적용할 수 있다고 우리는 제안한다. 노동조합의 역사로부터 우리가 배워야 할 것은 과연 무엇인가? 일반투표는 민중의 동의를 확보한다고 하는 명백한 목적을 위해 도입되었지만, 거의 모든 경우에 그 목적을 달성하는 데 실패했다. 이러한 실패는 앞으로 독자들이 볼 수 있듯이, 보통 사람들은 특정한 제안의 결과를 예측할 수 없다고 하는, 항상적인 무능에 의한 것이다. 민주주의가 요구하는 바는 결과에 대한 찬동이고, 일반투표가 주는 것은 제안에 대한 찬동이다. 가령 어떤 노동조합도 신중하게 파산을 원하지 않지만, 많은 노동조합이 기부금과 공조금을 위해 지속적으로 투표해왔고, 그것이 불가피하게 파산을 결과했다. 만일 이것이 노동조합 행정의 비교적 간단한 문제의 경우라고 한다면, 국가 정치의 매우 복잡한 문제에는 더욱더 적용될 수 있다.

그러나 일반투표의 경우, 양자의 유사성은 매우 정확하여, 노동조합 역사의 실증적 결론을 정치적 일반화로 바꾸어도 무방하지만, 두 가지 경우의 작은 차이를 지적하는 것이 공정하다. 노동조합의 역사에서 일반투표제의 사용이 민중적 감독을 촉진하지 않았을 뿐만 아니라, 종종 상임 행정부의 우월적인 세력을 증대시켰고, 선거인 사이에서 생긴 공격에 대해 실제로 철벽과 같은 지위를 형성하게 했음은 앞에서 본 바와 같았다. 이러한 특별한 위험성은 민주주의 국가에서는 일어날 수 없다고 우리는 상상한다. 노동조합에서는 집행위원회가 독특한 지위를 차지한다. 그것만이 공식 정보에 접근할 수 있고, 노련한 전문적 기능과 경험을 이용할 수 있다. 또 무엇보다도 먼저, 그것만이 신문사에 해당하는 노동조합의 공식 보도를 독점할 수 있다. 이에 반하여 민주주의 국가에는 지식, 능력, 선거 조직에서 공정하게 평등하고, 각자의 기관지를 갖는 정당이 존재하기 때문에, 일반투표제를 악용하여 현 정부의 이익을 해칠 수 없다. 그러나 자금과 교육과 사회적 영향력의 결여로 인하여 그러한 도움을 받을 수 없는 정당이나 일부 의견은, 강력한 노동조합의 불만 세력처럼 일반투표 앞에서는 무력하다는 것을 스스로 알게 된다고 우리는 말할 수 있다.

나아가 우리는 노동조합의 통치에서 일반투표제가 특별한 효력을 갖는 특별한 종류의 문제가 있음을 앞에서 보았다. 어떤 결정이 장래 조합원의 적극적 행위의 개인적 협조를 필요로 하고, 그것이 본질적으로 선택적인 성격인 경우, 나아가 그 행위가 자발적인 개인의 희생을 필요로 하는 경우, 또는 단순히 조합원의 다수만이 아니라 실제로 조합원 전체가 실패를 피하기 위해 참가해야 하는 경우, 일반투표는 입법 행위로서 유용한 것이 아니라, 조합원이 그들의 요구를 실행하는 개연성의 지표로서 그것을 유용하게 이용할 수 있다. 파업 결정은 명백히 그런 경우이다. 다른 사례로는 노동조합이나 다른 단체가, 그 조합원에 대해 자신의 지방자치단체나 의회의 선거권을 특정한 방법으로 행사하도록 정한 것을 들 수 있다. 그런 경우, 조직의 정책이 성공하느냐 실패하느냐는, 일반 조합원이 집행위원회나 임원의 행동에 대해 소극적으로 동의하는 것에 달려 있는 것이 아니라, 각 조합원이 개인적 임무를 적극적으로 수행하는 것에 달려 있다. 우리는 이러한 종류의 어떤 경우도 현대 민주주의 국가라는 범위 안에서는 생각할 수 없다. 사실 오버런 허버트(Auberon Herbert) 씨가 제안하듯이, 국고에 대해 거출하는 금액과 사용법을 때때로 결정하는 일을 각 시민의 선택으로 맡긴다고 한다면, 재무장관은 아마도 예산 편성에 앞서서 실제의 수입액 추정을 위해 일반투표제를 선택하는 것이 편리할 수 있다. 또는 노동조합의 파업 결정과 가장 유사한 사례를 든다면, 만일 군대의 각 병사가, 하루 전에 통지만 하면 부대를 자유롭게 떠날 수 있다고 하는 경우, 전쟁을 선포하기 이전에 일반 병사의 표결을 하는 것이 편리할 수도 있다. 그러나 현대 민주주의 국가에서는 국가의 결정에 복종하는 것은 각 시민의 임의에 맡겨져 있지 않다. 따라서 정책의 성공 또는 실패는 일반적 동의의 확보나 그 행동 자체에 대한 각자의 직접적 참여에 의존하는 것이 아니다. 시민이 그것을 좋아하든 않든 간에, 그는 권한을 갖는 기관의 결정에 따라 세금을 내고 법에 복종하도록 강제된다. 권력을 갖는 당국에 대한 지지 여부는, 조세나 법률의 이해관계에 대해 내리는 감정적 판단에 의존하는 것이 아니라, 마지막 결정에 대해 심사숙고하여 시인할 것인가 아닌가에 의존하는 것이다.

만일 노동조합의 역사가 일반투표제의 이익에 대해 의문을 던진다고 한다면, 대표자 제도와 다른 대리인 제도도 마찬가지라고 할 수 있다. 심지어 노동조합 행정의 비교적 간단한 문제에 있어서도, 결정을 위해 회부되는 모든 사건에 대해, 조합원으로부터 명확한 지시를 받는 것은 전혀 불가능하다는 것이 실무상 분명하다. 가령 '기계공 합동 노동조합'의 대리인 60명이 1892년 조합의 규약과 사용자에 대한 대책의 수정을 위해 집회를 열었을 때, 그 권한은 미리 각 지부의 인가를 얻는 수정안에 한정되는 것으로 예상되었다. 그러나 그러한 인가를 거친 수정안이 인쇄된 책으로 500쪽을 넘길 정도로 많은 양이었음에도 불구하고, 그러한 재료만으로는 어떤 일관된 규약도, 정책 방침도 구성할 수 없었음이 명백했다. 그래서 대리인은 더욱 큰 자유를 행사하고 어떤 지부의 심의도 거치지 않는 규약을 작성하도록 필연적으로 강제되었다. 그리고 '기계공 합동 노동조합'의 이러한 경험은 노동조합 세계 전체를 통하여 계속되어온 유형의 하나에 불과하다. 한편으로는 더욱 증대된 통신의 편의, 다른 한편으로는 대의제도의 성장이 대리제도를 무용하게 만들었다. 노동조합이 여전히 인민에 의한 직접 통치라고 하는 낡은 이상을 지속하는 경우에는 어디에서나, 대리인 회의보다도 값이 싸고 더 철저한 일반투표라는 방식을 자연스럽게 선택했다. 이미 말했듯이 그 대부분은 현대 산업계 사정의 증가하는 복잡다단함 때문에, 그것을 대신하는 대의제도로 대체되기에 이르렀다. 이러한 고찰은 더욱 강력하게 민주주의 국가에 적용할 수 있다.

따라서 노동조합의 역사는 일반투표제나 대리인회를 거의 지지하지 않고, 도리어 대표회의에 의한 통치를 민주주의의 마지막 말로 지시한다.[24]

---

24) "이것들은 인간사의 행위에 공존하는 두 가지 요소인 정책과 행정이지만, 비록 그 관할구역의 경계는 중복됨에도 각각의 기능은 필연적으로 자기 영역 내에서 자신의 계급적 조직에 의해 행해져야 하는 것이다. 그 하나는 그것이 속하는 부문의 역사적 전통과, 그것이 관련된 주제의 가장 섬세한 부문에 정통한, 노련한 전문가에 의해 성립되어 있다. 다른 하나는 널리 그 나라 또는 유럽 대륙에 세력을 갖는 것을 숙지하고, 특히 그 의회적 재능과 교묘한 여론의 식별에 의해, 그 나라의 운명을 지도해야 할 일반 정책을 결정하기에 충분한

따라서 이러한 노동조합 의회가 정치학 연구자에게 어떤 교훈을 주는지에 대한 연구는 중요하다. 가장 민주주의적인 국가의 통치 의회는 노동조합 의회와 달리, 종래 거의 전부가 중류 계급이나 상류 계급으로 구성되었고, 따라서 임금 노동자 단체에 특유한 어려움이 없었다. 그러나 만일 인구의 5분의 4를 차지하는 육체노동자가 점차 선거민 중에서 우월한 영향력을 행사하게 되고, 의원 중에서 중요하고도 점증하는 부분을 만들게 되면, 광부나 면공의 통치 의회는 오늘날, 영어권에서 입법 회의의 장래에 대해 대단히 예언적인 것이 될 수 있다.

하나의 추론이 우리에게 명백하게 보인다. 국가의 회의에 임금 노동자 계급이 유효하게 참여할 수 있도록 된 것은, 새로운 직업인 전문적 대표직의 발달에 따른 것이었다. 마을이나 지역의 회의를 위해, 마치 노동조합 지부가 노동에 종사하는 위원이나 임원에 의해 관리될 수 있는 것과 마찬가지로, 자기 직장에서 일하는, 계속 일하고 있는 사람을 선출할 수 있다. 소비조합이나 노동조합의 종래 관례를 채택하여 여비를 지급하거나 공무로 보내는 실제 시간에 대한 수당을 지급하는 것은, 지역 회의에 노동자가 참가할 수 있게 하는 데 충분하다. 그러나 중요한 국가의 통치 의회는 반드시 실제로 항상 그 구성원의 모든 시간을 요구한다. 따라서 하원의 직공 대표자는 광부나 면공 의회에 참석하는 광부나 면공과 유사한 것이 아니라, 그러한 두 가지 회의에서 주된 영향력을 행사하고 지부의 업무를 통제하는 유급 임원과 가장 유사하다. 따라서 이러한 유사함은 하원 선거에 대해, 종래 그 직업의 의회에서 성공한 숙련된 대표자를 뽑는 것을 가리키는 듯이 보인다.

자격을 갖추어야 한다." 더프린 후작의 연설, 1897년 6월 12일 〈타임스(*Times*)〉.

그러나 그러한 생각은 노동조합 역사의 모든 교훈을 오해한 것이다. 면공이나 광부의 공식 대표는 그 직업적 의회에 세력을 발휘할 수 있었다. 왜냐하면 그가 그 의회의 모든 업무의 기술적 세부 사항에 정통하고, 그의 모든 생애가 그가 맡은 임무를 위한 하나의 장기적 훈련이었으며, 요컨대 그가 그 선거인들의 희망을 확인하고 실현하는 데에 직업적 전문가가 되었기 때문이었다. 그러나 그 사람을 하원에 옮기거나, 그가 접하는 사실과 문제가 종래의 경험 및 훈련과 무관한 것은, 그 자신의 사무가 은행가나 시골 신사에 대한 것과 마찬가지이다. 노동 계급이 곧 인식하게 되는 것은, 국회의원의 임무가 노동조합의 임원에게 새로운 업무인 것처럼, 위원장의 임무도 보통의 기계공에 대해서는 마찬가지라는 것이다. 노동자가 그들의 직업 회의에서와 마찬가지로 국회에서도 효율적으로 대표되기를 원한다면, 그들은 하나의 전문적인 조합 임원 계급을 만들어야 하듯이, 하나의 전문적인 의회 대표 계급을 만들어야 하게 된다.

이러한 새로운 유형의 '노동 의원'을 유입하는 것이 영국 하원에 대해 어떤 영향을 줄 것인지에 대해 우리는 상세히 고찰할 필요가 없다. 광부나 면공 의회의 심의, 또는 다른 대조합의 정기적 감독위원회를 주의 깊게 관찰한 사람은, 직업적 의원이 공리공담을 싫어하고 완만한 절차를 배격하며, 규정 시간 내에 '업무를 수행'하고자 하는 것을 인상적으로 느낄 것이다. 간단한 연설, 엄격한 토론 종결, 긴 '앞자리'(Front Bench) 설명을 대신하는 거의 터무니없는 대체 수단인 인쇄물은 이러한 의회를 민주적 단체 중에서 가장 유효한 것으로 만들고 있다.[25] 더욱 중요한 것은, 노동조합으

---

25) 이러한 대의원회는 노동조합 대회와는 현저히 다르다. 후자에 대해서는 뒤에 나오는 '법률 제정의 방법'(2부 4장)을 참조하라.

로부터 유추하여 보면, 어떤 점에서 전문의 직업 의원이 중류 및 상류 계급에서 종래 익숙했던 무보수의 정치가와 다르다는 점이다. 우리는 이미 노동조합 세계에서는 대표자가 두 가지 종류의 직무를 가지는데, 그 어떤 부분도 무시할 수 없다고 서술했다. 그는 선거인들의 참된 희망을 확인하고 발표하는 것을, 조합 집행부의 직무 수행을 감독하고 지휘하는 것과 마찬가지로 자신의 업무로 삼고 있다. 이러한 유형의 인물이 하원에 들어갈 때, 선거인들의 희망을 확인하고 발표하는 임무는 현재보다도 훨씬 신중하게 추구될 것이다. 오늘날의 전형적인 국회의원은, 명확한 형태로 그 선거구에서 보내온 선거민들의 구체적인 의견 표명에는 마음을 쓰지만, 침묵하거나 불명확한 선거민들의 막연한 희망을 적극적으로 발견하는 것을 자기 임무의 일부로 간주하지 않는다. 그는 선거민들을 매우 드물게 방문하고, 공공 집회에서의 형식적 연설에 자신의 의견을 발표할 뿐이다. 또한 그의 개인적 교제도 자기와 같은 계급의 사람들이나 정치적 흑막을 갖는 사람들에게 제한된다. 그의 의도가 무엇이든 간에, 그는 중류나 상류의 계급, 그리고 각 계급을 통하여 존재하는 '정치광'과 같은 극소수의 사람들을 제외하면, 누구하고도 접촉하지 않는다. 대부분의 인민, 즉 하급 중류 및 임금 노동자 계급이 갖는 실제의 불만과 '막연하고 불명확한' 열망에 대해서는 실제로 어떤 지식도 갖지 못한다. 노동자 계급의 의견을 대표하는 자가 노동조합 세계에서와 같이 직업적으로 된다면, 선거민들에 대한 의원의 태도는 완전히 급변하는 것을 보게 된다. 즉 선거민들의 희망을 발견하는 것이 그 직무의 중요 부분이 되는 것이다. 노동자들이 편지를 쓰기 위해 펜을 드는 것이 느리기 때문에, 선거민들이 의원에게 편지 쓰기를 기다릴 수 없다. 따라서 직업적인 노동조합 대표자는 스스로, 침묵하는 조합원의 생각을 알고자 적극적으로 노력하게 된다. 그는 회기 중이 아닌 시간에는 언제나 그 선거구에 거주한다. 그리고 공공 집회에서 형식적 연설을 하는 것은 소수에 그치지만, 열심히 지부 회의에 참석하고 지역위원회에서 다른 사람들의 의견을 적극적으로 경청한다. 자신의 사무실에서는 선거민이라면 누구와도 접촉한다. 나아가 그는 자신의 일상 업무의 일부로서, 선거민들과 특별한 이해관계가 있다고 자신이 믿는 점에 대해 자주 회람을 돌리는 방식으로 선거민들과 계속 교섭을 한다. 따라서 만일 노동조합 세계에서 우리가 그를 알 듯이, 직업적 대표자가 하원에도 나타나게 되면 장래에 국회위원은 그 선거민들의 의견에 대한 권한 있는 해설자라고 생각할 뿐아니라, 그들의 '런던 통신원', 그 의회에서의 대변인, 입법 또는 일반 정책 문제 전반에 관한 전문가적 고문이라고 느끼게 될 것이다.[26]

국회의원을 아마추어로부터 직업적인 사람으로 향상시키는 것(또는 타락이라고 말할 사람이 있을지도 모르지만)으로부터 어떤 결과가 생길지는 미리 예언할 수 없다. 그러나 다른 무엇보다도 그 상황의 모든 에티켓은 바뀌리라고 생각된다. 지금은 만일 선거민들의 희망이 자기의 소신과 다른 경우, 선거민의 희망을 발표하지 않는 것이 명예로운 일이다. '신사 정치인'에게 자신이 최선이라고 믿는 바에 따라 투표하는 경우의 유일한 길은 그 지위를 사임하는 것이다. 이러한 미묘한 일은 유급의 직업적 대표에게는 알려져 있지 않다. 건축가, 변호사, 행정 관리는 그의 견해를 제시하고 그 전문적 권위를 통해 그의 의견을 지지한 뒤, 결국은 사용자가 명하는 어떤 방침이라도 실행하게 된다. 이는 노동조합 세계의 직업적 대표자가 그 임무를 수행하면서 갖는 견해의 경우에도 마찬가지이다. 그의 임무는, 선거민

---

26) "의원은 마치 인민이 그 의원에 대하여 자극과 동기를 부여하는 것처럼 인민에 대하여 광명과 지도를 부여한다." 브라이스, 『미국의 공화정』, 1권, 297쪽.

들에게 최선의 정책이라고 그가 믿는 바를 그들에게 제시하며 모든 언론의 힘을 사용하여 자기 견해를 지지하도록 할 뿐 아니라, 자신의 모든 힘을 기울여 선거민들의 무지에 속한다고 생각하는 바와 싸워서, 자기 정책의 용감한 선전자가 되는 것까지도 포함한다. 그러나 만일 그것을 위해 최선을 다했음에도 불구하고, 자기 견해에 대해 다수의 찬성을 얻지 못하면, 충실하게 결정을 받아들이고, 선거민들이 희망하는 바에 따라 투표하게 된다. 하원에서 노동자 계급의 의견을 대변하는 직업적 대표자도 아마도 같은 태도를 취할 것으로 생각된다.[27] 이는 먼저 직업적 대표자가 대리인의 지위로 돌아가는 것을 지시하는 것으로 보인다. 그러나 노동조합의 경험은 그 반대임을 보여준다. 대다수의 경우에 선거민들에게는 어떤 특정한 사안에 대해 명백하고 확정적인 견해가 있다고 말해지지 않는다. 그들이 그 대표자에게 바라는 바는, 그가 생각하는 차원에서 그들의 일반적 희망을 실현시키기에 가장 적당하다고 믿는 방법에 따라 행동하는 것이다. 확정적인 의견이 노동자 계급의 선거구에 퍼지는 것은 특수한 경우에 한정되고, 보통은 어떤 선의의 제안이 즉각 불편한 결과를 낳는 경우에 생겨난다. 바로 그런 경우에 비로소 사실의 진상을 아는 직업적 논객에 의한 선전운동이 그 최대의 효용을 갖게 된다. 그러한 운동은 현재와 같은 유형의 국회의원이, 그가 자신의 선거구민이 그에게 반대한다고 생각되는 경우 비로소 시도하는 최후의 운동일 것이다. 그는 상위점이 분명하지 않으면 않

---

27) 흥미로운 것은 '인민 주권'이 전적으로 수용된 나라에서 노동조합의 관행이 지배적으로 행해지는 점이다. 스위스 연방내각의 각료들은 그 정책이 입법부에 의해 인정되지 않는 경우에도 사임하지 않고, 국민의회의 의원들도 마찬가지로 의안이 선거민들의 일반투표에 의해 거부되는 경우에도 그 입법권을 포기하지 않는다. 내각의 각료와 국회의원은 모두 스스로 인민의 의지를 실현하고 있는 것이다.

을수록, 그 지위의 안전을 더욱더 확보할 수 있다고 느낄 것이다. 그러나 선거구의 최후 명령에는 복종해야 한다는 것을 일단 이해하게 되면, 그 선거민들을 설득하기 위해 전력을 기울인다는 이유만으로 그 지위를 잃을 우려는 전혀 없을 것이다. 노동조합의 경험에 비추어 판단하면, 10가지 사례 중 9가지에서 일관되게 선거민을 설득할 수 있고, 이로 인해 매우 가치 있는 정치 교육을 하게 된다. 설득하지 못한 열 번째 경우에도 방식은 달라도 그 운동의 교육적 효과는 마찬가지일 것이다. 그리고 어떤 견해가 정당하든 간에, 논점은 분명하게 될 것이고, 사실의 진상이 밝혀지고, 서로 다투는 당사자 중의 어느 한쪽이 결국은 설득당하게 될 것이다.

따라서 노동조합의 경험은 대표자의 진화에 또 하나의 발전임을 보여준다. 노동자 계급의 민주주의가 그에게 기대하는 바는, 그 선거민의 희망을 이해하고 해석하며, 행정집행부를 유효하게 지휘하고 통제하는 것만이 아니라, 그 선거구의 전문적 의회 고문이 되고, 때로는 자기 의견의 적극적인 선전자가 되는 것도 그 임무로 삼아야 한다는 것이다. 따라서 만일 노동조합의 역사로부터 더욱 넓은 범위에서 추론할 수 있다고 하면, 노동조합 민주주의의 모든 경향은 대표자의 실질적 권한을 확대하고, 그 기능을 통해 한편으로는 보통 시민, 다른 한편으로는 전문 행정 관리의 권한에서 점차 분화하는 쪽으로 무의식적으로 진행되어왔다고 할 수 있다. 미래의 전형적인 대의제 의회는 오늘날의 하원과는 매우 다르게, 후자의 단순한 대리인 회의와 같은 모습이 될 것으로 생각된다. 명부 순으로 윤번제로 선임되고, 기계적으로 전체의 '투표'를 전달하는 임무를 갖는 자로부터 우리는 이미 매우 멀리 떠나왔다. 미래에 우리는 재력, 지위, 명성에 의존하여 거의 우연으로 의원의 자리를 차지하고, 업무나 오락의 여가를 통해 그가 국가에 최선이라고 생각하는 것을 결정하는 의원을 마찬가지로 과거의 유물로 삼을 것이다. 그를 대신하여 우리는 천성의 자격에 의해 선출되고, 특수한 직업으로서 새로운 업무에 신중하게 훈련받은 사람이 다양한 임무 수행에 전력을 다하며, 자신의 선거구와 친밀하고도 상호 간의 지적 관계를 능동적으로 유지하는 직업적 대표자로서, 그 수가 점차 증가하는 것을 보게 될 것이다.

　그러한 대표자의 발달이 지금 우리가 알고 있는 정당 체계와 어느 정도로 맞는지, 의원 생활의 영속성 및 계속성의 증진과 어느 정도 맞는지, 협동 행위의 촉진 및 관료제 진보의 경향과 어느 정도 맞는지, 한편으로는 어느 정도로 일반 보통 사람을 능동적인 정치적 시민으로 만들어 하원을 다시금 국민이 존중하도록 만들지, 따라서 어느 정도로 의회에 대한 인민의 참된 권위와 상임집행부에 대한 의회의 참된 권위를 증대시킬 것인지, 요컨대 어느 정도로 우리는 모든 민주주의의 요건이자 동시에 이상인, 행정적 효율성과 민중적 감독의 결합을 가능하게 할 수 있는지가 모두 미래의 흥미로운 문제이다.

3장
지배의 단위

　18세기의 직업 클럽은 중세의 완전히 지역적인 단체의 전통에서 비롯
되었고, 따라서 지배 단위는 잉글랜드의 직장 길드와 마찬가지로 조합원
이 거부하는 특정 도시의 구역을 범위로 삼은 것이 당연했다. 그리고 이러
한 소규모 민주주의의 조직과 정책에 대한 현대의 관찰자는, 아마도 이러
한 직업 클럽도 직장 길드와 마찬가지로 반드시 후세에 오랫동안 전적으
로 지역적인 단체로 불가피하게 유지된다고 주저 없이 예언했으리라고 우
리는 충분히 상상할 수 있다. 우리가 앞에서 보았듯이, 노동자들이 열심히
헌신하는 원시적 형태의 민주주의 정체는, 소규모의 지역 사회의 필요에
봉사할 수 있었을 뿐이었다. 모든 조합원의 총회에 의한 지배, 명부에서
순번으로 채택된 자들의 강제 근무에 의한 행정 —요컨대 모든 조합원이
공공 사무의 처리에 평등하고 균일하게 참여한다는 이상— 은 조합원들
각자가 가까운 이웃과 자주 친하게 만나는 사회에서는 명백하게 실행되기

어려웠다. 그러나 이 모든 구성 조직상의 어려움에도 불구하고, 이러한 지역적 직업 클럽은 직장 길드와 정반대로, 스스로 점차 확장되어 전국적 조합이 되었음을 역사에서 볼 수 있다. 그리하여 1809년 23명의 볼턴 주철공이 설립한 소규모 공제 클럽은 그 뒤 차차 잉글랜드, 아일랜드, 웨일스 전역으로 확산되어 지금은 122개 지부에 산재하는 1만 6000명 이상의 조합원을 거느리게 되었다. 물레방아 제작공과 증기기관 제작공, 조립공과 금속세공인들의 수많은 소규모 클럽은, 마치 멈출 수 없는 충동에 사로잡히듯이 1840년부터 1851년 사이에 함께 거대한 '기계공 합동 노동조합'을 결성했다. '목수 및 가구공 합동 노동조합'(1860년 설립)은 설립 후 35년 동안 수많은 지역 목수 조합을 병합하여, 이제는 영국 내에서 조합에 가입한 목수의 5분의 4를 포함한다. 마지막으로 1872년의 '철도 종업원 합동 노동조합'처럼 영국 전역의 직업 전체를 포함하는 계획하에 조합을 만든 경우도 있다. 노동자가 그러한 전국적 조직의 필요에 부응하기 위하여 그들의 거친 민주주의 사상을 수정하는 데 얼마나 느리고, 괴로워하고, 주저했는지는 이미 앞에서 보았다.

그러나 전국적 조직의 발달을 저지한 것은 지배 문제에 대한 노동자들의 단순함만은 아니었다. 영국의 시골 직인들의 전통적 정책, 즉 노동에 대한 권리를 노동조합의 '자유'를 획득한 사람들에게 국한하고, '무허가자'를 단호하게 배격하며, 마을 밖으로 나가는 것을 철저히 막는 정책은 영국 산업사회에 깊은 뿌리를 남겼다. 이는 소매상인 사이에서나 노동자 사이에서나 마찬가지였다. 따라서 영국 노동조합운동은 이러한 지방적 독점의 정신에 대하여 지속적으로 투쟁해야 했다. 특히 항구 마을에서 그러했다.[1]

1) 독점적 정신의 현대적 형태는 조선 산업의 특별한 성격인 점이 흥미롭다. '직업에 대한 권리'

19세기 중엽에 이르러 조선공은 모든 항구에 독립된 지역 클럽을 가졌고, 그것들은 모두 전력을 기울여 그 항만의 노동 기회를 각 영역 내에서 기술을 습득한 사람 외에는 부여하지 않으려고 노력했다. 이러한 독점의 규율은 모든 항구에서 사람들 사이의 끊임없는 갈등을 야기했다. 어느 도시에서 실직한 조선공을, 더 많은 노동자를 필요로 하는 다른 지역에서 영원히 취업하지 못하게 할 수는 없었다. 신참자는 종래의 항만 노동조합에 가입할 수 없었고, 결국 그들 스스로 새로운 지방 노동조합을 만들어 독점자들에 의해 유지된 직업 규제를 무시하는 경향을 자연스럽게 갖게 되었다. 이러한 불행한 상태를 바로잡기 위해 1850년부터 1880년까지 지방 노동조합 사이에 점차 느슨한 연대가 형성되었다. 그것이 표방한 목표는 매년 열리는 회의에서 각 항구 사이에 더욱 좋은 관계를 수립하는 방법을 상의하는 것이었다. 이러한 회의의 의사록을 보면, 거의 30년에 걸쳐 독점적 노동조합이 글래스고와 뉴캐슬 같은 지역들의 진보적 노동조합의 노력에 대항하여 항쟁하는 것을 알 수 있다. 이러한 진보적 노동조합은 그 주위 사정에 의해 하나의 직업 내에서는 노동의 완전한 이동성에 대한 믿음을 갖도록 변하게 되었다. 결국 개방적인 노동조합들은 다른 노동조합들의 보수성을 참지 못하게 되어, 1882년 공동 회계와 항구 사이의 완전한 이동성이라는 원칙에 근거한 전국적 합동 노동조합을 만들었다. 그것이 '조선공 동맹 노동조합'으로서 그 뒤 15년간 3개 지역 노동조합을 제외한 전국의 모든 노동조합을 병합하여 지금은 영국 내 모든 항구에 확산되어 있다. 그 위원장에 의하면 "대자본을 가진 방대한 회사의 현 시대에, 지역 노동조합의 효율성을 강조한 시기는 지나갔다. 여전히 그들 직업의 합동 노동

의 장을 참조하라.

조합 밖에 머물고 있는 소수의 노동조합은 모든 지방적 정신과 사소한 반대 또는 개인적 감정을 버리고 … 그들 직업의 최고 이익을 위해 공헌하기를 요구받고 있다."[2]

조선공 노동조합의 역사는 다른 항만 노동조합들의 전형이다. 한때 엄격한 독점주의를 주장한 다수의 '돛제조공(Sailmakers) 노동조합'은 이제 연합을 결성하여 그 속에서 완전한 이동이 행해지고 있다.[3] '통제조공(Coopers) 노동조합'은 항만 도시에서는 조선공 노동조합과 흡사했지만, 지금은 하나의 예외를 제외하면, 정규 수업을 거친 경우 다른 도시에서 온 사람이라도 노동조합에 가입할 수 있다. 그러나 노동조합의 지방적 독점의 중심 거점은 더블린, 코크, 리메릭[4]의 직업 클럽들이었다. 더블린의 통제조공들은 지금도 다른 노동조합과의 모든 교섭을 거부하는 매우 폐쇄적인 노동조합을 가지고 있으며, 교묘한 제도를 통하여 이 중요한 통제조의 중심지를 철저히 독점하고 있다.[5] 그리고 오래된 지방 클럽을 결합하여 만

---

2) 〈조선공 동맹 노동조합 제12년보〉(Newcastle, 1894), 11쪽.
3) 〈영국 및 아일랜드 돛제조공 연합 노동조합 지도규약〉(Hull, 1890).
4) Dublin, Cork, Limerick은 모두 아일랜드의 도시들이다. (옮긴이 주)
5) 이 제도는 다음과 같다. '더블린 통제조공 노동조합'은 더 많은 통제조공의 수요가 있으면 다른 지역의 사람들이 더블린에서 일하는 것을 금지하지 않는다. 그런 경우, 서기는 다른 도시, 특히 버틴(Burton)의 통제조공 노동조합들에 편지를 보내어 필요한 인원을 통지한다. 그러한 모든 외래자에 대해서는 1주 1실링의 세금이 '노동 비용'으로 부과되는데, 그 반은 더블린 노동조합의 몫으로 하고, 나머지 반은 저축하여 이주자의 귀국 비용으로 지불하게 된다. 일거리가 없어진다는 표가 나타나면 '외래자'는 즉각 떠나야 한다는 경고를 받게 된다. 그리고 귀국 차표는 1주 6펜스 내에서 남긴 잔액과 함께 그에게 지급된다. 이런 방식으로 200명의 '외래자'가 종종 지급을 받아 1주일 내에 떠났다. 이런 방식으로 '더블린 통제조공 노동조합'은 a. 그들 자신의 조합원에 대해서는 고용의 절대적 조절을 확보하고, b. 바쁜 시기에 요구되는 특별 노동을 가능하게 하며, c. 그 노동의 조건에 대하여 스스로 통제할 수 있다. 사용자들은 이 제도에 만족한 것처럼 보인다. 그것은 우리가 확인할 수 있는 한, 항만 노동조합의 일반적 규약이었던 것이 잔존한 유일한 사례이다. 그리하여 퀸스타운 조선

들어진 '코크 석공 노동조합'은 페르모이[6]에서 언제나 멋대로 노동한다고 주장하면서도, 페르모이나 다른 곳에서 온 석공이 코크에서 일하는 것을 허용하지 않았음을 우리는 알고 있다.

그러나 아일랜드에서도 노동조합운동의 발달은 지역적 독점에 적대적이다. 어떤 발전된 산업에서도 거대한 영국 노동조합 조합원이 빠르게 침입하여 그들의 지부를 설치하고, 지역 클럽을 복종하게 만들었다. 그 결과 오래된 아일랜드 노동조합은 하나하나씩 더욱 부유하고 더욱 강력한 영국 노동조합의 지부로 가입하게 되었고, 그 결과 완전한 노동 이동의 원칙을 승인하게 되었다. 길드에서 유래했다고 주장하고, 조합원의 자제 이외에는 누구도 가입을 허용하지 않으려고 한, 철저히 독점적인 지역 목수 노동조합으로 유명한[7] '더블린 정규직 노동조합'(Dublin Regulars)은 1890년, 청년 조합원들의 주장에 근거하여, '목수 및 가구공 합동 노동조합'에 속한 629개 지부의 하나가 되었고, 세계 모든 곳에서 온 동료 노동자의 노동을 허용하게 되었다. 가장 독점적이었던 '아일랜드 조선공 노동조합' 중에서도 이러한 경향은 지극히 예외적인 속도로 진보했다. '조선공 동맹 노동조합'의 1893년도 회보에 의하면[8] 그해에만 6개의 아일랜드 항만 노동조합을 병합했는데, 그때까지 그 각각은 그 항구의 모든 노동을 조합원이 독점

공 노동조합의 규약은 1894년의 '조선공 동맹 노동조합'에 흡수되면서, 조합원에게 일이 없으면 '어떤 외래 조선공도' 그 도시에서 일할 수 없다는 규정을 두었다. 그리고 '리버풀 돛제조공 노동조합'(1817년 설립)은 낡은 의사록에 남긴 규약 원고 중에, 도제 기간이 끝난 '외래자'는 '적당한 돛제조 공장'에서 일할 수 있지만, 조합원이 일을 할 수 없을 때에는 '외래자는 해고되고, 조합원이 고용되어야 한다'는 규정을 두었다.

6) Fermoy는 아일랜드 코크 지방의 도시. (옮긴이 주)
7) 가령 〈사회과학 증진을 위한 전국협회의 노동조합 및 파업에 대한 보고〉(1860), 418~423쪽에 있는 상세한 보고를 참조하라.
8) 〈조선공 동맹 노동조합 제12년 회보〉, xi쪽(Newcastle, 1894).

하려고 노력했었다.

그런데 전국적 조직의 발달이 이러한 지역적 독점의 정신을 타파하기에 엄청난 역할을 했지만, 우리는 그 뿌리가 완전히 뽑혔다고는 말할 수 없다. 노동조합원이든 아니든 간에, 노동자는 소매상인이나 소규모 제조업자와 마찬가지로 '도시 밖으로 나가' 일하는 것에 대해 오랜 본능적 반감을 여전히 공유하고 있다. 지역 당국자들의 기록을 읽어보면, 종종 '소규모 장인'(匠人; Master), 소매상인 및 지방 직공들이 모두 '지방세 수입'은 직접 지역의 상공업을 이롭게 하기 위해 사용해야 한다고 주장하는 것을 본다. 노동조합원도 자기들의 목표와 부합하는 경우, 그들과 마찬가지로 이러한 일반적 오류를 이용하는 것을 주저하지 않았고, 지역 의회의 '노동 의원'은 '일거리를 지역에 주는' 안이 제출될 때면 언제나, 그들의 중류 계급 동료 다수가 쌍수를 들어 찬성하는 논거의 채택을 거부하지 않았다.[9]

그러나 지방자치단체의 회의에서 노동조합 지부의 회의로 눈을 돌려 그곳의 노동 의원들을 보게 되면, 선거인들인 노동조합원들이 느끼는 불평은, 완전히 또는 주로 소매상인들이나 소규모 제조업자들의 '지방보호주의'(Local Protectionism)에 근거하지 않는다는 것을 알게 된다. 도시의 노동조합원들이 실제로 반대하는 것은, 특정 지역의 일거리 상실이 아니라, 기업인이 노동조합의 조직이 전혀 없는 지역이나 노동조합이 있어도 저렴한 '표준 임금률'로 노동하는 지역에 일거리를 주어 언제나 노동조합 규제를 회피하고자 노력한 것이었다. 그리하여 '석공 공제 노동조합'은 대도시에

---

9) 런던 주의회의 최초 8년간(1889~1897년), 계약을 런던의 공장에 한정한다는 시도가 몇 번이나 있었다. 이는 모두 온건한 중류 계급 의원들이 제출한 것이었고, 존 번스(John Burns)를 비롯한 대다수 '노동 의원'들과 진보파 의원들은 '온건파' 의원들과 함께 이에 반대했다는 점은 흥미롭다.

있는 대다수 지부가 그 지역에 대한 규제 중에 다른 외부 지역에서 완성된 상태로 수입되는 석재의 사용 금지를 규정했기 때문에 엄청난 비난을 받았다. 그러나 이러한 일반적 금지는, 그 지역에서 석재 가공을 하는 경우의 실제적 대안이, 사실 언제나 채석장에서 가공하는 것이기 때문이었다. 이제 후자의 방법에 어떤 기술적 또는 경제적 이익이 있든 간에, 채석장은 사실 석공 노동조합이 가장 발달하지 못한 지역이다. 이러한 지역에서는 대부분 '표준 임금률'이 없고, 노동시간은 길고 일정하지 않으며, 어떤 공통협정에 의해서도 규제되지 않는 경쟁적 도급 지급제가 행해진다. 나아가 대도시의 여러 가지 업무는 서로 교차되면서 보완하는 데 반하여, 채석장 마을에서는 채석장 주인이 접수하는 가공 석재의 불규칙적인 주문에 전적으로 의존하여, 만일 업무를 대도시의 석공으로부터 마을의 석공에게 옮긴다면 일거리가 부족하다는 불리함을 당하게 되고, 여러 지역을 '편력하는' 석공 수의 증가를 반드시 초래하게 될 것이다.[10]

---

10) 가령 〈포츠머스(Portsmouth) 장인 건축가 및 석공 직인이 준수해야 할 업무규약〉은 1893년 10명의 장인 건축가와 4명의 직인이 각각의 노동조합을 대표하여 서명한 것으로 다음 조항을 포함한다. "도급제는 허용하지 않고, 가공된 석재는 사각의 받침돌, 길포장돌(鋪石), 연석(緣石; 차도와 인도 사이를 구분하는 돌), 계단의 층계참을 제외하고 이 마을에 가져올 수 없으며, 벽돌공은 가공석을 세울 수 없다." 런던의 규약은 그렇게 상세하지 않다. 1892년 노사 단체에 의해 정식으로 승인된 그것은 다음과 같이 규정한다. "도급제의 업무 및 노동의 하도급은 어떤 경우에도 화강암으로 된 길포장돌, 요크 포장돌과 회전 외에 행해질 수 없다." 그러나 런던 석공 노동조합은 가령 1894년 런던 주의회의 토목부에 대해 제기한 것 중에, 이 규약을 채석장에서 가공한 석재를 런던에서 사용하는 것을 금지하는 것으로 해석하도록 요구하고 있다. 이 요구는 토목위원회에 속한 노동조합 대표의 반대에 의해 실패로 끝났다. 우리는 그 뒤 스스로 이 사건을 조사하여 그 돌(공원의 울타리로 사용된, 길게 이어진 모래돌의 연석)의 출처를 추적하여 그것이 채석되어 가공된 더비셔에 갔다. 우리는 그 지역에는 노동조합이 전혀 없고, 그곳에서 석공의 일은 대부분 소년 노동에 의해 행해지고 있음을 알았다. 그 노동은 경쟁적 도급제에 의해, 확정된 계약도 없이, 불규칙이고 때로는 과도한 시간 노동을 하는 비조합원에 의해 행해지고 있었다. 우

'제화공 전국 노동조합'의 지부가, 일거리를 지방 마을에 주고자 하거나, 임금이 높은 중심지로부터 낮은 '정률'(定率; Statement) 아래에서 일하는 중심지에 주고자 하는 것에 대해 종종 항의한 것도 앞의 경우와 마찬가지 감정에 의한 것임을 우리는 알 수 있다. 이를 노동조합운동이라는 미명하에 사실은 '지방보호주의'를 행하는 것에 불과하다고 볼 사람도 있을지 모르지만, 노샘프턴(Northampton) 지부가 1888년 파업을 결의한 예를 보면 반드시 그렇다고는 할 수 없다. 즉 그 파업을 결의한 이유는 그곳의 사용자가 일거리를 그 마을 밖에 주었다는 것이 아니라, 런던의 한 제조업자가 그 일거리를 노샘프턴에 보냈다는 것이었다.[11] 1889년, 몇몇 사용자들이 그들의 일거리 중 일부 공정을 저임금 지역으로 보내어, 미리 체결한 임금 협정을 회피하고자 한 계획적 시도를 하였으므로, 1889년 그 노동조합의 집행평의회는 대책을 강구하게 되었다. 이에 따라 그 사용자들은 경고를 받았는데, 이는 일거리가 마을에서 행해져야 한다는 것이 아니라, 그것을 어디에서 행하건 간에, 그들이 서명한 '공장 약관(Shop Statement)'은 반

리는 런던의 석공이 이 항의를 하면서 적정하지 못한 용어를 사용했고, 그 결과 구제를 받지는 못했지만, 주의회와 하원에 의해 채택된 '공정임금제' 정책에 따라 그들의 항의를 정당하다고 느끼는 것이 불가능하지 않다. 불행히도 그들은 석재공의 실태를 서술하는 위원회의 주의를 촉구하는 대신, 런던 시 세부담자의 금전이 런던의 노동자를 위해 사용되어야 한다는 논의에 의거했다. 그 논의는 그 뒤 그들이 우리에게 설명했듯이, 지방의 시의회를 좌우하는 소매상 및 소규모 제조업자에 가장 유효한 것이었다. 런던 주의회 의원 중 노동조합 의원은 이러한 경제학의 가설에 대해 완강하게 반대했다.

11) 〈제화 및 피혁 기록〉 1888년 7월 28일. 마찬가지로 맨체스터 석공 노동조합 총회는 1862년, 맨체스터의 어느 사용자에 대한 파업을 지지한다고 결의했다. 그 사용자가 8마일 떨어진 알트린첨(Altrincham)에서 계약을 이행하면서, 알트림첨 지부의 취업규칙이 요구하듯이 알트린첨에서 가공하지 않고, 맨체스터에서 돌을 가공했기 때문이었다. 이 경우 맨체스터 석공 노동조합은 알트린첨의 석공이 요구한 것보다 높은 시간당 비율로 행할 수 있는 업무에 대해 파업을 했다. 〈석공 격주보〉, 1862년 9월.

드시 준수되어야 한다는 것이었다. 이와 동시에 만일 이러한 사용자들이 자신의 공장을 새로운 지역에 세우고자 하면, 설령 그 지역이 저임금 지역이라고 해도 "사용자들은 모든 것을 자유롭게 할 수 있고," 노동조합은 전혀 이의를 제기하지 않으며, "그 새로운 지역의 최고 임금률을 지불하면 된다"고 분명히 통고했다.[12]

우리는 '일거리를 마을 밖으로 내는' 것에 대해 노동조합이 가장 강력하게 반대한 보기를 인용해왔는데, 이는 노동조합운동의 독특한 보편적인 경제적 편견과 다르다는 것을 보여주기 위해서이다. 하나의 사업, 하나의 도시나 하나의 지역의 번영에 이해관계를 갖는 사람은 그 사업이나 도시나 지역을 위해 판로를 확보하고자 노력하는 것이 당연하다. 만일 노동조합이 중세의 직업 길드처럼 오로지 지역 노동자만으로 조직된다면, 어쩔 수 없이 그것들도 유사한 지방적 편애주의라는 특색을 가질 것이다. 그러나 노동조합 역사의 전반적 경향은 이와 반대로, 각 직업 전체와 연대하는 방향으로 나아갔다. 따라서 지역 지부의 자연스러운 이기적 경향은 노동하는 장소가 어디든 간에, 조합원 전체의 더욱 광범위한 이익을 위하여, 중앙집행부와 전국 대리인 회의가 싸우는 것이 되어왔다. 노동조합운동이 강력하고 잘 형성된 곳에서는 종래 관습적으로 행해져 온 지방적 편애주의(Local Favoritism)는 없어지고, 그 대신 모든 지방에서 획일적인 조건을 공정하게 이행하도록 되어왔다. 가령 '면공 합동 노동조합'은 결국 대리인 회의에서 획일적인 도급 임금률의 채택을 결의했다. 그래서 당시 그레이트 하우드(Great Hawoord)에서 일하던 조합원들은, 다른 곳보다 예외적으로

---

12) 노동조합의 '전국평의회'는 1886년 이와 같은 결의를 통과시켰다. 〈제화공 전국 노동조합 월보〉, 1887년 1월 및 1889년 2월.

높은 임금을 받았기 때문에, 그런 방법을 채택하면서 그 삭감에 대해 호소를 해도 전혀 일반의 주목을 끌지 못했다. 그리고 획일의 결과는 제조업이 가장 호의적인 지역에 집중하도록 하게 되었고, 따라서 보다 먼 마을의 손실이 당연히 초래되는 것은 예견되고 명시적인 것이었음에도 불구하고, 그러한 마을의 대리인들은 거의 일치하여 직업 전체의 이익이라고 믿은 것을 지지했다.[13]

다른 산업에서 종래의 '지방보호주의'와 노동조합운동의 상위는 선거 전략에 흥미로운 변화를 초래했다. '런던 식자공 노동조합'과 '인쇄공 노동조합'은 최근 10년간, 지역 일거리의 분배를 좌우하기 위해 다른 노동조합에서는 볼 수 없을 정도로 강력하게 선거의 힘을 이용했다. 의회 선거인들이 주로 중류 계급에 속한 동안에는 의원 후보가 대부분의 인쇄 주문을 공정하게 선거구의 모든 부분에 분배하고, 그 영역을 넘어 사는 인쇄업자를 고용해서는 안 된다는 경고를 운동원에게 들어왔다. 그러나 지금은 그 반대로, 선거구 내의 노동조합에 가입한 노동자 전체의 호의를 얻고자 하는 영리한 운동원은, 그 주문을 노동조합운동을 가장 잘 지키는 공장에 국한하고, 이를 위해 보통 그 지역의 공장 대부분을 제외하거나, 때로는 일거리를 다른 지방의 공장에 부여하기도 했다. 노동조합 지도자들의 영향력을 이용하는 것은, 그 직업 분포의 현상 유지를 위해서가 아니라, 현재 상태를 개혁하여 노동조건이 가장 유리한 기업이나 도시, 또는 지역을 강력하게 만들기 위해서였다.

따라서 지배의 어려움에도 불구하고, 지역적 폐쇄성이라고 하는 완고

---

13) '면공 합동 노동조합'의 1892년 4월 30일 총회의 특별집회. 저자 중 한 사람은 여기에 출석했다. '표준 임금률'의 장에 언급된 다른 보기를 보라.

한 인습의 전통에도 불구하고, 또한 지역적 독점을 유지하고자 하는 각 지부의 지역적 이기심의 존재에도 불구하고, 노동자 단체에서 지배의 단위는 직인과 도제의 길드의 그것과 전적으로 그 취지가 다르게 도시의 직업이 되기에 이르렀다.[14] 이러한 저항할 수 없는 확장의 경향을 서술하면서 우리는 그 원인을, 각 산업을 통한 획일적인 최소한의 노동조건을 확보하고자 하는 노동조합의 희망 속에서 어느 정도 이미 밝혔다. 뒤에서 '노동조합의 방법과 규제'를 검토하면서 그 경제적 작용을 해석할 때, 우리는 임금 노동자가 이러한 목적을 달성하기 위하여 사용하는 수단과, 그들이 이를 중요하다고 믿는 이유를 발견하고자 한다. 이 책의 마지막 부분에서 우리는 그러한 평등이 어느 정도까지 경제적으로 가능한지를 검토할 것이다. 그러나 지금 독자는 잠시, 이러한 최소한의 획일이 현명한 것이든 아니든 간에, 노동조합이 가질 수 있는 희망 중에서 가장 영속적인 것이라는 사실을 받아들여야 한다.

그런데 각 직업 전체의 이러한 연대라는 개념이, 인종의 상이에 의해 저지된다는 점은 흥미로운 사실이다. 기계공 노동조합과 목수 노동조합의 거대한 전국 조직은 국경을 넘어 그 조직을 확장하는 것에 아무런 어려움이 없이, 조합원을 영국 노동자로 한다는 조건하에 미국, 남아프리카 공화국, 프랑스, 스페인에 지부를 쉽게 설치했다.[15] 그러나 어떤 영국의 노동조

---

14) 현재 널리 보급된 영국의 산업이 유력한 전국적 노동조합을 갖고 있지 않은 경우, 그것은 불완전한 조직의 징후에 불과하다. 그래서 수많은 소규모 페인트공, 대패공(Chipper), 드릴공(Driller)의 노동조합은 그 직업에서 일하는 자의 극소수를 포함하는 것에 불과하다.
15) '기계공 합동 노동조합'은 1869년 영국 밖에 82개의 지부를 두었고, '목수 및 가구공 합동 노동조합'은 87개의 지부를 두었다. 그것들의 반은 미국이나 캐나다에 있고, 나머지 대부분은 오스트레일리아 식민지나 남아프리카에 있다. 기계공 노동조합은 프랑스의 크루아(Croix)에 하나의 지부를 두었고, 그전에는 스페인의 빌바오(Bilbao)에 하나를 두었다. 이

합이라고 하여도 외국 노동조합과의 합동이라는 문제의 경우 그 제안조차 불가능하다는 것은 두말할 필요가 없다. 프랑스와 영국 노동자 사이의 법적 지위, 정치적 상태, 작업 방법, 경제적 지위의 상위를 생각하면 —언어의 장애는 두말할 필요도 없고— 실제로 영국 노동자들이 국제적 합동 노동조합을 고려하고자 하지 않는 이유를 쉽게 알 수 있다. 나아가 중요한 점은 영국[16] 국내에서도 전국적 노동조합을 향한 진보의 추세가 인종적 감정의 상위와 사회적 편의에 대한 견해의 차이로 인해 결정적으로 저지되어 왔다는 점이다. 스코틀랜드 도시에서 일하는 영국인 목수, 금속세공인, 배관공(Plumber)은, 각 직업의 스코틀랜드 노동조합이 공제조합의 수준을 벗어나지 못하고 있다고 하고, 스코틀랜드 노동자들은 눈앞의 이익과 개인적 출세에 너무나도 집착하여 도급제 노동, 표준 임금률의 점차적 퇴보, 상습적인 시간외 노동과 같은 위험한 방법이 새롭게 시행되는 것을 충분히 방지할 수 없다고 개탄한다. 반면 스코틀랜드 사람들은 영국의 노동조합이 그 비용이 사치스럽고, 특히 런던이나 맨체스터의 본부에서 그러하며, 그 규제와 방식이 부당하게 제한적이라고 비난한다. 그러나 어떤 경우에는 합동에 대한 희망이 이러한 사회적 편의에 대한 견해를 압도한다. 경쟁하는 노동조합이 없이 바다에서 바다로 확대된 '보일러 제작공 연합 노동조합'은 1889년 클라이드(Clyde)강 기슭[17]에 전국 노동조합을 설립할 목

곳에는 '보일러 제작공 연합 노동조합'도 1894년까지 하나의 지부를 두었다. 1880년에서 1882년 사이에 '보일러 제작공 연합 노동조합'은 콘스탄티노플(Constantinople)에 지부를 두기도 했다. 그 밖에 해외에 지부를 둔 유일한 영국의 노동조합은 '증기기계 제작공 노동조합'으로서, 그 지부는 뉴욕, 몬트리올, 브리즈번(Brisbane)에 있었다.
16) 여기서 영국이란 이 책을 쓴 19세기 말 현재의 영국과 아일랜드를 합친 것을 말한다. 따라서 아래에서 영국 노동자는 아일랜드 노동자를 포함한다. (옮긴이 주)
17) 클라이드강은 스코틀랜드 남부의 강. (옮긴이 주)

적으로 '글래스고 조합평의회'(Glasgow Trades Council)의 제창에 의해 스코틀랜드의 민족적 감정의 후원을 받아서 분리가 시도되었으나, 이는 스코틀랜드 조합원 대다수의 충성에 의해 진압되었다. 다른 경우에는 스코틀랜드 사람들의 완고함이 영국을 정복했다. '조선공 동맹 노동조합'의 발흥 및 그 전국적 발전에 대해서 우리는 이미 설명했지만, 그 노동조합은 원래 '글래스고 조선공 노동조합'에서 출발했고, 재능 있고 정력적인 서기인 알렉산더 윌키(Alexander Wilkie) 씨가 그 출신이었다. 1886년에 설립된 '영국 철강제련공 노동조합'도 글래스고에서 시작되어 영국의 북부 및 중부 지역의 모든 산업에 확대되었다. 이 두 가지 사례에서 스코틀랜드 사람들은 '웅크려 승리'했다. 즉 스코틀랜드 서기들은 조합원의 중심이 남부로 이동하듯이 영국의 도시로 이동했다. 그러나 다른 산업에서는 완전한 전국적 합동을 향한 대세가, '영국의 지배를 받지 않는다'고 하는 완고한 스코틀랜드 사람들의 결심에 의해 여전히 저지되고 있는데 그 원인의 일부는 노동조합 행정의 차이가 아니라 주로 인종적 감정의 차이에 의한 것이다.[18] 목수,

18) 그 정도는 약하지만 이와 유사한 경향은 공제조합운동에서도 볼 수 있다. '맨체스터 오드 펠로 단체(Manchester Unity of Oddfellows)'의 스코틀랜드 지부는 그들만의 특유한 규약을 따르고 있다. 1894년 에든버러의 포레스터스 고등회의(Foresters High Court)에 파견된 스코틀랜드 대리인은 (현재 매년 도시에서 도시로 이동하고 있는) 본부를 런던이나 버밍엄으로 정하자고 하는 제안에 대해 가장 열렬한 반대자의 한 사람이었다. 그리고 스코틀랜드인들로만 구성된 단체가 아직 널리 수립되는 것에 성공하지는 못했어도, 스코틀랜드의 지부가 탈퇴하는 것은 드물지 않다. 가령 1889년 Ancient Noble Order of Oddfellows 볼턴 단체의 5개 스코틀랜드 지부는 새로운 '스코틀랜드 단체' 지부를 창립하고자 했다 (Oddfellows Magazine, 1889년 3월호, 60쪽). 맨체스터 단체로부터의 이러한 탈퇴는 '스코틀랜드 Oddfellows 단체'로 결과되었다. 그러나 그 조합원은 2000명도 안 된다. 또한 조합원이 6000명인 '스코틀랜드 Ancient Free Garden 센트 루이스 단체'와 조합원이 4000명인 '스코틀랜드 기계공 연합단체'가 있다. 이 단체들도 더 큰 단체로 흡수되는 것을 반대하고 있다.

수작업 장화공, 배관공, 벽돌공의 강력한 영국 노동조합은 각각의 스코틀랜드 동료 노동자들을 그들의 독립된 스코틀랜드 단체를 포기하도록 아직 설득시킨 적이 없거나 설득시키는 것에 실패했다. 재봉공의 경쟁적인 전국 노동조합들은 언제나 투쟁 중으로 정기적으로 국경을 넘어 침략하여 서로 다른 영역 내에 지부를 설립한 결과 치열한 역습을 초래했다. 식자공, 석공, 주철공과 같은 수많은 중요 직업에서 유력한 노동조합운동은 영국과 마찬가지로 스코틀랜드에서도 오래전부터 존재했고, 각 직업의 2개 전국 단체는 서로 완전한 자치를 유지하면서, 서로 우호적인 관계로 정착되어 형식적으로는 연합이 아니라고 해도 사실상 암묵적인 연합을 형성했다.

아일랜드도 인종적 상위에 근거한 유사 사례를 보여주지만 그 방식은 조금 다르다. 영국 노동조합이 스코틀랜드 지방 단체와의 합동에 열렬히 희망하는 반면, 최근까지 아일랜드와 관계를 맺는 것은 혐오해왔다.[19] 이는 적어도 몇 가지 경우, 경험의 결과이다. 1832년부터 1840년까지, 아일랜드 석공은 이미 독립 조직을 가졌으나, 당시 아일랜드 지부는 영국과 같은 입장에서 '석공 공제 노동조합'에 가입하는 것을 허용했다. 그동안의 노동조합 격주 보고서를 보면, 중앙집행부와 아일랜드 지부 사이에 끊임없는 갈등이 있었음을 알 수 있다. 아일랜드 지부는 서로 전혀 협조하지 않고, 다른 아일랜드 도시에서 온 조합원을 배척하기 위해 파업을 주장했기 때문이었다. 원래는 영국 지부에 대해 확정적 관행의 침해에 저항하기 위해 즉각 파업한다고 정했는데, 1839년의 대리인 회의에서는 아일랜드 지부에 여전히 그 권한을 부여했음에도 불구하고, 아일랜드 지부에 한하여

---

19) 스코틀랜드 지부는 재정적 견지에서 유리한 신참자라고 노동조합 서기에 의해 선언되고 있다. 왜냐하면 그들은 공조금을 부여하는 데에 언제나 검약하고 주의 깊기 때문이다.

그런 경우에도 미리 허가를 받지 않고 파업하는 것을 특별히 금지하기에 이르렀다. 그러나 그런 예방 수단을 사용하였어도 영국인 노동조합원에 대한 아일랜드 지부의 유출이 참을 수 없게 되었다. 결국 1840년에 특별한 조사 목적을 부여받은 위원장이 파견되었고, 그 결과 회계 문란이 극도에 달했음이 밝혀졌다. 아일랜드 지부는 규약을 전혀 고려하지 않고 모든 사람들에게 공조금을 지급하는 개선 불가능의 악습을 고수했고, 영국식 회계방식을 채택하지 않았다. 더블린 지부는 중앙위원회에 의해 다른 아일랜드 지부로 보내는 금전을 착복하여 처벌을 받아 해산되어야 했다. 1837년, 중앙집행부는 워윅셔(Warwickshire) 지방에서 제출된 아일랜드 독립안을 "그러한 분리는 노동조합의 안정을 해칠 수 있다"[20]는 이유에서 성공적으로 물리쳤음에도 불구하고, 이제는 그 안에 찬성하는 보고를 하게 되었다. 그 보고에서는 "우리가 믿는 바에 의하면, 그들이 어떤 법적 권리도 갖지 않는 구직 편력의 부조 등을 위해 종래 아일랜드에 송금된 금액이 이미 엄청나다. … 분리가 아무리 유감스럽다고 해도, 그들 자신의 재원에 의존하지 않을 수 없는 한, 그들은 그러한 제도의 이익을 충분히 평가하여 자신들을 위해 스스로 노력해야 한다고 우리는 확신한다"[21]고 했다. 그해에 아일랜드에서 입금된 액수는 47파운드 10실링이었으나, 아일랜드로 송금된 액수는 545파운드를 넘었다. '석공 공제 노동조합'이 즉각 모든 아일랜드 지부의 배척을 표결한 것은 놀라운 일이 아니다.

1850년 '지방 인쇄공 노동조합'(Provincial Typographical Association)은 "노동조합 중에서 아일랜드 지부와 같이 멀리 떨어져 있어서 그 규정과 보

---

20) 1837년 대리인 회의 결의.
21) 〈석공 격주 보고〉, 1840년 1월 2일.

수 방법의 실질을 현저히 달리하는 지부를 포함하는 이상, 영국 집행부는 결코 성공적으로 그 조합을 관리할 수 없다는 확신을 유감스럽게 선언하지 않을 수 없다"고 했다. 따라서 그 노동조합은 이미 그 독립을 주장하지 않은 하나의 아일랜드 지부(워터퍼드)를 포기하고 신규 가입 신청을 거부했다.[22] 더 최근에는 아일랜드 지부를 갖게 된 다른 노동조합이 마찬가지로 아일랜드 지부는 불이익하고 끊임없는 분규의 원인이 된다는 것을 알게 되었다. 가령 '재봉공 합동 노동조합'의 기록은 그 아일랜드 지부의 낭비와 재정 문란에 관한 기사로 가득하다. 1892년에 4개 이상의 중요한 아일랜드 지부는 그러한 이유로 집행평의회의 견책을 받았다. 그중 하나는 그 뒤 폐쇄되었는데, 집행부는 "그 보고가 전적으로 잘못되었고, 계산도 틀렸다고 했다. 조합비는 1인당 평균 10페니도 되지 않고, 노동조합 사무소의 임대료는 지부의 수입 전체를 초과하였다. 만일 충분한 설명이 즉각 주어지지 않는다면, 지부는 폐쇄되어야 한다."[23] 결국 '조선공 동맹 노동조합' 집행부는 1896년 다음과 같이 보고하지 않을 수 없었다. "집행위원회가 위

---

22) 〈지방 인쇄공 노동조합 반년 보고〉, 1850년 12월 31일.
23) 〈재봉공 합동 노동조합 사계 보고〉, 1892년 4월. 엔니스(Ennis) 지부에 대한 보고. 이와 관련하여 1894년 '고대 포레스터스 단'의 고등회의 의사록에서 뽑은 다음의 발췌가 흥미로울 것이다. 집행부는 더블린 지방의 사건에 대해 특별 조사를 할 필요성을 인정하고, 개혁을 조건으로 하여 일정한 이익을 부여하고자 제안했다. 그 제안은 엄청난 논쟁을 불러일으켰다. 어느 유명한 단원은 다음과 같이 말했다. "그들은 난폭하고, 부주의하며, 부정한 실패를 장려하고자 하는가? 그들에게 제출된 보고는 난폭하고, 부주의하며, 부정한 실패가 있음을 분명히 보여주었다. … 997파운드 이상의 돈이 더블린 지부의 구제를 위해 앞의 고등회의에 의해 결의되었다. … 단체의 회계책임자는 단원들이 그 의무를 다하지 못했다고 말했다. 그는 다시, 질병과 관련하여 엄청난 꾀병이 있다고도 했다. 다른 유명한 단원은 스스로 더블린 지부를 글래스고 지부에 합치고 싶다고 말했다. … 유일한 위험 요소, 즉 너무나도 많은 아일랜드인을 집합시키고자 하는 위험이 있음에 불과하다." 〈포레스터스 미셀러니〉(1894년 9월), 180쪽.

원장과 험버(Humber) 대리인에게 그들을 방문하도록 지시했음에도 불구하고, 더블린 지부를 폐쇄하지 않을 수 없게 되었다. 우리는 오랫동안 그들로부터 어떤 정확한 보고도 받지 못했고, 우리가 그들에게 들은 유일한 말은 일거리도 없고 돈도 없다는 것이었다. 노동조합 대표가 그 지부를 방문했을 때, 그곳의 임원들은 너무나 바빠서 조합원 총회를 소집할 시간도 없었다. … 집행위원회는 실업자들을 모두 일자리가 있는 항구로 보내어야 한다고 제의했으나, 그렇게 되면 그들 중 몇 사람이, 그들을 위해 행해진 모든 것에도 불구하고, 그들의 체납금 완납을 거부하고, 그것을 지불하기보다는 일자리에서 떠나 귀향해야 했다. … 지부 장부의 검사 결과, 질병 및 실업 공조금이 그것을 받을 자격이 없는 자들에게 지불되었고, 지부 임원은 노무를 제공하지 않았거나 거부한 노무에 대한 보수를 받는 것이 명백했다. 더블린 지부는 등록된 노동조합 규약을 전적으로 무시하기 때문에, 집행위원회는 그 지부를 폐쇄하는 것 외에 다른 방도를 알지 못했다. 그런 사람들이 항구에 올 때, 다른 지부는 그들을 적절하게 대우해야 한다."[24]

그러나 영국 전체를 통하여 동일한 직업의 완벽한 결합을 향한 열기는 너무나 뜨거워서, 최근 몇 년간 영국과 아일랜드 쌍방의 조합에서 그런 경향에 반대하는 세력은 서서히 극복되고 있는 것처럼 보인다. 1889년 이래, 목수, 철도 종업원, 기계공, 재봉공, 조선공과 같은 거대한 전국 노동조합이 계속 아일랜드 도시에 지부를 개설했고, 남아 있던 지방 직인들의 직업 클럽을 흡수했다.[25] '지방 인쇄공 노동조합'은 지금 '인쇄공 노동조합'이 되

---

24) '조선공 합동 노동조합'의 〈58회 사계 보고〉, 1896년 7~9월호, 8쪽.
25) '철도 종업원 합동 노동조합'은 지금(1897년) 56개 이상의 아일랜드 지부를 두고 있고, '목

었는데, 1878년부터 이미 16개의 지부를 아일랜드에 개설했고, 특히 아일랜드를 위한 유급 선전원을 두고 그 노력에 의해 많은 신참자를 얻게 되었다. 특히 기계 및 조선업에서 이러한 경향은 벨파스트의 엄청난 산업 발전에 의해 더욱 촉진되었다. 1860년 이래, 영국과 스코틀랜드에서 온 숙련공들이 지속적으로 그곳에 이주했고, 그 결과 지금은 두 지역의 모든 전국 노동조합에서 만든 강력한 지부가 설치되어 있다. 아일랜드 노동조합운동의 실질적인 중심이 더블린에서 벨파스트로 이전됨과 동시에, 영국이나 아일랜드의 지배를 받아들이는 것은 거의 저항할 수 없는 경향이 되었다. 이에 반하여 아일랜드 도시에 분리된 지역 노동조합을 규합하여 아일랜드 독자의 전국 노동조합을 형성하고자 하는 시도는 거의 언제나 실패했고, 아일랜드의 클럽들은 스스로 합동하기보다도 영국 지부를 만드는 것에 더 큰 의지를 보여주었다.[26]

따라서 영국 노동조합운동의 과거 경험은 각 직업 분야 임금 노동자의 조합의 경우, 영국 전체에서 가장 적당한 지배 단위를 형성하는 것으로 보인다. 만일 그 범위가 이보다 좁은 경우, 노동조합 조직은 안정을 결여하고, 끊임없이 확장되는 경향을 보이거나, 다른 경쟁 노동조합의 성장에 의해 압도당할 우려가 있다. 그러나 스코틀랜드와 잉글랜드의 결합, 그리고 그중 하나와 아일랜드의 결합 사이에는 현저한 차이가 있다. 영국과 스코틀랜드의 노동조합은 서로 동등한 입장에서 연합하거나 합동한다. 만일 완전한 결합이 결정되면, 지배의 중심은 자동적으로 공업 중심지로 이동하

수 및 가구공 합동 노동조합'은 56개, '재봉공 합동 노동조합'은 35개, '기계공 합동 노동조합'은 19개, '조선공 동맹 노동조합'은 9개를 두고 있다.

26) 거의 유일한 아일랜드의 전국적 노동조합은 1889년 11월에 설립된 '아일랜드 전국 제빵공 연합 노동조합'이다. 아일랜드 노동조합 회의는 1894년 이래 매년 열리고 있다.

고, 이와 함께 종종 스코틀랜드인이 스코틀랜드의 사무 절차와 전통을 가져와서 영국에서 다스리게 된다. 아일랜드와의 결합은 언제나 아일랜드 지부를 병합하고, 잉글랜드나 스코틀랜드의 규약과 조직을 아무런 조건 없이 받아들이는 것을 뜻하게 된다. 이는 보통 아일랜드에 이민하는 잉글랜드인이나 스코틀랜드인들에 의해 행해지고, 그들을 돕는 것은 다른 부유하고 강력한 노동조합의 원조에 의해 내부 알력의 약점을 제거하면서, 유력한 행정의 이익을 얻고자 하는 일부의 아일랜드 조합원들이다.[27]

이제 자치적 국가인 노동조합의 범위 문제에서 눈을 돌려, 다시 그 내부에서 중앙과 지방이라는 두 당국 사이의 관계를 볼 때, 노동조합은 영국 민주주의 제도의 오랜 전통에서 벗어난 것임을 알게 된다. 앵글로색슨 인종의 정치적 팽창에서 지방제도의 발전은 적어도 제국의 확장과 보조를 같이했다. 노동조합운동과 마찬가지로 작은 지방적 기원에서 성장하여 오랫동안 전국적, 심지어 국제적으로 성장한 지금, 다른 거대한 영국 노동 계급 단체, 즉 소비조합에서는 노동자들이 철저히 각 지방조합의 완전한 독립을 유지해왔다. 이러한 협동조합운동은 영국 내에서 노동조합운동에 필적하는 조합원 수를 가지고 있고, 그 재정 거래는 몇 배나 많다. 각각 분리된 1700개의 소비조합은 서로 결합하여 '잉글랜드-스코틀랜드 도매조합'이라는 거대한 사업 연합과 '협동조합 연맹'이라고 하는 교육 및 정치 차원의 연합을 만들었다. 그러나 이러한 협동조합운동은 1844년의 부

27) 아래에서 말하는 것에 대해 영국의 정치적 독자가 주의하는 것은 부적절하다고 할 수 없을 것이다. 즉 저자들은 아일랜드에 자치를 허용한다고 하는 정책과 관련하여 의견이 갈라져 있고, 따라서 이 점에 관해 노동조합의 경험으로부터 바로 정치적 추론을 하는 경우의 편견으로부터 보호되어야 한다는 것이다. 만일 이 장에서 인용한 사실이 아일랜드 자치제에 반대하는 논거를 주는 것이라면, 다음 장에서 말하는 고찰은 영국과 완전히 결합하는 정책에 대해 반대하는 것으로 간주될 수 있다.

활 이래 몇 개의 단계를 거쳐 마침내 '국가 내의 국가'를 건설하기에 이르렀으나, 이 강력한 양대 연합은 아직 모든 사례에서 지방조합의 대리인과 사용인 이상이 되지 못하고 있다.[28] 나아가 만일 노동조합운동과 더욱 가까운 운동에 관심을 돌리게 되면, 여러 공제조합 사이의 '연합단체'가 놀라울 정도로 확대되어 있는 가운데, 세계적인 규모의 노동 계급 단체가 각 '단'(Order) 내부의 각 개별 지부가 거의 완전한 자치를 기초로 하여 성장해 온 것을 알게 된다.[29] 오드펠로나 포레스터스 지부 조합원의 경우, 정책 문제를 연합단체의 집행부에 위임하고자 하는 것은 지금까지 행해진 적이 없는 것으로 보일 수 있다. 그러나 이러한 완전한 지방자치 주장이 가장 결정적으로 나타나는 것은 그들의 재정 시스템에서이다. 포레스터스와 오드펠로에 박애와 자선의 정신이 아무리 강하다고 해도, 그 부유한 지부는 채무 완제가 불능인 다른 지부에 대해 그 잉여금의 자유로운 처분을 허용하지 않고 있다. 각 지부는 자기의 기금을 자기 목적을 위해 보관 운용하고 그 잉여금은 그들 개인의 투자와 마찬가지로 지부 소속의 각 개별 조합원의 사유재산처럼 인정된다.

밖에서 보기에 전국적인 노동조합의 지역조합원들도 '에인션트 오브 포레스터스'나 '멘체스터 유니티 오브 오드펠로'의 조합원과 동등한 지방자치를 향유하는 것으로 보인다. 만일 독자에게 공업 중심지의 음식점을 찾아서 포레스터스나 '목수 노동조합', 오드펠로나 '보일러 제작공 노동조합'

---

28) 비어트리스 포터(Beatrice Potter, 시드니 웹의 부인), 『영국 협동조합운동(*The Co-operative Movement in Great Britain*)』.
29) J. 프롬 윌킨슨(Frome Wilkinson) 목사, 『공제조합운동(*The Friendly Societies Movement*)』(London, 1885); J. 베른레더(Baernreither), 『영국의 노동자 연합(*English Association of Working Men*)』(London, 1892).

의 지역집회를 보라는 요구를 받았다고 한다면, 처음 방문했을 때에는 필경 노동조합 지부와 공제조합 지부 사이에 중대한 차이가 있음을 쉽게 찾을 수 없을 것이다. 월요일에 클럽 사무실을 사용하는 오드펠로, 화요일에 그곳에서 모이는 '목수 노동조합', 목요일에 모이는 포레스터스, 매주 금요일에 모이는 '석공 노동조합'이나 '보일러 제작공 노동조합' 모두 자신의 사무를 처리하기 위해 '여러 모임'에 참석하는 것처럼 보인다. 매주 똑같은 남녀와 자녀들이 기여금을 내려고 열을 지어 온다. 회의가 시작되면, 모두 '문을 지키는 것'에 대한 같은 전통적 비법을 닦거나, 매우 열정적인 가입 희망자를 '입회식'에 받아들이기 전에 오랫동안 밖에서 기다리게 한다. 그들은 모두 똑같이 신중한 의식을 통해 '집회를 열고', 그들이 언제나 선출하고 다시 선출하는 임원들에게 기묘한 칭호와 공식적인 응대 방법으로 위엄을 부여한다. 그러나 방문자는 조심해서 경청하면 노동조합의 모임에서는 신비한 외부 당국에 대한 언급이 계속되는 것을 알 수 있다. 지부 조합원 모두가 특정인이 신청한 공조금을 부여하고자 함에 반해, 서기는 이에 반대하여 중앙집행부의 통고에 의하면 그런 경우에는 노동조합 규약에 해당된다고 해석되지 않으므로 만일 이를 지불하고자 한다면, 자신의 주머니에서 줄 수밖에 없다고 말하는 것도 볼 수 있다. 또 본부에서 다른 지부에게 100파운드를 송금하라고 명했기 때문에 당장 잔고가 급히 줄어져 몇 파운드밖에 남지 않게 된다고 회계담당자가 말하는 것도 볼 수 있다. 고용인과의 분쟁에서 문제가 제기된 경우, 이러한 노동조합의 특별한 업무가 전혀 지부의 권한 내에 있지 않고, 다른 외부 당국에 의해, 즉 '지역' 노동조합이 위원장의 훈령에 따라 처리하는 것을 알고는 놀랄 수도 있다.[30]

30) 노동조합의 지부 집회는 사적인 것이지만, 노동조합운동을 진지하게 연구하는 사람이 노

노동조합운동은 사실상 처음부터 같은 직업의 공동연대라는 원칙에 근거해왔다. 심지어 어떤 종류의 전국적 조직도 갖지 않았던 18세기의 수공업자 클럽도, 서로에게 불시에 필요한 경우를 돕기 위해 잉여금을 습관적으로 기부했다. 따라서 많은 클럽이 모여 전국 조직을 만들었을 때, 지부의 수중에 있는 현금을 다른 지부가 필요한 경우에 사용할 수 있다는 것으로 가정된 것은 당연한 일이었다. 그리하여 우리는 1833년 '석공 노동조합'의 대리인 회의의 결의로부터, 여러 지부는 그들의 잉여금을 파업 중인 다른 지역에 대한 원조를 위해 보내주도록 기대되었음을 알 수 있다.[31] 이처럼 통제조공과 같은 보수적 직업에서는 여전히 고풍의 인류 동포애에 대한 신뢰만을 통하여 만족하고 있으며, 그 '상호 원조 노동조합'은 지금도 여전히 임의의 기부금에 의해 서로의 다른 분쟁을 원조하는 지방 클럽들의 느슨한 연맹에 불과하다.[32] 그러나 거대한 산업 분야에서는 이와 같은 정신이 곧 나타나 형식적인 조직이 되었다. 석공들 사이에서는, 그 '대중앙위원회'의 의견에 의해 초기 제도가 '전적으로 무력하게 되었고' 각 지역은 그 송금액을 스스로 결정했고, 파업 중인 여러 지방 가운데 어느 것을 원조할 것인가에 대한 선택도 했음을 알게 되어도 놀랍지 않다. 그래서 새롭게 채

동조합 임원의 한 친구로 출석 허가를 받을 수 없는 것은 아니다. 저자들은 다양한 상업 중심지에 있는 거의 모든 직업 분야의 지부 집회에 참석하여, 그들의 의사 진행이 매우 흥미로운 것을 발견했다. 이는 그것이 노동조합운동의 내부적 활동을 보여주었을 뿐 아니라, 종종 동질적인 것으로 오해되고 있는 각 지부의 임금 노동자 계급 사이에 체격, 지능, 성격이 현저히 다르다는 점을 보여주기 때문이다. 이러한 상이점에 대한 상세한 설명은 뒤에 나오는 '노동조합운동의 가설' 장을 참조하라.

31) 1833년 11월 28일, 맨체스터에서 열린 '대중앙위원회'의 회람은 '석공 공제 노동조합'의 기록 속에 남아 있다.

32) '통제조공 상호 노동조합'의 다양한 '월보'를 참조하라. 쟁의 중인 지부에 대한 부조를 위한 정기적 기부에 의해 중앙 기금을 형성하고자 하는 제안이 지금 토의되고 있다.

택한 방법은 최초의 규약 초고(아마도 1834년의 것)에 나타난 것으로, 각 지부로 하여금 대의원회가 정한 바에 따라 각각의 파업에 대한 지지 비용의 '일정액을 바로 갹출하는 것'이었다. 마지막으로 1837년에 이르러, 지금 행해지고 있는 전형적인 노동조합의 자금 관리법, 즉 자금을 지부에 속하게 하지 않고 노동조합이 갖는 것으로 하며, 미리 규약에서 정한 목적 이외에는 사용하지 못하게 하고, 또 그러한 목적 내에서도 노동조합 전체에 공통된 것으로 하게 되었다.

상대적으로 소규모인 집단으로서 지방에 산재해 있고, 거대한 자본가적 기업인에 대응해 고립되고 허약함을 자각하는 '석공 노동조합'이 일찍부터 공동의 '군자금'이라는 사상을 갖게 된 것을 이해하기란 어렵지 않다. 동일한 상황에서 일하는 목수의 노동조합은 그 느낌을 다음과 같이 표현한다. "비록 바다가 우리 사이를 갈라놓는다고 하여도 우리의 이해관계는 마찬가지이다. 만일 우리가 하나의 규약하에 단결하고, 동일 규약에 복종하며, 필요한 경우 언제나 이용할 수 있는 공동의 자금을 갖는다면, 그 결과 우리는 새로운 세력을 확보할 수 있고, 이를 정당하게 사용한다면 부분적 조합에 의하는 것보다도 훨씬 유효하게 우리의 이익을 옹호하며, 더욱 큰 이익을 얻을 수 있을 것이다."[33] 그러나 그 재정적 집중의 추세는 이상의 직업에 한정되지 않고, 작은 영역에 밀집되는 직업 분야에서 찾아볼 수 있다. 올덤과 기타 주변 도시의 '면사방적공 노동조합'은 1879년까지 그 자금을 모으고 지출하며 투자하는 것을 자기의 계산으로 하는, 재정상 독립한 10개 노동조합의 연합체로 통일되기에 이르렀다. 1877년부터 1898년 사이의 거대한 파업은 이러한 조직 형태의 허약함을 보여주었다. 그 분야 임원의

---

33) 〈목수 및 가구공 합동 노동조합 규약〉 서문(Manchester, 1891).

말을 빌리면 "그 결과 파업이 터지면 어떤 지부들은 파산하게 되지만, 다른 지부들은 파업 유지 비용이 풍부하다는 현상이 나타났다. 그들의 전투력은 가장 부유한 지부의 가치에 의해서가 아니라 가장 빈곤한 지부에 의해 판단되었음을 그들은 곧 알게 되었다. 그것은 체인의 강도가 그 가장 약한 연결에 의해 표현된다고 하는 전통적인 역학 법칙의 또 다른 사례였다. 파업이 끝난 뒤, 그들은 모든 잉여금을 하나의 공동 계좌에 예금해야 한다고 정하여 이 결점을 고쳤다."[34] 그 후 '랭커셔 면사방적공 노동조합'의 각 지부는 기금을 집중시키는 정책을 채택했다. '볼턴 방적공 노동조합'의 위원장은 다음과 같이 말했다. "우리가 믿는 바에 의하면, 다수인의 노동이 동일한 산업 성쇠의 영향을 받아, 그 노동의 생산물이 동일한 시장에 출하되거나, 또는 그 임금을 규제하는 표준 물가 등의 사정이 동일한 경우, 그 노동을 옹호하고자 원하면 서로 단결하여 하나의 노동조합을 이루는 것이 절대적으로 필요한 조건이다. 전적으로 자신의 관리에 속하는 많은 적립금의 소유를 자랑할 수는 있어도 각각 분리된 지방 노동조합에 가입하고자 해서는 안 된다. 우리는 그런 적립금이 그들의 순수한 직업적 이익을 증진시키기에 거의 효과가 없다고 말하기를 주저하지 않는다."[35]

어떤 지부가 산업 전쟁에 포함되는 경우에도 그 방호를 위해 이용할 수 있는 중앙 기금을 설치할 일반적인 필요는 모든 노동조합이 분명히 아는 것으로, 각 조합으로 하여금 계속적으로 공동 회계주의를 채택하게 했다. 그러나 공동 회계는 그 자체로는 반드시 모든 행정 권력을 실행하는 우세

---

34) '볼턴 지방 면사방적공 노동조합'의 서기였던 고 존 필딩(John Fielding) 씨는 '면사방적공 노동조합' 지도자 중 가장 유능한 사람 가운데 하나였다.
35) 〈볼턴 지방 면사방적공 노동조합 연보〉, 1882.

한 중앙집행부의 설립을 의미하는 것이 아니라는 것은 지금 성공적인 공제조합 중 한두 개 현저한 보기를 들어보아도 알 수 있다. 만일 업무를 정확한 규약으로 축약할 수 있고 그것을 실시할 때 어떤 방침 문제도 들어가지 않고 임의 재량의 여지가 없으면, 지역 지부에 의한 행정도 유효하게 되고 경제적인 측면에서도 중앙 당국에 의한 것보다 못하지 않은 것은 다음에 설명하듯이 종래의 경험에 비추어 분명하다. 그러나 노동조합 기금의 지출은, 조합원의 입법에 의해서만 결정될 수 없고, 주로 그 행정당국의 판단에 의해 결정된다. 복잡한 도급 임금표의 작성, 새로운 공장법의 조장, 고용인 단체와의 전국적 협정의 교섭, 파업의 지휘와 같은 모든 직업 보호 문제의 어떤 경우에도, 미리 성문의 규약을 통해 정확한 방법이나 제출되어야 할 경비의 금액을 정하는 것은 신이 아닌 인간의 능력으로는 할 수 없다. 따라서 노동조합 행정의 대부분을 차지하는 가장 특징적인 부분은, 우호적인 공조금의 급여와 달리, 법칙이나 비율을 통해 미리 정할 수 없고, 집행 당국의 임의 재량에 맡겨야 한다. 따라서 만일 수입을 갹출하는 자가 그 지출에 대하여 어떤 감독권을 갖고자 원하면, 그 재량권을 조합원 전체를 대표하는 중앙집행부의 수중에 절대적으로 전속시키는 것 외에 다른 길이 없다. 그러나 이러한 발전은 방침 문제나 공동 수입 중 자기 부분의 지출에 있어서, 모든 실제의 자치권을 지부에서 반드시 뺏도록 한다. 따라서 지부의 돈을 합쳐 모든 노동조합의 공동 자금으로 삼고, 균등하게 모든 조합원으로부터 거두어 자금을 보충하는 이상, 지역 지부로 하여금 모든 노동조합의 분쟁에 포함시키는 것은 지극히 위험한 일이라고 하지 않을 수 없다. 전투적 조직에서의 재정 집중은 동시에 행정 집중을 뜻한다. 이 사실을 가장 완벽하게 인식하는 노동조합은 가장 효율적이고, 따라서 가장 안정적인 것으로 판명되어왔다. 이에 반해 자금은 집중되어 있어도 규약 작성자의 태만이나 무능으로 인해 행정적 권력은 여전히 지역 당국의 수중에 맡겨져 있고, 그 결과는 박약함과 불통일과 재정 곤란을 초래해왔다.

노동조합 운동가들은 이러한 민주적 재정의 기본 원칙을 오로지 서서히 그리고 불완전하게 배워왔고, 사실에 대한 명백한 관찰의 결여는 거대하고 강력한 조직에 대해 비참한 결과를 초래해왔다. 가령 '기계공 합동 노동조합'의 경우 그것이 표방한 설립 목적은 중앙집행부 통솔하에 획일적인 고용정책을 수립하는 것이었다. 이를 위해 다른 정규 공조금 급여는 지부 권한에 맡겨두고, 파업수당의 급여만을 중앙집행부에 전속시켜 그 목적을 달성하고자 했다. 그러나 불행히도 이 파업수당은 1주 5실링에 불과했고, 직장을 잃은 조합원은 이와 함께 그 소속 지부가 지급하는 1주 10실링의 실업수당도 받는 것으로 예정되었다. 파업수당과 실업급여에 대한 이러한 혼동의 결과, 고용정책에 대한 중앙집행부의 권한은 심각하게 약화되었다. 어떤 기계공장에서 일하는 직공은 그 고용인의 결정에 대해 불만을 갖는 경우에는 언제나, 그 소속 지부에 호소할 수 있고, 그 허가를 받아 그 직장을 포기하고 노동조합 전체의 기금으로부터 1주 10실링의 실업급여를 받을 수 있다.[36] 설령 지부 자체는 다시 1주 5실링의 임시급여를 추가로 지불하기 위해 허가를 신청하는 수고를 마다하지 않는다고 해도, 사안은 절차에 따라 지역위원회로부터 중앙집행부로 보고될 것이다. 그러나

---

36) 이 유해한 관행은 종래 그 안에서만 파업급여를 지불한 것에서 나온 '임시기금'이 계속 조합원 투표에 의해 폐기되고 다시 설치되었다고 하는 사실에 의해 엄청나게 강화되어왔다. 임시기금이 없었던 시기에 노동조합은 파업자에게 실업수당을 지급한다고 말하는 것 외에 어떤 방어 수단도 갖지 못했다. 그러나 이로 인해 지부가 소비하는 기금은 모든 조합원에게 균등하게 부과되었음에도 불구하고, 그 결정은 지부에 맡겨졌다.

그동안에 싸움은 이미 선포되고, 실제로 시작된다. 지역의 고용인은 이미 공장 폐쇄를 통해 응수할 수 있고, 지역 전체는 동료 노동자들에 대한 원조를 위해 '동정파업'을 할 수 있다. 노동조합은 그 위신과 명예를 유지하기 위해 중앙집행부가 싸울 만한 가치가 있다고 하는 결정을 내리지 않는 동안, 거대한 산업투쟁을 계속할 수도 있다. 이는 실제로 최근의 쟁의행위 가운데 가장 비참하고 가장 명예롭지 못한 것이었던, 1892년 타인 강변의 조선소에서 기계공과 배관공의 장기간 파업으로 나타났다. 당시 수천 명의 직공이 3개월 이상 직장을 잃었는데, 그 이유는 그들 자신이나 다른 노동자들의 생활 수준을 향상시키는 데 있었던 것이 아니라, 지역의 기계공과 배관공이 2인치 반의 철 배관 맞추기를 누가 해야 하는가에 대해 의견 일치를 보지 못했던 것에 있었다. '기계공 합동 노동조합'의 기록을 조사해 보면, 지부가 파업 조합원에게 실업급여를 지불함으로써 단독으로 중대한 운동을 시작하고, 이에 대해 중앙집행부는 미리 알거나 동의하지도 못하는 사례를 쉽게 볼 수 있다.

이처럼 실업급여와 파업수당 사이의 불행한 혼동은 '기계공 합동 노동조합'의 당국자를 고뇌하게 만든 유일하게 모호한 것이 아니었다. 비록 공인된 쟁의가 노동조합 전체의 기금으로부터 지지를 받는다고 해도, 쟁의를 개시하는 것은 그 지방위원회를 통하여 당해 지역조합원에게 맡겨져 있다. 이는 완전한 지방자치를 뜻하는 것으로 보일 수 있고, 더욱 적극적인 지부가 취할 수 있는 것이기도 하다. 그러나 그 규약은 또한 한편으로는 지방위원회의 결의가 중앙집행부의 '인가를 거쳐야 하는 것'이라고 정하면서, 따라서 정책의 지휘권에 대해서는 아니라고 해도 최종거부권을 반드시 본부에 귀속시킨다. 기계공 노동조합이 고용인에 대한 정책에서 지방자치를 원하는지 아닌지를 결정하는 데에 무능하기 때문에, 그 노동조합은 종래 여러 번이나 차별적이고 바보 같은 처지에 빠졌다. 그리하여 가령 1895년 가을 벨파스트 지부는 중앙집행부의 인가를 얻어 임금 인상을 요구하는 파업을 했다. 그때 고용인 연합체는 벨파스트 기계공만이 아니라 클라이드 강변 노동자들에 대해서까지 공장 폐쇄를 했다. 그 뒤 양자 사이에 협의가 진행되었을 때, 중앙집행부는 당연히 노동조합을 대표하였고 결국 협약을 체결했으며, 이는 클라이드 지부에 의해 인정되었다. 한편 벨파스트 지부는 그 협약의 승인을 거부하거나 파업 종료의 인정을 거부하여, 모든 조합원들에게 계속 노동조합 전체의 기금으로부터 나온 파업수당 전액을 지급했다. 이에 중앙집행부는 그 배신으로 인해 고용인 연합체로부터 엄청난 비난을 들어야 했고, 여론은 신의와 규율의 부족을 보고 격앙되었다. 결국 그러한 교착 상태는 중앙집행부가 단호하게 벨파스트 조합원에 대해 지방위원회의 결의를 기다리지 않고 바로 복귀 명령을 내리는 것으로 끝났다. 중앙집행부가 과연 지방위원회의 결의를 인가하거나 각하하는 것 이외의 방법에 의해 간섭하는 권한을 갖는지 갖지 못하는지에 대한 문제는 격렬한 논의를 야기하여, 1896년의 대리인 회의는 그 행동을 부인하는 결의를 통과시켰을 뿐 아니라, 다시 새로운 규약을 설정하여 당해 지방조합원 —그 일부나 전부가 쟁의관계자여야 한다— 의 3분의 2라는 다수의 동의를 얻는 것을 파업 종결의 요건으로 정하여 중앙집행부 및 지방위원회가 쟁의를 종결하는 권한을 명백하게 빼앗았다.[37] 이처럼 '기계공 합동 노동조합'이 극단의 지방자치에 광적으로 집착하는 것, 즉 조합원 다수가 동의하지 않을 수 있는 정책을 지지하기 위해, 아무리 작고 중요하지 않은 지방조합이라고 해도 조합 전체의 기금을 인출하는 자유를 가져야 한

---

37) 〈기계공 합동 노동조합 규약〉(London, 1896), 54쪽.

다고 지속적으로 믿는 것은, '기계공 합동 노동조합'에 계산할 수 없을 정도의 엄청난 손해를 끼쳤다. 이는 노동조합의 자원을 지속적이고 불필요하게 소모시킨 원인이 되어왔다. 또한 여러 번, 그들만의 싸움을 할 수 없어서 수천 명의 조합원을 공장 폐쇄에 빠뜨렸다. 그것은 고용인 연합에 대해, 노동자를 대표하여 그들과 만나는 사람들을 신뢰하지 못하게 만들었다. 그중에서도 가장 중요한 것은, 노동조합이 그 조합원의 고용조건을 진심으로 방어하는 어떤 이유도 유지하지 못하게 한 것이었다. '보일러 제조공 연합 노동조합', '면사방적공 합동 노동조합', '제화공 전국 노동조합'이 체결한 것과 같이, 노동조건의 일반적인 평균 수준의 향상을 확보하는 전국 협정은, 반드시 그 교섭위원에게 모든 공동의사의 위임을 부여할 수 없는 조직의 힘 밖에 있다.

재정의 집중과 시대에 뒤떨어진 지부 자치제 사이의 충돌은, 건축업 노동조합의 대다수 규약에서도 볼 수 있다. 이러한 노동조합에서는, 임금의 증가나 새로운 종업상의 특권을 요구하기 위해, 미리 모든 노동조합 전체나 그 대표자인 중앙집행부의 인가를 거친 뒤가 아니면, 지부는 파업을 하거나 교섭을 할 수 없다는 것이 전통이었다. 그러나 그것은 건축업의 실무에서 굳건하게 뿌리내리지 못했다. 왜냐하면 고용인이 그 도시의 현행 취업규칙을 침해한 경우에는 언제나, 어떤 지부 또는 개인 노동자라고 해도, 중앙집행부의 자문을 받지 않고 바로 파업할 수 있기 때문이다. 그러한 경우, 이들 직업의 전국 노동조합 중 대다수의 규약에 의해, 파업수당은 당연히 지부에 의해 지급되고 있다. 따라서 현행의 관례에 대한 어느 지부의 해석이 미세한 점에서도 고용인의 반대에 부딪힌다면 그 지부는 노동조합 전체를 싸움으로 포함시키는 명백한 권한을 갖게 된다. 만일 각 식민지나 원격 속령지의 총독이 그 자신만의 개인적 견해에 의해 국가의 권리가 침해될 수 있다고 판단할 경우, 바로 제국 전체의 이름과 자원으로 선전포고를 할 수 있는 권한을 갖는다고 가정한다면, 국제적인 적대관계가 얼마나 심각하게 증가할지를 쉽게 상상할 수 있다. 노동조합의 경우에, 각 지부의 분쟁의 하나하나가 중대하지도 않고 오래 걸리지도 않는 것이 보통이지만, 그 결과는 고용인에 대한 정책의 부조리와 돌발성을 초래하고, 때로는 그 모순됨이 기이할 정도이며, 이에 대해 중앙집행부는 그것을 확인할 힘을 갖지 못한다. '석공 공제 노동조합'과 '벽돌공 노동조합'은 최근에 이르러 개별 고용인 사이에 작은 충돌이 끊이지 않아 특별히 고통을 당해왔는데, 이러한 충돌의 대부분은, 만일 그 쟁점이 노동조합 전체를 대표하는 임원의 냉정한 교섭에 위임된다면, 회피할 수 있는 성질의 것이다.[38] 이는 건축직 임원들에 의해 막연하게 받아들여졌다. 벽돌공과 석공 사이에서는, 침해에 대항하여 중앙집행부로부터의 허가 없이 파업할 수 있는 전통적으로 지부가 갖는 권리는, 지금까지 어디에서도 이를 고집하여 그 폐지를 불가능하게 했으나, 그 뒤 개정된 규약은 모두 명백하게 이 권리를 일정 종류의 침해가 있는 경우에 제한하여, 그러한 종류 이외의 공격에 대항하기 전에 미리 모든 조합원의 허가를 얻을 필요가 있게 되었다. '목수 및 가구

---

38) 2개 지부 중 하나나 둘의 취업규칙에 대해 내려진 해석은 종종 크게 다를 수 있다. '석공 공제 노동조합'의 켄달(Kendal) 지부는 1873년 그 취업규칙에, 직공이 그 도시의 가정에서 일정 거리를 넘어 일하러 오는 경우, 그 직공에게 점심식사를 제공할 것을 고용인에게 요구하는 조항을 두었다. 켄달의 어느 고용인이 켄달 노동조합 지부 조합원을 20마일 떨어진 곳으로 보냈는데, 그곳은 그런 규약을 갖지 않은 다른 지부의 지역이었다. 켄달의 석공은 그 고용인에 대해 켄달 노동조합 지부의 규약에 따를 것을 주장했다. 그러자 고용인은 그 지방 지부에 속한 직공들이 그들을 대신하도록 했고, 켄달 지부의 취업규칙은 다른 지역에서 행해지는 노동에 적용되지 않는다고 주장했다. 이러한 해석상의 미묘한 차이는 두 개 지부 사이에서 오랜 논쟁을 낳았고, 상당한 지방 간 알력을 초래했다. 결국 그 문제는 노동조합 전체의 투표에 붙여져, 켄달 지부가 패하게 되었다. 〈격주보〉, 1873년 10월호.

공 합동 노동조합'은 정책의 집중에서 한 발짝 더 나아갔다. 이미 20년 전부터 이 규약은 명백하게 "새로운 특권을 요구하게 되는 경우이거나, 기존의 자에 대한 침해에 반대하는 경우인지를 묻지 않고 … 모든 지부가 미리 집행평의회의 인가를 받지 않고서"[39] 파업하는 것을 금지했다. '목수 및 가구공 합동 노동조합'이 건축업에서 많은 여타의 노동조합과 비교하여 설립일이 일천함에도 불구하고, 현재 가장 강력하고 부자인 것은 우연한 일이 아니다.

'보일러 제작공 연합 노동조합'은 '기계공 합동 노동조합' 및 '벽돌공 노동조합'을 고통스럽게 만든 이러한 난관을 극복하여, 공제조합의 행정에 대해 좋은 성적을 보여줌과 동시에, 강력하고도 통일적인 고용정책을 확립할 수 있었다. 여기서 명실 공히, 직업적 수당과 공제적 수당 양자를 절대적으로 분리하여 그 문제는 해결되었다. 실업자 부조를 위한 '기여수당'(Donation Benefit)은 "산업 침체 등의 원인에 의해 직업을 상실한 자"에 한정하고, 그 증거로서는 "그가 최후에 취직한 공장이나 작업장에 종사하는 공장장이나 3명의 정회원 이름이 있는 증명서"로 하고. 지부 임원의 승인을 받아야 한다. 이러한 수당은 어떤 종류의 것이든 분쟁 중에 직장을 떠난 노동자에게는 주어질 수 없다. 파업수당은 그것과 별도의 수당으로서, 단 한 사람의 직공에 관한 것에 대해서도, 오로지 중앙집행부의 명시적이고 특별한 지시에 의해 지급된다.[40] 따라서 지부는 공제수당을 관리하지만, 직업적 문제에 대해서는 어떤 권한도 갖지 않는다. 만일 한 사람의 고용인과 그 노동자들 사이에 어떤 분쟁이 생긴다면, 설령 노동자 1인과의

---

39) 1893년판 규약, 제28조, 제10절, 66쪽.
40) 〈보일러 제작공 연합 노동조합 규약〉(Newcastle, 1895).

사이라고 해도 사건은 바로 지방대리인의 손에 넘어간다. 이 지방대리인은 노동조합 전체에 의해 임명되고 그것을 위해 일하는 존재이므로 본부의 위원장과 계속 통신을 한다. 어떤 노동자도 미리 지방대리인의 허가를 받지 못하면 모든 직업적 특권의 문제에 관하여 그 일을 포기하거나 고용인에게 통지할 수 없다. 그리고 이러한 법이 확실하게 실행된다고 하기 위해, 그 어떤 경우에도 중앙집행부의 명시적인 지시가 없다면 한 푼의 수당도 지부에 의해 지급될 수 없다.

그럼에도 불구하고, 노동조합 지부는, 심지어 가장 중앙집권적인 노동조합에서도 여전히 노동조합 행정에서 결여할 수 없는 역할을 수행하고 있다. 상호보험, 즉 질병급여, 장의비, 양로급여를 위한 조합으로서는 노동조합도 공제조합과 마찬가지로 예정된 규약과 급여율에 의해 그 활동을 규제한다. 이러한 규약과 급여율은 최근 입법 행위로서 노동조합 전체에 의해 정해진다. 심지어 노동조합 이외의 그 무엇도 가질 수 없는 실업수당 —기여수당이나 무직금(無職金; Idle Money)이라고 한다— 도 예외가 아니다. 전형적인 현대 노동조합의 성문 규약은 질병이나 실업에 대해 지급해야 할 금액을 상세하게 정하고 정교한 규약을 설정하여 모든 예외적인 경우를 망라한다. 중앙집행부는 규약이 그 글자 하나하나에 따라야 한다고 엄격하게 주장하고, 처음에는 지부가 해야 할 일이 전혀 없는 것처럼 보인다. 그러나 이는 매우 잘못 본 것이다. 기금이 사기에 의해 인출되는 것을 방지하기 위해 지역적이고 심지어 개인적인 지식을 결여해서는 안 된다. 정말 아픈가 아니면 꾀병인가? 실업의 원인이 고용인의 업무 침체 때문인가, 또는 그 자신의 정력이 쇠약해진 탓은 아닌가? 이러한 문제에 대해 가장 잘 답할 수 있는 자는, 공장에서 그와 함께 일하고 그를 파면시킨 공장장, 또는 그를 해고한 고용인을 알고, 그의 생활의 모든 경우를 숙지하는 자이다. 여기서 우리는 노동조합 지부를 여전히 노동조합 조직의 중요한 부분으로 존속시키는 실용적 효용이 있음을 알게 된다. 지부의 직무는 정책 문제가 아니라, 사실의 쟁점을 결정하는 배심원과 같은 것이다.[41]

그리고 만일 우리가 잠시 지방자치 문제를 떠나 지부의 모든 기능을 생각해본다면, 이 제도의 가장 실제적인 편익을 가장 집권적인 조합에서도

---

41) 만일 우리가 지부의 권능을 그렇게 말할 수 있다면, 이러한 배심제도의 효용성은 다른 공제조합의 경험으로부터 수집할 수 있다. 무엇보다도 가장 현저한 것은, 거대한 산업보험회사와 집금조합(Collecting Societies)이 수백만 명의 노동 계급 고객과 함께, 모든 곳에 파견된 유급 직원 조직을 가지면서도 배심원 제도를 결여하므로 실업급여금은 물론이고 질병급여의 제도도 재정상 불가능하다는 것이 인정되는 것이다. 그러한 조직 중 최대이고 최고인 프루덴셜 보험회사는 그렇게 하기 시작했으나, 그것을 포기하여야 했다. 왜냐하면 그 서기가 1873년의 공제조합에 관한 왕립위원회에게 말한 바에 의하면 "5년의 경험 뒤에 우리는 행해진 사기에 대해 대항할 수 없음을 인정했다." 질병급여제도를 그 중요한 특징으로 하는 본래의 공제조합들 중에서 포레스터스와 오드펠로처럼 각 지부가 재정적으로 자치적이므로 질병률이 최저라고 하는 의미 있는 사실이 인정된다. 흥미로운 단체인 '질병 및 매장 합리 조합'(Rational Sick and Burial Association, 1873년 로버트 오언(Robert Owen)과 '합리신앙인'(Rational Religionists)에 의해 설립됨)은 전국적인 합동 노동조합과 같은 조직을 가지고, 그 지부는 공동기금에서 지급된 급여금을 관리한다. 우리가 수집한 바에 의하면 이러한 조합에서 질병률은 연맹단체(Affiliated Orders)의 경우보다는 조금 많지만, 그 단체의 지부는 급여할 것인지에 대해 결정할 뿐 아니라, 그 자금의 조달도 스스로 행하고 있다. 마지막으로 지부가 없는 중앙집권적 공제조합 중에서 가장 거대하고 가장 유력한 '하츠 오브 오크(Hearts of Oak) 공제조합'은 급여금을 모두 본부로부터 지급한다. 그 조합에서는 질병률이 보통 포레스터스와 오드펠로 또는 '합리 조합'의 경험을 훨씬 초과한다는 것이 인정된다. 그리고 그 초과는 보험회계사가 계속하여 선언한 바에 의하면, 사기나 꾀병에 대한 부적절한 규정에 의한 것이다. 가령 1884년에서 1891년까지의 8년간, '질병의 예상'은 1866년에서 1870년까지의 각 지방 오드펠로의 맨체스터 본부 경험에 의하면, 111만 1553주였다. 실제로 급여금이 지급된 주는 145만 2106에 이르렀고, 36퍼센트 이상이 초과되었다(R. P. 하디(Hardy), 『공제조합의 방법 등에 관한 연구(An Enquiry into the Methods, etc., of a Friendly Society)』, 1894, 36쪽). 프롬 윌킨슨(Frome Wilkinson) 목사는 "중앙집권적 조합이 사기를 면하기란 불가능하다. 그러나 기관의 운용이 정비된 연맹 조합의 잘 조직된 지부를 갖는 경우에는 그렇지 않다"고 했다(『공제조합운동』, 193쪽). 같은 저자의 1888년 〈오드펠로 잡지〉의 「공제조합 50년」도 참조하라.

인정할 수 있다. 민주적 단체에서 회원 대다수로 정기적인 회합을 가지고서, 그들 공통의 요구를 논할 수 있다고 한다면, 그 이익은 결코 작은 것이 아니다. 또한 그 유일한 정당화는 지부 회합의 교육적 가치에 있는 것도 아니다. 일반투표에 의해 통치되든, 대의원회에 의해 통치되든 간에, 모든 노동조합에서 지부는 입법 기구의 중추를 차지한다. 조합원의 투표에 의해 법률이 제정되는 경우, 토의의 모임이자 투표 장소가 되는 것은 지부 집회이다. 노동조합이 충분히 발달된 대의제도를 채택하는 경우, 지부는 당장 자연스럽고 편리한 선거구가 되고, 대표자가 정기적으로 각 파의 선거구민과 회견할 수 있는 수단을 제공하는데, 이는 정치적 민주주의에서 절실하게 요구되는 것이다. 다른 직업에서는 노동조합 규약의 중대한 변경안은 미리 하나 또는 여러 지부의 토론과, 때로는 그 투표를 거친 뒤에 대의원회에 제출되도록 요구하는 것이 보통이다. 밤에 열리는 지부 집회에 출석하여 그 의사 중에서 우리가 가장 흥미를 느끼는 것은, 지방의 노동조합평의회(Trades Council), 같은 직업의 지역위원회나 연합위원회, 또는 노동조합 자체의 대의원회에 출석하는 지부 대표자의 보고를 듣는 것이다. 만일 국회의원이나 시의회 의원이 반대편이든 같은 편이든 간에, 모두 각 파의 선거구민과 관계 있는 모든 공무에 대해 언제나 보고하고 논의해야 한다면 정치적 민주주의는 활기가 있고 생기가 차게 될 것이라고 우리는 종종 생각해왔다. 그러므로 모든 행정상의 기능을 무시한다고 하면, 지부의 조직은 가장 중앙집권적인 노동조합에서도 상당한 효용을 갖는다. 그러나 이러한 효용은 중앙집권 대 지방자치라는 문제와는 거의 관련이 없다. 이 모든 점에서 지부는 분리된 통치 단위가 아니라, 사실상 지리적으로 나누어져 적절한 크기의 취합으로 되는 하나의 조합원 총회를 형성하는 것이다.

그리하여 중앙 당국과 지방 당국 사이에서 행정을 어떻게 나누어야 할 것인가라는 어려운 문제에 있어서, 노동조합의 경험은 다른 임의단체나 정치적 민주주의에 대해 어떤 지침도 주지 않는다. 노동조합의 실적을 내기 위한 조건으로 내세우는 재정과 정책의 극단적인 집중은, 그 기능의 특수한 성격에 의해 강요되어왔다. 초기의 직업 클럽이 그 잉여 기금을, 도움을 필요로 하는 다른 도시의 클럽에 좌우로 준 것은 단순히 형제애의 발로가 아니었다. 각 클럽은, 어느 지역에서는 임금의 저하가, 고용인 사이의 경쟁이나 노동자 사이의 이주의 결과로 다른 도시에 곧 파급되는 것을 민감하게 감지했다. 그리고 다양한 지역 클럽들이 모여서 전국적 통합을 형성하고, 중앙집행부의 명령을 이행하기 위한 계속적으로 유급 직원을 임명하는 것은, 그들이 지방자치에 무관심하기 때문도 아니고, 관료제를 좋아해서도 아니며, 허약한 동포들에 대한 박애심과 같은 것 때문도 아니고, 그들 자신의 이익이 국내 전반에 획일적인 고용정책을 수립할 수 있는지 없는지에 달려 있음을 막연히 인식한 탓이다. 이러한 희망은 모든 노련한 노동조합 운동가의 마음에 응고되어 확고한 확신으로 변했고, 그것은 오랫동안 일반 노동조합원에게도 확산되었다. 노동조합 전체를 위해 일하는 중앙집권적 기관에 의해서만 획일적인 정책을 수립할 수 있고 유지할 수 있다는 것은 분명하다. 그리하여 노동자가 그가 속하는 다른 단체에서는 지방자치의 확고한 옹호자임에도 불구하고, 노동조합의 세계에서는 끊임없이 집중적인 관료적 행정으로 나아가는 추세에 반대하지 않고, 나아가 이를 환영하기에 이르는 것은 실로 이러한 이유에 의한 것이다.[42]

---

42) 이러한 일반론은 전체적으로 오로지 노동조합 기금이나 고용인정책에 적용될 뿐이다. 노동조합의 공제조합적 측면은 조합원을 확보하기 위한 부수적 인력(引力)으로 사용되는 것

에 불과한 한, 각 지방 지부가 '공제클럽'의 자격으로 자기의 기여금 비율을 정하고, 자기의 기금을 보관하며, 자기의 사무를 처리함과 동시에, 모든 직업 보호의 목적을 위하여 견고하게 집중된 전국적 연합의 일부를 형성한다는 점에는 본래 어떤 어려움도 존재하지 않는다. 그러나 더욱 보편적으로는, 노동조합의 공제조합적 측면은 그 집적된 기금이 투쟁비용에 대하여 부수적인 보조가 된다는 점에서 역시 존중된다. 그리하여 전국적 노동조합은 지극히 예외적인 몇 가지 경우도 있지만, 지금은 그 직업에서만이 아니라, 그들의 공제조합적 자금도 집중시키고, 각 조합원이 내는 기여금의 전부는 그 노동조합의 모든 목적을 위해 사용되는 공동기금으로 지불되는 것을 우리는 알게 된다. 따라서 그 결과는, 중앙집행부의 손에 권력을 더욱더 집중시키는 것이다.

4장
노동조합 간의 관계

앞의 3개 장을 통하여 우리는 그 범위에 대해 어떤 질문도 생길 수 없는 '직업'이라고 하는 것이 존재한다는 세상의 가정을 수용해왔다. 거의 모든 노동조합 규약집의 서문에서 우리는 다음과 같은 의미의 문장을 발견하게 된다. "일정한 업무에 종사하는 직인은 유사하게 고용된 모든 사람과 마찬가지로 그 **특정한 직업**을 규율하는 규약을 작성하는 것으로 이익을 본다." 그러나 '직업'이 무엇이고, 그 한계는 어떻게 정의되는가? 언론인이나 전문가에 의하면, 암스트롱(Armstrong)이나 휘트워스(Whitworth)의 공장에 고용되는 모든 기술자는 당연히 기계공의 부류에 속하고, 나아가 '기계공 노동조합'에 속하며, 배관공이나 가구공이나 조선공과는 엄격하게 구별된다. 그러나 이러한 직공의 집단화가 몇 가지 조직을 형성하게 되고, 그러한 조직 상호 간의 관계가 영국 노동조합운동의 가장 심각한 어려움의 몇 가지를 제공한다.

그 문제를 서술하면서 우리는 먼저 중요한 직업 중 몇 가지에 그것이 나타나는 바를 보는 것이 좋다. 하나의 산업에는 표준소득, 주위 사정이 필요로 하는 보호의 종류와 정도, 고용인에 대한 그들 지위의 작전상 유리함이나 불리함에서 서로 광범위하게 다른 노동자들의 여러 부류가 있다. 그래서 정방기(精紡機; Mule) 40대를 갖춘 면사방적 공장은 90명의 소기공(梳機工; Cardroom Operatives)을 고용하는데, 그 대부분은 여성이고, 남성은 1주에 18실링에서 30실링을 받지만 여성은 12실링 6다임에서 19실링 6다임을 받는다. 또 40명의 성년 남성 정방공(精紡工; Mule-spinner)을 고용하는데 그들은 도급으로 1주에 30실링에서 50실링을 받고, 그 정방공에 의해 고용되는 80명의 소년과 남성이 사계공(絲繼工; Piecer)으로 1주 6실링 6다임에서 20실링까지 받는다. 그리고 2명의 감독이 1주에 42실링 이상을 받는다. 그 공장 옆에는 800개의 직기를 갖춘 면공장이 있는데, 그곳의 남녀 직공(織工; Weaver)은 260명에 도급으로 1주 14실링에서 20실링을 받고, 그 직공의 소득에 비례하여 임금을 받는 8명의 감독(남성)은 1주 32실링에서 42실링을 받고, 10명의 연사공(撚絲工; Twisters)[1]과 경통공(經通工; Drawer)은 도급에 의해 1주 25실링에서 33실링을 받고, 5명의 정경공(整經工; Warper)과 권취공(捲取工; Beamer)[2]은 도급에 의해 1주 20실링에서 30실링을 받고, 3~4명의 테이프 부착공(付着工; Tapesizer)은 1주 확정 임금으로 42실링을 받고, 직공에 의해 보조원으로 고용되는 1~50명의 아동은 소액의 임금을 받고, 공장장은 연봉으로 200~300파운드를 받는다.[3]

---

1) 실을 꼬는 사람. (옮긴이 주)
2) 날실을 감는 직공. (옮긴이 주)
3) 더욱 상세한 노동자 분류로는 수시로 주어지는 상공부의 〈부인 및 소녀의 고용통계에 대한 콜렛 양의 보고〉(C. 7564, 1894)에서 볼 수 있다.

이들 모든 노동자에게는 그 고용인, 가공원료, 제품판매 시장이 같다. 따라서 그들은 분명히 많은 이해관계를 함께 갖는다. 그러나 그럼에도 불구하고 그들은 단일한 지배 단위를 형성하지는 않는다. 이러한 6종 또는 그 이상의 면직(綿織: Cotton) 노동자 부문을 하나의 합동 노동조합, 즉 공통의 정책과 공통의 자금과 공통의 집행부와 공통의 임원을 갖는 노동조합으로 형성하기란 불가능하다. 아무리 교묘한 규약을 만들어도 그 일부나 전부의 재정상 및 직업상의 이익을 희생시키지 않을 수 없다. 가령 정방공, 테이프 부착공, 권취공, 연사공, 경통공 및 감독과 같이 고임금을 받는 부문의 자들은 매주 높은 기여금을 낼 수 있지만, 소기공이나 직공의 경우는 그렇지 못하다. 뿐만 아니라 기금의 용도에 관한 각 부분의 희망의 상위는 그 금액보다도 더욱 크다. 가령 테이프 부착공은 그들의 전문적인 숙련기술과 대체 업무의 불가능성, 그리고 그들의 임금이 모든 생산비 가운데 근소한 부분을 차지하는 데 불과하다는 점 때문에 작전상 유리한 지위를 차지하여 그 기금 가운데 상당한 부분을 질병 및 장의수당으로 충분히 사용할 수 있다. 또 각 지역에서 획일적인 시간제 임금률을 가지며, 고용인과의 사이에서 분쟁이 드물기 때문에 사무소나 유급 직원을 둘 필요가 없다. 반면 정방공이나 직공은 그 소득을 산정하고 유지할 때 복잡한 도급 임금표를 사용하여야 하므로 고도로 숙련된 전문적 임원을 둘 필요가 있다. 그러나 그 양자 사이에서 직공은 여성이 다수이고, 여성은 매주 기여금을 식당 —지부 집회는 자주 식당에서 열린다— 에 가면서 지참하기를 좋아하기 때문에 그러한 자들로부터 기여금을 정확히 받기 위해서는 다수의 유급 수금원이 필요하기 때문에 불리하다. 이러한 사정은 소기공의 경우에도 마찬가지이지만, 그들은 보통 시간급으로 일하기 때문에 정방공과 같이 숙련된 계산원을 필요로 하지 않는다. 권취공, 연사공, 경통공과 감독들에게도 특유한 사정이 있다. 공통의 기여금과 급부금의 비율을 정하고, 수입과 소요를 달리하는 여러 계급을 결합하는 것은 절대로 불가능한 것처럼 보인다. 그 뿐만이 아니라 공통의 집행부 위에 수적 세력을 달리하는 여러 부문의 효율적인 대표제를 부여하기도 어렵다. 테이프 부착공과 감독은 나머지에 의해 완전하게 가려지기 때문에 무시한다고 해도, 임금 수준이 높고 고위 임원이 있으며 숙련된 1만 9000명의 정방공에 대한 고용 정책을, 임금 수준이 낮은 2만 2000명의 소기공이나 3분의 2가 여성인 8만 5000명의 직공의 결정에 맡기기는 어렵다. 반면 직공은 그 압도적인 숫자의 힘이 갖는 장점을 언제나 포기하려고 하지 않을 것이고, 정방공도 테이프 부착공에게 그들과 마찬가지의 발언권을 주도록 허용하지 않을 것이다. 그러나 만일 일부를 양보하여 어떤 고안에 의해 대표 집행부를 구성할 수 있다고 하면 그러한 집행부는 각 부문에 특유한 기술적 문제를 결정하기에는 부적당하다. 어떤 문제에 대해서도 그 전문적인 지식을 갖는 자는 소수에 머물고, 따라서 아무리 공정한 결정을 하여도 그 결정은 어느 일부의 불만을 살 수밖에 없다. 나아가 기술적인 세부 사항을 떠나, 작전상의 이해관계는 부문별로 상이하다. 그것은 직물업이 불황인 경우에 정방공이 임금상승운동을 하는 데에 적합할 수 있고, 양자는 감독보다도 쉽게 운동을 일으킬 수 있다. 반면 테이프 부착공은 명백한 파업에 의하기보다도 완고한 고용인으로부터 한 사람씩 묵묵히 물러나서 노동조합 조건을 수용하도록 기다리기를 더 좋아할 것이다. 잡다한 분자를 대표하는 평의회가 적극적이고 통일된 방침을 유지하는 것은 대단히 어려운 일임이 분명하다. 반면, 면직 노동자의 모든 부문은 공통 이익을 가지고 있다. 가령 위생, 노동시간, 기계, 아동 연령, 공장 감독 등을 규정하는 모든 공장법은 직접 또는 간접으로 공장의 모든 직공에게 이해관계를 갖는다. 리버풀의

'면화 매점' 또는 고용인 상호 간의 조업 단축에 의한 상품 감소의 협약과 같은 산업상의 이변은 모든 사람에게 그 영향이 미친다. 인도부장관(Indian Secretary), 교육부장관, 재무부장관의 방침이 그것들 전부와 언제라도 관련된다고 말할 수 있다. 따라서 만일 면공이 이처럼 본질적으로 직업적인 사항을 규제하는 실력을 갖는다고 생각하면 어떤 형태로 면공업 전체와 공존하는 노동조합을 만들어야 한다.

이러한 어려움의 또 다른 사례는 거대한 기계 산업에 의해 주어지고 있다. 1세기 전에는 소수였던 숙련공 계층이, 나무 패턴의 제작으로부터 공장 안에서 스스로 건조하는 기계를 세우게 되어 모든 종류의 기계 제작 공사를 수행하게 되었다. 기계 산업의 엄청난 확대로 인해, 노동의 분업이 초래한 지 이미 오래되었고, 오늘날에는 대기계공장의 직공이 다수의 상이한 부문들로 나누어져 서로 다른 일을 하는 능력을 갖지 못하게 되었다. 나무로 가공하는 패턴 제작공은 보일러 제작공이나 주철공과 완전히 구별되었다. 또 금속세공인은 정합공(整合工; Fitter)이나 선반공(旋盤工; Turner)이나 조립공(組立工; Erector)과 구별되고 있다. 다른 형태의 특수화는 철강 외의 재료를 많이 사용하면서 다시 다른 쪽으로도 분업이 생겨나, 놋쇠 주조공(Brass-founder), 놋쇠 완성공(Brass-finisher), 구리 세공인(Coppersmith)을 낳았다. 기계를 만들기 위해 기계를 이용하는 것의 엄청난 발전을 각 세대는 보게 되는데, 그 결과 현대의 기계공장에는 전통적인 선반 외에 회전, 성형, 구멍 뚫기(Boring), 평삭(平削; Planing), 종삭(縱削; Slotting), 절삭(切削; Milling), 기타 여러 다양한 기계를 비치하고, 모든 수준의 기술을 갖춘 기계 전문가와 공구 제작공이라는 전적으로 새로운 계층이 등장하게 된다. 마지막으로 제철의 선박과 교량, 대포와 장갑차, 수력기계와 전등, 제봉기계와 자전거처럼 현대 문명에서 철강의 무수한 응용은 새로운 종류의 일을 낳고, 이에 수반하여 다시 새로운 부문의 전문 직공을 보기에 이르렀다. 이처럼 상호 밀접한 관계를 가지면서 상이한 업무 중에는 정확한 '직업'의 한계를 발견하는 것이 매우 어려운 일이다. 그들은 모두 같은 산업에 종사하기 때문에 오늘날의 대공장에서는 모든 종류의 사람들이 하나의 고용인에게 고용되는 경우가 있다. 동일한 확대와 축소의 순환 파동은 조만간 모두에게 같은 영향을 미친다. 한편 각종 업무 사이에는 보수(報酬; Remuneration)의 방법, 표준소득, 전략적 지위에 엄청난 차이가 있다. 가령 엄격한 도제 수양을 거친 보일러 제작공(선박 도금공(Shipyard Pater))은 밀집된 집단으로 나누어져 협동적 도급제에 의해 노동하며, 때로는 그 소득이 하루에 1파운드에 이르므로 호경기 때에는 다액의 지불에 의해 거대한 적립금을 만들고, 각 항구에서 도급 임금을 협정하기 위해 전문의 임원단을 유지하고, 회귀하는 사업 침체기에 대비해 충분한 준비를 하면 이익이 된다. 이와 정반대의 입장에 있는 사람은 기계적인 업무를 하는 자동적인 기계적 인간이다. 이는 특별한 기능이 없는 보통 노동자 중에서 냉정한 사람이 할 수 있는 것으로 모든 기계공장에서 간단한 기계에 종사하고, 임금이 저렴해도 실업 걱정은 비교적 적다. 그는 주로 각 작업이 기민한 외부 사람에게 개방되는 탓으로 이익을 본다. 또한 목재를 가지고 일하여 시간제로 높은 임금을 받는 패턴 제작공은, 대장간에서 도급제로 일하는 금속 세공인과는 공통점이 없다. 경기가 회복되기 시작하는 때, 제철공과 이어 주철공은 금속세공인, 정합공, 선반공보다도 훨씬 빨리 바빠지고, 만일 종래의 침체기 중에 손실된 임금을 회복하고자 원하면 모든 다른 나머지 기계공들은 아직 단시간 노동을 하고 있는 동안, 먼저 임금증액운동을 개시해야 한다. 마지막으로 대표의 방법 및 기초와 관련된 어려움이 있다. 통치의 중심은 철제 조선 항구에 두어야 하는가, 아니면 내륙의 기계 중심지에 두어야 하는가? 만일 전자를 채택한다면 보일러 제작공이 최고가 될 것이고, 후자를 채택한다면 정합공이나 선반공이 같은 힘을 갖게 될 것이다. 어떻게 하면 전국에 산재하는 패턴 제작공의 작은 무리가, 다른 계층의 압도적인 다수 속에 있는 그들의 특수한 이익을 유지할 수 있을까? 하나의 집행평의회 속에 각종 업무 —각각의 거대한 중심지를 제외한다면— 를 대표시키고자 하는 시도는, 모든 비례상의 고려를 무시하는 것이거나, 그 규모와 비용이 실행할 수 없는 정도로 큰 기관의 형성을 포함하는 것이어야 한다.

따라서 우리는 하나의 직업이라고 보통 말하는 것의 범위 안에서, 각각 그 성질이 크게 달라서 특별한 고려를 요하는 전문화된 노동자 계층으로 구성되는 더욱 작은 범위가 있음을 알게 된다. 최초의 생각은 언제나, 이러한 차이를 무시하고 더욱 큰 범위를 통치 단위로 만들어 어려운 문제를 푼다는 것이다. 이러한 '합동'(Amalgamation)이라고 하는 생각은 매우 매력적이어서 거의 모든 산업에서 시도되어왔다. 『노동조합운동의 역사』를 읽은 독자라면 1833년부터 1834년에 걸쳐 건축공의 7가지 상이한 부문을 포괄하기 위해 전국적인 '건축공 노동조합'을 형성하고자 하는 엄청난 노력이 있었음을 기억할 것이다. 그것에 이어 같은 해에 직물업에서 일반적 노동조합이 생겨났다. 1844년과 1863년에 광부는 하나의 합동 노동조합 속에 탄광의 안팎에 고용되는 모든 사람을 전국에 걸쳐 단결하고자 했다. 또 1840년부터 1850년 사이에, 각지에서 무수한 '철 관련 여러 직업'의 합동이 제창되었는데, 그것에는 '기계와 관련된 5종 직업' 외에 보일러 제작공과 주철공도 포함되었다. 우리는 이 모든 시도의 실패를 서술할 필요를 느끼지 않는다. 이는 현대의 중요한 사례, 즉 '기계공 합동 노동조합'의 경험으로부터 더 많은 교훈을 얻을 수 있기 때문이다.

윌리엄 뉴턴(William Newton)이 그 유명한 합동 노동조합을 창설했을 때, 그중에 포함되어야 할 직공의 종류에 관하여 어려운 문제가 생길 수 있다고는 생각하지 않은 듯하다. 그의 주된 관심사는 패턴 제작공이든, 금속세공인이든, 선반공이든, 정합공이든, 조립공이든 간에, 철이나 놋쇠 어느 것으로 일하든 간에, 기계공의 다양한 지방 조직을 모두 하나의 전국 조직에 병합하는 것이었다. 그러나 '파벌주의'(Sectionalism)가 처음부터 장애로 나타났다. 금속세공인과 패턴 제작공의 노동조합 산하에 있는 다양한 지역 클럽은 일반 기계공 노동조합에 그 독립성을 함몰시키는 것에 강력하게 반대했다. 기계 설치공(Millwright), 정합공, 선반공을 지배적인 구성원으로 하는, 더욱 포괄적인 '증기기관 제작공 노동조합(Steam-Engine Maker's Society)'도 마찬가지로 더욱 광범위한 노동조합에 흡수되는 것을 거부했다. 뉴턴과 앨런에게는 이 모든 반대가, 지방 노동조합이 그 독립성을 전국 노동조합 속에서 상실하는 것에 대한 자연스러운 혐오감에서 생기는 것으로 생각되었다. 그들의 느낌에는 이러한 혐오감은 결국 전국적 단결이라는 뛰어난 이익 앞에 무릎을 꿇을 운명이었다. 그것은 틀리지 않았지만, 그 뒤의 경험은 합동에 대한 반대가 더욱 영속적인 이유에 근거한 것임을 보여주었다. 지방 조직들은 하나하나씩 거대한 라이벌에 합병되었다. 그러나 그것은 오로지 더욱 심각한 파탄을 폭로한 것에 불과했다. '기계공 합동 노동조합'의 현재 라이벌은, 지방 기계공 클럽이 아니라, 각각 그 직업의 상이한 부문이 배타적 복종을 주장하는 전국적 노동조합이다. 가령 패턴 제작공은 1872년, 그 이익이 '기계공 합동 노동조합' 속에서 무시되었다고 느끼고, '패턴 제작공 연합 노동조합'(United Pattern-makers Association)을 만들었는데, 지금 그것은 이 고도로 숙련된 계급의 대다수를 포함하면서 매년 그 수가 늘고 있다. 원래는 글래스고의 지방 클럽에 불과했던 '대장공 동맹 노동조합'(Associated Society of Blacksmiths)은 지금 클라이드와 벨파스트의 특별한 직업 분야를 지배하고 북부 영국에 지부를 두고 있다. 놋쇠공, 구리 세공인, 기계 조작공도 지금은 모두 전국에 걸쳐 그들 자신의 노동조합을 가지고 있다. 그 결과는 '기계공 합동 노동조합' 이 어떤 부문에서도 뉴턴의 생각을 실현하지 않았다는 것이다. 합동에 관련된 모든 것을 거부하고 그들 자신의 특별한 직업을 조직하는 데에 힘을 기울인 '보일러 제작공 노동조합'은 앞에서 말했듯이, 전국에 걸쳐 분할되지 않고 견고한 집권적 노동조합을 형성할 수 있었다. 기계공의 상태는 이와 매우 다르다. 정합공, 금속세공인, 패턴 제작공, 기계 조작공, 놋쇠공, 구리 세공인은 하나의 노동조합으로 단결되지 못했고, 그 산업의 각 부문에서도 통일적인 고용정책을 유지하지 못했다. 이러한 혼돈 상태에 대해 열렬한 합동 노동조합의 논자들은 합동의 범위를 확장하여 이 폐해를 시정해야 한다고 주장했다. 톰 만(Tom Mann) 씨는 1891년에 다음과 같이 말했다. "합동 노동조합의 미래를 결정하는 기초는, 기계업에 관련된 업무에 종사하는 모든 노동자와 그 노동의 수행상 기계공의 숙련을 요하는 노동을 보여주도록 요구받는 모든 직공에게 가입을 허락해야 한다. 이러한 노동자에는 기계 선반공 및 기계 천공공(穿孔工; Drilling Machine),[4] 공구 제작공, 금형공(金型工; Die-Sinker), 전기공이 포함되어야 할 것이다. 전국의 기계 및 기계 관련 산업에서 일하는 사람이 최소한 2만 5000명에 이르므로, 그 다수자를 보살피기 위해서는 본부에 상당수의 임원을 둘 필요가 있다. 그리고 그 단체의 조직은 '기계공 합동 노동조합'이 담당해야 한다."[5]

4) 구명을 뚫는 직공. (옮긴이 주)
5) 〈노동조합 운동가(*Trade Unionist*)〉, 1891년 10월 10일자에 실린 '런던 기계공 합동 노동조

대의원회가 열릴 때마다, 경험 있는 측 임원의 반대에도 불구하고, 여러 부문의 직공이 계속 가입했다. 1892년의 대리인 회의는 다양한 기계공장에서 기술을 갖는 직공의 대부분에게 실제로 노동조합을 개방했고, 당시 몇 지부는 범위를 더욱 확대하여 배관공이나 주철공도 흡수하도록 허용해야 한다고 주장했다. 그 제의는 상당한 논의 뒤에 부결되었으나, 그 이유는 오로지 '주철공 공제 노동조합'(1890년 창설, 조합원 수 1만 6278명)과 너무나도 호전적인 '배관공 연합 노동조합'(1848년 창설, 조합원 수 8758명)과 직접 충돌했기 때문이었다. 그러한 노동조합들은 가볍게 만나기에는 너무나도 강력했다. 이처럼 합동의 범위를 차차 확장할 때마다 실제로 더욱 자주 다른 노동조합들과 충돌하게 되었고, 그러한 노동조합은 그 열렬한 적이 되었다. 뉴턴이 합동에 의해 제거하고자 바란 여러 대항적 노동조합 사이의 경쟁 자체는, 그 모든 것을 포괄하고자 하는 이러한 정책 자체를 통하여 더욱 강렬하고 제어하기 어려운 것이 되어왔다.

여기서 독자는 여러 노동조합 사이의 그러한 경쟁과 적대의 결과가 얼마나 참담했는지를 충분히 이해할 필요가 있다. 우리가 노동조합을 단순하게 질병이나 노령 및 불경기에 의한 생계의 손해에 대항해 주급 임금 노동자를 보험하기 위한 공제조합에 머무는 것으로 본다고 해도, 아니면 장래 육체노동자에게 자본가 고용인으로부터 더욱 좋은 조건을 획득할 수 있게 하는 전투단체로 본다고 해도 그 폐해는 마찬가지로 분명할 것이다.

먼저 처음부터 사회의 찬양을 받은 노동조합의 일면, 즉 "질병, 노령, 기타 노동 불능의 경우와 사자의 매장을 위하여 상호 부조라는 단순한 목적에 의해 서로 모여 조합을 만든 영국 내 모든 직인의 전통적으로 가장 찬

합' 회관에서의 연설.

양받아야 할 관행"[6]을 살펴보자. 상업에 관하여 아무리 '매주(買主)의 위험 부담'(Caveat Emptor; 사는 사람은 상환 청구권을 갖지 않으므로 불리한 계약을 하지 않도록 주의해야 한다는 경고)이라는 격언을 중시한다고 하여도, 즉 개인 소비의 화물에 대해서는 아무리 구매자의 이기심에 전적으로 맡겨도 좋다고 해도, 모든 보험의 범위 내에서 경쟁은 실제로 능률을 높이는 데에 아무런 이익이 없다는 것은 다툴 여지가 없는 사실이다. 무제한 경쟁론의 근저에는, 소비자가 그 구매 물품의 품질에 관하여 충분히 판단할 능력이 있고, 또는 적어도 소비행위를 하는 동안에는 그러한 능력을 가진다고 하는 가정이 놓여 있다. 재정적 보험에 관한 그러한 가정은 합리적으로 유지될 수 있다고 할 수 없다. 불규칙성과 부당 유용의 위험은 차치하여도, 공제조합의 사무에서 성적을 올리느냐 그렇지 못하느냐 하는 문제는, 적절한 보험 기술적인 기초 자료의 선택, 조합 자체의 보험 기술적 경험의 수집 및 검정, 그리고 그것들에 근거한 보험료와 보험금의 적절한 비율 결정이라고 하는 것들에 구속되고 있다. 경쟁하는 조합이 조합원을 두고 서로 쟁탈전을 벌이는 경우, 경쟁은 불가피하게 다음 두 가지 형태가 된다. 즉 낮은 비율의 보험료로 일반 보험금의 지급을 제안하거나, 아니면 보통 비율의 보험료에 대해 법외의 보험금을 약속하는 것이다. 보험에 대한 지식이 없는 보통 사람은 제공되는 경쟁적 비율의 어느 것이 참된 가치가 있는지를 판단할 능력이 없다. 또 새로운 가입자는 주당 보험료가 소액인 점의 유혹을 도저히 이길 수가 없다. 여러 조합 사이의 부당한 경쟁은 스스로 도태를 낳는다는 주장도 있을 수 있지만, 사실은 그 반대이다. 그 채무

6) 〈주철공 공제 노동조합 규약〉(Manchester, 1809) 및 그 시대의 다른 수많은 노동조합의 규약 서문.

에 응하기에 충분하지 않은 보험료를 징수하는 조합은, 결국 스스로 파멸하게 되겠지만, 보험에서는 인과응보의 법칙이 급속하게 나타나지 않는다. 사망에 의한 청구권이나 양로 급여에 대한 채무의 완제 능력이 없음이 분명해지기까지에는 여러 해가 필요하기 때문이다. 결국 필연적으로 붕괴가 왔다고 해도 신중한 조합은 그 불건전한 경쟁자의 해산에 의해 거의 아무런 이익을 볼 수 없다. 계약을 이행하지 않고 해체된 조합은, 그 조합원들로 하여금 어떤 형태의 조합도 시기의 눈으로 보게 하고, 다시 다른 조합에 들어가 보험료 내기를 좋아하지 않게 만든다. 어느 기간 소액의 보험료에 대응해 다액의 보험금을 지급함은, 기대 수준을 왜곡시킬 것이다. 돈을 잃은 사람들은 그 실패를 임원의 부정이나 무능력이나 직공의 신뢰 결여, 기타 여러 가지 이유로 돌리지, 그 원인이 결코 6펜스의 보험료로 1실링의 보험금을 타고자 한 자신의 비합리성에 있다고는 생각하지 않는다.

　본래의 공제조합 및 보험회사에서 경쟁이 재정적 능률을 높이는 보증이라고 믿을 수 없음은 사회적으로 충분히 인정되어왔고, 법에 의해서도 다루어져 왔다.[7] 그러나 노동조합은 상당한 이유에 의해 그러한 규정의 범위

---

7) 1776년 이래의 여러 법규, 즉 등기, 계산의 공표, 공적인 회계 검사, 공제조합 및 산업 보험 회사의 강제적 재산 평가에 이르는 규정을 언급하는 이상으로 말할 필요가 없다고 우리는 생각한다. 직접적 금지만은 별도로 하고, 국가는 지금 모든 수단에 의해 '염가 판매'(Under-Cutting)를 막으려고 하고 있다. 류벤 왓슨(Reuben Watson) 씨가 1885년 국민보험에 대한 특별위원회에서 말한 바에 의하면(문제 893), "종전의 잘못된 원칙에 근거하여 새로운 조합을 만드는 것을" 방해하고 있다는 것이다. 오드펠로와 포레스터스라는 두 개의 거대한 '연맹체'는 함께 적어도 공제조합계의 반을 차지하지만, 그 내부에서 어떤 지부도 최저한으로 명확하게 인정된 보험료 및 보험금의 표준을 채택하지 않는 것은, 개설을 절대적으로 금지하는 것에 의해 그 법규의 목적이 지지되고 있다. 심지어 중산 계급의 생명보험회사에 관하여도 의회는 특별한 장부기록법과 회계 상태의 공표를 명했을 뿐 아니라, 1872년부터는 새로운 회사에 대해 그 업무를 개시하기 전에 2만 파운드를 공탁금으로 요구함으로써 사업의 새로운 경쟁자의 발생을 금지해왔다.

안에 속하지 않았다. 그렇지만 사실상 공제조합의 측면에서는 노동조합들의 상호 경쟁은 그 건전성을 해치는 것이 본래의 공제조합의 경우보다도 더욱 심하다. 노동조합은 절약하는 시민들로 특별히 선출된 종류의 사람들로 구성되지 않고 그 직업에 속하는 사람 전부를 조합원으로 하며, 다른 직능이 있기 때문에 노동조합의 사무 중에서 보험 기술 쪽에 노동조합원의 주의를 집중하게 할 수 없으며, 실업급여금과 같은 수당에 대해서는 아무런 유력한 재료나 과학적인 계산이 없기 때문에 노동조합은 언제나 보험금의 증가나 보험료의 감액에 대한 요구를 거절하기 힘든 어려움에 부딪힌다. 만일 두 개의 노동조합이 동종의 직공을 두고 쟁탈하는 경우, 그 압박은 다시 더욱더 강해져서 도저히 방어할 수 없게 된다.

노동조합운동의 역사는 이러한 논의에 대한 하나의 긴 사례이다. 어떤 직업에서도 '하룻밤에 만들어진 노동조합'(Mushroom Unions)의 출현, 기존 단체와의 치열한 경쟁, 그것에 이어지는 격렬한 조합원 쟁탈전, 마지막으로 수년간 불안한 존재였다가 명예롭지 못한 파산과 해산을 구하게 되는 것을 우리는 보게 된다. 그사이에 기존 노동조합의 책임자 임원은 비교적 건실한 보험료와 보험금 공조금의 비율을 유지하기 위하여 '대리인 회의' 및 '수정위원회'와 투쟁해야 한다. 재정 개선을 위한 시도가 행해지면, 언제나 지부 임원의 대표에 의해, 모든 신규 가입 희망자가 더욱 경솔하고 더욱 관대한 경쟁 노동조합에 관심을 돌리게 되는 것을 견제하게 될 것이다. 모든 중요한 노동조합의 기록에서는 이러한 유해한 경쟁을 개탄하고 있다. 가령 1809년에 설립된 '주철공 공제 노동조합'은 가장 오래되고 가장 견고한 노동조합의 하나로서, 1만 6000명의 조합원은 잉글랜드, 아일랜드, 웨일스의 유능한 주철공의 대다수를 포함한다. 이 노동조합은 60년 이상에 걸쳐 여러 가지 보험금 비용의 훌륭한 통계 자료를 수집하고 보존하였으며, 그 비용의 지불에 이 노동조합은 비교적 높은 보험료와 부과금의 비율을 고집하고 있다. 1891년 8월, 그 노동조합의 지도자격인 조합원은 어느 지방에서 그 직업에서 행해지고 있는 조합원 모집 권유에 주의를 환기하면서 다음과 같이 말했다. "지금 나는 우리 노동조합에 들어올 자격이 있는 조형공(造型工; Moulder; 주철공)을 가입시키고자 하는 세 개의 노동조합을 보고 있다. 그들은 다소간 낮은 비율의 보험료와 높은 비율의 보험금을 제시하고 있다. 그들이 그들의 약속을 지킬지는 여기서 단언하지 않겠다. 조금이라도 사려 깊은 사람이라면 이러한 노동조합의 보험료와 보험금의 비율을 끊임없이 연보에 나타나는 우리 노동조합의 통계 숫자와 냉정하게 비교한다면 자명해지리라고 생각한다. 이러한 숫자는 실제 경험에 근거한 것으로서 그 경험이야말로 미래를 위한 계산의 참된 기초이다. 나는 최소의 보험료율에 대해 최대의 보험금을 산출하고자 하는 사람들이 이를 참조하기 바란다."[8] 이 경고는 결코 무용한 것이 아니었다. 바로 그 다음 달, 주철공이 규약의 수정을 위하여 대리인 회의를 열었을 때, 많은 지부는 그들의 무법적인 경쟁자의 유혹에 이기기 위하여 보험료의 부가 없는 보험금의 증가를 계속 제안했다. 게이츠헤드(Gateshead), 킹슬리(Kingsley), 그린위치(Greenwich)에서는 실업수당을 10퍼센트 이상 증가시켜야 한다고 주장했고, 허더즈필드(Huddersfield)와 올덤(Oldham)에서는 1년에 받을 수 있는 최고 금액의 제한을 인상해야 한다고 주장했으며, 배로(Barrow), 핼리팩스(Halifax), 리버풀에서는 여행자에게 하룻밤에 4펜스가 아니라 6펜스를 지급해야 한다고 주장했다. 또 올덤에서는 양로급여금의 비율을 대폭 늘리고 재해급여금을 50파운드에서 100파운드로 높여

---

8) 〈주철공 공제 노동조합 월보〉(1891년 8월), 18-2쪽에 있는 H. G. 퍼시벌(Percival) 씨의 편지.

야 한다고 주장했으며, 세인트 헬렌스(St. Helens)와 여러 지부에서는 질병 수당의 10% 증가를 요구했고, 브라이턴(Brighton), 키글리(Keighley), 웨이크필드(Wakefield)에서는 장의비를 10파운드에서 12파운드로 올려야 한다고 제안했다. 반면 첼시아(Chelsea)에서는 가입비를 33퍼센트 낮추자고 제안했고, 글러스터(Glouster)에서는 그것을 반으로 낮추자고 제안했다. 리버풀에서는 노동조합에 가입할 수 있는 연령의 제한을 40세에서 45세로 높이고자 했고, 웨이크필드에서는 가입 시의 신체검사를 폐지하자고 제안했다.[9] 주철공 노동조합의 경우 운이 좋게도 그 임원들은 통계표를 가지고 그러한 제안의 대부분을 물리칠 수 있었다. 그러나 책임 있는 임원조차 이러한 무분별한 경쟁을 완전히 무시할 수는 없었다. 그래서 1885년, '증기 기관 제작공 노동조합'의 여러 지부가 그들의 양로급여금 제도를 걱정하여 양로급여기금에 대한 보험료의 증가를 제의했을 때, 중앙집행부는 그들이 "마치 우리가 상업에 종사하는 것처럼" 조합원 쟁탈을 위한 "격렬한 경쟁"을 벌이고 있음을 지적하고 보험료 인상에 반대했다. 그들은 계속 다음과 같이 말했다. "모든 공장에서 우리는 많은 노동조합과 경쟁해야 한다. 그 조합원 중 어떤 자는 다른 노동조합에서 사람을 빼앗아 자기 노동조합에 가입시키는 것을 용감한 행위라고 생각한다. 그러한 예는 많을 수 있지만, 우리는 하나의 보기를 제시함에 그친다. 우리가 들은 바에 의하면 '패턴 제작공 노동조합'에서는 우리 조합원을 가입금 5실링으로 가입을 허용하고서 바로 보험금을 받는 권리를 부여하고, 나아가 장래 양로급여금을 받고자 하면 10년간 조합원이었음을 인정한다고 하면서 우리 조합원을 빼앗고

---

9) 〈1891년 9월에 열릴 대리인회에서 토의해야 할 … 주철공 공제 노동조합 지부의 제안〉 (London, 1891).

있다."[10] 이러한 예를 보면 장래의 채무에 대응하기 위해 엄청난 준비금을 적립해야 하는 노동조합이, 하나의 산업에 하나의 노동조합밖에 없는 직업에 존재하는 이유를 알 수 있다. 따라서 대규모 노동조합 중에서 하나의 노동조합을 든다면 1896년에 17만 5000파운드, 즉 4만 1000명의 조합원 1인당 4파운드 7실링 6펜스의 잔고를 가진 '보일러공 연합 노동조합'은 기계 및 조선업 중에서 다른 노동조합을 능가했다.

지금까지 우리는 상당히 상세하게 단순히 공제조합으로 고려된 노동조합 사이의 경쟁이 갖는 단점에 대해 고찰해왔다. 왜냐하면 노동조합의 기능 중 공제조합의 그것은 일반적으로 지지를 받아왔기 때문이다. 그러나 만일 노동자가 동료와의 단결이 그들에게 경제적으로 유리하다고 믿는 것이 잘못이 아니라고 가정한다면 ―달리 말해 노동조합이라는 제도가 그 존재 이유를 갖는다고 가정한다면― 노동조합 사이의 경쟁에 대한 반대론의 근거는 절대적인 힘을 갖게 된다. 만일 하나의 직업이 두 개나 그 이상의 경쟁 노동조합으로 나누어지는 경우, 특히 그러한 노동조합들이 조합원의 수, 범위, 또는 성질을 달리한다면, 노동조합의 모든 지부가 준수해야 할 공동 방침을 수립하거나, 일정한 행동 방침을 철저히 유지하는 것은 실제로 불가능하다. 1893년 '기계공 합동 노동조합'의 지방대리인 보고에 의하면 "리버풀에 있는 우리 노동조합의 일반 상황은 지극히 불만족스럽다. 노동조합에 반대하는 다수의 분자가 존재할 뿐만 아니라, 다수의 분파적 노동조합이 존재하기 때문에 단결 사업은 너무나도 어렵기 때문이다. 다른 곳과 마찬가지로 여기에서도 이러한 소규모의 불필요한 노동조합은 끝없는 분규와 불편의 원인이 되고 있다. 이러한 불합리하고 성가신

10) 〈증기기관 제작공 노동조합, 1885년 7월 25일 규약 수정에 관한 집행평의회 보고〉.

노동조합이 얼마나 많이 여기에 존재하는지에 대해 나는 말할 입장에 있지 않지만, 현재 내가 알고 있는 것은 '대장공 및 망치공(Strikers) (합동) 노동조합', '머시 강변(Mersey) 선박대장공(Shipsmith) 노동조합', '증기기관 제작공 노동조합', '패턴 제작공 합동 노동조합', '리버풀 구리 세공인 노동조합', '리버풀 놋쇠 완성공 노동조합', '버밍엄 놋쇠 완성공 노동조합', '연합 기계공 노동조합', '금속 대패공(Metal Planers) 노동조합', '전국 기계공 노동조합'이다. 이 모든 노동조합은 당연히 우리의 노동조합에 대해 적대적이지만, 우리가 얼마나 그들의 존재를 용납할 수 있을지는 다른 문제이다. … '보일러 제작공 노동조합'은 그 동직자 일부가 그들과 별개로 노동조합을 만드는 것을 허용하지 않을 것이다. 왜 우리가 그렇게 해야 하는지는 조만간 결정적으로 해결되어야 할 문제이다."[11] 이에 대하여 "소규모의 불필요한 노동조합"은 당연히 다른 견해를 취한다. '패턴 제작공 합동 노동조합'의 위원장은 '기계공 합동 노동조합'에 대해 엄청난 불만을 가득 실은 회람 중에 다음과 같이 서술했다. "기계업에 대해 충분한 지식이 없는 사람들을 위해 우리는, 그 직업 중에서 패턴 제작공은 거의 최소 부분을 차지하므로 —노동자 중에서 노동조합에 가입하는 사람들은 다시 나누어져 4개 노동조합에 속한다— '패턴 제작공 합동 노동조합'의 조합원 이외의 대다수는 '기계공 합동 노동조합'에 속한다고 설명할 수 있다. 이러한 분열이 특별한 운동을 성공적으로 수행하는 데에 종종 필요조건이 되는 기민함을 통해 우리의 노동조합이 공세에 나서는 것을 매우 어렵게 하는 것을 쉽게 이해할 수 있으리라. 우리는 그 밖의 3개 노동조합과 상의하여 협

---

11) 1893년 3월에 끝난 계절의 〈사계 보고〉에 실린 '기계공 합동 노동조합'의 〈지방 선전위원 (제2구) 보고서〉.

력을 얻을 필요가 있을 뿐 아니라, 그러한 노동조합 중에 우리의 동직자는 매우 적기 때문에 적어도 '기계공 합동 노동조합'에서는, 그 조합원 대다수를 차지하는 다른 직종을 위한 입법이, 패턴 제작공과 같이 지극히 소수인 자에 관한 문제보다도 중시되는 것은 아마도 당연한 것에 불과하기 때문이다."[12] 노동조합 지부가 일상적으로 행하는 사례를 보면, 그렇게 하여 생긴 어려움이 단지 기우에 그치지 않는 것임을 알 수 있다. '패턴 제작공 합동 노동조합'의 집행부 보고에 의하면 "우리의 달링턴(Darlington) 조합원은 임금운동을 했지만, 그 결과는 어떤 점에서 가장 불만족스러운 것이었다. '말스'[13]와 비조합원은 우리 조합원의 임금 인상을 지원하겠다고 맹세했다. 그럼에도 통첩을 하는 중요한 순간, 비조합원과 말스는 치욕적으로 단결하였고, 말스의 달링턴 지부는 우리 노동조합의 서기에 대해 그들은 그 노동조합에 속하는 패턴 노동자에게 파업을 허용해서는 안 된다는 뜻을 통지하는 것 이상으로 사건은 나아가지 않았다. 그들의 수는 겨우 3명이고 비조합원 수는 그 배에 불과했으므로 다행히도 그들은 이 사건으로 많은 손해를 끼치지는 못했다. 임금 인상의 요구는 달링턴 철강공장을 제외한 모든 공장에 의해 허용되었고 달링턴 공장에서 우리 조합원은 2명의 말스와 현재의 동맹자인 비조합원을 남기고 떠났다. 여러분의 위원장이 그 문제에 대해 말스의 집행위원회에 3주 이전에 문의를 했으나, 아직까지

---

12) 1892년 6월 22일 (벨파스트 쟁의에 관한) '패턴 제작공 합동 노동조합'의 회람. 이와 같은 것이 '기계조선직 연합회' 제6회 연차 회의의 보고 속에 반복되었다(1896, 맨체스터). '패턴 제작공 합동 노동조합' 위원장 모세스(Mosses) 씨에 의하면 "현재와 같은 분열 상태의 결과로, 하나의 지방이 임금 인상을 요구한 경우 기타 지방은 우연하게 따르게 하거나, 일단의 사람들이 파업에 나서는 경우 일을 속행하는 다른 사람들을 이롭게 하게 된다."

13) Mals는 기계공 합동 노동조합(Members of the Amalgamated Society of Engineers)의 약자.

아무런 답을 받지 못한 것을 보면 그렇게도 중요하지 않은 작은 사건이어서 이 당당한 노동조합의 뜻을 분명히 보이기에 충분하지 않은 것으로 생각된다."[14]

그러나 노동조합의 경쟁에는 더욱 어두운 측면이 있다. 2개 노동조합의 임원들이 조합원 쟁탈을 벌이고 상호 경쟁을 통절하게 느낄 때, 반드시 알력과 반목의 기회가 찾아온다. 불신과 불공정을 이유로 서로 비난하게 되고 그 영향은 바로 조합원에게 미쳐서 격렬한 분노를 자아낸다. 이어 고용인과 노동조합의 조합원 사이에 즉각 분쟁이 발생한다. 이러한 노동자들은 고용인에 의해 해고될 수 있고, 그 지역의 위원회에 의해 해직될 수 있다. 경쟁 노동조합의 임원은 문제의 공장으로부터 결원의 통지를 받는다. 그 조합원은 직장을 구하고자 거리를 방랑하고 기금으로부터 실업수당을 받게 된다. 이러한 사람들에게 빈자리를 갖도록 하는 것 ―상대 노동조합의 '파업을 파괴하는 것'(Blackleg)― 은 노동조합의 신념에 대한 가장 큰 범죄이다. 불행히도 많은 경우에 그러한 유혹을 이기지 못한다. 경쟁 노동조합 사이의 알력, 쌍방 임원 사이의 개인적 반목, 과거 불만의 인습, 노동자와 노동조합 쌍방에 대한 금전적 이득의 유혹은 모두 합쳐져서 이 경우를 하나의 '예외'로 만든다. 이 단계에 이르게 되면 어떤 구실도 붙여진다. 다른 노동조합 요구의 불합리, 행동을 취하기 전에 미리 상의하지 않았다는 사실, 심지어 파업의 공식적 통지문의 미도달이 그 뒤 논쟁에서 엄청난 구실이 된다. 사실 1년 내도록 노동조합대회(Trade Union Congress; TUC)[15]

---

14) 〈패턴 제작공 합동 노동조합' 월보〉, 1889년 9월.
15) 1868년에 창립한 영국 최대의 산업별 노동조합 연합체. 이하 이는 '노동조합대회(TUC)'로 표기한다. (옮긴이 주)

회의장에서 어떤 노동조합이 다른 노동조합으로 인해 '파업이 파괴되고',
그 결과 그 조합원은 모두 그 단결의 효과를 상실하게 되었다고 맹렬하게
비난받지 않은 경우가 없었다.[16]

16) 같은 산업의 노동조합 사이에 조합원 쟁탈의 경쟁이 존재하는 경우에는 언제나 무수한 파
업 파괴 사건이 생기는 것을 우리는 볼 수 있다. 가령 '기계공 합동 노동조합'과 모든 부분
적 조합원 사이의 관계에서도 불행히도 일방이나 타방에 의한 사건이 생기고 있다. 두 개
의 '벽돌공 노동조합'은 종전에 서로 같은 죄를 문제 삼는 경우가 종종 있었다. 잉글랜드와
스코틀랜드의 재봉공 노동조합이나 배관공 노동조합이 '경계를 넘어선' 경우에도 같은 죄
를 자주 문제 삼았다. 같은 일이 마찬가지로 여러 비숙련 노동자들의 노동조합 사이에서
벌어졌다. 탄광업과 면공업에서는 명예롭게도 그런 일이 전혀 없었다. 기성의 노동조합이
파업 파괴를 하거나, 고용인의 단순한 도구가 되는, 예외적으로 불행한 사건이 1892년 노
동조합대회에서 적발되어 우리가 조사한 적이 있었다.
'글래스고 항만 노동조합'은 1853년 글라이드 하역노동자 사이에서 만들어졌는데, 1889년
에 이르기까지 성실과 성공의 명예로운 기록을 남겼다. 1889년 그 노동조합에는 230명의
조합원이 있었는데, '영국 및 아일랜드 부두 노동자 전국 노동조합'의 급격한 발흥에 의해
해산을 위협받게 되었다. 이 새로운 노동조합은 전국적 합동 속에 모든 종류의 부두 및 선
창 노동자를 포함하고자 하는 적대적 생각에 의해 조직되었다. 독점과 '특권'이라는 전통
을 갖는 소규모의 구식 지방 노동조합은 그 속에 들어가는 것을 거부했지만, 거대한 경쟁
자에 대하여 상호의 '제2위 우선권'이라는 노동협정이 제의되었다. 즉 각 노동조합은 자신
의 조합원에 대해 그들이 업무에 익숙한 부두나 선창에 그 이상의 결원이 생기는 경우, 그
것을 보충할 권리를 국외자에 우선하여 미리 부여받는다는 것이다. 이에 답하여 전국 노동
조합 측은 미약한 선배의 존재를 인정하는 것을 단호히 거부했다. 그 결과 그 조합원은 모
두 직장을 잃게 되었다. 전국 노동조합은 당연히 그런 식으로 그보다 작은 노동조합을 굴
복시킬 수 있다고 생각했다. 그러나 바로 그때, 리버풀과 글래스고에서 굴지의 해운회사와
쟁의를 벌이게 되었다. 그래서 급속하게 그 회사와 '글래스고 항만 노동자 노동조합' 사이
에서 교섭이 시작되었고, 그 결과 그 노동조합이 그 회사의 일을 인수하게 되어, 단 한 번
의 공격으로 전국 노동조합의 침략적 주장을 물리쳤을 뿐만 아니라, 자신의 존재도 확보할
수 있게 되었다. 이러한 종류의 행위는 고용인과 클라이드 강변의 노동조합 사이에 쟁의가
일어날 때마다 반복되었다. 파업 중인 '용광로 노동자 노동조합'이 '수부 및 화부 전국 노동
조합'에 대하여 스페인 선철(銑鐵; Pig Iron)의 하역을 중지하도록 요구하여 성공한 경우에
도 '글래스고 항만 노동자 노동조합'은 고용인의 구조를 위해 즉각 왔다. '스코틀랜드 철도
종업원 노동조합'의 파업 중에도 같은 노동조합이 당당히 '파업 파괴 노동자'를 공급했다.
1892년부터 고용인들이 해운 관계 산업에서 모든 노동조합운동을 박멸하기 위해 만든 강

앞에서 상세히 설명한 바에 의해 독자는 노동조합 사이의 조합원 쟁탈을 둘러싼 경쟁의 결과가 얼마나 무서운 것인지를 알았을 것이다. 이러한 경쟁은 한편으로는 공제조합으로서의 재정적 견고함을 심각하게 해치면서, 다른 한편으로는 유력한 동직자의 단결을 전적으로 불가능하게 만드는 것이다. 사실 노동조합을 무력하게 만드는 것 중 열에 아홉은 서로 중복되는 여러 노동조합 사이의 경쟁에 의한 것이라고 해도 결코 과언이 아니다. 가령 기계공의 거대한 무리는 보통 이상의 훈련을 받고 지적이며, 안정적이고 견고하게 관리된 노동조합에 들어가 있음에도 불구하고, 고용인과의 대등한 교섭이 불가능하고, 그들 자신 사이에서도 어떤 공동 방침을 유지할 수 없다. 임금 노동자 중에서 더 큰 부분 ―즉 운송의 대산업에 종사하는 자― 도 마찬가지로 같은 원인에 의해, 지금까지 참으로 유력한 노동조합을 건설하지 못했다. 어떤 경우에도 대동단결을 지속하기 어려운 수백만 명의 비숙련 노동자도 역시 경쟁적인 노동조합의 존재에 의해 끝없이 그 진보가 저지되었다. 이러한 노동조합은 처음에는 각각 서로 다른 산업에서 시작되었으나, 급격하게 서로 다른 산업의 조합원을 포함하는 일반조합으로 바뀌었다. 사실 석탄과 면직이라는 양대 산업과 주택건설업과 같은 현저히 낮은 수준을 제외하면, 우리나라의 거대 산업 중에서 노동자의 노동조합이 이러한 불행한 치명적인 알력으로 인해 심각히 저해되지 않은 경우는 거의 없다.

이제 종래의 경험에 비추어 보면, 여러 노동조합 사이의 경쟁적 적대와

력한 조직인 '해운 연합'이라고 하는 것과 동맹하게 되어, 노동조합 측에서 본다면 그 타락은 사실 극단에 이르렀다. 그러한 행위는 그해에 글래스고에서 열린 노동조합대회(TUC)에서 발표되었고, 그 대회에서 만장일치로 그 대표의 제명을 결의했다.

중복의 항구적인 원인은, 그것들이 서로 모순된 기초 위에 조직되어 있기 때문이라는 것을 알 수 있다. 두 개의 노동조합이 정확하게 동종인 노동자를, 한쪽에서는 포함하면서 다른 쪽에서는 제외한다면 그사이 경쟁의 격렬함은 반감되고, 갈등의 해결은 단지 시간 문제가 된다. 가령 1862년부터 '목수 및 가구공 합동 노동조합'은 엄청난 세력으로 그 선배 경쟁자인 '목수 및 가구공 일반 노동조합'(1827년 설립)을 훨씬 능가했다. 그러나 쌍방 노동조합의 조합원은 전적으로 동일한 산업에 속하고 임금의 지불 방법, 그 비율, 노동 관행, 요구 등 모든 것이 같으며, 어떤 점에서도 차이가 없기 때문에 하나의 도시에서 양 조합의 지부는 쉽게 연합위원회라는 방법에 의해 공통의 대(對)고용인 정책을 협정할 수 있다. 두 개의 조합이 병존하기 때문에 쌍방의 재정적 지위는 약화되지만 조합원의 소득과 수요가 동일하고 서로 끝없이 소통하기 때문에 양자의 보험료와 보험금의 비율도 서서히 서로 접근하는 경향을 보인다. 이러한 사정하에서 합동의 추세는 앞 장에서 말했듯이 거의 당연지사가 되고, 단지 어떤 특수한 임원이 임원의 지위를 고사하는 것에 대한 자연스러운 혐오로 인해 지연되는 것이 보통이다.

기계공, 운송인 및 비숙련 노동자가 지금까지 해결하지 못한 문제는, 직업의 범위를 어떻게 정하느냐 하는 것이다. 가령 기계공 사이에서는 어떤 부류의 노동자가 부분적인 노동조합을 만들어야 하는 정도로 다른 사람과 이해관계를 달리하는 경우, 어떤 의견 일치도 없다. 이러한 부분적 이해관계와 모든 기계공이 공통적으로 갖는 이해관계 사이에 적절한 이해도 거의 없다. 열렬한 합동주의자는 조직적 잔업의 폐지, 표준 노동시간의 단축, 정부로부터 노동조합 조건의 승인을 얻는 것 등을 위해 각종 기계공 단결에 필요한 것을 언제나 반복한다. '패턴 제작공 합동 노동조합'과 '대장공 동맹 노동조합'의 조합원에게 이러한 목적은 아무리 바람직한 것이라고 해도, 그 직업에 특유한 보수의 방법과 비율을 개정하는 문제에 비하면 그 하위에 있는 것이다. 문제 해결의 열쇠는 산업 전체의 이해관계와 상이한 특별한 종류의 이해관계를 갖는 모든 단체에 자치를 부여하는 반면, 동시에 모든 부분에 공통되는 이익을 증대하기 위해 모든 산업을 통하여 유력한 단결을 유지하는 조직 형태에 있다.

다행히도 우리는 이러한 조건을 만족시키는 성문 규약을 고안하기 위해 오로지 우리의 상상력에 의존할 필요는 없다. 어떤 다른 산업에서는 이 문제가 거의 완전하게 성공하여 해결되었기 때문이다. 면공이 스스로 6개 부문으로 나누어져 있음은 앞에서 설명했다. 그 각각은 독립된 노동조합을 가지며, 각자 고용인과 교섭하며, 합동의 제안에는 철저히 반대한다. 그러나 6개 부문 각각이 갖는 부분적 이해관계 외에 2개 또는 그 이상의 부문에 공통되는 문제와 그 전부와 관련되는 문제가 있다. 따라서 합동이나 고립 어느 것에도 의하지 않고, 부분적인 노동조합이 서로 결합하여 매우 유력한 여러 종류의 연합단체를 만들어내는 것을 우리는 보게 된다. 언제나 동일한 고용인을 위해 동일 공장 내에서 노동하는 면사방적공과 소기공의 두 노동조합이 서로 모여 '면공 노동조합'을 만들고, 쌍방 노동조합은 그 기금에 돈을 낸다. 그 각각은 독립적으로 단체교섭을 하고, 고유의 기금을 갖는다. 그러나 만일 다른 청구가 있으면 반드시 그 쟁의를 원조하기 위해 그 조합원을 해고한다고 약속을 하고, 해고된 조합원은 연합회의 자금에 의해 지지받게 된다. 그리하여 면사방적공은 그 파업 시에 그들 업무의 원료 공급 정지를 확실하게 하고, 이에 따라 고용인이 파업 파괴 방적공을 확보하는 데에 추가적인 장애가 되게 한다. 한편 거의 숙련을 요하지 않고, 쉽게 대체될 수 있는 소기공은 쟁의 시에 불가결한 정방공의 원조를 받는다는 이익을 얻게 된다. 이러한 목적을 위한 연합은 면사직공에게는 무용할 것이고, 그들은 종종 직물을 전업으로 하는 고용인을 위해 노동하고 그들의 생산품은 전자와는 다른 시장으로 가기 때문이다. 그러나 면공은 정방공 및 소기공과 결합하여 '방적공장직공 연합 노동조합'을 조직하고, 이를 산업 전체에 공통되는 공장법 등의 입법을 확보하고 시행하는 것을 목적으로 하는 순수한 정치적 단체로 만들었다.[17] 여기서 주의해야 하는 것은 면공이 이 강력하고도 견고한 연합을 변모시켜 합동 조직으로 만들었을 뿐 아니라, 연합의 형식을 그 산업 가운데 상이한 부문에도 가져왔다는 점이다. 가령 1만 9000명의 면사방적공은 독립의 전투 단위를 형성하였는데, 이는 그 조직의 긴밀함과 절대적인 규율이라는 점에서 '보일러 제작공 연합 노동조합'과 비교해도 못하지 않은 정도이다. 그러나 면사방적공은 그 노동조합을 스스로 합동이라고 부르고는 있지만, 그 '주별'(Provinces) 조합 중 큰 것은 그 자신의 임원을 선거하고, 지방적 목적과 특수한 보험금을 위해 그 자신의 보험료를 정하는 특권을 보유하며, 뿐만 아니라 어느 정도의 입법상의 자치권도 가지고 있다. 만일 연구자가 그들의 정밀한 규약과 보고서만을 보고 그러한 노동조합에 대한 의견을 수립하고자 한다면, 올덤'주'나 볼턴'주'와 '면사방적공 합동 노동조합'의 '대의원회' 사이의 관계는 순수한 지방과 중앙의 관계라고 쉽게 결론지을 것이다. 그러나 이는 사실과 다르다. 올덤'주'와 볼턴'주'의 부분적 자치는 지리적 분화에 근거하는 것이 아니라, 산업적 분화에 의한 것이다. 각 '도'에는 각각의 특수한 산업이 있고, 그 '수'(Counts)에 차이가 있어서 판매 시장도 크게 다르다. 뿐만 아니라 각 도에는 상이한 계산법에 근거한 특유의 도급 임금

---

17) 이 조직은 1896년에 일시 중지되었다.

표에 의해 지배되고 있다. 그리고 그 대세는 조건과 방법이 더욱 획일적인 방향을 향하고 있지만, 아직은 올덤과 볼턴의 직업 사이에는, 그리고 더욱 작은 지방의 직업 사이에는 합동의 시도를 위험한 것으로 볼 정도로 상당한 차이가 있다. 면공도 종래와 같이 최근에 이르러 하나의 단체가 된 것에 불과하다. 직업적 이해관계의 상위는 국외자에게 설명하기 어렵지만, 사실 그것으로 인해 종래 도시 간의 연결이 방해되어 각자 특유의 도급 목록에 의했다. 최근에 이르기까지 이러한 부분적 상이는 느슨한 연합을 이루는 자치단체의 조직을 결과했다. 1884년 이러한 집단이 집중되어 북부 여러 주의 면공 합동 노동조합을 결과한 조건 획일의 증가가, 1892년 랭커셔 전역에서 획일적인 도급 목록이 채택되도록 결과한 것은 흥미로운 일치이다.

광부 사이의 노동조합운동의 역사도 연합운동에 흥미로운 교훈을 제공한다. 노섬벌랜드와 더럼에서 현재의 노동조합은 그 창설 후 10년간, 실제로 석탄 채굴에 종사하는 자만이 아니라, 탄광에 관련되어 고용된 감독, 기관사, 해탄노동자(骸炭勞動者; Cokemen) 및 기계공을 포함해왔다. 그 뒤 지금까지 노동조합을 만드는 지방 중에 지금도 그 형식에 의하는 경우가 있다. 그러나 노섬벌랜드와 더럼 어디에서도 이러한 다양한 노동자를 단결하게 하기 힘든 경험의 결과, 마침내 감독, 해탄노동자, 탄광 소속 기계공으로 하여금 각각의 노동조합을 만들게 했다. 이러한 각 노동조합은 각 직업의 특수 사정과 관련되어서는 완전히 독립하여 행동하지만, 일반적인 임금운동을 위해서는 주 내에 다른 노동조합과 화합하여 강력한 연합 조직을 형성한다.[18] 만일 이러한 산업에 매우 독특한 '주 연합회'에서 눈을 돌

---

18) '더럼주 광산연합회'는 1878년에 설립되어 더럼 광부, 기관사, 해탄노동자, 기계공 노동조

려, 모든 채탄부를 융합하여 단일의 전국 노동조합을 만들고자 하는 시도를 보게 되면 그것이 종래 성공한 것은 연합의 형식을 취한 경우에 한정된 것임을 볼 수 있다. 1868년과 1874년에 시도된 완전한 합동은 바로 실패했다. 이에 반하여 모든 조직적 지방의 연합은 1863년 이래 유력하게 계속되고 있다.[19] 우리가 믿는 바에 의하면 그러한 연합 형식이 선호되는 것은, 지리적으로 격리된 여러 탄광을 결합하기 어려운 탓이 아니라, 그것들 사이에 이해관계가 일치하지 않는 탓이다. 노섬벌랜드, 더럼, 사우스 웨일스(South Wales)는 주로 외국 수출을 위해 생산하기 때문에 국내 시장에 공급하는 중부 지방 탄광과는 산업상 거의 아무런 공통점이 없는 것임을 느끼게 된다. 서머셋셔(Somersetshire)에서는 탄층이 희박하기 때문에 요크셔(Yorkshire)의 풍부한 탄갱에서 행해지는 것과는 그 작업 방식, 임금률, 수당이 다르다. 몬머스셔(Monmouthshire)의 '폭발성' 탄광은 캐녹 체이스(Cannock Chase)의 안전한 탄층과는 전혀 다른 취업규칙을 요한다.[20] 따라서 1887년, 견고하고 활동적인 전국 단결의 요구가 일어났을 때, 그것이 합동 노동조합의 형식을 채택하지 않은 것은, 조금도 이상한 일이 아니었다. 지금 파이프로부터 서머싯에 이르는 20만 명의 조합원을 포함하는 광부 연합회는 수많은 분립 노동조합으로 구성되어 있는데, 그 각각은 자기 사무에 관해서는 완전한 자치를 가지며, 전국에 공통의 사건이나 조합원의 15퍼센트 이상에 미치는 국지적인 쟁의의 경우에만 연합회의 도움을 청

합을 포함하고 있다. 노섬벌랜드의 여러 노동조합은 정식으로 연합회를 만들고 있지 않지만 언제나 공동으로 행동한다.

19) 『노동조합운동의 역사』, 274쪽, 287쪽, 335쪽, 350쪽, 380쪽을 참조하라.

20) 가령 1893년 1월 9일부터 12일, 버밍엄 전국광부회의에서 폭탄 사용 제한에 관한 제안을 둘러싼 치열한 논쟁을 참조하라.

구하고 있다. 그 이상으로 강력한 조합 관계를 긴장시키고자 하는 경우, 반드시 즉각 스코틀랜드 광부조합의 탈퇴를 가져오고, 노섬벌랜드, 더럼 및 사우스 웨일스의 장래 가입 희망을 근절시키게 될 것이다.[21)]

21) 다른 산업에서도 이러한 연합적 노동조합의 사례를 볼 수 있다. 런던의 거대한 일간신문사에 고용되어 있는 식자공들은 특히 높은 임금을 받고 전적으로 예외적인 조건하에 있지만, 1853년 이래 '런던 식자공 노동조합'의 중요 부분을 형성해왔다. 그러나 그들은 처음부터 그들 자신의 계절별 집회를 가지고, 그들만의 집행위원회 및 유급 서기를 선출하며, 그들로 하여금 그 업무를 처리하게 하고, 노동조합은 독립적으로 새로운 특권과 승급을 위해 운동하고 있다. 1명이나 그 이상의 대리인이 '신문부'에 의해 임명되고 노동조합의 총회나 대리인회에서 그들을 대표하게 하지만, 이와 동시에 '서적부'(이는 노동조합 전체의 10분의 9를 차지한다)의 대표자 2명은 신문부의 집행위원회에 출석한다. 나아가 특수한 '악보인쇄공'에게도 이와 같은 관계가 생기는 경향이 있다. '제화공 전국 노동조합'은 초기 연합의 사례를 보여준다. 그 노동조합은 여러 도시의 대규모 지부들로 구성되는데, 그 각각은 지역적 기금을 가지며, 자신의 유급 임원을 임명한다. 조합원이 동종 직업에 종사하는 한, 경향은 더욱더 집중적으로 된다. 그러나 각 도시의 조합원은 지리상 접근에 의하지 않고, 그 업무의 종류에 의해 지부로 나누는 것이 규약으로 되어 있다. 그래서 가령 어떤 하나의 도시에서는 '제1지부'가 오로지 대갈못공과 완성공으로 구성되고, '제2지부'는 제화공(Clicker), 또는 별도로 유대인 직인 계급이 있는 곳에서 '제3지부'를 형성한다. 중앙집행부는 조합원 수에 의해 나누어진 선거구에 따라 선거되고, 당시까지는 가장 유력한 대갈못공과 완성공의 계급만으로 구성된 것이 보통이다. 그러나 제화공은 그 동료와 이해관계가 다르기 때문에 일시적으로 특별한 대표자 선출을 요구했으나, 지금은 그들의 최고 유급 임원을 통해 노동조합 전체의 회계로 선거함에 의해 비공식적으로 그것이 허용되고 있다. 같은 운동은 완성공 내에서도 구분되어 대갈못공(지금은 '래스터'(Laster)가 되었다)에 대응한 것으로 인정된다. 특별한 부문의 대표에 대한 이러한 요구는 부분적인 부문의 자치에 이어 아마도 정식으로 규약에서 인정받게 될 것이다.
건축업은 각각의 전국적 노동조합을 위해 일반적 노동조합의 시도를 포기한다고 하는 흥미로운 사례를 제공한다. 그러한 전국적 노동조합은 현재 어떤 전국적 연합도 형성하고 있지 않다. 1830년부터 1834년 사이에 건축공 노동조합은 뒤에 기계공업에서 추구된 이상을 목표로 삼았다. 건축업의 7개 부문에 고용된 모든 직공을 단일한 전국적 합동 노동조합으로 연합하고자 했다. 이러한 시도는 결코 반복되지 않았다. 그 대신 석공, 목수, 벽돌공, 배관공률, 미장공(Plasterer)의 전국적 대규모 노동조합이 있다. 페인트공과 건축업 노동자는 아직 지방적 직인 클럽의 단계 이상으로 나가지 못하고 있다. 이러한 노동조합의 중앙집행부 사이에는 아무런 연합적 노동조합도 존재하지 않는다. 그러나 거의 모든 도시에 지역

몇 가지 종류의 노동자를 단일한 통치 단위에 통합하고자 하는 시도의, 이러한 성공과 실패의 사례는 합동의 방법에 상하의 한계가 있음을 보여 준다. 먼저 노동조합의 행동을 유효하게 하기 위해서는, 그 직무나 훈련이 서로 유사하고, 따라서 오랫동안 요구하지 않고 그 조합원의 지위를 보충할 수 있는 노동자는 모두 노동조합 내에 포함되어야 한다. 가령 정합공, 선반공, 조립공과 같이 서로 교환될 수 있는 기계공이, 상이한 대고용인 정책을 갖는 별개의 노동조합을 유지하는 것을 가장 바라지 않을 것이다. 그리고 만일 소기공이 쉽게 정방공의 자동 정방기를 움직일 수 있다면, 아마도 후자의 경우 양 노동조합 사이에 합동을 협정하는 것으로 이익을 볼 수 있을 것이다. 이는 마치 대갈못공이 정기공(釘器工; Holders-Up)을 '보일러 제작공 및 철조선공 연합 노동조합'에 병합하는 것을 편리한 것으로 보는 것과 같다.[22]

합동(연합과 구별된)의 범위를 그 이상으로 나아가게 하는 것은 전혀 이익이 없는 것으로 생각된다. 그러나 이 정도에 이르는 데에도 엄청난 어려움이 존재한다. 합동 노동조합이 유효하게 활동하기 위해서는 조합원 전

단위의 건축업 연합회가 성장해왔고, 이는 지방 지부에 의해 형성되어 노동시간과 임금의 지방적 인상과 인하의 변동이라고 하는, 보통 각 도시에서 모든 부문을 통하여 동시에, 균일하게 행해지는 것에 관해, 그들의 공통된 고용인에 대항한 공동 행동을 협정하고자 하는 것이다. 우리는 다른 곳에서 그러한 각 도시마다의 행동에서 생긴 곤란에 대해 언급한 바 있다. 적어도 건축업이 전국적 공동정책의 협정을 위해 전국적 연합회를 형성하고, '보일러 제작공 연합 노동조합'의 지방대리인처럼, 지방위원회와 협의한 뒤에 행동하여 전국 단체를 대표하는 연합회 임원을 대도시에 두는 것이 더욱 현명한 정책인지에 대해서는 특별히 논의할 여지가 있다.

22) 정기공은 1881년, 위원장의 권고에 의해 가입이 허용되었다. 위원장은 정기공이 결여할 수 없는 동료 직공이고, 파업 파괴자가 되기 쉬우며, 따라서 노동조합의 감독하에 두어야 하며, 특히 그들이 별도로 그들 자신의 노동조합을 만들려고 하고 있다고 설명했다.

부가 보수의 방법, 노동조건, 표준소득액을 동일하게 하는 것이 불가결한 조건이다. 나아가 노동조합 내의 각 부문이 가령 상이한 시기나 상이한 방법에 의해 운동을 일으켜 이득을 보는 것처럼, 전략상의 지위를 상당히 달리하는 경우에 합동 노동조합은 결코 영속할 수 없다고 예언해도 틀리지 않다. 마지막으로 여러 가지 내용을 포함하는 거대한 산업의 모든 부문의 합동 노동조합에서는 고급 노동자 이외에 반드시 다수의 하급 노동자를 포함하는 것이 보통이지만, 종래의 경험에 비추어보면 어떤 직업에서도 임금이 높고 훌륭하게 단결하면서도 수적으로 미약한 부문이 항구적으로 하급 노동자에게 종속되는 것에 동의하는 경우란 없다.

이러한 원리를 기계업 내의 경쟁하는 노동조합 내의 갈등에 적용해보도록 하자. 같은 공장에서, 같은 업무에 대해, 같은 보수 방법에 근거하여, 같은 액수의 임금을 받고 종업하며, 그래서 쉽게 서로 다른 업무를 할 수 있는 정합공, 선반공, 조립공의 3자는 말할 필요도 없이 자연스러운 통치 단위를 형성하고 있다.[23] 우리는 여기에 대장공도 포함시킬 수 있지만, 소수의 독립된 대장공 노동조합이 존속하고 있고, 대장공과 망치공의 연합 노동조합이 여러 곳에서 독립의 깃발을 올리고 있음은 독립 분리의 필요를 지시하는 것으로도 볼 수 있다. 패턴 제작공에 관련해서 왜 '패턴 제작공 합동 노동조합'이 지금 그 직업에 들어가는 자 대다수를 끌어들이는지 바로 알 수 있다. 이처럼 높은 기술을 갖는 고급 직공은 기계공 대군 중에서는 지극히 작은 부분을 차지하는 것에 불과하지만, 보통 다른 부문의 어

---

23) 1896년 '기계공 합동 노동조합'은 모두 1만 3321명이라는 전례 없는 신규 조합원을 등록시켰지만, 그중 1803명을 제외하면 모두 정합공, 선반공 또는 기공(技工; Millwrights) 계급에 속했다.

떤 직공보다도 더욱 높은 표준 임금을 확보한다. 그리고 그들은 고유한 기계공과는 임금 증액의 시기를 거의 달리하지 않을 수 없다. 단체교섭을 하면서 패턴 제작공은 기계공 전체와 연합하여 하기보다도 단독 행동을 취하는 쪽이 실제로 유력하지 않다는 논의가 생기게 된다. 따라서 '패턴 제작공 합동 노동조합'이 "우리의 특수 부문의 이해관계에 관한 경우, 이러한 이해관계를 완전하게 이해하고 그것을 위해 유효하게 돌볼 수 있는 자는 우리 자신밖에 없다고 말하는 것이 우리 노동조합이 가장 주의해야 할 것이라고 믿는다"고 주장하는 것은 당연한 것으로 생각된다.[24] 이와 같은 결론은 정도의 차이는 있지만, 합동 노동조합 중에 현재 포함되어 있는 어떤 다른 부문에도 적용될 수 있다. 그리고 이러한 결론에 의하면, 배관공률과 주철공과 같이 상이한 특색을 가지며 발달한 노동조합을 갖는 직업을 병합하고자 하는 것은 전적으로 불가능하다.[25]

24) 〈'패턴 제작공 합동 노동조합' 규약〉 서문(Manchester, 1892).
25) 따라서 우리의 해설은 기계공과 배관공률, 조선공과 가구공 사이에서 행해지는 투쟁이 경쟁 노동조합의 합동에 의해 제거될 수 있다고 하는 의견을 결정적으로 거부하는 것이다. 이 두 가지 직업은 소수의 조선업 직업에서는 중복되지만, 그 업무의 10 중 9는 기계공이 배관공률을 대신하거나 조선공이 가구공을 대신하는 것이 불가능하고, 또 그 반대도 마찬가지로 불가능할 것이다. 전략상의 지위에 있어서도 배관공률은 근본적으로 기계공과 다르고, 가구공은 조선공과 다르다. 기계 및 조선업은 국가 산업의 호경기와 불경기에 의해 엄청난 변동을 받는다. 이에 반하여 가구공과 배관공률의 10분의 9까지 포함하는 건축업은, 매년 계절에 따라 변동하지만, 비교적 해와 해 사이에서는 변화가 작다. 그리고 그들이 받는 일반적인 동요도 조선과 기계공업의 그것과는 일치하지 않는다. 팽창의 파도가 건축업에 미쳤을 때, 국가의 중요 산업은 이어지는 불경기의 늪에 이미 빠진다. 뉴캐슬의 기계공이나 조선공에 대해 1893년 봄, 그 동료의 20퍼센트가 실업했을 때, 배관공률과 목수가 그 특별한 때를 골라 더욱 선한 조건을 요구하도록 설득한다는 것은 어려운 일이다. 마지막으로 도저히 이길 수 없는 어려움이 있다. 그것은 8만 7000명의 기계공 사이에서 각 도시에 산재하는 9000명의 배관공률로부터, 또는 전국에 걸친 4만 9000명의 가구공 사이에서 소수의 항만에 집중되어 있는 1만 4000명의 조선공으로부터 적당한 대표자를 얻기란

이러한 결론은, 기계직의 각 부문이 완벽한 독립을 유지해야 한다는 것을 의미하지 않는다. 지금 패턴 제작공도 "우리는 기계직을 대표하는 노동조합과 전적으로 맥락을 상실하는 것은 현명하지도 못하고 가능하지도 않다는 것을 충분히 알고 있다. 따라서 우리는 전체 이해관계에 영향을 미치는 운동에 있어서 언제나 기꺼이 같은 조합과 협력하고자 한다"고 말한다.[26] 실제로 사항에 따라서는 만일 행동하고자 한다면 기계 산업 전체가 일치하여 공동으로 행동해야 한다는 것이다. 산업의 모든 부문에 1만 명의 직공을 고용하는 엘스윅(Elswick)과 같은 대공장에서는 직공의 각 부문마다 별도의 교섭을 하고, 각각의 식사 시간과 휴일을 정하기란 매우 어려운 일이다. 북동 해안 지방의 동맹 고용인들은 1890년, "고용인과 노동자 사이에서 임금 등 일반 문제를 결정하는 데에 매우 불편하고 곤란한 경험을 했다"고 명백하게 불만을 터뜨렸다. 그리고 당시 일반적으로 행해진 끊임없는 분쟁의 원인을 "숙련 기계공을 대표하는 여러 노동조합이 제출한 행동과 요구의 불일치"라고 보았다. 만일 각 노동조합이 잔업에 관하여 서로 다른 규약의 제정을 요구한 경우, 또는 각자 동일 부문의 직업을 대표한다고 주장하는 경쟁 단체가 상이한 보수 방법과 보수율에 관한 요구를 제출하는 경우, 단체교섭은 실행할 수 없게 된다. 결국 고용인은 "교섭을 위해 그들과 만난 대리위원은 … 당해 문제에 대해 이해관계를 갖는 모든 노동조합을 대표해야 한다"라고 주장하게 된다.[27] 만일 직공을 채용하는 방법

매우 어렵다.

26) 〈'패턴 제작공 합동 노동조합' 규약〉 서문(Manchester, 1892).

27) 1891년 10월, '철공업 고용인협회'의 잔업 문제에 대한 회람. 우리는 기계공이 1836년 이래 계속 싸워온 해악, 즉 조직적 잔업을 저지하고자 하여, 실제로 실패로 끝난 원인을 그 잔업의 조직이 혼돈된 상태에 있다고 본다. 이와 마찬가지로 연합적 노동조합이 없었던 것이 1893년 런던 제본직공의 행동을 방해했다. 그해 그들은 단지 제본사인 고용인들로부터

이 단체교섭이 아니라 의회 행동인 경우, 연합적 노동조합의 필요는 더욱 커진다. 가령 대규모의 정부 병기창과 공장에서 기계공이 그 고용조건의 변경을 희망한다면, 전국의 수만 명에 이르는 기계공 선거인 사이의 목적이 합치되는 것은 성공의 필수 조건이다.

그러나 '기계공 합동 노동조합'이 그 속에 각종 기계공을 전부 포괄하고자 하는 주장, 그리고 추구해야 할 정책을 스스로 결정하고자 하는 주장을 포기하지 않는 한, 영속적이고 유력한 연합 조직은 불가능하다. 동일 산업 속에 서로 모순되는 합동 및 연합이라고 하는 두 가지 계획을 결합시키고자 할 때, 그 알력은 더욱 커질 수 있다. 가령, '패턴 제작공 합동 노동조합'의 보고서를 다시 인용해보면 우리는 1888년, "(북동 해안의) 부분적 노동조합이 '기계공 합동 노동조합'의 자의적인 태도에 분노하여, 장래에 다시 임금운동을 일으키는 경우에 그런 행위가 재발되는 것을 방지하고, 확정적인 행동을 채택하기 전에 미리 상의하는 권리를 옹호한다고 표방하여 함께 연합회를 조직했다. … '기계공 합동 노동조합'의 행동은 그들이 최근 각종의 부분적 노동조합을 합동하고자 시도했으나 실패한 사실과 관련이 있음에 틀림없다. 그들은 당당한 수단으로는 부분적 노동조합을 병합할 수 없음을 알고, 결국 그러한 노동조합에 그들만으로는 고용인에 대해 무력한 것을 스스로 보여주면서, 그들이 그들의 노동조합에서 가진 자신감을 버리고자 결심했다."[28] 그리하여 타인 강변의 소규모 기계업 노동조합

는 큰 어려움 없이 8시간제를 확보하는 것에 성공했다. 워털로(Waterlow)나 스포티스우드(Spottiswood)와 같은 대규모 인쇄소에서 그들은 실제로 인쇄공이 더욱 긴 시간의 노동을 여전히 하고 있음에도 불구하고, 제본 부문에서만은 8시간제를 실시하는 것이 불가능하다는 것을 인정했다.

28) 〈'패턴 제작공 합동 노동조합' 월보〉, 1889년 1월호.

이 그 강력한 경쟁자에 대항하여 만든 '연합 평의회'(Federal Board)는 3년 간 존속했으나, 산업 평화를 확보하는 것에 실패했음은 말할 필요도 없다. 더욱 중요하고 더욱 가능성이 있는 시도는 '기계공 합동 노동조합'이 완고하게 가입을 거부했기 때문에 좌절되었다. 그 뒤 1890년에 이르러 '보일러 제작공 연합 노동조합'의 유능한 위원장인 로버트 나이트(Robert Knight) 씨는 몇 가지 실패를 거듭한 뒤에, 마침내 유력한 전국적 연합회 중에 기계와 조선이라는 두 산업에 관련된 노동조합의 대부분을 규합하는 것에 성공했다. 이 '영국 기계공 및 조선공 연합 노동조합'은 '보일러 제작공 연합 노동조합'(조합원 4만 776명), '조선공 동맹 노동조합'(조합원 1만 4235명), '목수 및 가구공 합동 노동조합'(조합원 4만 8631명)과 같은 유력한 단체 외에, '증기기관 제작공 노동조합'(조합원 7000명), '배관공 합동 노동조합'(조합원 8758명), '패턴 제작공 합동 노동조합'(조합원 3636명), '페인트공 및 장식공 전국 합동 노동조합', 그리고 그것들보다 작은 6개의 부분적 노동조합을 포함했는데 그 사이는 모두 대등한 관계였다. 이 연합회는 이미 7년 간 존속되었고, 그동안 여러 노동조합 사이의 쟁의를 결정하는 데에 유익한 기관이 되었다. 그러나 고용인과의 단체교섭을 위한 기구로서, 또는 산업 전체를 위하여 일치된 행동을 하는 기관으로서는, 8만 7455명의 조합원을 거느리는 '기계공 합동 노동조합'이 절대적으로 무관심의 태도를 취하는 한, 활동하는 것은 불가능하다. 그리고 여전히 합동의 꿈에서 깨어나지 못하고 있는 '기계공 합동 노동조합'이 그 지위를 위협하는 부정한 노동조합으로 간주하는 부분적 노동조합을 영구적 동료로 받아들이는 것은 아직 생각할 수 없다.[29]

29) 〈기계공 합동 노동조합〉 월보〉 —조지 반즈(George Barnes) 씨가 위원장에 취임하면서

만일 지금 기계직의 조합사 전체를 되돌아본다면 우리가 '사건 뒤의 지혜'를 가지고, 지방적 직업 클럽이 그 범위를 각각 기계직공 중 하나의 부문에 한정하고 난 뒤에 그 범위가 전국적 노동조합으로 나아갔다면 더 좋았을 것이라고 생각한다. 사실이 그것과 같고, 뉴턴과 앨런이 기계공업의

만든 공식 기관지— 의 제1권은 합동조합원의 사상이 부분적 노동조합, 그리고 기계 및 조선업과 관련되는 것들과 연합적 조직을 이룬다는 사상을 향한 것임을 보여준다. 가령 톰 만(Tom Mann) 씨는 창간호(1897년 1월호, 10~11쪽)에서 다음과 같이 선언한다. "'기계공 합동 노동조합'의 다수 조합원은 … 현재의 무력함을 … 부끄러워하고 있다. … 이 무력함은 어디에 원인이 있는가? 그것은 주로 여러 노동조합이 어떤 공동 행위를 택하지 않는다고 하는 사실에 기인하는 것에 의심의 여지가 없다. … 즉 '기계공 합동 노동조합'은 그 직업과 관련되는 모든 노동조합과 실제로 '연합'을 이룰 필요를 아직 알지 못하고 있다. … 조합원이 최근 수년간을 회고하고 '기계공 합동 노동조합'과 배관공률, 보일러 제작공, 조선공 사이에서 생긴 것에 대해 부끄러워하지 않을 수 있는가? 그리고 '기계공 합동 노동조합'과 … 패턴 제작공, 조선공, 증기기관 제작공 사이에 친밀한 관계가 결여되어 있는 것을 볼 때 만족할 수 있는가? 전투력이 필요하다. … 이는 앞에서 말한 직업과 관련된 여러 노동조합의 참된 연합에 의해서만 시작될 수 있다. … 방직직공(목면)은 많은 노동조합을 연합시켰고, 기계공업보다도 분명히 진보한 규모로 공동적 행동을 할 수 있다." 그리고 이어지는 월보에서 존 번스(John Burns) 씨는 같은 논조로 강력하게 다음과 같이 주장한다. "실제로 이러한 공동살해적이고 붕괴적인 투쟁을 피하고자 한다면, '기계공 합동 노동조합'이 지금 채택하여야 하는 첫걸음은 바로 모든 여타의 노동조합과 함께 기계업의 연합회를 조직하는 것이다. 2개월 뒤(1897년 4월호, 12~14쪽)에는 '원시인'이라고 서명한 자가 쓴 엄청난 비난이 실렸다. 그는 "앨런(Allan)의 영혼과 뉴턴의 웅변"을 불러내어 그들의 사업을 파기하고자 하는 시도에 반대했다. "소수의 이기적인 노동운동 참견자들이, 우리 직업의 모든 부문에 대해 우리의 대노동조합과 같은 효과를 보여주고, 싸구려 쇼 같은 사업을 수행하기 위해서 우리는 우리의 팔을 내리고 우리의 양말을 벗고 우리의 꼬리를 밑에 숨기고 '없어졌다'고 말한다. … 부분적 노동조합은 전투적 목적을 위해서는 도움이 되지 않고, 따라서 그것은 실제로 행해지는 한 공제조합으로 존재하는 것에 불과하다. … 합동은 우리의 칭호이고 우리의 함성이며 우리의 원칙이다. 따라서 일단 우리가 부분적 노동조합과의 '연합'이 필요함을 인정할 때, 우리는 전부를 들어 적에게 던져야 한다. … 그 공장의 업무가 우리 자신의 것과 현저히 다른 직업과 연합하는 것은, 더욱 좋은 목적을 이루는 훌륭한 수단이다. 공장의 업무가 유사하고, 그 이해관계가 동일하며, 모든 전투에서 우리와 함께해야 하는 직업과 연합하는 것은, 총체적인 실패에 이르는 감상적인 수단이다." 이 문제는 지금(1897년 8월) 합동 노동조합에서 치열한 논쟁의 주제가 되고 있다.

그 뒤의 엄청난 발달과 점차 분화된 경향을 예견할 수 있었다면 그들은 단일한 포괄적 합동을 주장하지 않고, 모든 기계직에 공통하는 목적을 위해 행하는 전국적인 부분 노동조합의 연합을 주장했을 것이라고 생각한다. 이러한 연합회는 먼저, 한편으로는 정합공, 선반공, 조립공의 대규모 전국 노동조합을 포함하고, 다른 한편으로는 대장공과 패턴 제작공이 각각 만든 소규모 전국 노동조합을 포함했다. 그리고 놋쇠공, 구리세공인, 기계 운전공 사이에서 조직이 진행되고, 전기기계공과 같은 새로운 부문이 생긴 경우에는 그런 자들이 각각 상당한 자치를 부여받았으며, 특별한 부문으로서 연합적 노동조합에 가입이 허용되었다. 그렇다면 이 연합회는 '보일러 제작공 연합 노동조합', '주철공 공제 노동조합', '조선공 동맹 노동조합', 그리고 철기선의 건조 및 의장의 대산업과 관련되는 기타의 조직과 함께, 더욱 광범위하고 더욱 느슨한 연합을 만들 수도 있었다.[30]

이 모든 조직 형태에 대한 고찰로부터 하나의 실용적인 교훈이 나온다. 즉 구성 분자인 여러 단체 사이의 결합 정도가 엄격하게 그들 사이의 이해관계의 일치 정도에 상응하는 것은, 연합 행동의 견고함과 성공의 근본 조건이라는 것이다. 이는 재정적 측면에서 가장 쉽게 인정된다. 우리는 이미 여러 번, 어느 일부 직공 계급의 필요에 적합한 보험료와 보험금의 비율은 다른 부문 사람들에게는 전적으로 불가능한 것일 수도 있고, 그럼에도 불구하고 유력한 행동을 하기 위해서는 협력할 필요가 있다는 사실을 언급했다. 그러나 이것이 전부가 아니다. 여러 직공 계급 사이에서는 그 소득액

---

30) 목수, 배관공, 페인트공, 캐비닛 제작공 등의 여러 전국 노동조합은 그 조합원이 조선소에서 일하는 것과 관련하여 마찬가지로 그 연합에 가입할 수 있는 반면, 이와 동시에 여전히 벽돌공, 석공, 기타 건축공 노동조합과 친밀한 연합을 형성할 수 있다.

이 다를 뿐 아니라, 그 소득을 사용하는 용도도 각 부문이 매우 다르다. 따라서 연합단체가 공동 자금을 위해 징수하는 금액은 모든 구성 분자 단체가 동일한 이해관계를 갖는 서비스의 비용에 엄격히 한정되어야 할 뿐 아니라, 어떤 경우에도 가장 가난한 부문이 이러한 서비스에 소비하는 것을 유리하다고 보게 하는 액수를 초월해서는 안 된다.

그러나 우리의 교훈은 연합단체의 목적과 정책 및 그 결의 방법에 대하여 더욱 미묘하게 적용된다. 설령 연합회가 구성 분자 단체의 다수에게 유리하다고 해도, 그중 어떤 자에게 불리한 방침을 집행한다면 그 영속성은 심각하게 위협될 것이다. 구성 분자인 여러 노동조합이 처음에 단결하는 목적은 단지 다수에 의해서가 아니라, 그들 모두에 의해 희망된 목표의 진척에 있다. 따라서 만일 모든 사람의 힘에 의해 발생한 연합의 세력을, 그들 중 누구라도 불리하게 되는 것에 사용하면 그들 사이의 암묵적 계약을 위반한 것이 된다. 이는 이해관계가 합치되지 않는 경우, 어떤 연합의 결의도 '최대의 공통점'을 발견하기 위해 각 부문 대표자 사이에서 협의하는 것에 의해야 한다는 것을 뜻한다. 따라서 이러한 문제는 결코 단순히 투표수의 계산에 의해 결정되어서는 안 된다. 당해 문제가 거의 마찬가지로 모든 구성 분자에게 영향을 미치는 한, 목적을 달성하기 위한 기획이나 수단에 관한 단순한 의견의 상위는 다수결에 의해 안전하게 결정될 수 있다. 만약 결과가 실제로 유리하게 나온다면, 소수의 반대는 신속하게 소멸할 것이고, 이와 달리 결과가 불리하게 나온다면 반대론자가 결국 지배 세력이 되기 때문이다. 따라서 어느 경우에나 영원한 분열은 생기지 않는다. 그러나 만일 다수파와 소수파 사이의 의견 불일치가 부분적 이해관계의 참된 상위에서 생기고, 따라서 목전의 사건에 의해 그 세력을 강화하는 종래의 것인 경우, 다수파가 그 의견을 소수파에게 강제하고자 기도한다면, 임의적 연합에서는 반드시 그 탈퇴를 초래할 것이다.

그리하여 우리는 무의식적으로 연합 노동조합의 '비례대표'에 관한 모든 이론에 이르게 되었다. 실제적 이해관계의 중대한 상위가 존재하지 않는 동질의 노동조합에서는, 단순한 표수의 계산에 의해 최고 통치기관이 안전하게 선거될 수 있고, 근본 문제도 안전하게 결정될 수 있다. 그러한 노동조합은 당연히 보통 선거와 평등 선거구에 근거한 대의제를 채택할 것이다. 그러나 어떤 연합단체가 인원상의 세력이 같지 않고 이해관계를 달리하는 여러 부분으로 형성되어 있는 경우, 구성 분자인 각 단체의 조합원 수에 따라 선거되거나 투표되는 대표자에게 결정이 안전하게 맡겨질 수 없다. 이로 인해 사실상 그 최대의 부문이나 두세 개의 거대한 부문에 결정권이 부여되고, 작은 부문은 어떤 유효한 투표상의 영향력도 갖지 못하게 하는 결과를 초래하기 때문이다. 그러한 제도는 우세한 부문이 당연히 자기에게 이익이 되도록 투표하기 때문에, 반드시 먼저 내부 분열을 초래하고, 이어 일부의 탈퇴를 보게 된다. 따라서 연합회의 영속성을 확보하는 수단으로서는 구성 단체의 대표자가 그 각각의 조합원 수에 정비례해서는 안 되는 것이 바람직하다. 연합회의 대표 조직은 실제로 그 재정과 같이, 참으로 구성 단체의 이해관계와 일치하는 정도에 따라 달라져야 한다. 이해관계가 다른 경우에는 어디에서나 어떤 하나의 구성 단체가 아무리 거대하다고 해도 투표수로 압도하거나, 두세 개의 거대한 구성 단체가 서로 협정하여 그들의 모든 동료를 압도하는 경우가 있어서는 안 된다. 가령 만일 기계업에서 모든 전국적 노동조합을 연합하고자 한다면, '기계공 합동 노동조합'이 주로 정합공과 선반공으로 구성되는 그 8만 7000명의 조합원에게, 그리고 3개 부문의 전문적 조합으로 나누어진 1만 명의 패턴 제작공, 대장공, 기계운전공에게 각각 정비례하는 대표권을 부여해야 한다고 주장하는 것은 현명하지 못할 것이다. 그리고 연합회가 매우 상이한 구성 분자를 다수 포함하고, 다양한 부문의 특별한 이해관계에 따라 오로지 작은 비율을 갖도록 국한되는 공통 목적이 존재하는 경우, 조합원 수에 비례하는 대표라고 하는 생각을 솔직하게 포기하고, 각 구성 분자는 평등한 목소리를 갖는다고 하는 생각에 따르는 것이 바람직하다. 따라서 우리의 견해에 의하면, '기계직 및 조선직 연합회'가 '배관공 노동조합'의 9000명 조합원에 대하여, '보일러 제작공 연합 노동조합'의 4만 1000명 조합원이나 '목수 합동 노동조합'의 4만 9000명 조합원과 전적으로 동일한 대표권과 투표권을 부여한 것은 현명한 결정이었다. 이러한 종류의 연합단체는 단지 일정한 목적을 위해 설립되고, 이를 구성하는 여러 노동조합은 각자 또는 반대의 이해관계를 갖는 것이기 때문에 동질의 '합동' 노동조합과는 다른 극단에 서 있다. 그 구성 단체 대표자 모임의 목적은, 서로 다른 점을 조화시키고 공통의 이해관계를 발견하는 점에 있다. 그들은 사실상 국가의 대사와 같다. 대사는 각각 그가 속하는 자주적 국가의 희망을 전달하고, 공동의 회의에서 그 특수한 지식을 기여하지만, 적당한 타협책이라고 말할 수 있거나, 거의 반대가 없는 의견 일치에 의하지 않는 한, 연합의 결의에 복종하는 것을 약속할 수는 없다.[31]

따라서 견고한 통치 단위를 찾는 문제와, 상급 당국과 하급 당국 사이의 관계를 결정하는 문제는 노동조합 세계에서 정당한 해결의 길에 있는 것으로 생각된다. 노동 이동성의 지속적인 증가와 산업의 확장에 따라, 지방의 직업 클럽은 전국적인 노동조합에 그 영역을 양보해야 했다. 직업이

---

31) 노동조합의 정치적 기관을 서술하면서, 우리는 노동조합대회(TUC) 및 지방의 노동조합평의회와 같은 연합단체를 논의할 때 다시 이 문제를 논의할 것이다.

나 업무가 전국에 걸쳐 거의 획일적인 한, 일종의 자주적 국가인 노동조합의 지리적 경계는 결국 국가 자체의 범위와 일치하지 않을 수 없다. 우리는 또 전국적 노동조합이 발달한 결과 불가피하게, 전략상, 그리고 소위 군사상의 이유로 인해, 지방자치를 최소한으로 감축시키고, 모든 재정상, 따라서 모든 집행상의 지배권을 전국 본부에 완전하게 집중시키게 되는 것을 알았다. 이러한 경향은 다음 장에서 설명하는 경제적 이유에 의해 더욱 강화되고 있다. 만일 노동조합이 그 중요한 직능인 조합원의 고용 상황 개선에 성공하고자 한다면, 전국을 통하여 동일한 업무에 획일적인 최저 조건이라고 할 수 있는 제방을 구축해야 한다. 이러한 조건의 획일성 또는 모든 산업상의 영향력은, 모두 고용정책의 일정한 획일성과 일관성을 전제한다. 그것은 행정의 집중에 의해서만 가능하다. 그렇다면 우리의 결론은 하나의 총괄적인 집중적 독재라는 절대적 단순화인 것처럼 보일 수도 있다. 그러나 노동조합 세계에서는 지역 행정과 중앙 집중을 조화시키는 문제는, 한때 다행스럽게도 제거되었지만, 이제 다시 더욱 곤란한 형태로 등장하고 있다. 즉 조건 획일의 목적 자체, 고용정책 획일이 필요 불가결하다는 사실 자체는, 공동 자금, 공동 집행부, 공동의 유급 임원단을 갖는 단일한 단체 내에, 업무와 기능 정도가 매우 다르고, 생활 정도와 산업상의 필요가 너무나도 다르며, 수적 세력과 전략상의 편의가 크게 다른 것을 결합시키는 것을 거의 불가능하게 만들고 있다. 노동조합은 본래 모든 조합원에게 일정한 구체적 이익을 확보시키기 위한 단체이다. 그 이익은 직업에 따라 다르고, 그 기술적 과정, 그 경제적 지위, 직업이 행해지는 지리적 위치가 다름에 따라 다르다. 따라서 우리의 의견에 의하면, '전국 노동조합'(General Union)을 목적으로 하는 모든 시도는 어쩔 수 없이 실패한다. 1833년부터 1834년까지 '대(大)전국 통합 노동조합'(Grand

National Consolidated Trades Union)에 가입한 직공 계급의 수십만 명은 사실 인류 동포애라는 공동의 기초에 근거하여 사회의 급격한 개조의 필요에 대한 공동의 믿음으로 모였다. 그러나 교훈이나 정치적 혁명에 의해 '새로운 도덕 세계'를 건설한다고 주장하는 대신, 그들은 랭커셔 면사방직 공장에서는 노동시간을 단축하기 위하여, 리즈 직물업에서는 일정한 도급 임금률을 확보하기 위하여, 런던 건축업에서는 도급업을 폐지하기 위하여, 리버풀에서는 하도급을 폐지하기 위하여, 메리야스 산업에서는 실물 임금 및 여러 가지 명목에 의한 임금 공제를 제거하기 위하여 고용인과 싸우는 노동조합이 되었다. 요컨대 각각의 직업은 '인류 동포애'를 해석하여 각자 특유의 특수한 불만을 해결했고, 그 중앙집행부는 그 해석이 정확한지를 전혀 심사할 수 없었다. 노동조합의 모든 역사는 다음과 같은 추론을 확정하는 것이다. 즉 노동조합은 실제로 그 조직의 목적이 그 모든 조합원의 고용조건에 일정한 구체적인 물질적인 개량을 확보하고자 하는 것이기 때문에, 그 가장 단순한 형식에서는 그것과 같은 개량이 그 모든 조합원에게 나누어지는 범위를 넘을 수 없다는 것이다. 달리 말하면, 하나의 단일한 업무의 경계를 넘어서 확대될 수 없다는 것이다. 그러나 문제는 이러한 단순한 통치 단위를 발견하는 것으로 끝나지 않는다. 각 부문 사이의 상위가 완전한 합동을 불가능하게 하는 반면, 다른 점에서는 이해관계의 일치가 어떤 종류의 결합을 긴급히 요구한다. 따라서 노동조합 조직의 가장 유효한 형식은, 각 부문이 공통으로 갖는 목적을 위해, 동일한 이해관계가 존재하는 범위를 한도로 하여 결합할 수 있고, 그 이해관계나 목적이 그 동료의 이해관계나 목적과 상이한 경우에는 완전한 자치권을 갖는 데 있다. 그러나 이는 주권과 하급 권력 사이의 관계에 대한 어려운 정치적 문제의 변형에 불과하다. 정치적 민주주의를 연구하는 사람이 중앙 당국과 지방 당국 사이에 행정을 어떻게 분배해야 하느냐라는 문제로 골치를 썩이는 동안, 교육을 받지 못한 노동조합 세계의 정치가는 전국적인 차원에서 일반적 산업 단체와 부문적 산업 단체 사이에서 권력을 어떻게 분배해야 하는가라는 더욱 어려운 문제를 여전히 결정해야 한다. 그 해결은 오로지 그 자체의 특수한 목적이라는 범위 내에서 그 목적이 일치하는 것을 자각하는 여러 노동조합을 결합하여, 확장적이고 상호 교차하는 일련의 연합을 조직하는 것에서 발견되어왔다. 따라서 우리는 민주주의적 조직의 단순한 형식 대신에, 매우 복잡한 형식을 갖게 되었다. 문제의 어려움이 올바르게 이해되고, 전체 산업이 소위 단일 평면(동일한 기초) 위에 조직되는 경우에는, 그 결과가 '면공 노동조합'의 경우와 같이, 복잡하지만 원활하게 작동하는 비상한 능력과 견고함을 갖는 민주주의 기관일 수 있다. 한편 기계공 사이에서와 같이, 산업이 서로 충돌하는 기초 위에 단결할 경우에는, 상호 관련된 분규를 초래하고, 그로 인해 경쟁과 반목이 생겨나며, 유력한 공동 행위는 모든 부문에 공통되는 목적을 위해 행해지는 경우에도 거의 불가능하게 된다.

노동조합 조직은 만일 그것이 최고도의 능력에 이른다고 하면, 당연히 연합 형태를 취해야 한다. 권력의 일부를 하급의 지방 당국에 위임하는 최고의 중앙정부 조직 대신에, 우리가 노동조합 세계의 미래 발전에 기대하는 것은, 주권의 참된 소재지를 결정하기 어려운 연합회의 복잡하고도 정교한 시리즈로 나아가는 것이다. 각 부문이 그 상태와 수요에서 서로 지극히 유사한 경우, 그 공동 목적이 비교적 다수이고 중요한 경우, 그리고 그 결과로 개개의 탈퇴와 그것에 근거한 고립이 위험한 경우, 연합의 유대는 더욱 강해지고, 따라서 연합 당국은 결국 주권자가 될 것이다. 이와 반대되는 극단에 선 연합은 거의 협의의 기회를 부여받는 것에 불과하고, 그 구성 당사자는 각자 참된 자치권을 보유하고, 연합 집행부를 그들에게 국한된 공통 목적을 달성하기 위한, 편리하지만 엄격하게 하위에 선 기관으로 이용한다. 우리가 흥미로운 결론으로 제안하고자 하는 것은, 대표제의 기초는 이 모든 조직에서 결합관계의 성격에 따라 다양하다는 것이다. 즉 조합원 수에 정비례하는 대표제는 오로지 동질적인 노동조합에만 완전하게 적용될 수 있고, 구성 단체 사이의 불일치 정도가 높아짐에 따라 그 적절성은 감소되는 것이다. 부문적인 이해관계가 다를 뿐 아니라, 경우에 따라서는 심지어 상반될 수도 있는 경우, 가령 경계를 둘러싼 분쟁이 있는 산업과 같은 경우, 다수결에 의한 지배는 솔직하게 포기되어야 하고, 인원 수의 세력이 너무 다른 노동조합의 대표자는 상호 협의에 의해 가장 훌륭하게 모든 이해관계를 조화시키는 길을 발견하기 위해 대등한 입장에서 서로 만나는 것에 동의해야 한다. 만일 이를 그르칠 경우에는 모두 실패할 것이다.

2부

노동조합의 기능

서언

　보통의 노동조합이 그 기능을 정의하는 경우 "우리 노동조합의 주된 목적은 우리 조합원의 사회적 지위를 향상시키는 데 있다"고 하는 것이 일반적이다. 우리가 "집단적 자조(自助)"라고 하는 이 간단한 주장은 수많은 전통적 노동조합에서 인류의 동포애에 대한 언어적 호소와 임금 노동자의 불안한 지위를 사실적으로 묘사하기 위한 수식이었다. 그리하여 '주철공 공제 노동조합'의 '발기인들'을 자극한 '근본 원리'는 "이 특별한 산업 영역에서 정직한 노동에 의해 생계를 확보하려는 사람들이, 부당하고 불공정한 자본의 침략에 대하여 개인적으로 행동하는 경우에 얻을 수 있는 것보다도, 단결력을 통하여 더욱 성공적으로 대항하기 위한 조직적 단결이고 또한 직업을 통한 형제애와 동포애의 연대를 형성하고자 하는 소망이었다."[1] '기계공 합동 노동조합'의 설립자들은 "우리는 우리 조합원들이 계속 고용된 동안, 모든 필수품을 확보할 수 있고, 아마도 다수의 사치품까지 얻을 수 있음을 승인한다. … 이 모든 것에도 불구하고 장래를 생각하는 그들의 마음속에는 그것이 지속될 수 없고, 내일은 직장을 잃게 되며, 멋지게 준비된 가장의 행복은 없어지고, 지속적인 주의와 검약에 의해 몇 년 안에 더 영속적인 자리를 확보한다고 하는 것이 꿈이 될지 모른다고 하는 특별한 두려움이 언제나 있다. 계속이라는 말이 얼마나 많은 뜻을 포함하고, 그것을 우리 노동조합의 근본 원리로 삼을 필요가 있는지는 두말할 필요가 없다!"[2]

그러나 노동 계급 단체의 궁극적 목적에 대한 이러한 서술은, 노동조합의 실제 동태에 대해서는 아무것도 알려주지 않는다. 이에 비해 우리 시대의 노동조합원들은 보다 분명하다. 거대한 현대 노동조합은 건조하고 문법적 정확성에 구애받지 않는 말로 그 '목적'을 열거하는데 그것은 특정한 주장들의 긴 목록으로서, 그중에는 그런 목적을 달성하고자 하는 수단이 지극히 솔직하게 나타나 있다. '면사방적공 합동 노동조합'은 "모든 조합원에게 그들의 노동에 대한 공정한 보수를 확보하고, 노사 간의 분쟁을 협동적 방식으로 해결하여 업무가 중단되지 않도록 하며, 공장법 등의 노동 보호를 위한 법을 시행하게 하고, 쟁의행위나 공장 폐쇄에 의해 희생되거나 실직하거나 산업재해에 의해 노동 불능이 된 조합원에게 금전적 지원을 부여하기 위해 조직된다"[3]고 한다. '영국 광부 연합 노동조합'은 그 단결의 목적을 "직업 및 임금에 관한 문제를 고려하여 일반적으로 광부를 보호하

---

1) 〈노령, 질병 및 노동 불능 시에, 그리고 사망자의 매장에 대한 상호구제를 할 목적으로 설립된 '주철공 공제 노동조합'의 규약〉, "1809년 6월 19일, 볼턴에서 제정되고 1809년 7월 19일 순회법원의 허가를 받음."(Bolton, 1809); 1909년 서문을 참조하라.
2) 1850년 버밍엄에서 제정된 〈기계공 합동 노동조합의 규약과 세칙〉 원문(London, 1851).
3) 〈'면사방적공 합동 노동조합' 규약〉(Manchester, 1891).

고, 이 연합에 가입한 모든 광부에 영향을 주는 광업법 제정 운동을 확보하며, 광부에게 영향을 미치는 직업, 임금, 입법의 문제를 다루기 위한 회의를 소집하고, 전국의 모든 광산에서 일하는 모든 지하 노동자를 위하여 1일 8시간제를 확보하기 위해 노력하며, 1회 사고에서 3명 이상의 사망자가 생긴 경우 갱 속에서 죽은 사람의 시신을 처리 감독하고, 1회 사고로 3명 이상의 사상자가 생긴 경우에 주, 연합회, 지역에서 하급법원의 판결에 대해 항소하는 경우 배상 확보의 수단을 강구하는 것"이라고 선언했다.[4] 1874년에 설립된 '전국 제화공 합동 노동조합'은 "우리 노동조합의 목적은 조합원의 보호와 임금의 증가를 위하여 중앙 기금을 설치하고, 고용인에게 무료로 공간, 작업 도구, 비품, 불, 가스를 제공하게 하여 건강하고 적절한 작업 장소를 설치하고, 노동조합을 통하여 가능한 한 동종 업무에 대해 획일적인 임금률을 설정하고, 착취적인 노동을 폐지하며 도제제도를 규제하고, 노동시간을 단축하고, 구직을 위해 여행하는 조합원을 지원하고, 우리의 직업에 산업별 노동조합을 도입하며, 조합원의 도덕적·사회적·교육적·정치적 향상을 위해 모든 합법적인 수단을 강구하고, 조합을 대표하는 의원을 배출하는 수단을 강구하며, 질병이나 사망 시에 조합원과 그 배우자의 장례를 위한 상호 부조의 기금을 형성하고, 외국의 제화공과 연락 조직을 형성하는 것이다"라고 선언하고 있다.[5] 마지막으로 우리는 1889년 거대한 소요기에 생긴 소위 '신노동조합' 중에서 가장 현저하게 성공한 것을 인용할 수 있다. 즉 '전국 가스 노동자 및 일반 노동자 노동조합' 규약은 "우리 노동조합의 목적은 노동시간을 단축하여 법정 1일 8시간, 1주 48

---

4) 〈'영국 광부 연합 노동조합' 규약〉(Oppenshaw, 1893).
5) 〈'전국 제화공 노동조합' 규약〉(Leicester, 1892).

시간제를 확보하고, 가능한 한 초과노동 및 일요일 노동을 폐지하며 그것이 불가능한 경우 임금을 보통률 이상으로 하고, 성과급 노동을 폐지하며, 임금을 증가시키고 여성이 남성과 같은 노동을 하는 경우 남성과 동일한 임금을 확보하고, 실물임금금지법 조항을 완전히 이행하게 하며, 노사 간의 계약과 협정에 대한 현행 제도를 폐지하고, 가능한 한 평화적 협정에 의해 모든 노사분쟁을 해결하고, 노사 간의 법적 평등을 확보하고, 노동 계급의 생활개선을 위한 입법을 확보하고, 교구회[6] · 교육위원회 · 구빈위원회 · 지방단체 · 국회에 조합원이 선출되도록 노력하되 그 후보자가 생산 · 분배 및 교통수단의 공유를 주장하는 자로 하며, 공공 대의 기구에 조합원을 선출하고 이를 유지하기 위해 돕는 목적에 전용하고 최소한 200프랑을 매년 적립하고, 이상 열거한 것과 동일한 목적을 갖는 동종의 노동조합을 원조하는 것"이라고 한다.[7] 그러나 우리는 노동조합의 행동에 대한 학문적인 설명이나 완전한 설명을 위해 형식적인 규약이나 수사적인 서문에 만족해서는 안 된다. 열성적인 개척자들이 기초하고 그 뒤 몇 번이나 수정위원회에 의해 반복하여 복사된 노동 계급 단체들의 인쇄된 규약은, 조합원의 일상적인 행동보다도 그 희망을 보여준다. 더욱더 믿을 만한 자료는 현금 계정을 조사하고, 노동조합의 두꺼운 내부 자료, 즉 중앙집행부의 매월 · 계절별 · 매년의 보고서, 특별한 문제에 대한 수시의 전단, 상담회 및 연합위원회의 정밀한 필기록을 정밀하게 연구하는 쪽에서 확보할 수 있다. 노동조합의 인쇄물에는 노동조합 대표가 매일 고용인과 교섭한 것을 기록한 일지도 포함된다.[8] 다른 노동조합은 중요한 공업 중심지에 주재하는 지방

---

6) 교구 단위의 의회. (옮긴이 주)
7) 〈'영국 및 아일랜드 가스 노동자 전국 노동조합' 규약〉(London, 1894).

임원이 제출하는, 그 직업에 대한 유익한 보도, 고용인이나 다른 단체와의 쟁의에 대한 기사, 추구할 방침을 요구하는 안내를 신청하는 정기보고를 그 조합원에게 공표한다. 사회학 연구자에게는 매년 수백 건에 이르는 이러한 문헌들이 흥미롭다. 이를 보면 제조 방법의 지속적인 변화와 직업의 이동을 수반한 현대 제조공업계의 실제 조직 및 운전을 한눈에 알 수 있다. 우리가 아는 어떤 기록보다도 더욱 완전하게, 영국인 사이에서 행해지고 있는 민주적 단체의 참된 성질과 행동을 보여준다. 지금 우리의 목적과 가장 깊이 관련되는 것은, 성공과 실패의 모든 정념과 함께 여러 노동조합의 각종 방법 및 규약의 작용을 그 기초인 사회적 편의에 대한 근본 가정과 함께 보여준다는 점이다.

그러나 문서는 그것이 아무리 솔직하고 믿을 수 있는 것이라고 해도, 사실을 보여주는 만큼 사실을 왜곡할 우려도 있다. 가령 지방 임원과 위원장 사이에 벌어진 뜨거운 논쟁, 조합원의 극소수에게만 영향을 미친 새로운 제조 방법에 대한 임금 쟁의, 공장법 중에 새로운 조항을 넣기 위한 의회 운동은 1년간 사건으로서는 대단히 중요하게 생각되고, 조합 활동의 대부분을 차지하는 것으로 생각될 우려가 있다. 한편 조합원 다수의 행동으로서 공적으로든 사적으로든 어떤 문서에도 나타나지 않을 우려가 있는 것도 있다. 가령 여러 지부가 종래의 취업규칙을 평화 수단에 의해 유지하고자 노력하여 성공한 것, 또는 새로운 규제가 부지불식간에 관행이 되거나 종래의 규제가 조용히 없어지게 된 것이 그렇다. 따라서 문서에 의해 얻은 지식을 완벽하게 만들기 위해, 연구자는 반드시 현장에서 일하는 사람들을 관찰하고, 고용인, 지배인, 공장장 —공장 감독관 및 고용인 조합의 서

8) '표준 임금률'에 대한 장에 있는 발췌 참조.

기도 제외해서는 안 된다— 에 대한 각각의 규제 적용을 검토하고, 소규모 고용인과 파업 파괴자의 반대에도 귀를 기울여야 한다. 무엇보다 지부와 지방위원회의 내부 회의를 방청할 필요가 있다. 그런 곳에서 토의되는 주제는 상세한 기술적 세부 사항에 대한 것으로, 일반 조합원의 편견이나 적대적인 상대방의 우려에 의해 방해받지 않고 솔직하게 검토되기 때문이다.

이러한 문서 연구와 사람 관찰을 병행하는 계획이야말로 우리의 6년간 조사에서 따르고자 노력한 것이다. 아래의 여러 장에서 우리는 독자들에게 영국 노동조합에 의해 실제로 행해지고 있는 방법과 규제를 상세히 서술하기 위해 노력하고자 한다. 우리는 먼저 18세기 초부터 지금까지, 3종의 상이한 도구나 방책에 의해 노동조합이 규약을 시행해왔음을 볼 것이다. 즉 상호보험의 방법, 단체교섭의 방법, 그리고 법률 제정의 방법이다. 규제를 이행하기 위해 사용한 방법으로부터 우리는 규제 자체에 대한 설명으로 나아간다. 이러한 규제는, 그것들을 상세하게 설명하면 거의 무한한 다양성이 있음에도 불구하고, 크게 7종으로 나누어 살펴본다. 즉 표준 임금률, 표준 노동시간, 위생 안전, 새로운 공정과 기계, 고용의 유지, 취업, 직업에 대한 권리이다. 이 모든 것을 각각 하나의 장으로 설명한다. 이와 함께 논의는 노동조합운동의 함의에 이르게 된다. 즉 노동조합 정책의 일정한 실제의 성과와 필연적 결과를 설명한다. 마지막으로 우리는 노동조합운동의 가설, 즉 노동조합 정책의 근본에 있는 근본적인 편견, 의견 또는 단정을 명백히 밝힌다. 이러한 분석은 노동조합의 행동의 여러 형태를 설명하고 요약하는 데 도움을 줄 것이다.

이렇게 노동조합운동의 현실에 대해 상세히 설명하면서, 우리는 노동조합의 실제 경험에 비추어 현대 생활의 사정에 적응할 수 있는지 없는지를 검토하고, 다양한 방법과 규제 및 상이한 형태의 노동조합 정책을 비평할 것이다. 그러나 이 책의 이 부분에서 노동조합이 산업에 미친 영향에 대한 논의는 조심스럽게 회피하고, 무엇보다도 그 결과로서 과연 사실 유효하게 임금을 증가시키고 기타 노동조건의 개선을 초래했는지에 대해 단정을 내리려고 하지 않는다. 우리는 연구자가 그 실제의 내용을 연구하지 않고서는 노동조합의 경제적 효과를 논의하는 것도 전혀 무익하다고 믿기 때문이다. 노동조합 이론의 연구 —신중한 일치 행동이 노동조건에 초래하는 변화, 여러 가지 방법과 규제가 생산력 및 부의 분배에 미치는 영향, 그리고 구속 없는 개인적 경쟁제도를 대체하는 집산적 제도가 결국 사회적 편의와 합치된다는 것— 한마디로 말하면 전체로서의 노동조합에 대한 우리의 단정은 이 책의 3편, 즉 마지막 편에서 논하도록 남겨둔다.

1장
상호보험의 방법

어떤 의미에서 노동조합의 모든 활동을 상호보험의 형태라고 간주하는 것은 어렵지 않다. 그 목적이 성과급노동 임금표의 결정이든, 새로운 공장법의 촉진이든, 또는 피케팅으로 인해 기소된 경우에 대항하여 조합원을 보호하는 것이든 간에, 모두 전 조합원이 과거에 평등하게 거둔 기금을, 그 거출액 여하에 관계없이 개인이나 특정 부분에 사용하는 것은, 불평등하게 이익을 취하게 하는 방법에 다름 아니다. 그러나 보험의 의의를 이렇게 이해하는 경우, 노동조합운동만이 아니라, 공동 행위라고 하는 것은 실제로 모두 포함하고 시민권 자체도 포함한다. 노동조합운동의 방법 중 하나로 '상호보험'이라고 하는 것은 이처럼 광범한 의미에서가 아니라, 공동 거출금으로 기금을 만들어 우연의 사고에 대비하여 보험을 하는 경우, 즉 조합원이 그 자신이나 노동조합이 통제할 수 없는 원인에 의해 생계를 박탈당하는 경우 생활 자금을 주는 경우만을 말한다. 그중에는 질병

급여금, 재해수당, 양로부조금, 기타 '장사비', 그리고 '재봉공 합동 노동조합'의 조합원이 가족 중에 전염병자가 있어서 위생 당국에 의해 취업을 금지당한 경우에 부여되는 부조금처럼 노동조합의 '박애'나 공제조합의 측면이 포함되는 것이 분명하다. 그러나 그것은 그 정도에 그치지 않고, '직업' 공조금이라고 하는 것, 즉 절도나 화재 시에 상실된 도구를 전보하기 위한 급여, 조합원이 기계의 일시적 파손이나 '갱 내 작업장의 부족', 그리고 고용인의 파산이나 공장의 휴업 내지는 단순히 산업 침체의 결과에 의해 그 직업을 상실한 경우 부여하는 소위 실업수당 —그중에는 과거의 '편력 카드'(Tramping Card)로부터 현대의 '기여금'에 이르는 여러 형태가 있다— 도 포함하는 것이다. 1860년의 보고서에서는 "노동조합의 가장 간단하고 가장 일반적인 기능은 우연히 실업한 경우나 직장을 찾기 위하여 여행하는 동안, 직인으로 하여금 생계를 가능하게 하는 것에 있다"고 말하고 있다.[1] 한편 우리의 정의에는 노동조합의 임의적 행동의 결과로 초래되는 비용, 가령 단체교섭에 드는 비용, 선동으로 인해 해고된 조합원에게 주는 '희생수당', 파업 중인 직공의 부양과 같은 것이 포함되지 않는다. 그러한 것들은 집합 단체교섭의 방법에 부수하는 것으로 보아야 한다. 또 고용인책임법, 실물임금금지법, 공장법하에서 조합원에게 법적 원조를 부여하는 것도 역시 포함되지 않으므로 이는 '법률제정의 방법'이라는 장에서 다루기로 한다.

이러한 정의에 의하면 노동조합의 상호보험은 서로 성질을 달리하는 두 가지 종류의 급부(Benefit)에 의해 구성된다. 즉 '공제'와 '실업'이다. 질병, 재해, 노령과 같은 신체적이고 개인적인 사고에 대한 보험과, 단순히 직장

1) 〈전국 사회과학 장려 협회의 노동조합 및 파업에 관한 보고서〉(London, 1860), 20쪽.

을 얻지 못하여 생긴 소득의 단절에 대한 보험 사이에는 본질적인 차이가 있다.

많은 산업에서 노동조합 활동의 가장 오랜 형식이었던 공제적 상호보험은, 오랫동안 존속한 모든 노동조합에 의해 채택되어왔다. 언제 어디서나 노동조합이 처음 조직될 때 그 목적을 단체교섭이나 법제정에 한정하는 방침을 채택한 노동조합은 없었다.[2] 그러나 바로 그 결합이 일상적으로 정착되면 하나 또는 여러 가지 보험수당을 더하게 되고, 나아가 종종 가장 포괄적인 직공공제조합으로 발전하게 된다. 지난 백년간 이러한 보험 사무는 그 수량의 측면만이 아니라 그 신중함과 규칙적인 측면에서도 서서히 성장해왔다.

공제수당을 설정함에 있어서, 노동조합은 일반적인 공제조합이나 산업보험회사와 직접적인 경쟁관계에 놓여졌다. 노동조합에 가입하는 기계공이나 목수는 '오드펠로 공제조합'이나 '프루덴셜 보험회사'에 가입하여 질병, 노령, 장례비에 대한 보험을 확보할 수 있다. 보험 기술이라는 입장에서 본다면 '기계공 및 목수 합동 노동조합'은 일류 공제조합과 일시적으로는 비교할 수 없다. 등록된 공제조합과 달리, 노동조합은 설령 등록된 경우에도 그것이 체결하는 계약은 법적인 구속력을 갖지 못한다. 노동조합은 소송의 객체가 될 수 없고, 조합원은 개인적으로 법적 구제 수단을 갖지 못한다. 평생 질병 및 양로 보험료를 지불한 조합원은 언제라도 노령보험에 대한 희망과 전혀 관계없는 이유로 인해 노동조합에서 제명되고 청구권을 상실하게 될지 모른다. 조합원의 결정에 대해서는 어떤 경우에도 소추의 길이 없다. 나아가 보험료의 규모와 보험금의 비율은 언제라도 변경

2) 1889년의 소위 '신노동조합운동'에 대해서는 『노동조합운동의 역사』, 401쪽, 406쪽 참조.

될 수 있고, 심지어 보험금 전액을 폐지할 수도 있다. 그러한 변경은, 나이가 많은 소수 조합원의 항의에도 불구하고 실제로 종종 발생하고 있다. 산업계의 침체기, 즉 조합원들이 가장 빈곤하게 되는 시기에, 조합원은 막대한 실업수당 지불의 채무에 응하기 위해 임시 과징금의 지불을 어쩔 수 없이 요구받고, 어떤 절차도 없이 자동적으로 제명되는 고통 위에, 그 보험을 전부 상실하게 되므로 개별 조합원의 안전에는 적지 않은 불이익이 초래된다. 어떤 위기 시에도 노동조합이 공제조합과 달리 질병 및 노령보험의 엄격한 지불을 분명히 2차적으로 고려한다는 점은 더욱 심각한 문제점이다. 질병과 노령에 대한 보험을 전문적으로 하는 조직에 무엇보다도 긴요한 것은, 증대되는 채무의 변제 외에는 결코 적립금을 사용하지 않는다고 하는 것을 절대적으로 보증하는 것이다. 그러나 노동조합의 경우 그 기금의 일부를 그러한 목적을 위해 특히 보류한다는 보증은 결코 있을 수 없다. 산업계의 침체가 장기화되면 적립금의 전부가 실업 조합원의 부조를 위하여 소비될 수도 있다. 언제라도 광범위한 파업이 발생하여 노동조합의 자금을 고갈시킬 수도 있다. 가령 '석공 공제 노동조합'은 그것이 존속한 60년간, 1841년의 장기 파업과 1879년의 가혹한 경기침체로 인해 두 번이나 완전한 빈곤 상태에 빠졌다. 더욱 오래되었고 더욱 부유한 노동조합인 '주철공 공제 노동조합'은 1879년, 그 기금을 모두 사용했을 뿐 아니라, 초미의 관심사였던 채무에 응하기 위해 수천 파운드를 조합원의 개인 저축에서 빌렸다.[3] 수입의 일정 부분이나 기금의 특별한 몫을 질병 및 양로보험금 지불의 채무에 배당한다고 명목상 정한다고 해도 그 '구멍'을 메울 수 없다. 어떤 노동조합도 그 기금의 일부를 법률상 다른 방법에 의해

---

3) 『노동조합운동의 역사』, 157쪽, 334쪽.

실제로 조합원이 좌우할 수 없는 상태에 두는 것을 꿈꿀 수 없다. 경기침체가 닥치면 명목상의 배당도 보험 채무에 할당하는 돈의 일부나 전부를 그 목적을 위해 '빌리는' 데 장애가 될 수 없다. 요컨대 노동조합원은 무엇보다도 먼저 그들의 임금이나 여타의 노동조건을 유지하고 개선하기 위해 돈을 낸다. 그리고 목적을 달성한 뒤에 처음으로 질병 등의 공제 수당을 예상하거나 희망한다. 그 규약을 보면 그러한 수당은 잉여금이 있는 경우에만 지불한다고 하는 가정에 근거하고 있다.

이처럼 법적으로나 재정적으로 차원의 보증이 전적으로 결여되었기 때문에, 종래 보험회계사들은 노동조합 보험 문제를 진지하게 고려하지 못했다.[4] 그 결과, 노동조합의 보험료와 보험금의 비율은 보험회계상의 근거

---

4) 이러한 지식의 결여와 진지한 연구의 부재로 인해 중심적인 회계보험사들은 견고하고 잘 관리된 노동조합에 대해, 심지어 그 공제조합적 측면에 대해 재정적으로 건전하지 못하고, 어쩔 수 없이 조기 파산할 것이라고 비난했다. 가령 1867~1868년 왕립위원회 앞에서, 두 사람의 유력한 회계보험사는 '기계공 합동 노동조합'과 '목수 합동 노동조합'이 수십만 파운드에 이르는 지불불능이 되어 붕괴할 수밖에 없음을 증명했다. 이러한 예언은 명백하게 사실을 왜곡한 것에도 불구하고, 거대 노동조합의 부가 계속 증대했음에도 불구하고, 이러한 비난과 예언은 자신의 무지에 무지한 회계보험 당국에 의해 여전히 반복되고 있다.
노동조합은 특정 보험료에 대해 일정액의 보험금을 지불하는 사명을 가진 공제조합이나 보험회사와 근본적으로 다르다. 노동조합은 언제라도 그 보험금을 마음대로 개정하고 중지할 수 있을 뿐 아니라, 임시의 부과에 의해 항상 그 수입을 증가시킬 수도 있다. 가령 '기계공 합동 노동조합'의 정상적인 보험료는 1주 1실링이었으나, 1886~1895년의 10년 동안 조합원에게 받은 실제 액수는 전체 기간에 평균 1실링 2.5페니였다(〈노동조합에 관한 수석 노동정보원 제8보고〉, 1896, 404쪽). 그리고 그 규약은 "그 기금이 각 조합원에 대해 3파운드까지 내려간 경우, 보험료는 기금이 그 액수보다 적어지지 않도록 유지하기 위해 매주 증가되어야 한다"고 명정하고 있다(1869년 규약 제25조, 121쪽). 그러한 규정을 갖는 노동조합은 그 조합원을 유지하는 한, 그리고 그 약속의 이행을 선택하는 한, 분명히 지불불능이 되지 않는다.
그러나 노동조합과 공제조합 사이에는 보험 기술이라는 측면에서 중요한 다른 차이가 있다. 공제조합이, 조합원이 젊은 시절에 지불한 금액이, 그들이 나이가 들어가면서 현저히 증가된 질병, 양로 및 장례에 대한 지불 의무에 응할 수 있을 정도로 기금을 적립하지 못한

를 갖지 못했을 뿐 아니라, 기껏해야 조합원의 실제 경험에서 얻은 추계치를 보여주는 것에 불과했다. 더욱 정밀한 계산에 필요한 정보가 수집된 경우는 거의 없었다. 심지어 조합원의 평균 연령, 업무에 따른 특별한 사망률이나 질병률과 같은 근본적인 사실조차 거의 알려지지 않았다. 연령에 따라 보험료의 단계를 설정하지도 않았고, 조합원으로 받아들이면서 신체검사에 의한 선발 절차도 밟지 않았으며, 투자에 대해 받을 이익을 어느 정도로 하고 이익을 위해 기금을 전적으로 투자할 것인지 아닌지가 전적으로 불확실했다. 요컨대 노동조합을 단순히 공제조합으로 본다면, 그 조합원에게 질병이나 노령 시의 궁핍에 대해 어떤 법적인 안전이나 일정한 보증을 전혀 부여하지 못하는 것이다. 양로부조금이나 질병보험금의 예약은 실제로 다른 목적을 위한 지불 이후에도 잉여금이 있는 경우에 한정된다. 1869년 다니엘 가일은 '주철공 노동조합' 집행부의 명의로 다음과 같이 썼다. 즉 "공조금에 대한 조합원의 권리는 노동조합이 그것을 지급할 능력이

경우, 바로 불건전한 것으로 간주될 수 있다. 노동조합에 따라서는 그 조합원의 평균 연령이 증가하고 있거나, 현재 (신규 가입자의 중단에 의해) 증가하고 있는 것으로 인정되는 경우, 수중에 현금을 가지고 있으면서 파산으로 나아갈 수도 있다. 이러한 조합원의 급속한 연령 증가와 함께 지불 의무가 증대한다는 것은, 보험 전문가들이 '계산 착오'라고 비난하는 것이다. 즉 그해의 지불은 당시 조합원에 대한 그해의 징수액에 따라 안전하게 행해진다고 하는 잘못된 가정에 근거한다는 것이다. 그러나 그 조합원 자격이 보편적인 경우에는, 그 평균 연령은, 따라서 그 지불 의무는 증대하지 않고, 증대할 수 있는 것도 아니다. 만일 질병급여, 양로급여 및 장의비가 국가에 의해 국민 전체에게 지불된다면, 보험회사가 보기에 그 건수는 매년 변하거나, 국민 건강의 매우 약한 점차적 변동에 의해 영향을 받는 것에 불과할 것이다. 이러한 점에서 하나의 직업은 국민과 거의 같은 지위에 있고, 노동조합이 언제나 그 산업의 모든 노동자를 포함하는 경우, 그 보험금 지불의 비율은 매우 정형화할 것이다. 나아가 더욱 보편적이지 않은 조직의 경우에도, 그 가입 동기가 거의 모든 보험금과 무관하고, 달리 경쟁적인 조합이 존재하지 않는 경우, 그 결과는 실제로 동일하다. 사실상, 견고한 노동조합 조합원의 평균 연령은 확실하게 볼 수 있는 경우 매우 고정적이고, 일반적 위생 개량과 함께 처음으로 증가하는 것으로 보인다.

있는 경우에만 존재한다. 보험료의 특별한 액수에 대한 정확한 상환액을 조합원이 정당하게 기대하도록 정하는 것은, 여기서 논의하기 힘들 정도로 매우 복잡한 평균에 근거한 것이고, 사실상 그 산출의 근거도 결여하고 있다."[5] 이처럼 보증을 결여하고 보험적 기초마저 결여하면서도 노동조합들이 계속 그 순수한 직업적 기능에 보통의 공제조합 사무를 부수하려는 것은 언뜻 보기에 이상하게 여겨지겠지만, 잘 생각해보면 결코 이상한 것이 아니다. 1867년, 비슬리 교수가 말했듯이 "모든 보험제도를 결합한 노동조합에 의존하는 쪽이, 질병 및 장의수당을 위해서는 공제조합에, 도구·재해수당 및 직업적 목적을 위해서는 노동조합에 각각 보험료를 내는 것보다 훨씬 경제적이다."[6] 보통의 직인이 "관리 집중과 이에 따른 경비 감소"에 근거한 경제적 효과를 알든 모르든 간에, 적어도 그는 여러 조합에 돈을 내기보다도 하나의 조합에 돈을 내는 쪽이 덜 불편하다는 사실을 알고 있다. 그러나 그 이유만으로는 노련한 노동조합 임원이 왜 질병수당이나 양로부조금에 집착하는지 설명하기에 충분하지 않다. 그들이 노동조합의 공제조합적 측면을 발달시키는 것을 이익이라고 믿는 이유는, 솔직히 말해 그것이 노동 계급의 단체 조직에 도움이 되기 때문이다. 먼저 공제 클럽이라는 측면은 가입을 주저하는 자들의 마음을 움직이는 유력한 원인이 된다. 막 '도제 기간을 마친' 청년에게 질병이나 실업의 경우에 부조를 받을 수 있다고 하는 희망은, 동직자 결합에 의해 확보하는 이익과 같은 막연한 것이 아니기 때문에 노동조합에 가입하여 보험료를 지체 없이 지불할

---

5) 〈주철공 공제 노동조합' 월보〉, 1869년 10월.
6) E. S. 비슬리(Beesley), 『목수 및 가구공 합동 노동조합(*The Amalgamated Society of Carpenters and Joiners*)』(London, 1867), 4쪽.

수 있는 유인으로 더욱 강력한 힘을 갖는다. 조지 하월 씨가 말했듯이 "다른 원인에 의해 순수하고 단순한 노동조합원의 열정이 사라질지도 모른다고 하는 경우, 그것은 노동조합에 조합원들을 묶는 데 도움이 된다."[7]

나아가 일반적으로 행해지듯이, 모든 보험료를 공통 기금에 편입한다고 한다면, 노동조합은 그 적립금을 증가시키고 필요 시에는 고용인에 대한 정책 지지를 위하여 이를 사용하고, 기회가 주어지면 대체할 수 있는 이익을 얻게 된다. 보일러 제작공, 기계공, 석공, 주철공과 같은 대규모의 공제 노동조합은 앞에서 보았듯이, 조합원으로서 그들의 '생활 표준'에 대한 침해에 저항하기 위해 그 적립금을 고갈시키는 것을 주저하지 않는다. 그리하여 공제조합의 급여를 부가하는 경우, 보험료가 엄청나게 증대됨에 따라, 조합은 방대한 적립금을 만들 수 있고, 그 적립금은 실제로는 인출되지 않는다고 해도, 고용인과의 교섭에 유력한 '정신적 힘'이 된다.

따라서 우리는, 공제조합적인 요소가 노동조합운동에 대해 조합원을 흡수하고 노동조합을 지지하게 한다는 것을 알게 된다. 그러나 이것만이 아니다. 강력하고 잘 조직된 노동조합의 경우, 중요한 공제수당의 존재는 조합원 사이에서 규율을 유지하게 하고, 다수자의 결정을 전원에게 강제시키기 위한 유력한 수단이 될 수 있다. 만일 조합에서 제명된 경우 이와 동시에, 가령 양로보조금과 같이 고가의 급여에 대한 희망을 상실하게 된다면, 제명은 매우 중대한 처벌이 된다. 마찬가지로 탈퇴로 인해 상당한 금액의 적립금 할당을 잃게 된다면, 다수자의 어떤 결정에 대하여 일시적으로 불만을 느끼는 지부도, 급하게 분리 독립을 계획하기 전에 신중하게 고

---

7) 조지 하월(George Howell), 『신구 노동조합운동(*Trade Unionism, New and Old*)』(London, 1892), 102쪽.

려할 것임에 틀림없다. 그리하여 공제수당을 부가하는 것은, 대체로 노동조합운동에 거대한 결합력이 된다. 따라서 노동조합에 반대하는 논자들이, 가령 1867년 왕립위원회의 자문을 받아 고용인 단체와 같이 노동조합 및 공제조합의 결합을 불법적이고 위험하다고 맹렬하게 비난한 것도 그 때문이다.[8]

노동조합 임원의 입장에서 말한다면 공제수당은 또 다른 이익을 갖는 것이다. 일상 업무에 바쁜 대조합의 상임 유급 임원의 경우, 질병급여나 양로부조금이 '조합원을 조용하게 하는 것'에 엄청난 효력을 발휘한다는 것은 적지 않은 이익이다. 이는 이미 1867년, 당시의 '신식 노동조합'이었던 합동 노동조합의 기민한 친구들에 의해 인정되었다. 비슬리 교수가 말했듯이 공제조합이 제공하는 모든 보통의 공제금을 설치하는 "원칙의 중요함은, 이를 채용하지 않은 구식 조합의 성질과 작용에 비추어본다면 가장 잘 이해될 수 있다. 이러한 조합에 있어서 사람들은 단지 '직업적 목적'을

---

8) "노동단체의 힘을 증대시키기 위해 교활하게도 노동조합과 공제조합의 목적을 결합하려고 생각했다. 공제조합적인 요소로 먼저 유혹하고, 이어 감독한다. 장래의 보험금이라는 미끼로 조합원을 모으고, 몰수의 우려가 복종을 강요했다." 제임스 스털링(James Stirling), 『노동조합운동(*Trade Unionism*)』(Glasgow, 1869), 43쪽.
지금도 여전히 반복되고 있는 비난, 즉 노동조합 기금을 파업 목적에 사용한다는 것은, 그 조합원이 그렇게 결정한 경우에도 법적으로는 아니지만 도덕적으로는 비행이라고 하는 비난에는 절대적으로 어떤 이유도 없는 것이다. 공제조합의 등기소장은 왕립노동위원회로부터 바로 이 점에 대한 질문을 받았을 때, 노동조합의 관행을 특별히 강조했다. 브래브룩(Brabrook) 씨는 다음과 같이 말했다. "노동조합의 첫째 목적은 직업의 보호에 있고, 다른 것은 부수적인 것에 불과하다. … 노동조합의 대부분은 그 돈이 이미 직업적 목적에 사용된 경우, 질병보험금을 받지 못한다는 것을 너무나도 잘 알고 있고, 그들은 긴급하거나 필요한 경우, 그렇게 사용되는 것에 대해 이의를 제기하지 않는다."(질문 1561-3). 그의 전임자였던 J. M. 러들로(Ludlow) 씨는 이 견해를 완벽하게 인정하며 다음과 같이 부가했다. 즉 노동조합 기금을 공제 목적에 적어 넣는 것은 "노동조합을 파멸시키게 된다. 따라서 그 기금을 낸 사람들도 파멸시키게 되리라."(질문1783-8)

위해 단결한다. 보험료는 근소하고, 종종 1주일에 1페니에 그친다. 보험금을 받기 위해 조합원은 오드펠로나 포레스터스에 가입할 것이다. 그들과 조합 사이의 금전적 유대가 이처럼 미약하기 때문에 그들이 조합에 가입하고 탈퇴하는 경우에 언제나 신중하지 못하다. 보험료가 적음에도 불구하고, 시간이 지남에 따라 기금이 축적될 것이다. 이 기금으로 할 일은 없다. 말하자면 이 기금은 바보 같은 것이 된다. 조합원은 이를 사용하고 싶어 한다. 그래서 경제 상황에 관계없이 고용인에게 요구하게 된다. 파업이 이어진다. 조합원은 몇 주 동안 그 기금으로 살고, 그것이 바닥나면 굴복하게 된다. 그런 노동조합은 파업조합이라고 할 수 있다. 그 밖에는 존재 이유가 없기 때문이다."[9] 존 버넷(John Burnett) 씨는 종종 다음과 같이 말했다. "공제조합제도가 없는 노동조합은 상비군과 같은 것이다. 그것은 끊임없이 평화를 위협한다." 따라서 현대의 고용인은 1867년 그 선배들의 주장을 포기하고, 단지 노동조합을 향해 맹렬한 비난을 퍼부었다.

그들의 보험사무라는 다른 줄기에 대해서 노동조합은 독특한 지위를 차지하고 있다. 조합원이 직장을 상실한 경우 그 생계를 지원하는 직무가 노동조합이 그것을 수행하기에 아무리 불충분하다고 해도, 만일 노동조합이 없었다면 방치되었을 업무를 여기서 수행하는 것이다. 영리적인 것이든 자혜적인 것이든 간에, 임금 노동자가 일감 부족으로 인해 빈곤에 빠지는 것을 보호하고자 하는 단체는 지금 그것밖에 없다.[10] 실제의 경험에서 보면,

---

9) E. S. 비슬리, 앞의 책, 3쪽.
10) 1894년 이래 베른, 바젤, 생갈(St. Gall, 스위스)에서, 쾰른(독일)에서, 볼로냐(이탈리아)에서 실업에 대한 시영보험의 측면이 임의적으로 또는 강제적으로 시도되어왔다. 이러한 시도가 매우 성공적으로 보이지 않는다고 하는 설명은 프랑스 정부의 고등노동위원회가 간행한 〈실업 문제 보고〉(Paris, 1896, 398쪽)와, 상세한 문헌을 담은 파리 사회박물관 회람 2, 5(시리즈B)에서 볼 수 있다. 또 찰스 라지마케르(Charles Raajimakers), 『실업보험

실업급여제도는 같은 직업에 속하는 같은 공장에서 일하는 자들이 만든 단체에 의하는 것 외에 적당하게 관리될 수 없다. 따라서 노동조합이 그들의 주된 관심을 실업급여 관리에 쏟는 것은 전혀 이상한 일이 아니다. 사실상 장의수당이 가장 보편적이고, 재해급여도 광범위하게 채택되고 있지만, 그것들은 도구보험과 마찬가지로, 전체 지출 가운데 매우 작은 부분을 차지하는 것에 불과하다. 질병수당과 양로부조금에는 상당한 액수가 나타나지만, 상호보험 가운데 가장 중요한 지위를 차지하는 것은 실업보험이고, 다른 것은 그 범위를 노력하여 축소하는 경우에도, 그 적용 범위는 대체로 확대되고 있다.[11] 중산 계급의 단체의 경우, 이미 등록된 질병 및 노년의 조합원에 대해 매주 급여의 지불 계속을 보증하기 위해 기금에 대해 일종의 선취특권을 부여하는 것은 당연하다고 생각될 것이다. 그러나 노동조합은 그러한 방침에 따르지 않을 뿐 아니라, 그 기금이 급속하게 고갈되어 마지막 한 품이 남을 때까지, 보통은 실업수당의 지불을 정지하거나 그 비율을 내리는 일이 없기 때문에 사실상 그것에 우선권을 부여하게 된다. 노동조합의 경우 이처럼 실업수당을 중시하는 이유는, 중산 계급의 경우 고용 기간이 상당히 길지만, 노동 계급의 경우에는 언제 해고될지 모른다고 하는 점에만 있는 것이 아니다. 개별 조합원의 주된 목적은, 임금소득의 중단에 의해 자신과 가족이 빈곤에 빠지는 것을 방지하는 것에 있을 수 있다. 그러나 집단적인 측면에서 본다면 노동조합의 목적은, 조합원이

(*Verzekering tegen Werkloosheit*)』(Amsterdam, 1895)을 더할 수 있다.

11) 따라서 〈표백공, 완성공, 염색공 노동조합 규약 및 규제〉(Bolton, 1891)의 24조에서는 질병수당이라는 제목하에, 단순히 공제조합에 의해 지급되는 경우에 한하지 않고 규정하고 있다. "만일 조합원의 가족이 천연두나 기타의 전염병에 걸리고 그 결과 일시적으로 그 조합원이 직장에서 떠난 경우, 조합원은 실업수당을 받을 권리를 갖는다. 단 조합원 자신이 그러한 질병에 걸린 경우에는 그 급여가 정지된다."

기아의 압력하에서 직업 전체의 이익이라는 면에서 보아 불리한 조건으로 고용을 받아들이는 것을 방지하는 데 있다. 이는 처음부터 실업수당이라고 하는 목적을 가장 중요한 것으로 인정하는 것이다. 1741년의 기사 중에 이미 다음과 같은 것이 있었다. 즉 소모공(梳毛工; Woolcomber)[12]은 "서로를 도와 전국을 통하여 하나의 조합을 만들게 되기에 이르렀다. 그래서 그들은 그 **임금을 유지하고**, 근면보다도 태만을 장려하기 위해, 자신들의 클럽에 속한 누군가가 직장을 잃게 되면 그에게 티켓과 돈을 주어 다른 마을에서 직장을 구하게 한다. 그 마을에서는 그를 지원하여 일정 기간 그들과 함께 살도록 하고, 그 전과 같도록 한다. 그런 방식으로 그는 자신의 돈을 사용하지 않고 한 올의 양모도 빗지 않고서도 전국을 여행하고 어떤 클럽에서도 배려를 받을 수 있다. 방직공도 마찬가지이지만, 그들은 전국을 다닐 수는 없고, 그들이 일하는 장소에 구속된다."[13]

이러한 편력제도의 경제적 결과는 1834년 구빈위원 조수의 마음을 움직여 보고서에 다음과 같이 쓰게 했다. 즉 가죽공은 "직업적인 법인이나 단체에 속한다. 그 단체의 이사는 구성원에게 티켓을 발행한다. 이러한 티켓은 종종 갱신된다. 그것을 소지하는 사람은 각지를 순례하지만, 6개월 동안 1회 이상 같은 길을 걸을 수는 없다. 그런 간격을 두면 그는 계속 도움

---

12) 양털을 빗기는 노동자. (옮긴이 주)

13) 존 제임스(John James), 『영국 모직공업 소사(*A Short Essay upon Trade in General*)』(London, 1857)에 인용된 '어느 애국자'의 〈직업 일반에 대한 소논문〉(London, 1741). 이처럼 노동자에게 부여된 독립에 대해 고용인이 가진 느낌에 대해서는 1792년 6월 〈레스터 헤럴드〉지에 실린 다음 광고를 통해 알 수 있다. "소모공 마스터에게. 켄달의 소모공 직인은 그들의 일을 떠나 불법으로 단결하여 임금을 인상하고자 하는데, 그 임금은 이미 전국에서 그 직업에 지불된 것과 같은 것이다. 그들은 풀레 씨의 도제인 E. 헤윗슨, 바턴 씨의 도제인 T. 파킨슨, 스트러트 씨의 도제인 W. 윌킨슨에게 수표나 신용장을 주었다. 이런 사람들에게 그 수표나 신용장이 없었다면 여전히 그 마스터의 장소에 머물러 있을 것이다."

을 받는다. … 이 티켓은 그 직업의 클럽이나 지부가 설치되어 있는 곳이면 영국 전역에서 통용된다. 문제의 개인은 1주 1프랑이면 일을 얻을 수 있지만, 그는 그것을 거부하거나 1주 30실링으로 일하지 않는다. 2파운드 밑으로는 만족하지 않는다. 그런 제안을 거부한 이유에 대한 질문을 받게 되거나, 부정기적인 보조금을 믿기보다는 1주 1프랑을 버는 쪽이 이익이 아니냐는 질문을 받게 되면, '겆게 타는 것'을 좋아하지 않기 때문이라고 답했다. 즉 규정 임금 이하에서 일하면 그렇게 된다는 것이었다."[14]

점차 노동조합 자신도 이러한 상호보험제도의 참된 목적을 분명하게 하고 있다. 1884년 '셰필드 용수철 칼갈이 보호 노동조합'은 "구빈구로부터의 원조를 청하거나, 우리의 고용인이나 그 하인의 부당한 요구에 따라야 하는 고통스러운 상태에 빠진 자가 아무도 없게 하기 위해, 실업한 모든 조합원을 구제하는 것을 목적으로 한다"고 규정하고 있다.[15] '플린트 유리제조공 노동조합'도 같은 생각을 표현한다. "우리의 임금은 시장의 노동 공급에 따라 정해진다. 따라서 우리의 이익은 그 공급을 제한하고, 그 과잉을 감소시키며, 우리의 실업자를 편안하게 하고, 내일에 대한 두려움을 갖지 않게 한다. 이를 위해 우리의 노동 과잉을 통제하고, 부당한 고용인을 두려워할 필요가 없다."[16] 4년 뒤 '합동 기계공 노동조합'의 대리인회는 조합원이 실업 급여를 계속 받을 수 있는 기간을 9주간으로 확장한다고 결의했는데, 당시 여러 가지가 논의되었다. "불경기가 닥쳤을 때 … 계속 급여금을 지급하는 것은 절대적으로 필요하다. 왜냐하면 장기간 실업 상태에 있어서 급여금만

---

14)　1834년 〈구빈법 위원회 보고〉, 부록, 900쪽.
15)　1844년으로 적힌 낡은 계산서 안에 있는 〈셰필드 용수철 칼갈이 보호 노동조합〉 규약 원고.
16)　〈플린트 유리제조공 잡지〉, 1850년 9월, 제1호 발간사.

으로 살아야 했던 사람들은 구빈구의 구조를 구하거나, 직업에 유해한 조건하에서 취업하는 양자택일을 할 수밖에 없다. 만일 노동조합이 그들에게 어떤 수당을 주지 못한다면, 그들은 후자를 선택하여 그들을 통제하지 않을 수 없게 된다. 나아가 직업을 보호하기 위해 급여금을 계속 부여하고, 그래서 조합원에게 지역의 일반규약에 위반하는 행동의 유혹에 저항할 수 있도록 하는 것이 절대적으로 필요하다는 것이 확인되었다."[17] 마지막으로 '조선공 합동 노동조합'의 경우를 인용할 수 있다. 이 노동조합은 겨우 최근에 이르러 조직적으로 정규의 실업수당제도를 채택했다. 1885년의 대리인회에서 위원장 윌키(Wilkie) 씨가 조합원들에게 제기하여 결국 채택된 주장은 다음과 같은 것이었다. "여러분의 동직자 3분의 1 또는 절반이 일자리를 구하여 걸어도 기아에 허덕인다면 직업의 보호를 확립하기란 전적으로 불가능하다. 만일 여러분이 시장에서 과징 노동을 조금이라도 구매할 용의가 없었다면 희망하는 참된 직장의 보호를 획득하기란 불가능하다."[18]

이상은 실업수당제도의 근본 목적이 표준 임금의 하락을 방지하는 데 있음을 역사적으로 설명한 것이지만, 이는 노동조합이 지금 실제로 행하고 있는 것을 보면 더욱 분명하게 될 것이다. 노동조합은 한편에서는 그

---

17) 〈기계공 합동 노동조합' 제2회 대리인 회의 의사록〉, 38쪽(London, 1854). 〈스코틀랜드 주철공 합동 노동조합 회칙 및 규약〉(Glasgow, 1892)은 분명히 실업급여금을 그 표준 임금 유지의 수단으로 사용하는 것을 인정하고 있다. "직업이 없어서 실업한 어떤 조합원도 … 실업급여금을 받아야 한다. … 그러나 만일 자기 자신의 원인에 의해 직장을 버린 경우에는 급여금에 대한 어떤 권리도 갖지 못한다. '직업이 없다'는 말은, 조합원에게 과실 없이 해고되는 경우를 말한다. 즉 불경기, 불충분한 임금, 임금 인하에 대한 저항, 또는 고용인이나 공장장의 부당한 권리남용이나 학대에 의한 것을 말한다. '자기 자신의 원인'이란 불규칙적이거나 질병 이외에 허가되지 않는 결근이나 소란난동에 의한 해고, 자발적인 해고 등을 말한다."(규약 30조 4절)
18) 〈조선공 합동 노동조합' 대리인 회의 위원장 연설〉, 1885.

모든 조합원에게 명하여 실업 중인 동료를 위해 전력을 기울여 자리를 발견하게 하고, 엄격한 벌칙을 부과하여 실업자가 그에게 "일자리가 제공된 경우에 일을 거절하는" 것을 금지하지만, 이는 언제나 근본 조건이 충족된 경우의 이야기이다. 그래서 그 조건을 규약에 명기하지 않는 것이 조합원에게는 명백한 것이다. 일자리가 조합원에게 제공되어도 그것이 '표준 임금률' 이하이거나, 정규 조건에 위반하는 것이라면 조합원은 그것을 거절할 자유가 있을 뿐 아니라, 소속 지부를 만족시키는 조건이 아닌 한 일거리를 받는 것이 절대적으로 금지된다. 여러분이 만일 기계공이거나 목수의 지부 집회에 가서 본다면 실업수당을 받는 조합원이 이러저러한 조건으로 제안된 일자리가 있음을 보고하고, 이를 받아들여야 할지 여부를 검토하는 것을 보게 될 것이다. 지부는 이를 허용하는 경우, 표준 임금에 어떤 영향을 미칠 것인가 하는 입장에서 이 문제를 검토할 것이다. 그리고 만일 그 사람이 장애인이거나 노년인 경우, 그 지역의 표준 임금보다 1주 5실링 낮게 받는 것은 허용하지만, 완전한 능력을 가진 자라면 조금이라도 공통 규칙에서 벗어나는 것을 허용하기보다도 '기부금'을 받는 쪽을 선택할 것이다.[19]

여기에, 즉 실업 문제에 보험 이론을 적용할 수는 없다. 단순한 상업의 불경기에서 오는 소득 감소를 보험료 및 보험금의 산술적 계산으로 나타내는 것이 보험 이론에 의해 가능한 것이 인정된다고 해도, 취직자리를 받아들이는 것은 표준 임금률에 관한 노동조합의 방침에 따라 좌우되는 이

---

19) 〈'베리 및 지방 풀칠공 공제 보호 노동조합'원의 준수 규약〉(Bury, 1888)은(7쪽) "실업 상태에 있는 조합원이 급여금을 받으며 취직자리를 구하거나 일자리가 주어질 수 있는데, 이전에 받던 것보다 낮은 비율의 임금을 제안받는 경우 그것을 받아들이는 것은 자유이지만, 그것을 거절하는 경우에도 그 급여금은 정지되지 않는다"고 규정하고 있다.

상, 일정한 보험료에 대응한 실업수당의 비율을 정하는 것은 언제나 불가능하다. 따라서 그러한 조건은 이 장의 처음에서 정의한 보험의 범위에는 들지 않는다. 모든 노동조합에 의해 이해되고 관리되었듯이, 실업수당은 재해를 당한 개인의 보호라고 하는 것에만 그 가치가 있는 것이 아니고, 또한 그것이 그 가치의 주된 부분도 아니다. 사려 깊고 경험이 풍부한 노동조합원이 생각하기에 노동조합의 가장 중요한 기능은, 불경기 시에 생활의 압박으로 인해 고용인이 제기하는 조건에 어쩔 수 없이 복종해야 하는 조합원의 경쟁으로 인해 표준 임금률 등의 정규 노동조건이 '잠식되는 것'을 방지하는 데 있다.

이제 독자는 이러한 상호보험이 왜 노동조합운동의 목적이 아니라 그 방법 중 하나로 간주되어야 할 성질의 것인지를 이해할 것이다. 노동자로 하여금 다른 직장을 구할 수 있게 하기 위해 고용인이 제안하는 어떤 조건도 감수하지 않을 수 없는 사정에서 벗어나기 위해 상호 원조의 틀을 설정하는 것은, 언뜻 생각하기에 그 이상 단순한 것이 없는 것처럼 보인다. 그것이 노동시장에 미치는 경제적 효과는 개인 조합원이 저축은행에 예금을 하는 경우와 전혀 다르지 않은 것으로 생각된다. 그러나 플리밍 젠킨스(Fleeming Jenkins)가 지적했듯이, 노동조합은 이 점에서는 그 효용이 결코 저축은행과 비할 수 없다. "왜냐하면 그들은 노동자의 **공동체**로 하여금 부를 확보하게 하기 때문이다. … 개별 노동자는 자신에게 저축이 있어도 자신의 이웃이 마찬가지로 그것을 갖지 않는다면 거의 도움이 되지 않는다는 것을 알고 있다. 만일 파업 중의 노동자가 각각 자신의 저축에만 의존한다면, 상대적으로 더 빈곤한 자가 먼저 복종할 수밖에 없다. 그리고 그런 사람들은 일자리를 찾는 반면, 보다 부유한 사람들은 저축의 일정 부분을 소비한 뒤에 보다 가난한 자에 의해 일자리를 빼앗긴 것을 알고 희생이 무익함을 알게 된다. 공동의 적립금은 모든 사람이 평등하게 고통을 당하는 것을 보증함으로써 커다란 힘을 얻게 된다. 따라서 노동조합은 끊임없이 인금인상운동을 하게 된다. 왜냐하면 노동자는 이에 따라 공동기금을 적립할 수 있고, 그 적립금의 힘에 의해 더욱 쉬운 생활을 유지하기에 충분한 임금을 얻지 못하는 이상 취업하지 않는다고 하는 결심을 지속할 수 있기 때문이다."[20] 만일 이러한 공동 적립금과 함께 고용을 받아들이는 조건에 대해 모든 조합원이 일치하는 경우 상호보험을 설정하는 것은, 개인의 고통을 경감하기 위해서가 아니라, 노동조합 규제를 강행하기 위해 이용하는 심오한 사려에 의한 것이 분명하다.

보험금을 부여하는 노동조합은 다소간 의식적으로 상호보험이라는 방법을 사용하고 있는 것이다. 단체교섭이 고용인에 의해 허용되기 전까지, 그리고 법적 효력이 노동자의 힘이 미치는 범위 안에 있기 전까지, 상호보험은 노동조합이 합법적으로 그 목적을 달성할 수 있는 유일한 방법이었다. 따라서 1845년부터 1875년까지 노동자들을 지도한 냉정한 임원들이 이를 매우 중시한 것이었다. 사실상 더닝(Dunning)은 이를 노동조합운동의 중요한 방법이라고 명언했다. "한 사람 한 사람의 고용인이 거래에서는 노동자보다도 지구력이 크다. 거래에서 가장 오래 지구력을 갖는 자가 반드시 최후의 승리자가 되기 때문에, 노동자는 자신들의 노동에 대한 거래에서 고용인과 평등에 가까운 지위를 얻기 위해 서로 단결하는 것이 노동조합의 근본 원리이다. … 이러한 목적을 달성하기 위해, 조합원이 실업한 경우 1년의 몇 주를 정하여 그 기간에 대한 지원을 위해 기금을 만드는 것

---

20) 플리밍 젠킨스(Fleeming Jenkins), 「수요공급 법칙의 도해」, 『연구 여록(*Recess Studies*)』 (Edinburgh, 1870), 183~184쪽.

이다. 당사자가 현재 필요로 하는 것에 의해, 그 산업의 노동의 수요공급이 미리 예정한 임금보다도 낮은 임금을 받지 않도록 하기 위해 노동조합이 그 조합원의 노동을 보호하는 데에는 보통 이러한 규칙 바른 방법에 의하는 것이다."[21]

'기계공 합동 노동조합'의 최초 서기였던 윌리엄 앨런(William Allan)도 같은 의견을 밝혔다. 그는 1867년의 왕립조사위원회에 답하면서 말했다. 즉 "노동조합이 임금을 좌우한다는 비난은 옳지 않다. 말하자면 임금은 스스로 정해지는 것에 불과하다. 노동조합은 그 조합원이 스스로 적절한 임금을 얻지 못한다고 믿는 경우, 그것을 반대하도록 장려할 수 있다. 말하자면 실업 중이면 수당을 지급하고자 한다. … 노동자는 그가 속한 지부에 가서 어느 정도의 임금을 받았을 뿐이라고 말한다. 만일 그가 그 직장을 떠나고자 한다면, 우리가 기부금이라고 부르는 실업수당을 받을 수 있는지 없는지를 묻고자 하게 된다. 이에 대해 노동조합은 아마도 직장을 그만두어도 좋고, 우리는 당신에게 수당을 지급할 것이라고 말하게 될 것이다. 또는 당신은 당신이 기대할 만한 액수를 받을 것이라고 말하게 될 것이다."[22]

숙련공들의 소규모이지만 잘 조직된 직업에서, 이러한 상호보험에 의한 노동조합 규제 강행의 방법은, 암암리에 방어에만 그치지 않고, 공격의 유력한 무기가 되기에 이르렀다. 가령 '스페인 및 모로코 가죽 완성공 노동

---

21) T. J. 더닝(Dunning), 『노동조합 및 파업, 그 철학 및 의도(*Trade Union and Strikes: their Philosophy and Intention*)』(London, 1860), 10쪽. 또 〈제본사 사업회람〉, 2, 3, 4호에 실린 더닝의 논문, 「노동의 임금 및 노동조합」을 참조하라. 『노동조합운동의 역사』, 179쪽.
22) 〈노동조합 등 여러 조합의 조직 및 규약 조사위원회 제1 보고서〉(London, 1867), W. 앨런(Allan)의 증언, 문제 787~789.

조합'(Spanish and Morocco Leather Finishers' Society)은 소규모이지만 강력한 노동조합으로서, 사실 모든 동직자들을 망라하고, 50년간 한 번도 정식의 파업 명령을 내린 적이 없으며, 어떤 방법으로도 공공연히 '고용인과 피고용인 사이에 개입'한 적이 없다. 그럼에도 상세한 획일적 임금표를 신구의 모든 직업의 중심지에서 강행하는 방법은 알려졌다. 이 노동조합은 제조 방법에 많은 개량이 있었음에도 불구하고, 50년간 그 성과급 임금표를 실제로 변함없이 유지해왔다. 그 결과, 이 노동조합은 그 조합원의 소득을 1주 2파운드 이상으로 확실하게 유지해왔다. 또 이 노동조합은 일관하여 도제의 엄격한 제한을 강제했고, 7명의 노동자에 대해 1명 이상을 인정하지 않았다. 그러나 공공연한 집단적 운동은 아직 없었다. 만일 어떤 고용인이 아무리 작은 정도라고 해도 규정에 따르지 않는 경우, 조합원은 직장을 그만두고, 39주까지 실업수당을 받는다.[23] 우리가 들은 바에 의하면, 많은 경우 고용인은 1주나 2주마다 새로운 사람을 수개월 뽑아야 하는 고통을 이겨낸다면, 어떤 불만이라도 구제하고자 할 것이다. 1827년과 1844년 사이에 무수한 소규모 파업으로 엄청난 고통을 받은 '올드 스미스 노동조합'[24]은 1845년, 고용인과의 정연한 전투보다도 이처럼 더욱 조용한 압박 방법을 선호하여 앞의 조항을 모두 그 규약에서 제거했다. 1845년 대리인회가 기초한 규약 서문에 그 이유를 다음과 같이 부가했다. 즉 "분쟁은 … 노사가 서로 사실을 인지하는 정신과 서로 돕는다는 의사를 고취하면서, 노사 간의 격의 없는 협의에 의해서만 해결할 수 있다. 만일 서로 이

---

23) 〈스페인 및 모로코 가죽완성공 리즈 공제 노동조합의 조합원이 준수해야 할 규약〉(Leeds, 1870).
24) Smith는 대장공이지만, 노동조합 이름이 올드 스미스여서 그대로 표기한다. (옮긴이 주)

해관계가 없는 친구들의 노력과 관련되어서도 이것이 성공하지 못한다면, 우리는 노사 양측에 맡기고 어떤 반대도 하지 않는다. 그러나 노동자는 그 숫자가 크든 작든 간에, 다른 직장을 얻을 때까지 노동조합 기금으로부터 생계비를 지급받고, 고용인은 다른 노동자를 마음대로 구할 수 있게 된다. 그래서 우리는 이러한 겸양의 조용한 작전 방식이 그 조합원의 수를 고려한 경우, 다른 어떤 조합이 사용하는 다른 어떤 방법보다도 조합원에게는 가장 비용이 적게 들고, 직업의 모든 부분을 위해 무한하게 더욱 많은 참된 이익을 지금도 이루고 있지만, 장래에도 계속 이루어야 한다고 단언한다."[25] 저자는 편의를 위해 이 무명의 무기를 '각개 파업'[26]이라고 명명했는데, '플린트 유리제조공 노동조합'이 1850년 그 잡지에서 다음과 같이 '각개 파업'의 이용을 주장한 것도 같은 취지에서였다. 즉 "노동자들이 계속 직장을 그만둠에 따라 … 고용인의 자만과 교만은 땅에 떨어지고, 그는 지금까지 볼 수 없었던 힘을 느끼게 된다."[27]

이러한 상호보험은 어떤 공통규약에도 응용할 수 있고, 매우 유용한 무기가 될 수 있다. 물론 고용인은 노동자가 각자 상당한 예고를 한 뒤에야 직장을 떠날 수 있으므로, 그 뒤를 보충하는 것은 결코 어렵지 않다. 그러나 신참자도 예고를 한 뒤 금방 각각 떠나버리면 매우 어려운 상황에 처하게 된다. 그는 공장을 폐쇄할 수 없고, 동료 고용인에게 도움을 청할 수도 없다. 파업이 없듯이 노동조합원도 그 고용인의 조건에 따르는 것을 거부할 수 없기 때문이다. 그럼에도 불구하고 어떤 노동자라고 해도 1, 2주 이

---

25) 사회과학협회, 〈노동조합 및 파업에 관한 보고〉(London, 1860) 중 G. 쇼 르페브르(Shaw Lefevre) 씨의 노동조합 규약에 관한 보고.

26) Strike in Detail은 각개 격파와 같은 개별적 파업을 말한다. (옮긴이 주)

27) 〈플린트 유리제조공 잡지〉, 1850년 7월.

상 억류할 수 없다고 한다면, 쉽게 귀찮게 되어 어떤 점에서 그의 대우가 그 직업의 표준보다도 낮은지를 주의 깊게 바라보게 되고 그것에 따르게 된다. 한편 노동조합은 결코 복수의 위험을 무릅쓰지 않고, 일시적으로 실업수당을 받는 자는 소수에 불과하므로 비용의 상실은 최소한으로 그치게 된다. 노동조합의 계획적 방침으로서의 각개 파업은, 노동조합이 그 속에 모든 동직자를 망라하는 정도와, 조합원이 공동 목적을 일관하여 자기 억제로 추구하는 능력에 의존한다. 따라서 작고 부유하며 긴밀하게 단결된 노동조합 외에는 이러한 방법을 추구할 수 없다. 그러나 그런 노동조합에서 그런 방법은 고용인에 대한 강제력에서 국가의 법률 이상이다.

'각개 파업'은 모든 노동조합원 사이에서 보통 행해지는 상호보험에 의한 생활 표준 유지의 방법을 더욱 계획적이고 자각적으로 응용한 것에 불과하다. 가죽완성공의 소규모 노동조합과 윌리엄 앨런 및 T. J. 더닝이 설명하는 '기계공 합동 조합'의 행동, 또는 기타 일반적으로 '직장의 이익에 반하여' 일거리를 받는 것을 허락하기보다도 조합원을 놀게 하는 방침을 취하는 노동조합 사이에 어떤 논리적인 차이를 인정하기란 불가능하다. 노동조합원이 실업급여제를 강력하게 고집하고, 우리가 공제조합 사업이라고 부르는 것을 두 번째에 두는 것은, 근본으로 소급하여 참된 노동조합의 입장을 파악한다면 완벽하게 일관된 동질의 정책으로 보인다. 동직자들이 빈곤에 빠지지 않도록 보증하는 설비는, 고용인이 그들의 곤궁에 편승하는 것을 방지하기 위한 것이다.[28] 실업급여만이 아니라 질병수당, 분

---

28) 우리는 제혁공 사이에 벌어진 흥미로운 작은 일을 인용할 수 있다. 런던 제혁공 직인은 고용인이 구두 가죽을 각각 개별적으로 무게를 재는 대신, 평균 무게에 의해 계산하고자 하는 시도에 대해 언제나 강력하게 반항해왔다. 1854년, 몇 조합원들이 그 노동조합에 대해, 그 고용인이 겨울 시즌의 업무상 불경기에 편승해 이러한 관행을 그들에게 강요하고자 하

실하거나 불에 탄 도구나 재산을 보충하기 위한 급여, 가족의 장의수당, 특히 재해수당 및 양로보조금은 모두, "인간다운 대우를 하고, 짐이나 상품같이 취급하지 않는다"고 하는 직공 등의 요구를 강제하는 데 도움이 되었다. '주철공 공제 노동조합' 규약은 다시 강하게 다음과 같이 선언했다. 즉 "이것이야말로 우리 조직의 주된 기둥이고 중심 기둥이다. 앞에서 말한 여러 가지 금전적 급여는 그것을 중심으로 하여 생긴 것으로, 이러한 보험금을 평가하는 것은 이 위대한 입장에서 나와야 한다. 왜냐하면 개별 조합원에 대한 이 수당의 진가에 대해 공정한 결론을 내리는 것은, 그런 입장에서 하지 않으면 불가능하기 때문이다."[29]

상호보험을 심지어 순수한 노동조합운동의 방법으로 본다고 해도, 결코 문제가 있는 것이 아니다. 공제수당이 법률적으로나 재정적인 보증을 결여한다는 것은 직업 전체를 위한다는 면에서 보면 임금 취득자에게는 참을 수 있는 것이지만 그런 점에서 문제가 없는 것은 아니었다. 심지어 가죽완성공의 성공적인 '각개 파업'도 그 자체의 견지에서 보면 중대한 단점을 갖는 것이었다. 신중하게 협정된 공통규약은, 직공과 고용인이 함께 복종해야 하는 것이므로 하나의 계급만의 희망이 아니라 모든 입장을 고려하여

자, 만일 노동조합이 그들 각자에게 돈을 빌려준다면, 그들은 그 주의 계산서를 그 고용인에게 보낼 필요가 없지만, 이는 그들의 지구력을 보여주는 것으로서 좋은 효과를 낳는다는 것을 건의했다. 그래서 노동조합은 빨리 각자에게 1파운드의 대부를 승인하고, 그 주의 임금을 받지 않는 것을 그 조건으로 삼았다. 1854년 의사록 원고.

29) 〈주철공 공제 노동조합원이 준수해야 할 규약〉 서문(London, 1891). 노동자들 사이에서 행해지는 이러한 상호보험의 이용은, 1819년 유명한 밥티스트파 선교사 로버트 홀(Robert Hall) 목사에 의해 상세하게 설명되고 옹호되었다고 하는 것은 흥미롭다. 그의 소책자인 〈틀편물공(Framework Knitter) 기금 문제에 대한 공개장〉(Lester, 1819)과 〈골조조립공 공동구제조합에 대한 코벳 등 중요한 반대론에 대한 회답〉(Lester, 1821)을 참조하라. 모두 그의 『저작집』(London, 1832) 3권에 포함되어 있다.

정해져야 한다는 점을 어떤 노동조합 운동가도 보장할 수 없을 것이다. 상호보험의 방법은 고용인과 협의할 여지를 전혀 주지 않는다. 어떤 당사자도 스스로 결심할 수 있고, 그 지구력에 의존하며, 문제의 해결을 은밀한 내구력에만 맡긴다. 솔직하고 완전하게 협의한다면 사전에 알려지지 않은 사실이 드러날 것이고, 그것이 당사자의 견해를 변화시킬 수도 있다. 일방의 가장 강력한 주장점을 타방이 중요하지 않다고 생각하는 것이 발견될 수도 있다. 여론의 영향은 협상을 부드럽게 만들 수도 있다. 이러한 경향은 단체교섭에서 양 당사자에게 참된 이익이 되는 타협을 촉진시킬 수도 있다. 이 모든 것에 대해 상호보험의 방법은 여지를 전혀 주지 않는다. 따라서 가장 발달한 현대 노동조합이 산업 조정의 방법으로서 거의 상호보험을 이용하지 않는 것은 조금도 이상한 일이 아니다. 노동조합 세계의 5분의 1을 차지하는 광부 노동조합과 면공 노동조합 사이에서는, 공제수당, 심지어 실업급여가 지극히 경미한 지위를 갖는 것에 불과하다. 그리고 특히 주의해야 하는 것은 많은 점에서 거대 노동조합 가운데 가장 성공한 '보일러 제조공 연합 노동조합'이 상호보험의 가장 정교한 제도를 완벽하게 이용하고 있음에도 불구하고, 불가항력에 의한 재해의 보험을 그 고용인에 대한 대책으로부터 완전히 분리하여 규정하는 것이다. 모든 고용조건의 유지 및 개선에 관한 것을 위해, 보일러 제조공 노동조합은 광부 및 면공의 노동조합과 마찬가지로 노동조합의 두 가지 방책 가운데 어느 하나, 즉 단체교섭의 방법이나 법률 제정의 방법 중 하나에 의한다.

2장
단체교섭의 방법

    단체교섭의 방법이 갖는 성질을 알기 위해서는 사례를 살펴보는 것이 최선이다.

    단결되지 않은 직업 분야에서 일자리를 구하는 개별 노동자는 그 동료 노동자와 연락하지 않고 자기 지위의 급박한 사정 외에는 어떤 고려도 하지 않으며, 단지 고용인이 제출하는 조건을 수락하거나 거절한다. 즉 그의 노동을 팔기 위해, 고용인과 엄격한 개인 교섭을 하는 것이다.[1] 그러나 만일 노동자 집단이 서로 만나서 전체를 위해 거래하는 대표를 보낸다면 형

---

1) '개별교섭'이라는 말은 C. 모리슨(Morrison)이 『노동과 자본의 관계에 대한 에세이(*Essay on the Relations between Labour and Capital*)』(London, 1854)에서 "상업상의 원칙이라고 할 수 있는 것"과 같은 뜻으로 사용했는데, 그 말에 따르면 "노동자는 가능한 한 그 노동을 비싸게 팔고자 하고, 고용인은 가능한 한 노동을 싸게 사고자 노력한다."(9쪽)
    우리는 비어트리스 포터(웹 부인), 『영국 협동조합운동』 이전에 '단체교섭'이라는 말을 많이 사용된 것을 알지 못한다. 그 책 속에 이 말은 현재 사용하는 의미로 사용되고 있다(217쪽).

세는 즉각 변한다. 종전에는 고용인이 각 개인과 각각 계약을 맺었으나, 지금 그는 집단적인 의지를 상대방으로 하여 하나의 협약을 체결하고 이에 따라 당분간 특정한 집단, 부문, 또는 부류에 속하는 모든 노동자의 고용의 기초가 되어야 할 원칙을 정한다. 가령 가구제작 공장에서는 새로운 틀을 만들어야 하는 경우, 공장 내의 직공은 간단한 비공식 집회를 열고, 업무의 생소함이나 성질을 고려하여, 종래 얻은 것보다도 적지 않은 임금을 시간으로 나누어 얻을 수 있는지 없는지를 대체적인 기초로 삼아 그 업무의 임금을 토의하는 것이다. 이와 동시에 공장장은 공장장대로 그 일에 대해 견적을 한다. 그 기초는 노동자의 경우와 거의 같지만, 그 결과는 조금 값싼 수준이다. 그 문제에 대해 노동자 대표와 공장장과 상의하여 타협을 하게 되면, 그 업무의 임금이 공장 전체에서 일정하게 된다. 이 방법이 개별 노동자를 상대로 하는 개별 교섭의 방법과 다른 점은, 각자의 특수한 필요의 영향을 전적으로 도외시할 수 있는 것이다. 만일 공장장이 각 노동자와 개별적으로 거래한다면 어떤 노동자는 하루의 반도 일을 하지 못해 매우 어려운 처지에 빠지는 것을 알게 되고, 이를 이용하여 매우 낮은 임금을 강제할 수 있게 될 것이다. 또 보통 이상의 체력이나 인내력을 지니고 있는 다른 노동자들은 보통의 노동자라도 살아갈 수 없을 정도의 성과급 임금률로 표준 임금을 저하시켜야 할지도 모른다. 단체교섭의 방법에 의하면 공장장이 이러한 두 종류 노동자들의 경쟁을 이용하여 다른 노동자의 소득을 저하시킬 수 없게 방지한다. 즉 기아에 허덕이는 노동자도, 종래의 소득 이하로는 일할 수 없다고 말할 수 있는 노동자와 동일한 임급률로 일감을 얻게 된다. 우수한 노동자는 그 우수함의 이익을 결코 상실하지 않고서도, 그 우수함을 보통 노동자의 임금을 저하시키는 것에 이용할 수 없게 할 수 있다.

이러한 단체교섭 방법의 사례는, 비교적 노동조합 조직이 발달하지 않은 직업 분야에 있는 '공장 클럽'의 관행으로부터 생겨났다. 그 다음 단계의 전형적인 사례는 건축업의 숙련공에서 나왔다. 가구제작공과 같은 직업의 '공장 교섭'은 단지 하나의 공장에서 특수한 직공의 급박한 사정을 제외한 것에 불과하다. 그러나 이 공장은 같은 도시에서 다른 공장의 저가 경쟁을 면할 수 없다. 다른 공장들은 불경기로 인해 극단의 불황에 놓여 있는데도 같은 시내의 어떤 공장에 별안간 주문이 쇄도한다면 앞의 고용인은 사실상 직공의 생사권을 쥐고 있음에도, 후자의 고용인은 '공장 클럽'에 대해 보통 이상의 조건을 허락해야 하는 처지가 될 수 있다. 어느 도시에서나 노동조합이 형성되는 경우, 그 노동조합은 직접적으로, 특수한 직공의 급박함과 함께, 특수한 고용인의 급박함도 노동조건에 미치는 영향에서 배제하고자 한다. 그리하여 건축업에서는 목수, 기와공, 석공, 굴뚝공, 미장공, 그리고 가끔은 페인트공, 슬레이트공, 건축 인부의 노동조합도 그 도시나 지방의 모든 고용인과 직공을 구속하는 정식의 취업규칙을 얻게 된다. 그 지방의 건축업자와 전국 노동조합의 지방 임원 사이의 협의에 의해 행해지는 이러한 단체교섭은 일정 기간의 시업 시각 및 종업 시각, 최저임금률, 초과 시간에 대한 보수, 도제의 연령 및 숫자의 제한, 성과급 임금의 취급, 휴일의 부여, 노사의 해약 통지 기간, 식사 설비와 도구의 안전한 보관을 위한 설비, 기타 여행, 숙박, '산책 시간', '도구를 익숙하게 만드는 비용' 등의 다양한 급여나 특별한 급여를 규정한다. 이러한 상세한 규정은 노사 양측 단체의 정식 통고에 의하지 않는 한 변경될 수 없다. 따라서 가장 부유한 계약자도, 파산 직전의 건축업자도, 주문이 쇄도하는 공장도, 일거리가 없는 경우도 모두 노동의 고용에 관련되어서는 획일적인 지위에 놓인다. 한편, 우수한 직공은 자신의 특별한 노동에 대해 보통 이상의 임금률을 받는 자유를 전혀 상실하지 않고, 우수한 사무 능력이나 전문적 지식을 갖는 고용인이나, 우수한 기계 또는 공장 설비를 사용하는 회사도 마찬가지로, 이에 따라 그 경쟁자 위에 갖는 유리한 지위를 조금도 낮게 대우받지 않는다고 말해진다.[2]

건축업 분야에서 도시와 도시 사이에서는 명백한 경쟁이 행해지지 않기 때문에, 단체교섭은 지금까지 그런 단계 이상이 아니었다. 반면 2개 이상의 도시 제품이 그 판로가 같은 경우 그 정도에 만족할 수 없기 때문에, 노동조합 조직이 가장 잘 되는 산업에서는 더욱더 발달하게 된다. 면방과 면직이라는 2대 중요 산업에서는 단지 한 공장의 특수 직공이나 한 도시 내의 특수 공장의 급박함에만 그치지 않고, 더욱더 이러한 산업이 행해지고 있는 여러 도시의 급박함도 배제할 수 있다. 가령 모든 면사방적업 도시 임금의 일반 수준은 '면사방적공 합동 노동조합'과 '면사방적업주 협회' 사이의 전국 협정에 의해 정해진다. 어떤 고용인도, 어떤 노동자 집단도, 어떤 고용인의 지역조합도, 어떤 '지방'의 노동조합도, 이미 정해진 소득 수준보다 높은 것을 제의하거나 특별한 삭감을 승인할 수는 없다. 일반적인 증액이나 삭감은 양 당사자의 전국적 대표 사이에서 장기간을 두고 교섭되고, 매우 신중하게 행해진다. 그리하여 우리는 모든 개인적이거나 지역적인 급박함만이 아니라, 원료와 제품 쌍방 시장의 일시적 공급의 과잉이

---

2) 영국에서 행해지고 있는 이러한 취업규칙의 수는 아직 조사되지 않고 있으나, 어느 도시에서나 건축업의 모든 경우에 고용인과 형식적으로 협약을 체결하고 있음을 볼 때 엄청난 규모임에 틀림없다. 건축업 분야에서만 우리가 모은 이러한 협약의 수는 수백 종에 이른다. 그 사례는 1894년 상공부의 〈노동 잡지〉와 폴 드 루지어(Paul de Rousiers)가 편집한 『영국의 노동조합운동(*Le Trade Unionisme en Angreterre*)』(Paris, 1897), 68~70쪽을 참조하라. 영국정치학도서관(London, 아델피 테러스, 10)은 이와 함께 다른 노동조합 서류를 보관하고 있다.

나 감소도 영향 밖으로 배제하게 된다. 한 지역의 모든 공장이나 어느 산업의 모든 지역이 인간의 노동을 확보하는 가격에 관해서는 가능한 한 같은 입장에 놓인다고 한다면, 그들의 경쟁은 질은 최고이면서 값은 최저인 원료의 확보와 가장 유리한 판매 시장의 획득을 가능하게 하는 기계의 개량이라는 형태를 취하게 된다고 주장된다.

이와 유사한 일련의 단체협약은 다른 산업에도 존재한다. 가령 철-조선공(Iron-Shipbuilder) 중 장판공(長板工; Platers) 조원(組員; Gang)은 철선(鐵船) 건조 작업을 수행하는 경우의 정밀한 노동조건에 관하여, 그들의 조장(組長)을 통하여 교섭할 것이다. 그러나 공장장(Foreman)이나 직공이나 적어도 '지방 세칙'(District by-Laws) ―노동조합의 지방위원회와 고용인의 지방조합에 의해, 정식으로 동의된 노동시간, 초과노동, 특별수당, 그리고 종종 지급되는 보통의 업무에 대한 성과급 임금률을 정한 상세한 규약―과 저촉되는 조건을 제안하거나 수용할 수는 없다. 나아가 지방 세칙은 일정 기간에는 변경할 수 없으므로, 이에 따라 노동시장의 돌연한 공급의 과잉이나 결핍, 또는 항만 조선업의 일시적 경기 변동의 영향을 배제할 수 있다. 그러나 이것이 전부는 아니다. 지방 세칙 자체는 '보일러 제조공 · 철-조선공 합동 노동조합'과 '조선업 · 기계업 고용인 연합회' 사이에서 체결된 도제제도, 표준 임금 수준과 같은 사항에 대한 정식의 단체협약에 따라야 한다. 이러한 단체협약은 일정한 문제에 대해 전국적으로 정한 것이기 때문에, 이에 대해서는 특수한 지역의 급박함을 배제하거나 모든 항구를 평등한 지위에 둔다. 그리하여 어떤 도시의 기존의 공장에서 특별한 업무에 대해 장판공 집단에 의해 체결된 단체협약은 결코 독립된 것이 아니라, 쌍방의 전국 대표에 의해 정해진 전국의 단체협약을 최고로 두고, 지방의 대표 사이에서 체결된 지방 세칙을 그 다음에 두는 하나의 계통을 갖는 단체협약의 마지막에 위치한다.

이러한 단체교섭의 형식은 그것이 어떤 형식이든 간에, 이미 오늘날에는 산업 영역의 매우 넓은 부분에서 과거의 주인과 하인 사이의 낡은 개별 계약을 대체하고 있다. "나는 각 노동자에게 그의 필요나 노동 성과에 따라 보수를 지급하고, 나의 피고용인 이외의 누구와도 거래하지 않는다"는 말은 한때 모든 고용인의 일반적인 답변이었으나, 지금은 시골 지방에서나 예외적으로 자의적인 사용자를 제외하고는 어떤 중요 산업 분야에서도 들을 수 없다.[3] 그러나 단체교섭이 반드시 노동조합 조직과 그 성립 범위를 같이하는 것이 아니라는 점은 흥미롭다. 즉 같은 시간에 존재하지도 않았고 그 조직에 한정되지도 않았다. 옛날부터 존재한 부유하고 조합원 가입이 제한된 노동조합에서는, 그 목적을 이루기 위해 상호보험이라는 방법에 의한다는 것은 앞 장에서 이미 설명했지만, 다른 모든 시대에도 법률 제정이라는 방법에 의해 그 목적 달성을 이룬다고 분명하게 표방하는 노동조합이 존재해왔다. 한편 노동조합에 들어가지 않은 임금 노동자의 모든 부문은 그 임금률과 기타의 노동조건을 단체교섭에 의해 정하는 것이 일반적이다. 여기에서 우리는 바로 앞에서 설명한 '공장 교섭'과 같은 것만을 말하는 것이 아니다. 1859년 런던 건축공과 1871년 뉴캐슬 기계공에 의한 역사적 파업은 모두 그 직업 구성원들의 총회에서 선출된 위원회에 의해 지도되었고, 그들 중 노동조합원은 의미 없는 소수를 형성한 것에 불과했다.[4] 건축업과 기계업의 역사에서 비조합원의 일시적 위원회가 모든 지

---

3) 레키(Lecky) 씨는 『민주주의와 자유』(2권, 361쪽)에서 단체협약은 "개별 고용인과 개별 노동자 사이의 계약보다도 더욱 많은 영국의 산업이 명백하게 채택하는 형식이 되었다"고 한다.
4) 『노동조합운동의 역사』, 210쪽, 299쪽; 302쪽, 305쪽과 비교하라.

역을 위하여 협약을 체결한 예는 매우 많을 뿐 아니라, 노동조합 자체가 교섭을 시작하고 지도하는 경우에도 그 체결 협약은 그 조합원만이 아니라 그 지역의 동종 노동자 대부분에게 적용되는 것이 보통이다. 여기저기에서 기이한 고용인들이 정규 조건에 의하지 않는 경우도 있지만, 대부분의 경우 사실상 '직업의 관습'이 된 것에 따르는 것이 더욱 편하다는 것을 알게 된다. 그래서 건축업에서는 지방법원 판사들이 이제는 보통, 내용의 여러 측면에서 명백하게 반대되는 것을 정하지 않았다고 해도, 그 지방의 '취업규칙'이 임금 계약의 내용을 이룬다는 판결을 내릴 정도로 단체교섭은 충분히 인정된다. 그리하여 단체교섭의 범위는 노동조합보다도 산업계의 더욱 넓은 부분에 미치게 된다. 정확한 통계는 없지만, 우리들의 인상에 의하면 모든 숙련 분야에서 고용인의 공장에서 공동으로 노동하는 경우, 노동자의 90퍼센트는 그 임금률이나 노동시간 등의 여러 가지 세부 사항을, 그들 자신은 개인적으로 전혀 참여하지 않고 그들이 속한 계급의 대표에 의해 체결되는 단체협약에 의해 미리 정하게 되어 있다.

그러나 단체교섭이 노동조합운동보다도 더욱 넓다고 하여도 적어도 이를 가장 지속적이고 넓은 범위에서 행하고자 한다면 노동조합에 의존할 수밖에 없다. 만일 그 산업에 노동조합이 없다고 한다면, 지역 전체에 확대되는 '공통규칙'을 만들기는 거의 불가능하고, 전국적 협약을 시도할 희망은 없을 것이다. 따라서 만일 단체협약의 목적이 한 공장에서 특별한 노동자의 급박함만이 아니라, 특별한 회사나 특별한 지역의 급박함도 협약에 미치는 영향으로부터 배제하는 것이 되면 노동조합의 조직은 불가결할 수 없다. 나아가 일반 협약을 자동적으로 해석하거나 평화적으로 개정하기 위한 장치(Machinery)를 제공할 수 있는 것도 노동조합뿐이다. 노동조합이라는 장치는 단체교섭에 대하여 실제로 계속성과 탄력성을 부여할 수 있다.

　노동조합 세계의 단체교섭을 위한 명확하고 특별한 장치의 발전은, 우리가 예상할 수 있듯이, 공장에서 도시 전체로, 도시에서 산업 전체로 확대되는 것과 일치한다. 먼저 조합장과 서기의 존치와 함께 처음으로 적절한 의미에서 소위 노동조합이 발생하자마자, 이러한 임원들이 고용인과의 교섭에서 노동자 대표로 행동하는 것이 더욱더 일반적이게 된다. 셰필드의 여러 직업 노동조합, 더블린의 여러 지역 노동조합, 통제조공, 돛제조공, 기타 전국적으로 존재하는 긴밀한 소규모의 단체와 같이 단일한 노동조합의 상태는 거의 모두 이 단계에 있다. 심지어 노동조합의 범위가 지역에서 전국으로 확대되고, 따라서 전임의 유급 서기 임명이 필요하게 되며, 그 서기는 직무에 모든 시간을 투자하고, 조합원과 그 고용인과의 교섭 전부나 대부분을 지도하는 것은 예외로, 여전히 지부마다 구식의 비전문적인 기관에 의해 교섭을 행하게 된다. 가령 '배관공 합동 노동조합'에서는 실제로, 단체교섭의 전부가 여전히 지부 임원, 대리인으로 특별하게 선발된 대표적 노동자에 의해 행해지고 있다. 이보다 더 나아간 단계는, 보통의 지부 행정에는 관계하지 않고 오로지 지역적인 대고용인 문제만을 취급하는 상임위원회를 설치하는 것이다. 따라서 1892년까지 '기계공 합동 노동조합' 조합원의 단체교섭 대부분은, 종종 다수의 지부를 포함하는 지방 산업 지역마다 설치되는 하나의 지방위원회에 의해 행해졌다. 이러한 교섭자들은 지부 임원과 마찬가지로 평소에는 그 직무를 수행하다가, 오로지 돌발적으로 산업 교섭이라는 특수한 업무에 종사했다. 엄청난 손실을 초래하고 처참하기 짝이 없었던 1891년의 타인 강변 기계공들의 파업과 같이 전국적으로 중요했던 쟁의도, 지방위원회와 그 임원들, 즉 노동조합 사무에 필요한 시간 사이에만 공장에서 소집되는 노동자들에 의해 개시되고 수행되었다. 지금까지도 여전히 '석공 공제 노동조합', '주철공 공제 노동조합', '벽돌공 제조 노동조합'과 같이 오래전에 창립되고 널리 확대된 노동조합을 비롯하여 노동조합 세계의 3분의 1 이상에서 통상적으로는 그 직무에서 일하다가 어떤 사건이 벌어지면 그때마다 고용인 측 대표와의 교섭에 임하는 노동자들이 조직하는, 위에서 본 지부나 지방위원회 이상으로, 단체교섭을 위한 전문적 기구가 발달하지 못했다. 이러한 원시적인 기관은 '공장 클럽'에 비하면 크게 발전한 것이지만, 너무나도 명백한 결점도 갖는 것이었다. 즉 개인적인 불평이라든가, 지방적인 반감이 분쟁의 밑바닥에 놓여 있는 경우, 대표로 임하는 그 지방의 노동자는 그 영향에서 도저히 벗어날 수 없는 경우가 자주 발생했다. 게다가 개인적인 적대감이나 감정 문제를 제외한다고 해도, 그 제도에는 여전히 결점이 많았다. 즉 영속적인 해결을 확보하기 위해서는 용기와 이성의 결합이 필수적이었지만 그 제도에 의하면 대표자 자신의 생활이 당면 문제에 포함되어 그러한 조건으로는 그들에게 기대되는 바를 수행하기 어려웠다. 만일 교섭자 자신이 행복한 상태에 있는 경우, 또는 파업에 의해 개인적으로 엄청난 손해를 입고 있는 경우, 교섭자는 직장 전체에 불리한 조건에도 동의할 수 있을 것이다. 그보다 더 흔한 반대의 경우, 즉 동료들이 그들을 대표하기 위해 뽑은 에너지에 넘치고 적극적 성향의 노동자는 육체노동이라고 하는 무미건조한 것으로부터 벗어나기 위해 싸움을 즐기게 될 것이다. 만일 파업이 발생하고 그것이 계속된다면 그는 어떻든 간에 여러 주일, 또는 여러 달, 노동조합의 유급 통솔자가 되어 마음이 조이고 괴로운 일로 압도되지만, 일시적으로는 수동적인 복종의 지위에서 벗어나 능동적인 지도자의 지위에 놓이게 된다.

그러나 '개인차'에서 생기는 어지러운 영향을 완전히 제외한다면, 육체노동자는 그들이 전문적 교섭자라는 지위에 있지 않는 한 매우 불리한 지위에 서게 되는 것이 분명하다. 불행히도 노동자들은 그들이 '실무가'라고 부르는 사람, 즉 당해 업무에 실제로 종사하는 자에 대해 확고한 신념을 갖기 마련이다. 교섭이란 그 자체가 하나의 업무로서, 어떤 사람이 교섭 업무에 대해 '실무가'가 되기 위해서는 특별한 훈련이 필요하지만, 노동자들은 그 사실을 모른다. 특별한 공장에서 임금률을 적정하게 정하기 위해서는 먼저, 산업과 경제에 대한 광범한 지식이 필요하다. 노동자 측 교섭원이 다른 공장이나 다른 지역에서 일반적인 임금률과 상세한 노동조건에 대해 정확하게 알지 못하는 이상, 그는 고용인이 말하는 바를 비판할 수 없을 것이고, 자신의 의뢰인들에게 그들의 요구가 정당한 것인지를 조언할 수도 없을 것이다. 산업의 경제적 상태, 시장의 상황, 현재의 주문 수나 장래의 주문 수, 노동시장의 상태에 대한 어느 정도의 지식이 없다면, 노동자의 요구를 어떤 기회에 어떤 방법에 의해 제출하는 것이 유리한지 판단할 수 없을 것이다. 1주 50시간에서 60시간을 하나의 공장에서의 하나의 분업에서 계속 노동하는 노동자가 이러한 정보를 얻는다는 것은 특별한 천재의 경우에만 가능한 일이다. 뿐만 아니라 단순한 사실에 대한 지식만으로는 아직 충분하다고 할 수 없다. 설령 최고의 도구를 가지고 있다고 해도, 경험에서만 얻을 수 있는 도구 사용의 숙련이 수반되지 않는다면 좋은 목수가 될 수 없다. 사실을 이용하는 기술의 대부분을 구성하는 기민한 이해력과 정신의 민첩함은 매일 육체노동에 종사하면서 확보할 수 있는 것이 아니다. 결국 완전한 교섭원은, 완전한 목수와 마찬가지로, 끊임없이 그 기술을 사용함으로써 그 전문성을 확보할 수 있다. 여기서 다시 노동자는 기업 총수에 비해 특별하게 불리한 지위에 놓이게 된다. 단체교섭을 하고 단체협약을 체결하는 것은 노동자의 생활과 사상과 너무나도 무관한 것이지만, 상업적인 사람들에게는 나날의 일상인 것이다.

이상과 같은 생각이 노동자의 반대를 압도해왔다. 그리고 조합원 총수의 3분의 1 이상을 포함하는 가장 유력한 여러 노동조합은 단체교섭의 중요 업무를 점차 비전문적인 임원으로부터 노동운동의 전문가인 유급 임원으로 이전시켰다. 특히 성과급 업무 직업에서 일반인 교섭원이 가장 노골적으로 그 무능을 폭로했다. 노동자의 임금이 잡다하고 계속 변하는 요인 —즉 형태의 참신성, 원료의 성질, 기계의 변동, 기관의 속도— 의 결합에 의존하는 경우, 교섭의 성공은 다른 여러 자격에 더하여, 이러한 요소의 한두 가지 변혁의 제안에 순수한 결과를 신속하게 파악하는 특수한 기능을 필요로 한다. 따라서 단체교섭을 위한 기구의 형식은 성과급 업무의 직업에서 가장 잘 발달되어 있음을 알게 된다. 면사, 석탄, 제철 및 제화, 양말, 레이스 등의 중요한 공업은, 전 세계 경제학자들의 찬양을 받은 단체교섭을 위한 교묘하고 복잡한 조직의 특별한 발전을 보여주고 있다.

여기서 우리는 각각 자신의 방식으로 단체교섭을 위한 장치를 발전시킨 이러한 산업과 관련된 복잡한 기술적 상세함의 미궁에 들어가야 한다. 나아가 우리는 독자들에게 그가 가장 중요한 근본적 구별을 언제나 마음속에 새기지 않으면 우리의 설명이나 비판을 이해한다고 바랄 수 없다. 이러한 필수적 구별이란 새로운 계약의 체결과 현존 협약의 자구에 대한 해석 사이의 구별이다. 단체교섭 장치가 와해된 곳에서 우리는 이러한 구별이 없었음을 발견하고, 이 근본적인 구별이 명백한 곳에서만 이 장치가 원활하게 악감 없이 움직이게 된다. 여기서 먼저 현존 협약의 해석에 대해 고찰해보자. 어떤 산업에서도 고용인의 전국 단체와 노동자의 전국 단체 사이에 일반적인 협정이나 형식적인 협정이 체결되면 그 협정의 개별적 경우에 대한 적용에 관하여 실제로 논쟁이 속출하고 있다. 가령 뒤에서 설명하듯이, 지극히 정교하고 정확하게 만들어진 '영국 면사 방적 노동조합'의 임금표도, 그것을 적용해야 할 수천 개의 공장 중 한두 개에서 거의 매일 일어나는 임금에 관한 고용인과 노동자 사이의 의견 충돌을 방지할 수 없다. 마찬가지로 제화업에서는 '획일적 임금표'를 이의 없이 협정하여도 각 계절의 유행에 의해 요구되는 항상 변하는 패턴의 분류에 관하여 끝없는 문제를 생기게 한다. 노섬벌랜드나 더럼주 석탄 광부들의 '주 평균 임금'의 결정은, 광부가 정규 임금을 얻기 위해, 특정한 석탄층에 대해 톤당 임금률을 어떻게 결정해야 할지에 대해 뒤에 결정해야 할 것으로 남기고 있다. 이러한 경우들의 쟁점은, 특정 공장의 노동자가 얻도록 인정해야 할 주당 임금액 ―원칙상 이미 결정된 것이므로― 이 아니라, 그 공장의 현재 상태 하에서, 그리고 당해 화물의 종류 아래에서, 특정 부문 노동자의 평균 수입을 협정 표준보다 많지도 적지도 않은 액수에 이르게 하기 위해 성과급 임금을 산출할 때 준거해야 할 비율이다. 이는 분명히 사실 문제로, 직접 관련된 당사자의 욕구와 전략적 능력은 전적으로 배제되어야 한다. 화해, 타협, 이익 균분의 여지는 절대 없다. 반면 가장 필요한 것은 사실 확인이 거의 과학적 정밀에 이르러야 한다는 것이다. 나아가 해결은 자동적이고 신속하며 값싼 것이어야 한다. 이러한 종류를 위한 이상적인 장치는 실제로 고도의 전문적 지식을 갖춘 보행 계산기로서, 관련된 모든 요소를 정확하게 기록할 수 있고, 이를 정밀하게 계산하여 그 결과를 틀림없이 나타내는 것이다.

이에 반하여 새로운 일반 협정을 만들어야 하는 조건을 결정해야 하는 경우, 전자와 전적으로 다른 종류의 고찰점이 생기게 된다. 일정한 직업의 일반적 임금 수준을 10퍼센트 내릴 것인지 올릴 것인지, 고용인이 고용하는 소년 노동자의 수를 제한해야 하는지, 또는 제한해야 한다면 어느 정도로 해야 하는지, 노동시간은 얼마나 단축해야 하는지, 초과노동은 규제되어야 하는지 또는 금지되어야 하는지와 같은 문제는 완전무결한 계산기라고 해도 도저히 해결할 수 없는 것들이다. 여기서 어떤 것도 미리 양 당사자에 의해 결정되거나 수락된 것이 아니고, 그 완벽하게 가능한 무대는 외교의 기술로 처리해야 하는 것이다. 쟁점의 결정이 단체교섭에 맡겨져 있는 한, 어떤 원칙의 문제도 생기지 않는다. 노동자는 고용인에게 영속적으로 확보할 수 있는 가장 좋은 조건을 얻고자 노골적으로 노력한다. 한편 고용인들은 사업의 원칙에 따라 노동력을 가장 저렴하게 매입하고자 노력한다. 쟁점은 두 당사자 사이의 힘의 싸움이다. 공개적인 전투 —산업의 정지— 는 쌍방에게 비싼 것이고 심지어 유해하기도 하다. 그러나 어느 쪽도 전투를 바라지는 않지만 언제나 전투로 결정해야 한다는 하나의 길이 있을 뿐이다. 따라서 양 당사자의 재력과 전투력은 쟁점의 상의에 현저한 영향을 미치게 된다. 마치 국제회의 대사들처럼 사실을 확인하는 것이 아니고, 또 윤리적 기준이나 사회적 이익에 따른 공정한 판정을 추구하는 것이 아니라, 양 당사자가 전투를 개시하는 경우보다도, 양 당사자가 타협할 수 있는 공통의 근거를 추구하여, 양 당사자의 전권위원은 여러 가지 조항에 대해 논의를 거듭하고 수락해야 할 조항을 찾기 위해 노력한다. 마지막으로 확보되는 결정이 아무리 현명한 것이라고 해도 최종 단체교섭의 승인과 실행은, 교섭자들이 당해 계급 전체의 감정을 표현하는 정도와 받아들이는 신임의 정도에 의존하는 것이다. 이 모든 고려 사항은 단체교섭 장치를 만들고자 하는 경우 신중하게 고려해야 하는 것이다.

단체교섭을 위한 영속적 장치의 가장 명백한 형태는, 고용인 측과 노동자 측을 각각 동수로 하는 대표자들로 조직하는 연합위원회이다. 이는 산업적인 박애주의자들(Philanthrophists)의 거의 '정통' 만능약이라고도 불릴 수 있는 것이다. 루퍼트 케틀(Rupert Kettle) 경과 먼델라(Mundella) 씨의 실험 이래 30년 이상, 고용인과 노동자는 쌍방의 대표자와 공정한 위원장이나 심판인으로 구성하는 '중재조정위원회'를 채택하도록 집요하게 권고되어왔다. 그러한 연합위원회는 모든 쟁점 사항에 대해 우호적인 토의를 몇 번이나 거듭하는 가운데 해결점을 찾고 온화한 이해에 이를 수 있다고 가정되었다. 해결이 어려운 경우에는, 심판인의 판결이 고르디아의 매듭을 끊을 수 있다. 『노동조합운동의 역사』를 읽은 독자들은 이 사상이 여러 대산업의 조직적 노동자들 사이에서 열렬하게 채택되었고, 특히 석탄과 제철 및 제강업에서 고용인과 노동자의 환영을 받았다는 것을 기억할 것이다. 우리는 이 장치의 형식이 종종 채택된 경우를 모두 설명할 필요는 없다. 우리가 두 가지의 중요한 보기인 제화업자의 '연합위원회'와 노섬벌랜드 및 더럼 석탄업자의 '연합위원회'를 고찰하면 그 작용을 충분히 이해할 수 있다.

대기계공업인 제화업은 과거 몇 년간, 고용인과 피고용인의 상호 합의 위에 공식적이고 정교한 규약을 설치했는데, 이는 특히 "파업이나 공장 폐쇄를 방지하고 모든 노동쟁의를 중재에 회부하기 위한" 것이었다.[5] 그렇게 설립된 단체교섭을 위한 장치는 '산업 평화'의 열광적 옹호자의 모든 열망을 구체화한 것이다. 우리는 먼저 모든 산업 중심지에 '지방중재조정위원회'를 두고 있다. 당해 지방의 고용인과 지방 노동조합으로부터 동수의

---

5) 1892년 8월 16일의 〈파업 및 공장 폐쇄의 방지 등을 위한 규약〉은 1892년 총회 보고서 부록이었다. 이 규약은 3명의 고용인과 3명의 노동자가 각자의 조합을 위해 서명한 것으로, '지방중재조정위원회'와 '전국회의' 양자의 조직 및 운용 방법을 규정한 15개 조항으로 이루어졌다. 그것은 상공부의 〈1893년 파업 및 공장 폐쇄 보고〉, 253~257쪽(1984, C. 7566)에 수록되었다.

대표자를 선출하여 조직하는 이 위원회에 '고용인과 노동자 사이의 관계에 개인적이거나 집단적으로 영향을 주는 모든 문제나 그 문제의 하나'를 제출해야 한다. 위원회에서 합의가 이루어지지 못하는 경우, 문제는 공정한 심판인에게 맡겨진다. 모든 산업에 관련된 쟁점들은 1894년까지 엄청난 권위와 중요성을 갖는 전국총회에서 다루어졌다. '영국 제화업 연합회'가 선출한 9명의 지도자는 레스터 시청 회의실에서 '전국 제화공 노동조합'의 동수 대표자와 만났다. '국사범 사건 심판'의 형식에 따라 행해진 이 신중한 토의의 의장은 명망 높은 법률가였고, 시장이 담당한 경우도 있었다. 만일 어떤 합의도 이루지 못한 경우, 전국회의는 심판인으로, 검찰총장을 지낸 헨리 제임스(Henry James) 씨(지금은 경)와 같은 자를 임명했다. 그 심판인 앞에서 양측 대표들에 의해 문제가 신중하게 재검토되었다. 마지막으로 동업자의 여론을 환기하는 수단으로 전국회의나 심판인의 권위 있는 판결을 상세하게 발표하는 것에 그치지 않고, 다시 모든 사건의 속기록을 발표한다.[6]

우리는 이러한 신중하고 조심성 있게 생각된 단체교섭 장치가 '중재조정 위원회'에 대한 영광적인 신봉자의 마음을 어떻게 만족시켰는지를 상상할 수 있다. 그것이 산업계의 많은 평화적 해결을 처리하는 수단이었다고 말할 필요는 없다. 그러나 직업 사정에 정통한 자, 분쟁에 대해 두꺼운 보고서를 연구하는 자는 누구라도 그 위원회가 고용인과 노동자 사이의 알력, 불만, 정력 낭비의 원인이었음을 부정하리라고 생각하지 않는다. 노동자

---

6) 1892년 8월 회의의 '속기자의 각서 복사' 및 그 뒤 심판인의 면전에서 행해진 심판은 152쪽에 이르는 풍부한 자료가 되었고, 이는 산업조직의 연구자를 위해 풍부한 재료를 제공하고 있다.

가 지방위원회에 반항하거나 그 대표자를 비난하거나 철회하거나 심지어 때로는 심판인의 판결에 복종하기를 거부하지 않고 무사하게 지나간 경우는 거의 없었다.[7] 고용인 측도 노동자 측 이상으로 만족했다고 할 수 없었다. 1894년에 이르러 전국회의는 연합제조업자의 탈퇴와 분쟁을 중재에 맡기는 것에 반대하기 위하여 결국 와해되었다. 그 결과가 바로 1895년 전국에 걸친 사실상의 모든 산업 정지였다. 그리고 이는 상공부의 반(半)관료적 간섭에 의해 겨우 종결되었다.[8]

우리가 이 일반적 불만을 음미한다면, 우리는 노동자와 고용인들이 각각 상이한 형식을 취하고 있음을 알 수 있다. 노동자의 불평은 일반 협정이 체결되었을 때, 지방위원회에 의해 신속하고도 확실하게 해결되지 않았다. 그래서 가령 1894년 대리인회에서 브리스틀 대표는 그가 속한 지방위원회가 그 해석을 하면서 채택한 완만한 방법을 맹렬하게 비난했다. 문제는 "위원회와 심판인 사이에 6개월에서 9개월 동안 현안이 되었다. 심판인은 구두에 대한 판결을 8개월에서 9개월 미루었다. … 그가 일하는 공장의 사건에서, 한 켤레의 구두가 중재위원회에 보내어지고 다시 심판인에게 보내어졌다. 심판인이 내린 판결은 노동자에게 유리했다. 그 특정 구두와 관련하여 2, 3명에 대해 각각 7실링을 지불하게 했다. 그러나 그중의 한 사람은 그동안 그 마을을 떠났고, 지체의 결과 그는 사실상 7실링을 사기당한 꼴이 되었다. 새해 초에 새로운 샘플이 채택되어 구두가 저항 속에서 고용

---

7) 1894년 말에 있었던 12개의 지방위원회는 1875년부터 만들어졌다. 스태퍼드위원회는 1878년, 리즈위원회는 1881년에 해산되었다. 1891년부터 1894년까지 7개가 해산되었고 스태퍼드, 맨체스터, 킹스우드의 중요 중심지에는 위원회가 없다. 1892년 8월에 설치된 전국회의는 3년간 5회 만났으나, 1894년 12월에 고용인 측이 탈퇴했기 때문에 중단되었다.

8) 〈노동 가제트〉, 1895년 5월호 참조.

인이 말한 가격으로 계절 끝에 만들어졌다. 그래서 아마도 그 계절이 끝났을 때, 그들에게 지불되어야 할 돈을 받기가 어렵게 되어 차차 그들에게 유리한 판결을 얻게 되었을 것이다. … 이러한 계속된 지연은 브리스틀 노동자 전원에게 걱정을 끼쳤다. 브리스틀에서 중재 재판 문제에 대해 투표는 없었지만, 이에 반대하는 자가 90퍼센트 이상이었을 것이다."[9]

킹스우드(Kingswood) 지방위원회는 심판인이 그 자리를 혐오하여 사직한 탓에 1894년 해산되었다. 토의는 '가벼운' 구두를 위한 '임금률'에 대해 진행되었으나 분쟁점은 심판인에게 맡겨졌다. 많은 제조업자들은 문제의 구두 견본을 보내는 것에 완강하게 반대하여, 심판인으로 하여금 위임된 사건의 판결을 내리지 못하게 했다.[10] 이 일은 노동자의 분노를 샀고, 그들은 고용인이 사건을 심판인의 판결에 맡기는 것을 거부하였기 때문에 노동자의 요구를 채용해야 한다고 주장했다. 이러한 종류의 사건은 공업 중심지에서 무한히 수집할 수 있다. 그러나 지체만이 노동자가 위원회의 작용에 대해 반대하는 것이 아니다. 심판인의 판결이 끝난 때에도 그 판정은 종종 노동자의 찬성을 얻지 못했고, 종종 노동자의 복종을 얻지도 못했다. 이 일은 우리가 믿기로는 반드시 선출되어야 하는 심판인의 사회 계급에서 비롯된다. 해석 문제는 반드시 일반 원칙에 대한 것이 아니라, 당해 산업 이외의 누구에게도 이해하기 어려운 극단적으로 전문적인 사항에 관하여 생긴다.[11] 정확하게 이러한 일에 영속적으로 종사하는 유급의 직업적 전문

---

9) 1894년 5월 에든버러회의 보고(제화공 전국 노동조합 대리인회).

10) 〈구두 및 가죽 기록〉, 1894년 11월 30일.

11) 가령 노위치위원회의 심판인은 위원회로부터 다음 경우에 지불해야 하는 임금률의 판정을 해야 하는 위임을 받았다. 1. 동종의 신발 앞쪽 윗가죽 대신 송아지 가죽을 부착하는 여성 구두 5번, 2. 동종의 신발 앞쪽 윗가죽 대신 윤이 나는 티드 가죽을 부착하는 소녀 구두 4번, 3. 위 여성 구두 4번, 4. 레반트 바다표범 가죽에 부착한 키드 가죽 소녀 단추 구두, 5.

가가 없기 때문에, 심판인은 실제로 다른 지방의 유력한 제조업자 중에서 추천되어야 했고, 위원회는 그것에 동의하는 것이 보통이었다. 비상주자의 무급 근무에 대한 이러한 의존은 지연을 증대시킨다. 그러나 이보다 더욱 중요한 것은, 심판인이 일반적으로 아무리 존경받는 사람이라고 해도, 그의 판결이 노동자의 요구와 배치되는 경우, 노동자는 반드시 그를 계급적 편견에 빠져 있다고 비난하게 된다. 다른 방법, 즉 노동조합의 임원을 선출하는 것은 마찬가지로 고용인의 혐오를 불러일으킨다는 것은 말할 필요도 없다.

고용인의 불만은 주로 이 제도의 다른 방향을 향하고 있다. 지방위원회의 일은 매우 힘들고 끊이지 않는 것이어서 산업계의 거물들은 그것에 참가하기 위해 시간을 낼 수 없을 정도이다. 해석 문제에 대해 그들은 그 업무를 그 지배인이나 소규모 고용인들에게 맡기고자 할 수 있다. 그러나 해석 문제 외에 대해서 지방위원회는 끊임없이 고용인이 소위 '새로운 원칙'으로 승인하는 것에 대한 분쟁을 제기해왔다. 만일 지방위원회가 그 고용인 측 위원들의 일치된 동의를 얻어 쟁점을 결정한다면, 그 지방의 다른 모든 고용인 ―그중에는 대대적으로 '산업의 통솔자'라고 할 수 있는 사람도 있다― 은, 그들이 '그들 특유의 사무'라고 간주하는 것의 실행에서 그들을 구속하는 새로운 규정을 발견하게 된다. 한편 만일 지방위원회가 그러한 쟁점 ―효과의 점에서 사실 새로운 일반 협정의 체결― 을 전국회의에 부의하게 된다면, 전국의 고용인이 마찬가지의 곤경에 빠지는 것을 보

윤이 나는 키드 가죽 소녀 구두. 6. 단추 구두의 키드 가죽 여성 반(半)장화. 이에 대해 내려진 판정은 마찬가지로 일반 독자는 이해할 수 없지만, 이를 〈구두 및 가죽 기록 연보〉, 1892~1893년분, 121쪽에서 볼 수 있다.

게 된다. 나아가 양자 동수 의원으로 조직하는 공개의 전국회의에서는 노동자 대표도 고용인 대표도 서로에 대해 그 무엇도 양보하지 않고, 타협에 응하지도 않는다. 그 결과는, 전국회의가 모두 그 중요 사항을 반드시 심판인에게 맡긴다는 것이다. 따라서 제임스 경은 제화업 전체에 대한 법규를 제정하는 특별한 지위에 있게 되었다. 그러한 법규란 가령 최저임금률만이 아니라, 각 고용인이 고용하는 소년견습공 인원수의 정확한 수적인 제한, 도매업자가 도급인에게 일을 부여하는 경우에 반드시 의거해야 할 조건, 고용인 스스로 해야 하는 작업장 설비의 범위, 그리고 그러한 건물을 사용할 수 있는 최장 기일을 제정하는 것이다. 이는 분명히 단체교섭 이상의 것이다. 제임스 경의 판결은 사실상 당해 산업의 입법적 규제에 미치는 것이고, 이 경우의 입법부는 전국 단체를 위해 행동하는 대의원회가 아니라, 그 산업에서 선출되는 독재자이다.[12]

따라서 그렇게도 강력하고 광범위한 결정에 대해 고용인이 신속하게 반항적 태도를 취하는 것은 놀라운 일이 아니다. 그러나 그것은 원래 그들이 명백하고 유보 없이 서약한 것이다. 즉 그들은 1892년 8월 16일의 규약에서 다음과 같이 약속하였다. 즉 "**고용인과 노동자**의 관계에 개인적이거나 집단적으로 영향을 미치는 모든 문제나 측면이 의견의 일치를 보지 못하는 경우" 먼저 지방위원회, 이어 전국회의, 마지막으로 필요하다면 심판인에게 "그 해결을 위임한다"는 것이다. 이러한 약속이 해석 문제에 한정되지 않는다는 것은 그 문서 속에 '새로운 원칙'을 포함하는 분쟁의 해결이

---

12) 유명한 법률가로서 정치가가 아닌 사람이 무급으로 어려운 심판인의 업무를 인수할 사람은 없다고 하는 것이 고용인에게 사소한 불평이 된다. 고용인으로서는 어떤 정치가라도 선거인의 최대 다수 부분 때문에 무의식적으로 편견에 빠지는 의문을 벗어나기 힘들다. 이 책 원저의 240쪽에 나오는 저명한 인용구를 참조하라.

라고 하는 것을 명백하게 기재하고 있음을 보면 분명해진다. 규약 서명에 까지 이른 오랜 토의 속에서 사실상 고용인은 "모든 분쟁에 대해 모든 조건하에서 단순한 조정을 정직하게 아무런 유보 없이" 채택하는 것을 변호하여 성공했다.[13] 그들은 산업 정지의 모든 기회를 제거하고자 희망한 나머지, 현행 계약의 해석에 관한 문제와 새로운 계약의 조건에 관한 문제 사이에 있는 근본적 구별을 간과했다. 만일 그들이 그들 기관지의 유능한 기자의 경고를 경청했다고 한다면 그러한 오류를 범하지 않았을 것이다. 1892년의 전국회의 바로 그 달, 당해 기자는 우리가 주장하는 구별을 정확하게 주장했다. 그에 의하면 "고용인은 자본과 노동 사이의 모든 상상할 수 있는 분쟁이 중재 재판으로 해결될 수 있다고 주장한 것은 결코 아니다. 그러나 그들은 어떤 기존의 원칙이 이미 쌍방에 의해 승인된 경우, 세부 사항의 조정은 다른 어떤 방법보다도 중재에 의해 해결될 수 있다고 주장했다. … 장래는 어떻게 되든 간에, 현재에는 고용인이 노동자와의 분쟁 해결을 제3자에게 해결하게 하는 것을 주의 깊은 조치라고 말하는 것은 명백하다. 현재 논쟁 중인 소년 노동의 문제에 대해 아무 말도 하지 않고, 고용인이 그의 재량이나 책임을 조금이라도 위임하는 것을 긍정할 수 없는 문제에 관련되어 다른 여러 가지가 설명될 수 있다"[14]는 것이다. 그 뒤의 사건은 일반적인 고용인의 심리 상태에 관한 그 관찰이 옳았고, '제화업자 연합회'가 선출한 대표자는 그들이 소심하게 사용한 말의 뜻을 이해하지 못했음을 바로 증명했다. 노동자가 소년 노동, 기계, '팀 시스템', 비조합원 고용

---

13) 유력한 고용인인 게일(Gale) 씨의 연설. 1852년 8월 회의의 제3일. 노동자는 일반적인 임금 감소의 문제를 모두 제외하고자 희망했으나, 고용인은 어떤 예외도 두지 않아야 한다고 주장했다.

14) 〈구두 및 가죽 기록〉, 1892년 7월.

에 관하여 실제로 생긴 분쟁 사건을 제기했을 때, 고용인은 그들이 그러한 문제의 논의를 할 것을 의미한 것이 결코 아니었다고 항의했다. 그러나 의장은 물론 명백한 협정이 그들을 구속하는 것이라고 하고, 그들의 항의를 각하하는 것 외에 달리 선택할 길이 없었다. 오래 계속된 반목 뒤에 단결한 고용인들은 협정에 반발하여 전국회의에서 그들의 대표자를 철회시키고, 그 이유로 무엇보다도 먼저 노동자가 여러 가지 경우에 심판인의 판정 준수를 거부했다고 주장하고, 나아가 전국회의는 "그 산업의 입법"이 되기에 이르렀다고 주장했다.[15]

그리하여 제화업에 설정된 정교한 단체교섭 장치의 작동이라는 경험은 수많은 결점을 드러냈다. 이러한 결점 중의 어떤 것들은 우리의 둘째 보기인 노섬벌랜드와 더럼 광부들의 화해위원회와 연합위원회에서 제거되었다. 여기서 우리는 해석을 위한 장치와, 새로운 협정 체결을 위한 장치 사이에서 유지된 명확한 구별을 갖는 것으로 시작한다. 두 지역 광부들의 수입은 결국 각 지역 전체에 적용되는 일반원칙에 의해 결정되고 있다.[16] 이

---

15) 1894년 12월 20일 영국 제화업연합회의 선언. 그 뒤에 생긴 분쟁의 문서 및 정확한 세부 사항에 대해서는 1895년 4~5월의 〈노동 가제트〉와 〈구두 및 가죽 기록〉, 그리고 1894년 10월부터 1895년 6월까지의 〈제화공 전국조합 월보〉를 참조하라. 여기서 우리는 그 사항을 그 가치 여하에 관하여 논의하는 것이 아니라, 단지 그것이 단체교섭의 범위를 설명하는 범위에서만 취급한다. 1895년 4월 19일, 상공부가 제기한 협정은 지금 그 산업을 지배하고 있으나, 이는 분명히 4개의 특정 문제를 지방위원회의 심의 제목에서 제외하였고, 전국회의에 관하여 어떤 규정도 두고 있지 않다. 그러나 우리가 문서에 의해 이해하는 한, 지금도 해석 문제와 새로운 협정의 조건에 관한 문제 사이에 어떤 구별도 없다. 따라서 종전과 마찬가지로 두 가지 종류의 문제가 필요한 경우에는 심판인에 의해 판정되어야 한다.

16) 이러한 일반원칙은 지역 전체에 적용되어야 할 정상의 표준 임금과 이에 상당한 정상의 톤당 비율을 포함한다. 그 표준 임금은 '지역 평균'이라고 불린다. 그러나 이는 오해를 초래할 우려가 있다. 왜냐하면 정상 임금률은 지역의 모든 광부가 받는 실제 수입의 '평균'이 아니었고, 지금은 단지 임금 상승이나 감소 비율을 나타내는 기초로 사용되는 편의적인 숫

러한 일반원칙은 노동자 대표 및 고용인 대표의 임시회의에서 개정되고 있다.[17]

더럼에서도 노섬벌랜드에서도, 이 화해위원회는 종종 체결되는 형식적 협정의 해석이나, 그 적용을 받아야 하는 끝없는 노동과 아무런 관련이 없다. 그 회의는 지극히 예외적으로 열릴 뿐이고, 그 지역의 최대 광산주와, 그 목적을 위해 특별히 선출된 영향력이 가장 큰 광부 지도자가 출석한다. 위원회는 비밀리에 토의를 하고, 그 결의만을 공표한다. 심판인, 또는 노섬벌랜드에서는 의장의 결정투표권(캐스팅보트)에 의존하는 경우란 거의 없고, 협정의 기초가 발견될 때까지 솔직하게 의견을 계속 교환하는 것이 보통의 관행이다. 이에 반하여 해석이나 적용의 문제는 다른 심판기관에서 처리된다. 이는 화해위원회에서는 당사자의 일방이 일시적으로 그 대표자를 철회한 경우에도 방해를 받지 않고 진행한다. 화해위원회와 현저하게 다른 '연합위원회'는 각 지역에서 자주 열려, 쉬지 않고 일을 한다. 그러나 그 위원회는 "지역 문제라고 할 수 있거나 산업 전체에 영향을 줄 수 있는 것과 같은 문제"의 취급을 명백하게 금지하고,[18] 현행의 일반 협정을 특정한 광부나 탄층에 적용하는 것으로 엄격하게 한정하고 있다.[19]

자에 불과하기 때문이다.

17) 더럼에서 이 회의는 1895년 2월 이후 '석탄업 화해위원회'로 불렸다. 그 당시의 규약은 쌍방 각각 18명의 대표자, 그리고 서로 동의한 한 사람의 심판인이나 그런 심판인이 없으면 상공부가 지정한 심판인으로 구성한다고 했다. 노섬벌랜드에서는 이에 해당하는 '화해위원회'가 있는데 지금 그것은 각각 15명의 위원과 결정투표권(캐스팅보트)을 쥔 1명의 독립한 의장으로 구성된다. 쌍방의 합의에 의해 의장이 선출되지 못하면 노섬벌랜드 주의회 의장이 임명하게 된다. 이러한 위원회의 명칭과 조직은 약간씩 종종 변화되어왔다.
18) 〈더럼 광부연합위원회 규약〉, 1879년 11월.
19) 상이한 탄갱이나 같은 탄갱 중에서 다른 탄층에서 석탄을 채굴하는 경우, 용이함이나 편의함이 매우 다르기 때문에, 행해진 모든 작업에 대하여 언제나 임금률의 균일을 유지하고,

세심하고 공정하기 위해 그 재정 기관은 아무것도 바라지 않는다. 위원은 모든 산업의 현실에 정통하기 때문에 어떤 분쟁에서도 일방 당사자를 직접 대표하지 않고, 공통 협정 적용의 균등을 확보하는 것 외에 어떤 목적도 갖지 않는다. 이 재정 기관의 주된 결점은 우리가 이미 본 제화업의 지방위원회에 대해 비난된 점과 같은 것이다. 특수한 탄층이나 탄갱의 상태에 대한 단순한 사실 문제를 결정하는 기관으로서 연합위원회는 필연적으로 성가시고 돈이 많이 들며 완만한 기관이다. 각 사건마다 양측 증인의 뉴캐슬 방문 및 위원회 전원이 행하는 증인 심문이 포함된다. 이러한 일에는 많은 시간이 필요하므로 사건은 해결되기 몇 달 동안 회의 사항으로 보류되는 경우가 자주 있고, 그런 일로 관계자들은 엄청난 불만을 갖는다.[20] 나아가 탄층에 대한 개인적인 조사 없이 어떤 판정에 이르는 것은 종종 불가능하기 때문에, 따라서 어려운 사건의 해결은 언제나 심판인 선택의 권능을 부여하면서 고용인과 노동자 각 1명에게 부탁하게 되는 것이다. 그

모든 지역에 같은 톤당 비율을 적용하기란 불가능하다. 어느 탄갱에서 노동자가 언제나 1일 소득이 통상적 임금(소위 '지역 평균')과 현저히 다른 경우, 고용인이나 노동자는 그 특정 경우에 톤당 비율의 개정을 호소한다. 노섬벌랜드와 더럼 이외 지역의 광부 조직에서는, 각 탄갱이나 각 탄층의 특수한 사정에 관련된 표준 임금의 이러한 결정에 대해, 아무런 계통적인 장치를 설정하지 않는다고 하는 것은 중대한 결점으로 보아야 한다. 가령 랭커셔, 더비셔 등의 광부 연합회 소속의 지방에서, 개별 탄갱에 대해 톤당 비율을 규정하는 탄갱임금표(Pit-Lists) 이외에, 표준 임금에 대해 더욱 좋은 보호 장치를 두고 있지 않다. 이러한 임금표 사이에 (업무의 양에 대한 임금률의) 균일을 확실하게 하는 장치가 설정되어 있지 않고, 또는 특정한 탄층 상태의 변동에 따라 그 비율을 개정하는 것에 대해서도 아무런 장치가 설정되어 있지 않다. 만일 광부가 자신이 매우 낮은 일당을 받는 점을 알게 된다면, 그는 그 탄갱을 떠나서 파업수당을 받을 수 있는 허가를 그 지부 집회에 청구할 수 있다. 그래서 다소간에 비공식적인 교섭이 탄갱 지배인과 사이에서 열릴 수 있다. 지배인은 광부 자신의 단체, 또는 지부 임원, 또는 어떤 경우에는 노동조합의 유급 대리인과 상담하여 계속 새로운 비율을 결정한다.

20) 이는 특히 관련 탄갱의 수가 매우 많은 더럼에서 볼 수 있는 현상이다.

결과, 사실은 더욱 명확하게 규명되지만 시간과 비용은 더욱더 늘어나게 된다. 마지막으로 여러 경우에 서로 다른 당사자 측 사람들에 의해 부여된 판정이 정확한 획일성을 확보하고, 이를 강행하여 이 법정의 특별 임무를 수행할 수 있다고 할 수 있는 어떤 보증도 없다.

그리하여 고용인과 노동자 사이에 생기는 모든 문제를 처리해야 할 기관으로서 흔히 선전되는 단일의 연합위원회는 아직 전혀 완비된 단체교섭 기관이 아님이 판명되었다. 본질적으로 서로 다른 두 가지 절차, 즉 현행 협정의 해석 및 새로운 협정의 체결 절차에 대한 각각의 다른 기관을 갖는 것이 득책이라는 것은 분명히 증명된다고 생각된다. 이러한 두 가지 절차의 하나, 즉 현행 협정의 적용 및 해석에 응하는 것으로서 연합위원회는 성가시고 거북한 기획이라고 할 수 있다. 랭커셔 면사업에서는 이 문제를 더욱 잘 해결하고 있다. 면사 노동자는 노섬벌랜드와 더럼 탄광부와 마찬가지로, 새로운 일반 협정의 체결과 현존 협정의 특정 경우의 적용을 분명하고도 확실하게 구별해왔다. 그러나 그들은 그것보다 더욱더 나아갔다. 그들은 무의식적이고 본능적으로 일종의 단체교섭 기관을 조직하기에 이르렀다. 즉 대표자라는 요소가 필요한 경우에는 대표자라는 요소를 사용하고, 반면 단순한 대표자가 부적절한 업무인 경우에는 직업적인 전문가를 사용해왔다.

먼저 현행 협정의 해석 기관을 설명할 것이다. 랭커셔 면사 노동자의 성과급 임금률을 결정하는 요소는 매우 복잡하므로, 고용인과 노동자 모두 훨씬 이전부터 고용인협회와 노동조합을 위해 모든 시간을 바치는 유급의 직업적 전문가를 둘 필요를 인정했다. 가령 방적공의 수입은 방적기의 '끌어당김', 방추(紡錐; Spindle)의 수, 기계 운전의 속도와 같은 여러 요소의 복잡한 교호작용에 의해 좌우된다. 직공의 소득을 계산하는 것은 '임금률표'로 알려진 인쇄된 명세표의 도움을 빌린다고 해도 쉬운 산출이 아니다. 그러나 단체교섭의 해석에 관한 것을 전적으로 직업적 전문가의 손에 맡기는 것은, 특히 재료의 결함이나 기계의 낡은 방식을 이유로 노동자에게 그 보상을 지급하고, 이와 반대로 기계의 개량을 이유로 고용인에게 상당한 경감을 허용하는 관례이다. 그리하여 만일 올덤 노동자가 원료 면사의 질이 나쁘다든가, 기계가 구식이라는 이유로 임금이 일반 수준보다 낮게 되는 것을 알게 된 경우, 또는 고용인이 기계의 속도를 빠르게 하거나 기계를 개량하는 경우, 양측 전문가는 공장을 방문하고 그러한 변화가 낳게 되는 결과에 대해 상의하게 된다. 만일 수입의 감소가 원료의 결함이나 기계의 낡은 방식에서 왔다고 생각된다면, 고용인은 노동자가 고통을 받지 않도록 하기 위해 정상적인 성과급 임금률에 특별한 비율을 가산받을 필요가 있다. 반면, 고용인이 특별한 개량을 실시하여 노동자의 노력 증대 없이 산출량이 증가한 경우, 고용인은 '임금률표'에서 상응하는 비율을 내릴 수 있게 된다. 면사 노동자는 그 직업의 독특한 전문 사항을 계산하기 위해 본질적으로 동일한 기관을 갖고 있다.

'면사방적공 노동조합'과 면사직공 노동조합의 유급 임원에게 위임된 임무가 중대하고도 복잡하기 때문에 노동조합 행정부의 이러한 부문을 보충하는 흥미로운 방법을 채택하기에 이르렀다. 1861년 면사 노동자들은 당시 공석이었던 위원장을 뽑기 위한 후보자를 경쟁시험에 부쳤다.[21] 이러한

---

21) 이때 합격한 후보자인 토머스 버트위슬(Thomas Birtwistle) 씨는 30년 이상 그 노동조합에서 명예롭게 근무한 뒤에, 직물업에서 행해지는 복잡한 보수 지급의 방법을 이해하고 해석하는 능력을 갖는 제1인자로, 내무부장관에 의해 공장 감독관으로 임명되었다. 노동조합 사무소에서 길러진 그의 아들은 그 뒤 마찬가지로 공장 감독관에 임명되었다. 1895년 볼턴 면사방적공 시험에 합격한 후보자는 노동조합 서기로 2년 근무한 뒤, 그 지방의 면사방적업주협회에 의해 같은 서기로 고용되었다. 우리가 아는 한, 이것이 노동자에서 고용인

경쟁시험 제도는 면사방적공에 의해서도 채택되었고, 지금은 복잡한 직업적 계산에 관계하는 모든 임원을 선택하는 규칙적 방법이 되고 있다. 노동조합 지부는 후보자를 지명하는 권리를 가지고, 조합원은 그 대의원회를 통하여 선거권을 갖는다. 그러나 후보 지명일과 선거일 사이에, 모든 후보자는 조합 가운데 가장 경험 있는 임원에 의해 시행되는 경쟁시험을 보게 된다. 그 직책에 필요한 산술적이고 기술적인 계산의 범위 내에서 매우 어려운 시험문제를 내고, 각 후보자는 그 답안을 쓴다. 그러나 시험의 중심은 구술시험이다. 구술시험에서 시험관은 고용인의 역할을 하는 것으로 간주되고, 수험자는 그들이 가지리라고 생각되는 불만의 제기에 대해 후보자 각각에게 종횡으로 질문하고, 그들의 기지와 기질을 시험하기 위해서는 최악의 고용인이 갖는 위협적 태도를 취하는 것조차 불사하지 않는다. 모든 후보자가 획득한 점수는 상세하게 인쇄되고, 유창하게 말하는 사람을 '대중적 지도자'가, 산술적 계산이 '전혀 안 된다'라든가 '공부하지 않았다'라고 채점하는 경우도 종종 있으며, 철자나 글쓰기나 구두시험의 동작이 최소 득점을 받는 경우도 있다. 그 결과는 보통 최고 점수를 받은 후보자를 선출하는 것이지만, 대의원회는 경우에 따라 재량권을 사용하여 최고득점자보다 몇 점 아래인 지명도가 있거나 유능한 후보자를 선택하기도 한다.[22]

으로 근무를 바꾼 노동조합 임원의 최초 보기이고, 이는 '노동조합 지도자'가 전문적인 회계사로 변화하는 점에 대해 흥미로운 빛을 부여하는 것이다. 실로 면공업에서 노동조합 임원의 일상 업무의 반은 단체협약의 일률적인 준수를 확보하는 것으로, 이러한 근무는 법률적이고 의학적인 전문가의 근무와 같이 양 당사자의 어떤 의뢰에 의해서도 훌륭하게 응할 수 있는 것이다.

22) 볼턴과 그 지방의 면사방적공 노동조합
    사무소: 볼턴, 센트 조지 로드, 77

우리는 그러한 면사 노동조합의 임원이 그 조합원을 위하여 최선의 가

위 노동조합의 사무장 채용 시험문제

1895년 1월 25일

1. 계산

(1) 다음 사항으로부터 1주간에 인출한 수와, 방적기 1대에 대해 3프랑 9실링 7펜스의 총임금을 만들기 위해 필요한 100 인출에 대한 가격을 찾으라.

1 방적기의 방추 수는 1090. 56시간 반에서 청소와 임시 정지에 필요한 2시간 15분, 부속기계 교체에 필요한 1시간 10분을 뺀다. 방적기의 속력은 75초에 4를 인출한다.

(2) 앞 문제에서 각각 인출한 길이가 64인치 반이 되는 경우, 1주간의 생산량은 몇 타래가 되고, 또 앞 문제에서 말한 임금을 낳기 위해서는 1000타래당의 가격을 얼마로 정할 필요로 하는가?

(3) 일정한 실의 수를 생산하는 것에 대해 지불되는 표준가격을 100파운드당 12실링 7펜스로 가정하라. 7.9퍼센트의 감소 뒤에 가격은 얼마나 되는가? 내린 가격을 원래 가격으로 되돌리기 위해서는 몇 퍼센트 인상해야 하는가?

(4) 0.3364502를 0.111645로 나누어라.

(5) 80번수의 평방근을 소수점 세 자리까지 계산하라. 이어 표준을 씨실(weft)의 경우에는 해당 번수(番手, count)의 평방근에 $3\frac{1}{8}$을 곱하고, 곤실(twist)의 경우에는 $3\frac{3}{8}$를 곱한다고 가정하여 씨실과 곤실의 각각에 요하는 회전수를 찾아라.

(6) 질이 좋은 이집트면이 한 묶음에 $4\frac{5}{64}$조각에서 $4\frac{3}{8}$조각으로 늘어난다면 증가율은 얼마인가? 또한 각각 480묶음의 1000꾸러미를 사는 경우, 중개인의 중개비가 0.25퍼센트라고 하면 합계가 얼마인가? 또 앞에서 본 두 가지 가격으로 파는 경우 중개비의 차이는 얼마인가?(이하 두 문제는 19세기 면사방적업 초기의 산업 기술을 보여주는 지극히 전문적인 것으로서 지금 우리에게는 무용하고 이해될 수도 없는 것이므로 번역을 생략함—옮긴이 주)

2. 쓰기, 작문 및 철자

노동조합의 유용한 측면에 대한 글을 쓰라. 길이는 1200자를 넘지 않도록 하고, 성적을 판정하는 경우 고려하는 점은 필적, 철자, 작문, 언급하는 사실과 논의의 명료함과 간결함이다.

3. 구두시험

각 후보자는 노동쟁의의 구두처리 능력에 대하여 각각 시험을 받는다. 그때 후보자는 스스로 즉각 주의를 요한다고 생각되는 불만을 만들어 이를 서술해야 한다. 그러면 시험관은 그들에게 질문을 하고, 후보자의 의견에 대해 반대의 논의를 시도한다.

후보자는 오전 10시부터 오후 5시까지 최초의 두 가지 과목의 시험을 치르되, 그사이 한 시간은 점심시간으로 한다. 후보자는 책이나 노트를 참고할 수 없다. 제3과목(구두시험)은 다음 일요일, 즉 이번 달 27일 오후 1시부터 시행한다.

시험관 토머스 애슈턴

　　　자스 모즐리

13명의 후보자가 시험을 치렀다. 시험의 최고득점은 800점이고, 계산문제는 각각 50점을 최고

능한 조건을 확보하는 데 성공한 이유를 그 선택 방법에 있다고 본다. 우리는 이 제도가 지금까지 다른 노동조합에 보급되지 않은 것은, 노동조합 세계에 커다란 불이익이라고 생각한다. 우리가 보기에 이 제도는 경쟁시험과 민중적 선택을 합친 것이고, 노동조합으로 하여금 부적절한 임원으로 인해 짊어지게 되는 중대한 고충으로부터 안전하게 하는 것이다.

면사공 노동조합의 단체교섭 장치 중 이러한 부분 —쌍방의 유급인 직업적 전문가— 은, 이미 앞에서 설명했듯이, 양쪽의 승인을 거친 현행 일반 협정의 해석, 달리 말하자면 특수한 영역이나 특수한 과정에 대한 적용만을 취급하는 것이다. 일반 협정 자체의 체결이나 개정 —그 이해관계는 단지 하나의 회사나 한 사람의 노동자에 그치지 않고 모든 고용인이나 모든 노동자에 관련된 사항— 을 하게 되면, 단체교섭 장치는 양측으로부터 일정 수의 대표자로 구성되는 연합위원회 형식을 채택하게 된다. 그리하여 면사방적업자는 한편으로 특수한 공장이나 특별한 노동자에 관련되는 문제는 모두 이를 지방 노동조합이나 지방 고용인협회의 서기가 처리하도록 위임하지만, 다른 한편으로 그들의 목록 세부의 수정은 정기적인 모임에서 행하게 된다. 즉 그 회의에서 관련 지방의 고용인 중 중심인 자가 노동조합의 중심 인원 및 노동대표자와 상의하여 그 사항을 결정하게 된다. 그리고 그 쟁점이 목록의 기술적 세부 사항의 변경에 있지 않고, 모든 산업을 통하여 상당한 정도의 퍼센트에 의한 임금 일반의 인상이나 인하, 또는 노동시간의 일반 단축에 있는 경우에, 그 사건은 사무원과 법률고문이 참여

로 하며, 쓰기, 작문 및 철자와 구두시험은 각각 100점으로 하여 수험자의 득점은 최저 195점에서 최고 630점에 이르렀다. 결국 610점을 받은 제2위 후보자에게 그 지위가 부여되었다. 그는 노동조합의 존경받는 원로 임원으로서 시험에서 제2위가 된 이유는 필적이 제1후보자보다 못했기 때문이었다.

하는 모든 고용인 단체가 임명하는 대표와, 모든 지방 노동조합을 대표하는 '면사방적공 합동 노동조합'의 중앙집행부 사이에서 토론된다.

영국 면사방적업자의 경우, 가격표는 매우 신중하고 교묘하게 작성되었고, 따라서 지방의 회의는 지극히 드물게 열렸다. 고용인과 노동자 양측의 일반적 정책은 표준 임금률을 가끔 적절하게 변화시키는 것 외에는 반대하게 된다. 면사공 사이의 노동시간이나 위생과 같은 문제는 뒤의 장에서 설명하는 이유에 의해 단체교섭의 범위 밖에 속한다. 따라서 산업 전체의 연합회의는 단지 중대한 공황의 경우에만 열리고, 그 결정이 평화냐 전쟁이냐의 문제를 결정하는 집회의 매우 엄숙하고 긴장된 분위기 속에서 진행된다.

이러한 중대한 회의 진행의 관찰은 흥미롭다. 1893년의 '면사방적공 노동조합'의 거대한 분쟁을 해결하고 종래 그 산업에서 행해진 일반 협정을 체결하는 역사적인 철야 회의의 상황은 그곳에 참석한 중요한 어느 조합 임원에 의해 눈에 보이듯이 생생하게 서술되었다. 고용인은 10퍼센트의 삭감을 주장한 반면, 노동자는 1주 노동시간을 단축해야 한다고 주장했다. 사업 정지는 20주간이나 이어졌고 모든 산업의 공장은 사실상 완전히 폐쇄되었다. 쌍방의 감정은 고조에 이르렀으나, 잦은 교섭과 끊임없는 신문 지상의 논쟁에 의해 논점은 축소되었고, 양 당사자는 분쟁을 종식시킬 필요를 느꼈다. 신문기자들의 무리를 피하기 위해 집회 장소는 비밀에 부쳐졌고, 시간은 오후 3시, 장소는 시골의 여관으로 정해졌다. 모든 당사자는 같은 열차를 타고 그곳으로 함께 갔다.

"고용인 측에는 A. E. 레이너(Rayner) 씨가 있었다. 그는 본머스(Bournemouth)에서 휴일을 보내고자 했는데 그곳에 왔다. 그 밖에도 앤드류(Andrew) 씨, 존 B. 테터설(John B. Tattersall), 올덤의 제임스 플레처

(James Fletcher), 존 플레처(John Fletcher) 씨, R. S. 버클리(Buckley) 씨, 애슈턴(Ashton) 지역의 스머서스트(Smethurst) 씨를 비롯해 16~17명이 더 있었다. 그들은 조언자로서 딕슨(Dixon) 씨와 동행했다. 스톡포트(Stockport)의 사이드보텀(Sidebottom) 씨는 동료들에게 일종의 전투 분위기를 조장했고, 모슬리(Moseley)의 존 메이올(John Mayall) 씨는 그 모임에 참석해 약간의 존엄을 부여했다. 그는 연합의 서기인 W. 테터설 씨의 보조를 받았다. 노동자 측으로는 애슈턴 씨, 멜러(Mellor) 씨, 존스(Jones) 씨가 올덤을 위해 일했고, 우드(Wood) 씨, 로즈(Rhodes) 씨, 카(Carr) 씨는 애슈턴 지방을 대표했다. 일반 사무에는 멀린(Millin) 씨, 모즐리(Mawdsley) 씨, 필딩(Fielding) 씨를 비롯한 수십 명이 참여했고, D. 홈스(Holmes) 씨, 윌킨슨(Wilkinson) 씨, 버클리 씨는 권사공(捲絲工; Winder and Reeler)[23]을 위해 변론을 담당했다. 아마도 우리는 고용인들이 올덤 치안판사의 서기인 헤스케스 부스(Hesketh Booth) 씨를 동반했음을 반드시 언급해야 한다. 그에 대응하여 소면공(梳綿工; Cardroom Hands)[24]들은 다른 올덤 변호사인 애스크로프트(Ascroft) 씨와 동행했다.

"우리가 말한 사람들은 다른 사람들과 함께 30~40명의 무리를 형성했다. 그들은 기차에서 내린 뒤 몇 분간 휴식을 하고서 업무에 착수했다. A. E. 레이너 씨가 전원 일치로 의장에 선임되었다. … 양 당사자는 함께 일련의 제안을 준비하여 인쇄하고, 고용인은 … 같은 용지에 양 당사자의 제안을 함께 인쇄했다. 제안의 상당수는 그 목적이 양쪽 모두에 동일하기 때문에, 단어 외에 다른 점이 없었다. 그러나 임금 인하에 관한 사항이 첫째로

---

23) 실을 감는 사람. (옮긴이 주)
24) 실을 잣기 전의 공정을 하는 사람. (옮긴이 주)

서, 고용인 측은 그 제안 서류 속에 임금인하액을 공백으로 두었으나, 노동자 측은 2.5퍼센트로 정해두었다. 고용인들은 이 점에 대한 토의를 회의의 마지막으로 미루고자 희망했으나, 노동자 측은 이 점의 해결이 없이는 다른 조항에 소비하는 시간은 모두 낭비라고 느끼고, 그것을 먼저 다루어야 한다고 주장했다. 그러자 고용인 측은 퇴장하여 상당한 시간이 지난 뒤에 돌아와서 3퍼센트 삭감을 수용하겠다고 제안했다. 이어 노동자 측이 퇴장했다가 잠시 뒤에 1파운드당 7펜스를 수용하겠다고 제안했다.[25] 그 후 차를 마시기 위해 휴식했다가 다시 같은 문제를 상의했으나 한쪽에서 다른 쪽으로 위원을 파견하는 방법에 의해 행해졌다. 왜냐하면 전부 한곳에 모여 논의하면서 긴 연설을 하여 아무런 성과를 올리지 못하는 것보다도 이 방법에 의하는 것이 더 많은 의사 진행을 가져왔기 때문이었다. 이 점은 결국 노동자 측 주장대로 7펜스로 정해졌고 기타 몇 사항들이 통과되었다. 이어진 토의 사항은 임금이 동요될 수 있는 기간을 정하는 것이었다. 이러한 토의는 10시 이후에도 연장되었고 모든 사람이 피로를 느껴 집으로 돌아가고 싶어 했다. … 그러나 최후에는 모두 동의할 수 있다고 보이기 때문에 해산하여 그 회의를 무효로 하는 위험을 무릅써서는 안 된다고 생각하게 되었다. 피로해진 의원들에게 원기 회복의 기회를 부여하기 위해 반시간 동안 휴식하기로 가결하여 차가운 차를 마셨다. 그동안 담배도 피우고 밖에서 산책도 하여 모두 원기를 회복했다. 그래서 재개된 회의는 부드럽게 진행되었다. 고용인들은 그들의 제의, 즉 노동조합 노동자는 비조합원 노동자와 화목하게 일해야 하고, 어떤 임금률 개정 제안도 반드시 과거 3년간의 산업 상태를 고려하여 해야 한다는 두 조항에 대해서는 거의 입

---

25) 이는 2.916퍼센트와 같다.

을 닫았다. … 회의가 끝나자 나머지 조항, 즉 그 산업의 일반 이익을 유도하는 방법의 촉진을 위해 함께 노력하고자 하는 (노사의) 희망을 확정하는 조항은 바로 통과되었다. 그리고 오전 4시경에 피곤해진 논쟁자들은 공기를 조금이라도 바꾸기 위해 뛰쳐나갔다. 그동안 그 협정은 많은 서류로부터 검토되어 적절한 형태로 정리되었다. 그런 상태에 있을 때, 맨체스터의 어느 신문사 기자가 탄 마차가 도착하여 분위기가 바뀌었다. 그는 집회 장소를 찾기 위해 랭커셔 동남부 일대를 돌아다닌 결과 그곳을 알아낸 것이었다. 그의 노력은 6행 정도의 정보에 의해 보상을 받았고 그는 그것을 신문에 싣기 위해 달려갔다. 아침 5시가 지나고(실은 14시간) 나서 문서는 모양을 갖추고 서명이 끝난 뒤 의장의 짧고도 분명한 축사가 이어졌고, 그에 대한 감사의 뜻이 전해진 뒤 회의는 모두 끝났다."[26]

우리가 보기에 '면사공 노동조합'에 의해 발달된 단체교섭 장치는 거의 이상에 접근한 것이다. 먼저 우리는 모든 산업을 통하여 무조건 합치되는 일정한 대원칙이 있음을 본다. 그런 원칙에 근거하여 임금 등급은 지극히 상세하게 정해지고 표로 인쇄된다. 그 표는 (모든 산업에서 동일한 것은 아니지만) 자동적으로 여러 지방의 실제 소득을 지배한다. 일반 원칙과 임금표를 개별 공장이나 개별 노동자에게 적용하는 것은, 당사자에 의해서가 아니라 이해관계가 없는 2명의 직업적 전문가의 연합의 결정에 의해 행해지고, 그들 전문가의 평생에 걸친 모든 업무는 의뢰를 받은 특정한 고용인이나 노동자의 이익을 보호하는 것에 있지 않고, 공통 협정을 모든 노동자와

---

26) "사건은 어떻게 처리되었는가", 〈면사공장 시보〉, 1893년 5월 31일; 〈노동가제트〉, 1893년 5월호 참조. "브루크랜즈 협정"으로 알려진 정식 협정은 상공부의 〈임금 및 노동시간 보고〉, 2편, 성과급 임금표준율, 1894, C. 7567, 10쪽 참조.

고용인에게 적용하는 것의 획일성을 확보하는 데 있다. 공통 협정 자체는 지극히 오랜 기간을 둔 대표자 연합 위원회에서 수정된다. 그 회의에서 쌍방의 직업적 전문가는 엄청나고 심지어 우세한 영향력을 갖는다. 사실상 모든 장치는 그 적용에 있어 최대의 신중함, 안전함, 확실함 및 신속함을 갖추기 위해 교묘하게 고안된 점에 감탄할 만하다. 나아가 고용인 측에게도 노동자 측에게도, 개인적인 성격, 성질, 사실에 대한 무지, 또는 무능력이 교섭에 영향을 미칠 여지는 절대로 없지만, 모든 산업에 대해 동일한 임금 지급 방법이 적용되는 것은 유능한 자본가나 능력 있는 노동자에게 그 우월적 이익을 스스로 충분히 확보하는 것을 자유롭게 한다.[27]

앞의 설명을 계속 따를 인내심을 갖는 독자라면 노동조합 세계를 전체적으로 보아, 단체교섭 장치는 지극히 불완전하다고 보지 않을 수 없음을 알게 될 것이다. 우리는 지금 단체교섭이 노동자나 사회에 대해 경제적으로 유리한지 여부를 논의하려는 것이 아니다. 그러나 우리는 만일 그것이 존재한다면, 원활하게 운용되는 것이 바람직하다고 가정해도 좋을 것이다. 나아가 우리가 잠시 노동조합의 입장에 서서 특정한 개인의 요구가 미치는 영향을 배척하여 공통규칙의 유리함을 가정한다면, 그 공통규칙은 현명하고 신중하게 결정되어야 하고, 획일적으로 운용되어야 하며, 조직

27) 우리가 이미 앞에서 보았듯이 '보일러 제작공 연합 노동조합'은 사실 단체교섭에 대해 같은 종류의 장치를 가지고 있다. 새로운 협정에 의하면 그 모임에는 유급의 전문적 임원이 적어도 형식상으로는 노동자 대표와 함께 참여한다. 협정 해석의 장치는, 실제로 각각 고용인협회와 노동조합을 대표하는 유급 임원들의 연합 방문으로 구성되어 있다. "그들은 타인 강변에서 연합위원회를 만들고자 시도했다. 그러나 고용인은 지방적 분쟁이 많은 방문을 필요로 하기 때문에 시간 여유를 갖지 못했다. 따라서 그들은 그 대표자로 1명의 대리인에게 위임하는 방법을 채택했다. 이 대리인은 노동자의 대리인과 만나 좋은 결과를 얻었다"고 로버트 나이트(Robert Knight) 씨는 말했다. 〈뉴캐슬 리더〉의 〈노동분쟁의 화해 특별호〉(Newcastle, 1894), 15쪽.

적으로 실시되어야 하는 것이 필수적이다. 이를 위해 노동조합 세계의 대부분에서 아직 발달되지 않은 장치가 필요하다. 기계 및 건축 분야의 대기업 전반과 사실상 시간제 직업의 거의 대부분에서 단체교섭은 실제로 행해지고 있지만, 가장 유치한 장치가 그 경우의 우연적 방법에, 또는 교섭 기술상의 일반인에 의해 행해지고 있다. 성과급 임금을 지급하는 직업에서는 대체로 그들의 복잡한 가격표를 취급하기 위해 유급의 전문가를 둘 필요가 중요함을 인정해야 했다. 그러나 우리는 오로지 면방공과 면공 사이에서만 전문가 근무의 계속을 기술적 시험에 의해 확보하는 설비를 찾는 것에 그치고 있다. 마지막으로 우리는 단체교섭의 모든 장치가, 두세 개의 직업을 제외하고는 현행 임금 계약에 대한 해석과, 새로운 일반 협정에 의해 세워야 할 조건의 교섭 사이에 본질적 구별을 하지 못했기 때문에 중대한 방해를 받고 있음을 알고 있다. 사실상 우리는 거대 조합 중에서 오로지 '면방공 노동조합', '면공 노동조합', '보일러 제조공 노동조합', 그리고 좀 더 낮은 정도이지만 '영국 북부 및 중부 철공 노동조합', '노섬벌랜드 및 더럼 광부 노동조합'[28]만이 유효한 단체교섭 장치를 충분히 갖추고 있다고

---

28) 이러한 위원회의 규약, 역사, 사업에 대해서는 헨리 크럼프턴(Henry Crompton)의 『산업적 화해(*Industrial Conciliation*)』; L. L. F. R. 프라이스(Price)의 『산업적 평화(*Industrial Peace*)』(London, 1887); 1876년 2월 베른하르드 새뮤얼슨(Bernhard Samuelson) 경이 영국 광업협회에서 한 강연; 1892년 노동에 관한 왕립위원회에서의 증언, 특히 휫웰(Whitwell)과 트로(Trow) 씨의 증언, 그룹 A, 14,974에서 15,482, 의회 서류 C. 6795, 제12 368쪽에 실린 규약의 요약을 참조하라. 위원회 경과 보고서는 영국 철강공의 기관인 월간지 〈철강공 저널〉에 실려 있다. 이러한 위원회들은 계속 서술되어왔으나, 우리의 견해로는 그것들에 대한 관찰자들이 그 참된 조직보다도 형식의 측면을 취급하였고, 그 제도의 실제 결과보다도 그것에 대한 희망을 논의하였다. 이 문제에 있어서 중요하지만 거의 주목되지 않은 요소는, 노동자들의 일정 부분이 스스로 종속노동자의 고용인이라는 사실이다. 정확하게 어떤 노동자 계급 —연철공(練鐵工; Puddlers), 야금공, 기계공, 엔진공, 인부 등— 이 대표자 선거에서 투표 자격을 갖는지, 또 여러 계급의 사람들이 실제로 얼마나 유효하게 위

결론을 내려야 한다.

단체교섭의 방법과 그것을 실행하는 장치에 대한 지금까지의 분석은 독자들에게 두 가지로 보일 수 있다. 즉 어떤 사람들에게는 치명적인 결함으로 보이고, 다른 사람들에게는 '그 성질상의 결함'에 불과한 것으로 보일 수 있다. 날카로운 개인주의자는 모든 산업의 상태를 좌우하는 소위 '임의적' 협정에 강제적 요소가 있음을 깨달을 것이다. '산업적 평화'의 열렬한 옹호자는 고도로 조직된 양 계급 사이의 신중한 교섭이, 협정 체결 대신에 선전포고로 끝나지 않는다고 하는 어떤 보장도 찾을 수 없을 것이다.

원회에 의해 대표되는지에 대해서는 지금까지 서술되지 못했다. 적어도 중부지방위원회가 다른 사건의 다수는 회사와 그 임금 노동자 사이에 관계되는 것이 아니라, 육체노동에 종사하는 도급업자와 위원회로 대표되지 않는 그 종속 노동자 사이의 분쟁에 관한 것이라고 보고되어왔다. 위원회의 실제 결과에 대해서 연구자는, 시시때때로 결정되는 임금률이 최저율이라기보다 최고율로 작용하지 않았는지를 연구해야 한다. 즉 고용인과 노동자의 조직의 불완전성과 권위의 결핍이, 많은 회사로 하여금 그 노동자들로부터 더욱 커다란 요구를 피하기 위해 위원회가 부여하는 판정을 이용하지 않거나, 다른 한편으로 그들 자신의 작전상 지위를 이용하여 위원회가 결정한 것보다도 더욱 낮은 조건을 받아들이도록 노동자에게 강요하는지를 연구해야 한다. 가령 1893년 1월, 노동조합 임원 중 한 사람은 조합원의 모임에서 중부위원회가 결정한 율에 위배하면서 "일반에게 비밀의 임금 인하를 인정했다"고 탄식했다(〈철강공 저널〉, 1894년 1월호). 몇 년 뒤에 노동자의 불평은 다음 선언을 발표하게 했다. "노동자 다수 사이에 위원회가 불충분하고 그것을 해산하는 것이 노동자에게 이익이라는 의견이 생기게 되었다. 고용인은 오로지 임금위원회가 그들에게 맞는 경우에만 그 위원회에 호소한다. 반면 고용인은 노동자로부터 부당한 이익을 착취하는 것이 가능한 경우, 위원회가 정한 원칙과 규약을 멸시한다. 따라서 임금위원회의 유지는 고용인에게만 유리하고 노동자의 이익을 침해하는 것이라고 생각된다. … 심지어 고용인도 그 규약의 준수 이행을 두려워한다. 왜냐하면 그것은 단지 위원회를, 노동자에게 부당한 조건을 강요하기 위해 편리한 것이라고 생각하는 고용인들의 감정을 해치게 되기 때문이다." (〈철강공 저널〉, 1869년 9월호에 실린 1896년 8월 10일 '영국 철강공 노동조합' 집행평의회 공식 회람) 영국 북부위원회의 유사 사건에 대해서 연구자는 스톡턴 멜러블 철강상회(〈철강공 저널〉, 1894년 1월호) 및 배로(Barrow) 철강공장(같은 잡지, 1896년 1월호)의 조치를 조사하라.

어느 정도의 강제가 단체교섭의 방법에 있을 수밖에 없다고 함을 어떤 노동조합 운동가도 부정할 수 없을 것이다. 앞에서 설명했듯이, 노동조합 운동가는 개별 노동자나 공장의 특수한 요구를 배제하기 때문에 올바르게 단체교섭을 중시한다. 이러한 요구의 배제와 함께 필연적으로 개별적 특성 위에 일정한 제한이 부과된다. 이러한 제한을 어떤 사람은 자유의 손실이 된다고 생각할 수 있다. 가령 랭커셔에 있는 어느 도시의 고용인과 노동자는 집단적으로 어느 주가 1년 1회의 '잔치'에 충당될지를 결정할 때, 예외적으로 부지런한 방적공이나 직공이 그가 그것을 좋아하든 않든 간에, 스스로 휴일을 지키도록 속박될 것이다. 일부 사람의 희망을 거스르지 않고 다수 사람들이 공통의 설비를 만들 수는 없다. 공통규약의 범위가 넓어지면 넓어질수록, 적용 및 실시의 장치가 완전하면 완전할수록, 바람직하지 않은 조건을 수락해야 하는 소수자가 더욱 많아진다. 그래서 노동조합은 그 규약에 다수에 의해 결정된 규정을 모든 조합원이 준수할 것을 확보하는 어떤 방법을 제정해야 한다. 모든 노동조합의 규약은 처음부터 오늘에 이르기까지 불복종 조합원에게 벌금을 부과하고, 만일 벌금을 내지 않으면 제명할 수 있다는 조항을 포함해왔다. 노동조합운동의 공제조합적 측면의 발달이 우연히도 그 제재로써 진실로 중한 경우도 쉽게 실시할 수 있는 하나의 형벌을 만들었다는 것은 이미 우리가 지적한 바이다. 나아가 이러한 금전상의 손실에 가해지는 노동조합 명의의 부속물이 있다. 일정 산업에서는 하나의 노동조합이 다수의 노동자를 포함하는 경우, 그 조합원은 "그 노동조합의 이익에 반하는 행위로 인해" 그 노동조합에서 추방된 노동자와 함께 일하는 것을 언제나 거부할 수 있다. 그런 경우, 노동조합으로부터의 추방은 쉽게 그 직업으로부터의 추방을 의미할 수 있다. 그러나 노동조합이 이처럼 가장 전제적인 형벌을 명할 수 있는 반면, 개별 조합원은 이에 대해 노동조합의 성문법에 의해 처벌되기보다도 언제나 일종의 교묘한 호소제도에 의해 전제나 방종으로부터 보호받아왔다. 이러한 징계제도는 물론 집단적으로 협정된 조건보다도 낮은 조건을 받아들여 고의로 위반하는 사람들에게 적용되는 것이 보통이다.[29] 그러나 그것은 또한 다른 방향으로도 협정을 위반하는 노동자에 사용된다. '보일러 제조공 합동 노동조합'의 위원장이 왕립노동위원회에서 말한 바에 의하면 "하나의 예를 든다면, 최근 하틀풀(Hartlefool)에서 생긴 것이다. 그곳에서 기선 하나가 수리를 위해 들어왔는데, 사정이 위급하다는 것을 안 노동자들은 그것이 임금 상승을 위한 절호의 기회라고 생각했다. 그래서 그들은 공장장의 허가를 얻어 1주 2실링의 증액을 요구했다. 공장장은 우리 노동조합과 고용인협회 사이의 교섭을 알고 증액을 거부한 뒤 뉴캐슬의 나에게 전보를 쳤다. 그러나 배의 수리가 급하고, 우리도 배의 출항을 방해하고 싶지 않아서 작업을 중단하는 것을 바라지 않았기 때문에, 나는 평의회의 명에 따라 고용인에게 요구된 증액을 지급하라고 전보를 쳤다. 고용인은 노동자들에게 증액을 지급했고, 우리는 즉각 그 업무에 대해 부여한 증액 금액으로

---

29) "표준 임금 이하"에서 일하는 사람들에 대한 노동조합 운동가의 감정은, 가장 오래된 노동조합의 하나인 '제화공 합동 노동조합'의 수정 일반 법규(런던, 1867)에서 발췌한 다음 문장에서 볼 수 있다.
"파업 파괴자는 그 직업에서, 마치 국가에서 반역자와 같은 자이다. 둘 다 분쟁이 심각할 때에는 한쪽 당사자에게 유용할 수 있으나, 평화가 돌아오면 모든 사람에 의해 경원당한다. 따라서 도움을 필요로 하는 경우, 파업 파괴자는 원조를 제공하는 최후의 사람이 되고, 그 자신이 만들고자 노력하지 않은 제도의 이익을 이용하는 최초의 사람이 된다. 그의 자신 것만을 염두에 두고, 그날의 일을 넘어 보지 않는다. 또 일시적이고 무가치한 찬양을 위해 친구나 가족이나 조국을 배신할 수 있다. 요컨대 그는 소규모의 배신자이다. 그는 먼저 노동자를 팔고, 이번에는 그의 주인에 의해 팔리게 되고, 결국에는 쌍방에 의해 경멸당하고 모든 사람에 의해 포기된다. 그는 그 자신, 그리고 현대와 후대의 적이다."

지급한 액수를 우리에게 통지하도록 회사에 요청했다. 업무가 끝나자 상세한 내역이 그 업무에 종사하고 그 요구를 한 사람들의 이름과 함께 뉴캐슬에 있는 우리에게 통지되었다. 일이 끝나자마자 우리 평의회는 그 돈을 받은 조합원에게 그 돈을 노동조합에 반환하도록 명하고, 회사에 대해서는 증액 금액에 해당하는 수표를 보냈다."[30] 다른 경우에 노동자는 그들의 고용인이 기선의 완성에 시간 제한을 두었음을 알고, 갑자기 임금 인상을 요구했다. 꼭 같은 행동이 노동조합에 의해 행해졌고, 노동자도 "이행해야 할 계약에 의해 속박된 고용인에 대한 부도덕행위"로 처벌받았다.

현대 산업 세계에서는 이러한 개인적 판단을 공통규칙에 복종하게 하는 것은, 노동조합의 조합원들에 의해 개인적 결정을 포기하도록 동의했다고 생각될 수 있는 사람들 이외에도 미치는 특별한 것이다. 어떤 산업에서도 그 고용인협회가 노동조합과 협약을 체결했을 때, 그렇게 정한 공통규칙은 고용인에 의해 당연히 그들 공장의 노동자 전체에 대해, 그 조합원인지 여부에 관계없이 널리 확장되는 것이 보통이다.[31] 이러한 단체교섭의

---

30) 왕립노동위원회, 그룹 A, 질문 20,718. 이 징계권을 자주 행사하는 것은 단지 하나의 지방에 대해 기록된 1897년 5월 월보에서 발췌한 것에서 판단할 수 있다. 이 사건표는 일반적으로는 공표되지 않는다.
"아래 조합원에 대해 위원회는 4월에 사건을 처리했다.
F. F.(공장장)는 헤이즈에서 두 업무를 담당하여 40실링.
T. B.(리벳공; Rivetter은 대갈못을 조이는 사람)는 장판공(Plater)의 업무를 해서 10실링.
E. T.(장판공)는 업무를 등한히 하고 술을 마셔서 10실링.
J. J.(리벳공)는 장판공의 업무를 해서 10실링.
H. R.은 과도한 시간외노동으로 30실링.
T. C.는 파업 서기에 대한 모독적 언어로 10실링.
R. D.는 공장장 W. H. T. 씨에 대한 불쾌한 언어 사용으로 10실링.
31) 이러한 관행은 최근 권위 있는 공식적 승인을 받았다. 브리스틀과 노섬벌랜드의 몇몇 제화업자들은 한편으로 '제화공 전국노동조합'의 조합원에 대해서는 단체협약에서 정해진 조건

보편적 적용은, 노동자 스스로나 대표자에 의해 단체협약 체결에 참가하지 않은 노동자에 대해서도, 특히 슬라이딩 임금법[32]의 경우에 현저하다. 북부와 중부 지방의 제철소에서 고용인과 노동자의 연합위원회에 의해 고용된 회계사의 판정은, 아무리 모든 경과가 특정 부문 노동자에게 불쾌한 것이라고 해도 관계 공장의 모든 임금 계약을 지배하는 것이 보통이다. 남부 웨일스 광부의 지위는 더욱 놀랍다. 12만 명의 노동자 중에서 3분의 1이 안되는 노동자들이 어떤 노동조합의 확실한 조합원이거나, 어떤 방법으로든 교섭에 참여하고 있다. 그들은 각각 다른 지역을 포괄하는 세 가지 개별 노동조합을 형성하고 있는 조직 노동자로서 상당한 역할을 하고 있는데, 그것은 1893년 슬라이딩 임금법에 동의하는 것을 명백하게 거부하고, 그 대표자를 연합위원회에서 탈퇴시켰다. 그럼에도 불구하고 12만 명 노동자들은 모두 극소의 특별한 경우를 제외하면, 그 임금이 각 지불일에 자동적으로 회계사의 판정에 의해 결정되는 것을 알게 된다. 이러한 경우 고용인협회는 소수 노동자와 동맹하여, 냉담하거나 불만이 큰 다수자에게 산업에서의 배척이나 지방으로부터의 추방이라는 처벌을 통해 그들 다수가 극력 반대하는 보수방법 및 임금률을 실시한다. 이러한 종류의 경우에, 강제의 도구가 되는 것은 고용인이다. 다른 산업에서는 노동조합이 고용인협회와 동맹하여 협회에 가입하는 것을 거절하거나 산업 전체에 의해

을 부여할 의무가 있다고 인정하면서, 다른 한편으로는 그들이 고용한 비조합원에 대해 그들이 바라는 대로 지급할 수 있는 권리를 주장했다. 그 결과, 노동조합의 제안에 의해 쟁점은 상공부의 상임서기관의 심판인에게 위임되었다. 서기관은 지방위원회의 결정이 명백하게 제한하지 않는 경우에는 조합원에게도 비조합원에게도, 설령 후자가 어떤 협약의 교섭에 참여하지 않아도 마찬가지로 적용되어야 한다고 판정했다. 〈노동 가제트〉, 1896년 5월호에 실린 1896년 5월 6일의 판정 참조.

32) Sliding Scale은 물가의 변동에 따라 임금이 변화하게 하는 제도.

동의된 협정에 따르는 것을 거절하는 반대파의 고용인에게, 노동조합 특유의 압박 형식을 행하는 것을 우리는 알게 된다. 제화업 분야에서의 지방 위원회 기록은, 고용인협회의 대표자가 '제화공 전국 노동조합'에 보낸, 경쟁 회사가 동업 협정에 따르도록 모든 영향력을 행사하도록 한 다수 서류를 포함한다. 여기서 노동자의 다수는 고용인의 다수가 제안한 바에 따라 이와 공동하여 그 산업의 중요 단체가 협정한 공통규칙을 소수의 고용인과 노동자에게 실제로 강제한다. 요약하자면 경험이 보여주는 바는, 고도로 발달된 현대 산업에서 공통조건을 협정하는 시도에 성공할 때, 노동조합의 기초가 아무리 '임의적'이라도 그것은 결국 동일한 조건의 강제적 인용이 되는 것이 불가피하고, 설령 산업 전체를 통하여서가 아니라고 해도, 적어도 다수의 전혀 동의하지 않는 회사와 노동자에 의해 동일한 조건의 사실상 강제적인 용인이 될 것이다.

이러한 강제는 공통협정을 만들어 적용하는 장치의 비용을 지급하는 문제가 될 때 더욱 명백한 형태를 취하게 된다. 앞에서 말했듯이 남부 웨일스의 탄전(炭田)에서는 슬라이딩 임금제가 일반적으로 행해졌지만, 고용인은 약 4만 명의 노동자에 대해, 그들이 개인적으로 슬라이딩 임금률에 동의했건 하지 않았건 간에, 또는 그들이 조합원이든 아니든 간에, 모두 그들의 수입보다 1년에 6펜스의 강제적 공제를 하게 된다. 론다 밸리와 다른 몇 지역에서 강제는 한 걸음 더 나아갔다. 고용인은 노동조합에 대한 기부금으로 노동자의 수입에서 매월 몇 펜스를 강제로 공제한다. 일정하게 합의된 퍼센트는 고용인과 그의 서기에 의해 그들의 수수료로 보류되고, 나머지는 노동자가 노동조합 당사자에게 건네준다. 남부 웨일스의 최대 규모이자 최고로 중요한 광부 노동조합은 고용인의 회계사무소에서의 이러한 강제적 감액 이외에는 다른 기여금을 갖지 않는다. 또한 지부도 없고,

지부 임원이나 여타의 조직적 기관도 없다. 따라서 노동조합원이라는 것은 사실상, 고용인이 교섭할 수 있는 임원을 지지하기 위한 강제적 기여금에 귀결하는 것으로서, 남부 웨일스 탄전의 대부분에 걸쳐 조합원이라는 것은 절대로 강제적이다.[33]

그러나 이러한 남부 웨일스 탄전의 강제적 노동조합은 고용인에 의해 강요되어 단체교섭 및 그 비용의 지불에 손을 뻗쳤으나, 냉담하거나 반대하는 노동자에게 그 희망을 표출하거나 그들 자신과 관계 있는 사무 부분의 관리에 참여하는 기회의 부여를 보장하는 어떤 규정도 두고 있지 않다. 슬라이딩 임금이 공제되는 노동자의 대부분은 어떤 노동조합의 명부에도 명목상으로도 그 이름이 올라 있지 않기 때문에, 그들은 어떤 문제에 대해서도 결코 투표하도록 요구되지는 않는다. 여러 노동조합의 명부에 있는 소수자를 대표하는 '슬라이딩 임금위원회'의 노동자 의원이, 그들 자신이나 그들이 직접 선거한 대표자에게 최선으로 생각되는 협약을 고용인과 체결하고 그러한 강제적 공제 규약을 만든다. 사실상 우리는 이러한 현저

---

33) 유사한 강제적 조합원의 예는 제철업에서도 볼 수 있다. '중부 지방 철 및 강철 임금위원회'는 고용인은 위원회의 경비에 관한 노동자의 부담 부분을 그 모든 직공으로부터 강제적으로 모아야 한다고 결의했다. 몇몇 고용인은 이러한 일을 하는 데 게을러서 노동조합의 서기에 의해 고발되어, 위원회 위원장은 모든 고용인은 이 공제를 해야 할 의무가 있다고 주장했다(〈철공 저널〉, 1895년 3월). '영국 북부 제철업자 위원회'도 같은 관행을 채택했다. 1896년의 실물임금금지법(Truck Act)에서는 그러한 공제가 금지되었다. 그리고 그것이 계속되도록 하기 위해 노동조합 서기인 트로(Trow) 씨는 내무부장관에 대해 제철업을 그 법률의 범위 밖에 두도록 하는 명령을 규정하게 청원해야 한다고 주장하고 이를 통과시켰다(〈철공 저널〉, 1897년 3월호). 중부지방위원회도 그 위원장이 말했듯이, 이 법률은 "임금위원회가 노동자의 기여금을 공제하는 것을 방해하는 결과를 낳았다"는 이유에 의해 위원회 일치로 그 청원에 찬성했다(〈철공 저널〉, 1897년 4월호). 내무부장관이 이 요구에 응하여 강제적 기여금의 원칙을 재가하고, 실물임금금지법으로부터 모든 산업을 제외하는 법령을 내릴 것인지에 주목하는 것은 흥미로운 일이 될 것이다.

한 경우에서, 민중적 감독이 없는 집단적 행정의 예를 본다. 동일 산업의 다른 경우에는, 단체행동과 강제적 지불이 법에 의해 이행되지만, 적어도 투표에 관한 규정이 설정되어 있다. 우리는 다른 저서[34]에서 광부 노동조합이 그들의 사무원을 갱구에 두고, 조합원이 소득 계산에서 사기를 당하지 않도록 하기 위해 감시하는 권리를 갖기 위해 얼마나 오랫동안 집요하게 싸워왔는지를 서술해두었다. 그리고 이러한 중량조사원이 노동조합 임원으로 얼마나 유용하게 그 업무를 수행했는지도 지적했다.[35] 1887년 탄광 규제법에 의해 모든 탄광의 노동자 다수가 투표를 통해 중량조사원을 두도록 결의한 경우, 그의 임금은 채광 양에 따라 당해 탄광의 모든 노동자에게 분담시키고, 그 분담액은 노동자가 당초 그 임명에 찬성했는지 여부와 무관하게, 소득에서 강제적으로 공제해야 한다고 규정되었다.

그러나 더욱 일반적으로는, 공통의 단체협약을 실시하거나 그것으로 인해 필요한 비용을 모으기 위해 할 수 있다고 믿는 수단 방법을 적절하게 선택하고 실행하도록 노동조합에 일임하고 있다. 이러한 방법은 두 가지이다. 남부 웨일스 탄광주의 예에 따라 노동조합은 고용인 일부와 피고용인 일부가 체결한 협정을 사업 전체에 실시하도록 하고, 그 목적을 위해 종업원 전원에게 강제로 부과할 수 있다. 그리하여 더블린 통노동자의 낡은 폐쇄적 노동조합의 노동조합은 비조합원의 노동을 허용하는 한편 그들

---

34) 『노동조합운동의 역사』, 289쪽, 453쪽.
35) 오늘날 광부 연합회가 요구하는 법률 수정안 중에는, 어떤 탄광의 광부라고 해도 중량조사원의 보조인을 모든 탄광의 비용으로 임명하고, 그로 하여금 "중량조사원이 다른 자격으로 광부를 대신하거나 광부를 위하여 일하는 경우에" 중량 조사의 업무를 할 수 있도록 한다는 안이 있다. 이를 1896년 광부회의에서 요크셔 대표자가 다음과 같이 설명했다. 즉 "그들이 요구하는 바는 중량조사원이 노동조합의 사무로 부재한 경우를 대신하여 그 직무를 행하는 보조자를 탄광노동자가 임명할 수 있도록 하고 싶다는 것이다."

이 조합원이 되는 것을 허용하지 않으면서도, 모든 규약을 준수하고 그 마을에서 노동하는 한 매주 노동조합의 기금에 기부해야 한다고 주장했다. 그리고 이러한 '대표권 없는 징세'는 노동자 계급의 감정에 배치되는 것이고, 노동자 대부분의 일반적인 관행은 그 직업에 종사하는 각자가 그 관리 비용을 분담할 뿐 아니라, 동시에 그 관리 작용에도 참여해야 한다고 기대되고 있다. 플린트(Flint) 유리공은 다음과 같이 선언하고 있다. "일정한 직업에 의해 생활하는 사람은 그 직업을 지원하고 보호하며 부끄럽지 않은 상태 속에서 유지하는 것이 그들의 절대적 의무라고 우리는 주장한다. 노동조합의 기금에 기부하기를 거부하는 사람은 그 노동조합의 조합원들에 의해 만족과 존경의 감정으로 존중받을 수 없다. 이 감정이 일치 행동이라는 것이 각자의 이익을 위해 모든 사람이 목적으로 삼는 것임을 생각할 때 사람들에게 행복을 불러일으키는 것이다."[36) 그래서 직업적 관례의 강제적 승인만이 아니라, 당해 노동조합의 강제적 가입이 생겨난다. 과거에 어떤 노동조합운동도 범죄 행위였을 때, 그러한 조합 가입 강제는 바로 폭력적 사태에 이르렀다.[37) 그러나 지금 영국의 노동조합 운동가는 고용인이 실행할 수 있는 더욱 평화적인 방법에 만족하고 있다. 고용인은 대체로 그 취업규칙이나 고용인협회가 채택한 것에 동의하지 않은 노동자를 고용하지

---

36) 중앙위원의 연설. 〈플린트 유리공 잡지〉, 1889년 5월호.
37) 우리는 『노동조합운동의 역사』에서 '기구류의 제거'라는 관행에 대해 설명했지만, 셰필드의 직업 클럽의 어떤 사람이 1867년까지 불행히도 이 점으로 악명이 높았다. 19세기 초에 더블린과 글래스고의 직업 클럽은 폭행으로 마찬가지로 악명이 높았다(『노동조합운동의 역사』, 3쪽, 31쪽, 79쪽, 149쪽, 154쪽, 242쪽 참조). 노동조합이 더욱 평화적으로 되고 실제보다 유효한 제재를 사용할 수 있는 법적 자유의 발달과 함께, 그 약식의 개인 형벌에 맡기는 것은 사멸했다. 현대에는 노동조합 가입을 강제하기 위하여 물리적 폭력을 사용했다고 하는 사례를 우리는 개인적으로 알지 못한다.

않는다. 이와 마찬가지로 노동조합 운동가도 가능하다면 비조합원과 협조해야 하는 공장에 취업하기를 거부한다. 플린트 유리공은 "비조합원 옆에서 노동하는 것은 두뇌와 원칙이 있는 사람에게, 그에게 그의 노동을 돕도록 강요하는 무례를 참지 않고서는 불가능하다. … 따라서 우리는 고용인이 조합원을 고용하기 이전에, 비조합원 전부를 공장 밖에서 소탕해야 한다고 말하기를 주저하지 않는다. 그곳에서 우리는 그것을 요구했고 그렇게 되었다"고 말한다. 이는 광부에 의해 더욱 명확하게 나타나고 있다. 가령 1892년 '더비셔 광부 노동조합'의 의사록에는 다음과 같이 기록되었다. "조합원이 다수를 차지하는 곳에서 집행위원회는 모든 합법적인 노력을 사용하여 노동조합 외의 사람을 노동조합에 가입하도록 노력하고 조합원에게 권고한다. 만일 이에 실패하는 경우, 우리는 노동조합원에게 그들과 함께 일하지 말고 함께 차를 타지도 말기를 권하지만, 그런 행동을 하도록 하는 기획은 그것을 실행하기 전에 사무당국에 통지하기를 권유한다."[38]

비조합원과의 노동을 거부함으로써 행해지는 이러한 강제적 노동조합 운동은, 1869년의 '새로운 노동조합원'에 의해 도입된 현대적 고안이라고 하는 기묘한 망상이 언론인 사이에 있다. 그리하여 레키 씨는 독점의 확립과 '종종 조잡한 폭력과 전제에 의해 그들의 세력 범위 내의 직업에서 비조합원'을 배척하는 것은, 특별히 '새로운 노동조합 운동가 중에서' 특별한 것이 사실이라고 말하고 있다.[39] 그러나 사실은 이와 반대로, 비조합원을

---

38) 1892년 7월에 열린 '더비셔 광부 노동조합' 집행부 회의 의사록. 고용인 측이나 노동자 측에서 그 행동이 비난받아야 하는 사람과 일하는 것에 동의함을 거절한 결과, 고용인이 '성격증명서'를 구하고, 노동자가 회사를 '가'와 '불가'로 분류하며, 고용인협회나 노동조합이 그 구성원에게 고용인에 대해 또는 노동조합에 대해 부당하게 행동하는 자의 블랙리스트를 회람시키게 된다.
39) 『민주주의와 자유』, 제2권, 348쪽.

배척하는 것은 노동조합운동과 함께 나타난 동시대적 산물이고, 그 실행은 현대에 만들어진 노동조합에서보다도 비교적 구식인 노동조합에서 더욱 현저하게 나타난다는 것이 노동조합의 역사를 연구하는 자라면 누구나 알고 있는 것이다. 18세기의 수공업자 직업 클럽은, 그 클럽의 회원이 아닌 사람들을 그 직업에 종사하도록 허용한다는 생각을 아마도 배척했을 것이다. 현대에도 노동조합 강제의 가장 엄격한 형태를 볼 수 있는 것은 특히 오래전에 설립된 구식의 노동조합에서이다. 광부 중에서도 비조합원과 함께 '같은 차를 타는'(내리기도 하는) 것을 절대적으로 거부하는 관습을 정한 것은, 1세대 동안 견고하게 단결해온 노섬벌랜드, 더럼, 요크셔의 서부 라이딩의 노동자들이다.[40] 노동조합 조직이 가장 발달된 대소의 산업에서는 가령 보일러공, 플린트 유리공, 테이프 부착공, 원료 압착공(原料壓搾工; Stuff-presser) —바로 '구노동조합'의 귀족계급— 에서 강제는 매우 완전하게 행해지고, 그래서 전혀 눈에 뜨이지 않는다. 노동조합에 속하지 않는

---

40) 이러한 비조합원 보이콧의 극단적인 보기로는 더럼 광부의 지도자인 윌리엄 크로퍼드 (William Crawford)의 유명한 편지를 보라. 우리가 믿기로 그것은 1870년경에 쓴 것으로 『노동조합운동의 역사』, 280쪽에 그 전문이 실려 있다. 크로퍼드는 다음과 같이 말했다. "여러분과 여러분의 아들들에게 부적당한 동료로서, 여러분의 딸에게 부적당한 남편으로서 그들을 보라. 카인의 저주로 보통의, 정직하고 존경받는 사회 속에 섞이기 부적절한 자라고 그들에게 낙인을 찍게 하라." 그러나 공장에서 가정으로, 산업관계에서 사회생활로까지로 배척을 연장하는 것은, 영국 노동 계급의 정서에 반하는 것으로서, 결코 널리 행해지지 않았다. 이렇게 구별하는 것이 아무리 비논리적이라고 해도, 사회적 배척을 죄악의 범위 밖으로 확대하는 것은 부당하다고 하는 감정이 일반적으로 다른 사회적 계급에도 보급되고 있다고 우리는 생각한다. 기업인은 거래상 필요로 하는 한, 품격이 불량하다는 평판이 있는 사람들과도 언제나 거래를 한다. 한편 영국 사회는 그 공적 행동이 매우 훌륭하지 못하다고 생각하는 정치가라도 개인적으로 선량한 사람들이라면 그들과 함께 식사하는 것을 거부하지 않는다. 크로퍼드가 주장한 더욱 논리적인 방책은 열광이라고 간주되는 것이다.

사람은 상황에 적응하려고 생각하지도 않고, 지위를 얻기 위한 기회를 가지려고도 하지 않는다. 사실상 비조합원인 장판공이나 리벳공이 타인 강변에서 직장을 얻는 것은 마치 뉴캐슬에서 집세를 내지 않고서는 집을 빌릴 수 없는 것과 마찬가지로 불가능한 일이다. 이처럼 암묵적이고 눈에 보이지 않지만, 절대적으로 완전한 강제야말로 모든 노동조합의 이상이다. 여기저기에서 불완전하게 조직된 직업의 임원은, 자신의 노동조합에서는 노동자를 그의 자유의지에 의하지 않고 노동조합에 가입해야 한다는 희망은 갖지 않는다고, 공중에 대해, 또는 왕립위원회 앞에서 저항할 수 있는 것이 사실이다. 그러나 개인들에 의한 이러한 발언이 아무리 선의로 서술되었다고 해도, 그러한 노동조합은 그 직업의 다수자를 가입시키게 되면 바로 조합원 강제의 원칙을 채택하고, 조직의 힘이 증가됨에 따라 더욱더 엄격하게 그 원칙을 적용하는 것을 우리는 언제나 본다.

이처럼 다양한 형태의 강제를 우리가 어떻게 생각하든지 간에, 그것들이 '계약의 자유'라고 하는 과거의 이상, 즉 노동의 매매에 관하여 자신의 이익에 가장 적합하다고 생각하는 교섭을 할 수 있는 모든 개인의 법적 권리와 배치되고, 사실상 그것들은 그러한 법적 자유의 필연적인 부수 사항이라고 하는 점을 주의하는 것이 중요하다.

어떤 고용인이나 어느 지역의 모든 고용인이 슬라이딩 임금제를 노동자의 고용조건으로 삼았을 때, 이에 반대하는 소수에게는 그러한 조건을 거부할 '자유'가 있다. 그들은 그 대신, 가정을 해체하고 그 지역을 떠나거나, 다른 직업을 배울 수 있다. 임금 노동자는 같은 자유를 거부할 수 없다. 노동자가 그가 좋아하지 않는 동료와의 협동을 강요받을 수 없다는 것을 일정 회사에 취업하는 조건으로 선택할 때, 그는 단지 자기 이익에 적합하다고 생각한 교섭에서 계약하는 자유를 행사한 것에 불과하다. 이에 대해 고용인은 그러한 조건으로 그를 고용함을 거부하는 '자유'도 가지며, 만일 노동자의 대다수가 동일한 의지를 갖는다면, 그는 자신의 두뇌와 자본을 다른 직업으로 향하거나 그 지역을 떠날 '자유'를 갖는다. 그러나 이러한 '자유' 개념에 구속되지 않는 사람에게 특정한 고용조건을 거부할 수 있는 단순한 법적 권리는 강제에 대한 어떤 안전 방비도 아니라는 것이 분명하다. 실제로 어떤 산업의 모든 유능한 노동자가 강력하게 결속하는 경우, 동료 자본가의 후원 없이 고립한 고용인은 '직업의 관습'에서 벗어나기가 절대로 불가능하다. 노동조합에 반대하는 고립된 노동자도 마찬가지 궁지에 빠진다. 노섬벌랜드 마을의 채탄부(採炭夫; Coalhewer)는 글래모건셔(Glamorganshire)의 어느 광부가 슬라이딩 임금제하에서 일하는 것처럼 노동조합에 가입하거나 가입하지 않는 선택의 자유를 실제로 갖지 않는다. 노동조합운동에 대한 노동자의 입장과 그것에 반대하는 고용인의 입장은 동일한 가정 위에서 진행된다.[41] 관계 당사자의 경제적 조건이 불평등한 경우에는 어디에서나, 계약의 자유는 단순히 전략적 강자에게 계약 조건을 지정하게 할 뿐이다. 단체교섭은 이러한 실제의 강제를 제거하지 않고, 그 부담을 전가할 뿐이다. 어떤 종류의 단결도 없는 경우, 개별 노동자의 전략적 허약성은 자기 노동에 유보 가격(Reserve Price)을 붙일 수 없고, 최저 가능 조건을 받아들이도록 강제한다. 그러나 노동자가 단결하는 경우 균형은 회복되고, 고립된 고용인에게는 불리하게, 임금 노동자에게는 유리하게 기울어질 수도 있다. 고용인이 다시 단체에 의해 단체에 대항하고자 한다면, 개별 자본가나 노동자에게 가해진 강제는 불가항력이 되어 주목하지 못하게 한다. 단체교섭의 가장 완벽한 형태에서 노동조합의 강제 가입은 시민을

---

41) 이러한 가정은 제3부 '시장의 흥정' 장에서 상세히 검토한다.

강제하는 것과 마찬가지로 당연한 것으로 간주되고 있다.

만일 정말로 이러한 실제의 강제에 반대하는 일반적 논의를 더욱 상세하게 검토한다면, 그러한 관행적인 반대는 강제 그 자체에 반대하는 것이 아니라, 그것을 행사하는 사람에 대해 또는 그것이 취하는 특별한 형태에 반대하는 것에 불과하다는 것을 알게 된다. 경제적 훈련을 받지 못한 평범한 중산 계층 사람들은 고용인이 어떻게 '자신의 사업'을 운영해야 하는지를 독재적으로 결정하는 경우 강제가 있다고는 전혀 생각하지 않는다.[42] 그러나 노동자가 어떤 조건하에서 그들의 노동시간을 사용할 것인가를 스스로 결정하고 싶다고 요구하면, 그것을 가리켜 사회질서를 전복하는 것이라고 하여 그를 놀라게 한다. 이에 반하여 열성적인 노동조합 운동가는 고용인의 취업규칙에 대해 '독재'하는 것에 분노하지만, 강력한 노동조합이 사전에 자본가와 전혀 협의하지 않고 그 의지를 자본가에게 철저히 강제하는 것은 아무런 해가 없다고 생각한다. 이러한 두 가지 반대되는 견해의 현대적 타협으로서 나타나 점차 공중의 찬동을 얻게 된 견해는, 단순히 노동자나 고용인의 일방에 의하지 않고 실제로 양자의 단체협약을 통해 조건을 결정하는 것이다. 이러한 감정이야말로 모든 종류의 화해중재위원회나 연합위원회에 대한 찬성 의견이 증가되는 점을 설명해준다. 즉 여론은 공통규칙에 대한 개인의 복종을 불가피한 것으로 승인하고, 이러한 복종이 직접적인 이해관계자의 정당한 대표에 근거해야 한다는 보증을 추구한다. 고용인 대표와 노동자 대표 사이에서 행해지는 단체교섭을 가장 열

---

42) "자본가나 장인 계급은 … 그들 공장의 내부 설비, 노동시간, 지급이나 계약의 형식은 개인의 가계와 마찬가지로 공공사업이 아니라고 생각한다." 에드먼드 포터(Edmund Potter), F. R. S., 「노동조합과 그 경향(Trade Unions and their Tendencies)」, 〈사회과학협회보(*Social Science Association Transactions*)〉, 1860, 755쪽.

렬하게 주장하는 것은, 산업 평화라는 관점에서 어느 산업의 모든 지방에 특정한 장기간, 이러한 단체협약이 적용되는 것을 환영하지만, 이는 별도의 교섭을 하기를 선호하는 개별적 회사와 개별적 노동자의 강제적 승인을 반드시 포함한다. 그리하여 우리는 한 걸음, 한 걸음, 왕립노동위원회의 의장이자 그 자신이 대고용인인 데번셔 공(Duke of Devonshire)이 다른 7명의 유력한 의원들의 동의를 얻어, 다음과 같은 유명한 제의에 이른 것을 보게 된다. 즉 모든 직업에 확대되고 있는 노동조합과 사용자협회는 명백한 법인단체가 되도록 장려되어야 하고, 그 조합원들을 위하여 단체협약을 체결하는 권능을 명백히 부여받아야 하며, 합법적으로 강제하는 제재에 의해 모든 조합원이 이러한 새로운 산업법규에 복종하게 하는 권력이 부여되어야 하고, "(정당하게 등기된) 노동조합의 모든 조합원은 조합원인 한, 단체협약을 준수하는 노동조합과 계약한 것으로 간주되며," 노동조합은 "단체협약을 어긴 조합원에게 손해배상을 받을 권리"를 부여받아야 한다.[43]

그러나 영국 여론의 본질적인 합리성은 법적인 계약의 자유와 경제적 강제라고 하는 이 모든 형태에 대해 제한을 가하는데, 이는 그것이 자본가의 '기업의 자유'이든, 임금 노동자의 '단결의 자유'이든, 또는 직업의 관습이 무엇인지를 판단하는 연합위원회의 자유이든 간에 마찬가지이다. 만일 이기적인 자본가가 그들의 전략적 이점을 사용하여 임금 노동자에게 그 생명과 건강 및 품성에 현저히 위험한 조건을 받아들이도록 강요하는 때, 중산 계급의 의견은 그들의 탐욕을 억제하는 입법을 지지하게 된다. 또 일

---

43) 데번셔 공, 국회의원 레너드 코트니(Leonard Courtney) 각하 및 6명이 서명한 보고서를 참조하라. 이 제의는 '노동조합운동의 함의' 장에서 상세히 설명하겠다.

부의 노동자가 기계 사용에 반대하여 파업을 하거나, 명백하게 반사회적인 규정을 실시하게 하기 위해 파업을 할 때, 그들은 노동조합 운동가들의 일반적 단체에 의해 버려지고, 종종 같은 직업의 다른 조합원에 의해 방해받으며, 심지어 그들이 속하는 노동조합의 집행부에 의해 처벌받기도 한다. 데번셔 경과 레너드 코트니 씨가 왕립노동위원회에서, 고용인과 노동자의 자유로운 조직에 대한 산업규제권을 확장하자고 제안했을 때, 그들은 특정 산업에서 그러한 연합협정은 쉽게 다른 산업이나 일반 소비자 단체의 이익을 해칠 수 있다는 반대론에 부딪혔다. 이 모든 논리적 주장에 본능적인 제한을 가하는 것의 근저에는, 고용인도 피고용인도 도덕적으로 사회 전체의 이익을 무시할 수 있는 자유를 갖지 않는다고 하는 반의식적인 승인이 놓여 있다. 이는 산업 조건을 오로지 노사 간의 계약에 의해 결정하는 모든 시도의 내재적인 단점을 우리에게 보여준다. 심지어 단체교섭이 가장 완전한 형태에서 행해지고, 양 당사자가 충분히 대표되며, 도달한 협정이 참으로 양자의 결합된 희망을 표명하는 경우에도, 그 조건이 사회 전체의 복리에 공헌할 것이라고 볼 수 있는 어떤 보증도 없다.

우리는 단체교섭이라는 방법이 가장 완벽하게 발달한 경우에도, 그 중요한 결점이라고 일반적으로 간주되는 문제를 마지막까지 남겨왔다. 가령 랭커셔 방적공이 채택한 기관에서도 협정이 불가능한 경우에 대해 어떤 준비도 없다. 그러한 경우 교섭은 간단히 끝나고, 고용인 측에서는 노동의 제공, 노동자 측에서는 노동의 수락을 고의로 집단적으로 거부함을 본다. 바로 '직장폐쇄'와 '파업'으로 알려진 것들이다. 우리의 견해로 그러한 노동의 정지는 개인적이든 집단적이든 간에, 노동의 고용에 관한 모든 상거래의 필연적인 부산물로서, 이는 상점 주인이 제시한 가격에 손님이 동의하지 않는 경우 그 상점을 떠나는 소매업에 수반되는 것과 마찬가지이다.[44] 이는 파업과 노동조합 사이에 어떤 필연적 관계가 있다고 하는 무지에서 오는 가설과는 너무나도 그 취지가 다른 것이라고 하는 것은 거의 말할 필요가 없다. 우리는 이미 단체교섭이라는 방법보다도 상호보험이라는 방법을 택하고, 따라서 전혀 파업을 하지 않는 노동조합도 있음을 설명했다. 그리고 우리는 다른 곳에서 노동조합의 작용이 법률 제정의 방법에만 한정되는 노동조합 조직이 있음을 지적할 것이다. 반면 노동조합이 어떤 산업에서도 성립되기 훨씬 이전에 단체교섭은 우리가 이미 설명했듯이, 다소 교묘한 형식으로 행해지고 있다. 그리고 단체교섭에서는 집단적인 노동 거부에 이르는 것을 피하지 않을 수 없다. 영속적인 단결이 존재하는 산업에서보다도 노동조합 없이 단체교섭을 한 산업에서 파업이 훨씬 많다는 것이 단순한 역사적 사실이다.[45] 노동조합이 파업에 미치는 영향은, 단체교섭에 미치는 영향과 정말 너무나도 같다. '공장 교섭'에서 지역적 '취업규칙'으로의 진화, 다시 전국적 협약으로의 진화는 '공장 분쟁'에서 지역 파업, 나아가 산업의 일반 정지로 확대되는 것을 마찬가지로 수반했다. 이 점에 관하여 우리는 왕립노동위원회 보고 중에서 다음을 인용할 수 있다. "하나의 직업에서 양측이 각각 강력하게 단결하고 막대한 재력을 갖는 경우에 산업 분쟁이 발생하면 그것은 엄청난 규모, 엄청난 기간, 엄청난 비용

---

44) 노동조합운동에 대한 극단적인 반대자들도 이를 인정한다. 1860년 유력한 고용인은 다음과 같이 말했다. "나는 파업이 노동에 대한 상거래 행위로서, 피할 수 없는 결과라고 생각한다. 파업은 언제나 일어나리라." 에드먼드 포터, 「노동조합과 그 경향」, 〈사회과학협회보〉, 1860, 756쪽.

45) 우리는 오로지 독자들에게 광부가 영속적인 노동조합을 조직하기 이전에 노섬벌랜드 등의 탄광에서 끊임없이 일어난 '탄광 파업'이나 1811년 러다이트의 처절한 폭동과 1842년 소동, 또는 '공장협약' 이상으로 조직이 아직 불충분한 수공업에서 지금도 행해지고 있는 '공장 분쟁'의 끝없는 연속을 상기하는 것으로 충분하다.

으로 행해질 것이다. 그러나 마치 유럽의 두 강대국 사이의 현대 전쟁이 엄청난 비용을 필요로 한 것이어도, 정부의 권력은 더욱 약하고 덜 집권화된 곳이나 시기에 생기는 끝없는 지역 투쟁이나 경계 침입보다도, 문명이 고도로 표현된다고 말할 수 있는 것과 마찬가지로, 오랜 평화 뒤에 침입해온 거대한 산업 분쟁은, 전체로 본다면 지속적인 지역적 소요나 노동 정지, 미미한 분쟁보다 우수한 것으로 보인다."[46]

그러나 우리가 이러한 추종적 비유를 받아들이든 않든 간에, 파업이나 직장폐쇄로 종결하는 지속적 경향은 단체교섭이라는 방법의 중대한 결점이라는 것은 부정하기 어렵다. 관계 당사자가 교섭에 동의하거나 하지 않는 자유를 갖는 한에서, 인간의 성질이 지금과 같다면, 교섭이 행해지는 모든 거래의 배후에 놓여 있는 힘과 인내의 시험으로 나아가는 것은 도저히 피할 수 없다. 우리는 입법 제정에 나타나는 사회 전체의 신중한 결정 이상으로, 이러한 힘의 시험을 피하는 방법을 알지 못한다. 즐겨 사용하는 하나의 묘약 ―제화업에 관한 설명에서 우연히 언급되는, 중립의 중재관에게 분쟁을 부탁하는 것― 에 대해 특히 다음의 1장을 두어 설명하고자 한다.

---

46) 1894년에 간행된 왕립노동위원회의 제5회 최종 보고 C. 7421, 36쪽. 레키 씨는 이 보고에 공감하면서 다음과 같이 말했다. "최대로, 가장 부유하게, 최고로 조직된 노동조합이 노동 분쟁을 대부분 감소시켰음은 전혀 의심할 바 없다." 『민주주의와 자유』, 2권, 355쪽.

3장
조정

고용조건 결정의 한 가지 방법으로서의 조정이 갖는 본질적 측면은 그 결정이 양 당사자의 의지의 결정도 아니고, 그들 사이의 교섭의 결과도 아니라, 심판인이나 조정인의 재정(裁定; Flat)인 점에 있다. 그것이 노동조합과 고용인협회 사이의 조직적 교섭, 즉 우리가 단체교섭이라고 하는 것과 다른 이유는, 목적에 도달하는 수단으로서 거래의 방법에 의하지 않는 점에 있고, 당사자 사이의 흥정은 이 경우 특히 폐지되어야 하기 때문이다. 반면 그 판정은 당사자 중 어느 쪽에 대해서도 강제적이지 않기 때문에 그것은 이러한 형태와 약간은 비슷하지만 법률 제정은 아니다. 그들의 판정 불승인 또는 그들의 판정 중지는 설령 그들이 승인과 복종을 미리 약속한 경우라고 해도 아무런 강제적 제재를 수반한 것이 아니다.

고용조건을 결정하는 하나의 방법으로서 조정이 갖는 이러한 특징은, 모든 전형적인 경우에 나타나 있다. 우리는 노사 간 상호의 불일치를 본다. 교섭은 다소간 형식적으로 이행되어 파국이 불가피하게 보이는 점에 도달한다. 산업의 정지를 회피하기 위하여 양 당사자는 '조정 회부'에 동의한다. 그들은 혼자서나 각 측을 대표하는 배심관과 함께 사무를 처리하는 중립적 심판인을 선택한다. 그러면 각 당사자는 정치한 '소송'을 준비하고, 그것을 새로운 법정에 제출한다. 증인이 소환되고 심문되며 대질된다. 심판인은 그가 적합하다고 생각하는 부가 정보를 요청한다. 소송 절차 전부를 통하여 최대한의 관용이 인정된다. '조정 회부'가 특정한 선택적 재결에 국한되거나 정확하게 표시되는 경우는 거의 없다.[1] 심판인은 쟁점을 더욱 분명하게 하기 위해, 언제나 당사자와 대화를 한다. 실제로 아무리 무관하게 보이는 주장이라고 해도 결코 제외하지 않는다. 그리고 가장 다양한 경제이론에 근거한 주장을 변호하기 위해 증거를 제출할 수도 있다. 마지막으로 심판인은 명확한 용어로 판정을 내리지만, 그에게 영향을 준 사실이나 그의 결심에 영향을 준 가정에 대해서는 보통 서술하지 않는다. 판정은 법적 제재를 수반하지 않고 ─이것이 그 본질인 특징이다─ 어떤 자본가나 노동자에 의해서도 수시로 파기되거나 묵살될 수 있다.[2]

1) 그래서 노동자들은 8시간제, 부정한 공장장의 해고, 도급제도의 폐지를 요구할 수 있는 반면, 고용인은 임금의 인하, 노동자의 더욱 규칙적인 업무 종사 등을 요구할 수 있다. 심판인의 판정은 그중 어느 것 또는 그 모든 것을 포함할 수 있고, 모든 것을 각각의 요구자에게 유리하게 결정할 수도 있다.
2) 조정에 관한 중요 문헌의 리스트는 우리의 『노동조합운동의 역사』, 323쪽에서 볼 수 있다. 그것에는 캐럴 D. 라이트(Carrol D. Wright)가 매사추세츠 노동위원회를 위해 작성한 『산업상의 조정과 중재(Industrial Conciliation and Arbitration)』라는 보고서(Boston, 1881)가 누락되어 있다. 또 J. S. 진스(Jeans)의 『노동분쟁의 조정과 중재(Conciliation and Arbitration in Labour Disputes)』를 지금 부가할 수 있다. 가장 중요한 최근의 출판물이 대륙에서 만들어졌다. 특히 우리는 프랑스 노동부가 출판한 대규모의 『프랑스와 외국의 자본가와 노동자 사이의 집단적 분쟁의 조정 및 중재(De la conciliation de la l'arbitrage dans les Conflits Collectifs entre patrons et ouvriers en France et à l'étranger)』(Paris, 1893),

그러나 조정은 그것을 행하는 고용인과 노동자 사이의 흥정과 공통된 하나의 특색을 갖는다. 조정인의 판정은 그것이 받아들여지는 한, 사람들 사이의 개인적 교섭을 끝내고, 따라서 특별한 노동자, 그리고 일반적으로는 특수한 회사의 요구도 고용조건이 미치는 영향에서 배제하는 하나의 일반적 명령이다. 그것은 요컨대 단체교섭과 마찬가지로 관련 산업을 위해 공통규칙을 설정하는 것이다. 따라서 우리는 왜 노동조합 운동가들이 1850년부터 1876년까지 조정을 얻기 위해 지속적으로 노력하고, 지배 계급이 점차 조정을 신봉하기에 이른 것을 왜 그렇게 열렬히 환영했는지를 이해할 수 있다. 고용인의 대다수가 그들의 각 '손'과 개별적으로 교섭하는 권리를 주장하고, 노동자 대표와 토의하기 위해 만나는 것조차 습관적으로 거부하며, 단체교섭을 모호한 성문법과 이미 폐기된 보통법을 함께 사

벨기에, 마리몽(Mariemont)의 줄리앙 베이어(Julien Weiller)가 쓴 여러 보고서와 소책자, 샤를 모리소(Charles Morisseaux)의 『산업위원회와 노동평의회(*Conceils de l'industrie et du travail*)』이다. 영국의 경험은 폰 슐체-게베르니츠(von Schulze-Gaevernitz) 박사가 쓴 『사회적 평화를 향하여(*Zum Sozialen Frieden*)』(Leipzig, 1890)의 영어역인 『사회적 평화(*Social Peace*)』(London, 1893)에서 충분히 논의되고 있다.

　연구자는 바로 최근까지 단체교섭, 화해 및 조정 사이에 어떤 특별한 구별이 없었음을 주의해야 한다. 이 문제에 대한 초기 저술 중에 조정이나 중재라고 말할 수 있는 다수는, 요컨대 조직적인 단체교섭 이상의 것이 아니었다. 가령 헨리 크럼프턴 씨의 고전적인 저술(『산업적 화해』)은 '화해'로 대표적인 고용인과 노동자가 그 직업을 위해 거래하는 전형적인 경우를 설명하고 있다. 1860년에 설립된 노팅엄 감독위원회는 종종 화해의 모델로 설명되어 왔는데, 실제로는 단체교섭 기구에 불과했다. 그곳에는 제3자가 없었고, 캐스팅 보트는 포기되었으며, 그 결정은 노동자가 소위 '장기간의 위기'에 의해 도달했다. 1866년 먼델라(Mundella) 씨는 어느 강연에서 "우리가 조정이라고 하는 것으로 뜻하는 바를 정의하는 것이 좋다. 우리가 이 말을 사용하는 것은 공개적이고 우호적인 교섭을 위한 장치를 말하기 때문이다. … 그것은 고용인과 노동자가 함께 만나서 그들의 공통 사항을 공개적이고도 자유롭게 말하는 것이다." A. J. 먼델라, 『파업 방지책으로서의 조정(*Arbitration as a Means of Preventing Strikes*)』(Bradford, 1868).

용하여 철저히 억압하고자 힘을 기울인 시대에, 노동조합의 근본적인 원칙인 공통규칙을 채택한 것은 노동조합에 엄청난 획득물이었다.[3] 최근 20년간, 조정은 공중 사이에서 인기가 너무나도 많아졌고, 역대 내각은 그 적용을 쉽게 하고자 노력한 것을 자랑해왔다. 산업 전쟁이 터질 때마다 당사자 쌍방은 스스로 중립의 조정인이 내린 결정에 복종해야 한다는 일반적 감정이 공중 사이에서 언제나 있어왔다. 그러나 이러한 해결법이 소비사회에서 아무리 편리한 것이라고 해도, 서로 싸우는 당사자 쌍방이 즐겨 추구하는 경우는 거의 없고, 그들 자신의 싸움을 외부 권위에 맡기도록 동의하는 것에 그들은 쉽게 납득되지 않는다. 조정은 최근 50년간 만능의 영약으로 선전되어왔음에도 불구하고, '산업 지도자'의 대다수는 여전히 그들 자신의 사업을 관리하는 그들의 권리를 침해하는 것으로 조정을 원망하는 반면, 조정을 위해 열심히 노력한 조직 노동자의 지도자는 지금 보통은 회의적으로 간주한다. 1891년부터 1895년까지 4년간 영국에서 4대 산업 분쟁이 4대 도시에서 발생했다. 그러나 면공업에서도 기계와 제화의 대공업에서도, 자본가와 노동자는 그들의 분쟁 해결을 중립의 조정인에게 맡기는 것에 동의하지 않았다. 이러한 사례의 각각에서 생긴 바는 ―이러한 사례는 다수의 다른 경우에 대해 전형적인 것이었다― 먼저 단체교섭의 단

---

3) 따라서 조정은 노동조합운동에 대한 반대자 중에서 비교적 명백한 안목을 가진 사람들에 의해 반대되었다. 기도적인 비평가는 다음과 같이 말했다. "노동조합운동을 약화시키기 위한 수단으로서의 조정과 중재에 대해 우리가 이의를 제기하는 주된 이유는, 그것들이 개인 경쟁제도의 반대로서의 단결제도의 계속을 시인하고, 아니 필요한 것이라고 보기 때문이다. … 그렇게 함으로써 우리는 기피해야 할 단결의 원칙에 공적인 권위를 빌려주어 산업적 이익의 미묘한 섭리를 위해 신이 설정한 자연적인 유기적 조직을 대신하여, 인위적인 기구로 대체하는 것을 시인하게 된다." 제임스 스틸링(James Stirling), 『노동조합운동(*Trade Unionism*)』(Glasgow, 1869), 50쪽.

절이고, 이어 장기적인 사업 정지와 인내력의 시험이었으며, 결국 조정이 아니라 단체교섭을 다시 개시하는 것으로 끝났다. 그리고 그 결론은 새로운, 그리고 그전보다 더욱 좋은 예측하에서 새로운 협정을 체결한다는 것이었다.

노동자나 고용인이 그들의 요구를 중립의 재정관에게 위임하는 것을 혐오하는 이러한 경향은 언뜻 보기에 억지의 비합리적인 것으로 보인다. 기업인은 거의 언제나 그들 사이의 분쟁을 다소간 형식적 조정에 부탁하고, 오로지 중립적인 조정인에 대해 동의하지 않는다는 이유에 의해 그들 자신의 산업을 정지하거나 그들 자신의 이익의 원천을 고갈시키는 것과 같은 것은 꿈도 꾸지 않을 것이라고 사람들이 말한다. 나아가 상업적 거래에서는 소송이야말로 가장 나쁜 대안이라고 하는 것이 사실이라면, 그 대안이 자본가의 파산, 수천 명 노동자들의 준기아 상태, 그리고 국가 중요 산업의 영구적인 손해는 아니라고 해도 그 일시적인 마비를 쉽게 포함하는 경우, 그 필요의 정도는 앞의 경우와 비교할 수 없는 것으로 생각된다. 불행히도 상사회사 사이의 조정에서 나오는 이러한 유추는 그 기초를 현존 협정의 해석과 새로운 협정 체결 사이의 전통적인 혼동에 두고 있다. 상업적 조정은 언제나 현존 계약이나 실정법에 의해 이미 효력이 발생한 관계와 다양하게 관련된다. 어떤 상인이라고 해도 새로운 구매나 미래의 매각을 하기 위해 근거로 삼아야 할 조건을 조정에 회부하는 것을 꿈에도 생각하지 않았다.[4] 따라서 상업적 문제의 조정은, 당사자 쌍방이 그들의 주장

---

4) 자주 인용되는 프랑스의 '노동조정위원회'(Conseils de Prud'hommes)는 1808년 리옹에서 최초로 설립되었고, 그 뒤로 모든 산업 중심지에서 급격하게 발전해왔다. 그것은 현존 계약에서 생긴 분쟁의 해결이나 소규모 사건에 대한 법률의 적용에 국한되고 있다. 어떤 경우에도 그것은 미래의 고용을 위한 임금률을 확정하고자 하지 않는다. 그것은 사실 분쟁 발생

을 공통의 근거 —그 존재는 그들 사이의 다툼에 있는 것이 아니다— 에 두고 있는 해석의 문제에 엄격하게 국한된다. 이제 이러한 종류의 해석 문제는 가장 잘 규제되는 산업에서도 고용인과 피고용인 사이에서 끊임없이 발생하고 있다. 이러한 경우에는 앞으로 지적하듯이, 조정에 대해 극복할 수 없는 반대가 없고, 그것에 따라야 할 참된 필요도 없다. 조정이 보통으로 제의되는 것은 이러한 종류의 분쟁에서가 아니다. 모든 산업을 마비시키는 대규모의 파업이나 직장폐쇄는 거의 언제나 해석 문제로 생기는 것이 아니라, 장래 노동을 고용하는 경우 의거해야 할 조건의 변경을 노동자나 고용인이 제의한 경우에 발생한다.

조정인의 재정에 의해 임금 계약의 조건을 결정하는 것에 반대하는 고용인의 태도는 처음부터 논리적이고 일관된 것이었다. 그들의 주장은 20년 전에 '전국고용인협회'의 기관지에 나타난 중요한 논문에서 다음과 같이 명백하게 서술되었다.

"노동분쟁의 조정 범위는 엄격하고도 절대적으로 특정 계약의 계약 사항에 대해 양자의 의견이 다른 경우와, 그들이 합의에 이르기 위해, 그리고 약속의 명예로운 이행을 위해 쟁점을 상호 선출하는 적임자에게 위탁하려고 하는 경우에 제한되었다. 양 당사자에 의한 협정의 기초와 서류가 존재하고 그들이 그것을 준수하고자 하며, 나아가 그것에 근거하여 조정인이 어떤 구체적인 결정을 내리기에 충분한 무엇인가를 갖는 경우, 중립

시에 판결 절차에 앞서 조정에 노력하는 값싸고 편리한 간이법원에 불과하다. 이러한 위원회에 대한 유익한 해설을 보고 싶은 사람들은 E. 토머스(Thomas), 『노동조정위원회, 그 역사와 조직(Les Conseils de Prud'hommes, leur Histoire et leur Organisation)』(Paris, 1888)을 참조하라. 우리는 이것이 독일의 여러 주를 비롯한 다른 곳에 있는 유사한 법원도 마찬가지 성격의 것이라고 이해한다.

의 사람에게 쌍방에 대한 공정한 조화점을 찾게 하는 것은 어려운 일이 아
니다. 따라서 조정은 상업에 관한 의견의 불일치가 생긴 경우 언제나 사용
되고, 다른 종류의 사건과 마찬가지로 해석되어야 할 특정한 계약이 있는
경우의 노동자와 고용인 사이의 문제에 적용된다. 이는 법에 호소하는 경
우보다도 낫고, 계약을 회피하거나 파업을 하거나 폭력에 호소하거나 민
사배상이나 형사처벌을 일삼거나 하는 불행한 배후로부터 '노동법'에 반
대하는 뻔뻔스럽고 끝없는 공격을 야기하는 것보다도 낫다. 그러나 조정
의 범위는 특정한 계약이 있는 경우에만 절대적으로 한정된다. 명확한 계
약이나 약속이 없고, 그 모든 조건이 고용인과 노동자에게 알려져 있지 않
은 경우, 장래의 임금률에 조정을 적용하는 것은 상상할 수 있는 가장 문
란한 문자의 오용이다. 노동자에 대해서든 고용인에 대해서든 간에, 그러
한 자의적인 결정에 구속되지 않는다는 것은 분명하다. 그들을 구속시키
는 것이 가능하다고 해도 그들이 그것에 동의하지 않을 것이 분명하다. 따
라서 우리가 '의회 법률'(Act of Parliament)이나 '시행령'(King in Council)이
나 '지역 공안위원회'(Communal Bureau of Public Safety)나 다른 모든 최고
권력에 의해 임금률을 결정하는 먼 과거의 전제로 되돌아가지 않는 이상,
법률이 그러한 명령에 대해 일시적인 효력이라도 부여할 수 없음이 명백하
다."[5]

그리하여 고용인의 입장에서는 조정인의 결정으로 시장의 흥정을 대신
한다는 것은, 그 경제적 측면에서 임금률의 법적 결정과 마찬가지로, 산
업의 자유에 대한 변명의 여지가 없는 간섭이 된다. 그러나 조정인의 판정
은 더 큰 결점을 갖는다. 여하튼 법률은 권위적인 결정으로서, 문제 해결

5) 〈자본과 노동〉, 1875년 6월 16일.

에 대해 논쟁이나 반박의 여지를 남기지 않는다. 반면 조정인의 판정은, 설령 그것이 노동조합에 의해 수용된다고 해도, 모든 노동자에 의해 수용된 것이라고 할 수 없다. 그것을 수용하는 고용인은, 자신들이 노동자나 그들 중 불가결한 사람들이 즉각 산업의 정지를 조장하는 것에 대한 새로운 공격을 개시하지 않는다는 어떤 보장도 확보하지 않고, 그들 자신의 자유를 포기해왔다고 부자연스럽게 느끼지 않을 수 있다. 나아가 법률은 누구에 대해서도 동등하게 강행되는 공통규약이다. 반면 조정인의 판정은 그것에 참가한 회사와 노동자에게만 구속력이 있는 것이다. 거의 모든 산업에서 고용인협회에 가입하지 않은 약간의 공장, 또는 지역 전체가 있고, 그러한 고용인과 노동자는 자신의 사업을 그 자신만의 방식으로 계속 이어 간다. 나아가 지금 가입하고 있는 회사라고 해도 협회를 탈퇴하여 그런 자유로운 국외자 대열에 참가하지 않는다고 하는 어떤 보장도 없다. 만일 조정인의 판정이 고용인이 노동자에게 아무런 이의 없이 스스로 양보하는 것보다도 노동자 측에 더 유리한 것이라고 하면, 선량하고 명예로운 고용인은 그들의 도덕심에 의해 형벌을 받게 된다. 제화 산업의 '조정 및 중재위원회' 의사록에는, 판정이 반대 회사에는 강제되지 않지만 결국은 시장에서 그들과 경쟁하여 이길 수 없다고 하는 고용인 측으로부터 많은 불평이 포함되어 있다. 만일 우리의 공장법이나 광산법이 특별한 선량 고용인만을 강제하고, 그 법률에 반대하는 회사를 모두 방치한다면 그러한 참을 수 없는 부정의는 곧 제도 전체를 폐기하게 할 것이다.

만일 우리가 고용인으로부터 노동조합 운동가에게 눈을 돌린다면, 새로운 임금 계약 조건의 결정에 대한 조정인의 간섭을 기꺼이 승인하는 것에 대해 노동자 사이에서 점차적으로 증가하는 혐오를 보게 된다. 조정에 대해 이처럼 증가하는 반감은,[6] 주로 조정인 판정의 기초인 근본적 전제 관념에 대한 그들의 불안에 기인한다고 우리는 생각한다. 가령 랭커셔 면사 방적공의 '표준소득'을 10퍼센트 줄여야 할 것인가 아닌가라는 문제가 있는 경우, 당사자 쌍방이 승인하는 근거는 판정이 사회복리에 반하는 것이어서는 안 된다고 하는 막연한 수용 이외에는 다른 것이 없다. 그러나 그러한 제안은 조정인에 대해 어떤 지침도 주지 않는다. 가령 엘리슨(Ellison) 판사는 1879년의 요크셔 탄광 사건을 처리하면서 절대적으로 공정한 심판의 어려움을 다음과 같이 솔직히 표현했다. "고용인 측의 대변자에게는 노동자의 임금을 가능한 한 높이고, 노동자 측의 대변인에게는 그것을 가능한 한 낮게 평가해야 한다. 그리고 여러분이 그렇게 행동하면서 그 문제를 내가 할 수 있는 한 잘 해결하는 것이 나의 임무이다. 그러나 어떤 원칙에 의해 그것을 다루어야 하는가에 대해서 나에게는 아무런 생각이 없다. 그것에는 어떤 법적 원칙도 없다. 거기에는 어떤 경제적 원칙도 없다. 고용인도 노동자도 함께 전적으로 그들의 권리 내에 있는 바에 근거하여 논쟁을

---

6) 우리는 이 반감의 증거로서 영국의 유력한 세 단체의 이름으로 행해진 최근의 몇 가지 선언을 인용할 수 있다. 가령 1891년 6월 2일의 '더비셔 광부 노동조합' 집행위원회 의사록 중에는 광부연합 전체로 하여금, 왕립노동위원회의 조사에 관계하는 것을 거절하도록 결심하게 한 것은, 그 위원회가 '대규모 조정제도'의 도입을 의도했다고 하는 점이라고 명백히 서술되어 있다. 모즐리(Mawdsley) 씨는 랭커셔 면직공을 대표하여 그 위원회에서 "우리는 그 제도에 전적으로 반대한다"고 선언했다(C그룹, 답변 776). 그리고 로버트 나이트 씨는 '보일러공 연합 노동조합'을 위한 증거 진술(A그룹, 답변 20,833)을 할 때 조정을 명백하게 부인하면서 다음과 같이 말했다. "나는 내가 지금 여기서 대표하고 있는 이 거대한 단체의 오랜 운용의 경험에서 말하고 있다. 나는 우리가 의회 등의 어떤 간섭도 없이 우리의 모든 상이점을 해결할 수 있다고 말한다." 더욱 작은 규모의 노동조합들도 같은 느낌을 가지고 있다. '북부 요크셔 및 클리블랜드(철광) 광부 노동조합'의 임원은 다음과 같이 말했다. "조정에 대한 우리의 경험은 그것이 언제나 우리에게는 불리한 것이고, 그래서 1877년부터 그것을 분명히 거부했다." 조지프 토인(Joseph Toyn), 〈노동분쟁의 조정에 관한 뉴캐슬 리더 '특집호'〉(Newcastle, 1894), 9쪽.

하고 입각한다. 고용인은 그가 노동자에게 지불하리라고 생각하는 가격이 아니면 노동자를 고용할 의무가 없다. 노동자는 자신과 가족을 부양(생존)할 수 없는 임금으로는 일할 의무가 없다. 따라서 여러분은 함께 여러분의 권리 내에 있다. 그것이 그 문제를 취급하면서 내가 보는 어려움이다."[7]

그러나 이처럼 냉정하게 당사자의 법적 권리 이외의 것은 모두 고려하지 않는 것은, 임금 조정에서 보통 행해지는 것이 아니고, 양측이 받아들일 수 있는 것도 아니다. 당사자는 각각 반대 측이 승인하지 않고 종종 명시적으로 서술하지도 않는 하나의, 또는 여러 가지의 경제적 전제 관념에 근거하여 주장했다. 고용인은 최고의 국가적 번영을 확보하기 위해 임금의 상승과 하락은 생산물의 매매 가격에 따라야 한다고 종종 주장할 것이다. 또는 임금청구서는 어떤 사정하에서도 자본이 그 산업에서 유출되는 것을 방지할 필요가 있다고 가정되는 특정한 이윤율을 잠식하는 것이어서는 안 된다고 주장할 수도 있다.[8] 이러한 전제는 어떤 시대에는 많은 지도적 노동자들의 동의를 얻은 것이었으나, 아마도 일반 노동자들의 동의를 얻지는 못했을 것이다. 그러나 지난 20년 동안, 가장 유력한 단체의 지도자들은, 시장 가격이나 사업 이윤의 고려는 사회 전체의 이익을 위하여 엄격하게 "노동자는 그 직업에 의해 생활할 수 있는가?"라고 하는 근본적 문

---

7) 〈남부 요크셔 탄광 조정보고서〉(Sheffield, 1879), 49쪽. 심판인은 셰필드주 법원의 판사였다.

8) '면사방적공 합동 노동조합'의 모즐리 씨는 이 점을 특히 강조한다. "만일 우리가 조정을 갖는다면, 우리가 지금 얻고 있는 임금보다도 훨씬 낮은 임금을 얻게 될 것이다. 조정인은 보통 자본에 대한 이윤에 일정한 표준 ―일반적으로 말하면 종래 10퍼센트였다― 을 두고자 한다. 체임벌린(Chamberlain) 씨는 언제나 자본에 10퍼센트를 주어야 한다고 주장했다. 만일 조정관이 면공업에서 10퍼센트를 주장한다면 우리의 임금은 엄청나게 삭감될 것이고, 우리는 그것을 보고 싶지 않을 것이다." 왕립노동위원회에 대한 증거 진술, C그룹, 답변 774. 모즐리 씨가 언급한 사건은 1878년, 남부 스태퍼드셔 철공업에서 체임벌린 씨가 판정한 것이다.

제의 다음에 놓여야 한다는 견해를 확고하게 채택하기에 이르렀다. 그들이 주장하는 '생활 임금'(Living Wage)의 지불은 어떤 사정하에서도 지대나 특허료, 그리고 최악의 시기에도 최소액으로 자본에 허용된 가상적 이윤율에 앞서서 부과되어야 하고, 산업상의 '최초 부담'이 되어야 한다는 것이다. 나아가 숙련 기계공은 자신들이 기술 견습에 장기간을 투자하였으므로 의사나 변호사처럼 자신들의 일에 대해 그 이상의 저하를 허용하지 않는 최소한의 보수를 요구하는 것이 당연하다고 주장할 것이다. 조정인의 판정은 그것이 단순히 '절충'이 아니라면 그의 앞에 행해진 논의의 결과이든, 또는 그의 교육이나 동정의 결과이든 간에, 이러한 전제의 일방에 의해 영향을 받지 않을 수 없다. 사건의 진상을 확인하는 데에 그가 아무리 공정하다고 해도, 그가 양 당사자의 상반된 전제에 그가 부여하게 될 상대적 중요성은, 반드시 그의 계급 및 교육의 미묘한 영향에 의해 좌우되지 않을 수 없을 것이다. 종래 조정인으로 선임된 사람들은 거의 언제나 정신 노동 계급의 대표자인 대고용인, 정치가, 또는 법률가로서, 교육, 공정성, 판단력에서 최고를 보여주지만, 노동 계급의 전제보다는 그들이 생활하는 계급의 전제에 무의식적으로 감염된 사람들이었다. 노동자들이 조정에 점차 반대하게 된 이유는, 주로 고용인이 승인한 조정인이 개인적으로 아무리 공정하다고 해도, 최소한 무의식적으로는 그가 속한 계급에서 일반적으로 알려져 있는 경제학과 양립할 수 없는 전제를 무시한다고 보는 그들의 뿌리 깊은 의문 탓이라고 우리는 믿는다.[9]

---

9) 우리는 1803년부터 지금까지 240건 이상의 산업 조정 사례를 수집했지만, 그 속에 단순한 해석 문제와 노동자 상호의 분쟁을 제외하면 고용인과 노동자 사이의 새로운 협정을 위한 조정에서 임금노동 계급의 사람들이 심판인으로 채택된 사례는 단 하나에 불과했다. 1893년 5월, 노섬벌랜드 제화업 조정위원회는 지금 노동에 종사하고 있는 제화공 F. 퍼킨스

그러나 28년 동안 새로운 임금 계약을 결정하는 데 언제나 조정에 의한 하나의 산업이 있다. 조정에 대한 일반적 혐오 경향의 이러한 유일한 예외는 앞에서 말한 분석이 정확했음을 증명해준다고 우리는 생각한다. 1869년 이래 존재해온 '영국 북부 제철업 조정중재위원회'는 옛날부터 성공한 조정의 고전적 사례였다. 그 규약은 해석상의 이견에 대비하여 상설위원회를 설치하고 반년마다 위원회를 개최하여 일반적 문제의 토의를 준비한 것 외에 다시 엄청나게 어려운 분쟁을 국외의 심판인에게 회부할 것을 명하고 있다. 최근 28년간 생긴 20개의 개별 사례에 대해 그 규정은 장래의 임금 계약의 조건 결정에 관해 작용했고, 어떤 경우에도 조정인의 판정은 고용인과 노동자 쌍방에 의해 수용되었다.

조정이 계속 성공한 이 유일한 산업에서 임금 결정의 기초가 되고, 따라서 조정인 판정의 표준이 되는 경제학적 전제에 대해 노동자와 고용인이 동의하는 것을 발견하는 것은, 우리 의견의 흥미로운 증명이다. 노동자의 임금은 생산물의 시장 가격에 따라 반드시 변해야 한다는 것은, 1세대 전부터 제철업자 사이에서 행해져 온 전통적인 의견이다.[10] 1869년의 위원회

(Perkins) 씨를 심판인에 임명했다(〈제화공 전국 노동조합 월보〉, 1893년 5월호).

심판인이나 단독 조정인으로 활동하는, 어렵고도 가끔은 감사를 받지도 못하는 업무는 보통 급료 등의 보수 없이 수행된다. 제임스 경은 오랫동안 무보수로 제화업 분야에서 엄청난 봉사를 했다. 최근 50회째의 조정을 끝낸 스펜서 왓슨(Spencer Watson) 박사에 의하면, 그는 3회 보수를 받았는데 각각 기차 삯, 소액의 수고료, 그리고 수 주간의 노력에 대해 좀 더 많은 보수를 받았다. 복잡한 사건을 해석하기 위해 직업적 전문가로 초대된 변호사 심판인은 종종 급료를 받는다.

10) 『노동조합운동의 역사』, 484~486쪽에 인용된 사례를 보라. '표시된 철판'의 가격에 대해 톤당 1파운드의 높낮이마다 연철공(鍊鐵工; Puddler)의 임금을 1실링씩 올리거나 내리는 '전통적인 소니크래프트 표'(Old Thorneycraft's Scale)는 1841년부터 시작되었다고 한다. 화이트웰(Whitewell) 씨가 왕립노동위원회에서 한 증언, 1892년, 그룹 A를 참조하라.

성립 이래, 이러한 전제는 양 당사자에 의해 임금 결정의 중요한 원칙으로, 종종은 유일한 원칙으로 수용되어왔다. 조정 절차의 보고서에서 우리는 당사자 각자가 서로 이러한 원인 외의 사유를 원용하지만, 이는 단지 주된 전제가 일시적으로 그들에게 불리하다고 생각하는 경우에, 논의를 하기 위한 것에 불과하고, 그들 쌍방이 그 원칙을 끝없이 되풀이하면서 긍정하는 것을 보게 된다. 1877년 노동자들은 "우리는 우리의 임금이 철의 매매 가격에 의해 규제되어야 한다는 것에 전적으로 동의한다"고 선언한다.[11] 이어서 같은 규약을 긍정한 것은 고용인이다. 1882년 고용인 대표는 다음과 같이 말한다. "8년간의 슬라이딩 임금제도는 철의 매매 가격에 의한 임금 결정의 원칙이고, 이 원칙에서 영원히 벗어나는 것은 위험하다고는 할 수 없어도 지극히 어려울 것이라고 우리는 믿는다."[12] 사실 어느 주의 깊은 연구자가 관찰했듯이 "고용인과 노동자 쌍방의 소송 사실 및 신청을 관통하는, 임금은 철의 매매 가격에 따라야 한다는 일반적인 이해"가 존재한다.[13] 이는 스펜서 왓슨 박사가 그 위원회의 조정인으로 그 다섯 번째 판정을 내릴 때의 취지서에서 분명히 밝힌 것이었다. 그는 "제철공의 고용과 일정 한도의 사업 자체에서 영국 북부 지방의 경쟁자인 스태퍼드셔 지역에서 지불되는 임금은 무시할 수 없는 요소이고, 논의가 진행되는 가운데, 회계사에 의해 위원회에 제출되는 숫자로 표시되는 철의 매매 가격은 임금 결정의 주된 요소로 간주되어야 한다고 양쪽에 의해 승인되었다. … 나의 사명은 이 진술과 이러한 용인에 근거하여 판정을 내리는 것이다."[14]

11) 데일 씨(지금은 데이비드 데일 경) 조정보고서, 1877년 7월, 〈산업 평화〉, 63쪽.
12) 피스 씨(지금은 J. W. 피스 경) 조정보고서, 1882년 4월, 앞의 책, 63쪽.
13) 〈산업 평화〉, 90쪽.
14) 1888년 11월 28일 취지서 및 판정서; 〈법학박사 R. S. 왓슨 임금조정 보고서〉(Darlington,

이러한 종류의 조정이 이미 양 당사자 사이에서 사실상 체결된 협정의 해석이나 적용이라는 범주에 속하는 것은 분명할 것이다. 그 문제는 필요한 숫자가 분쟁을 넘어 확정되자마자 해결되는 사실 문제에 매우 가까워진다. 따라서 위원회가 존재한 28년 중 8년간, 임금 변화가 하나의 형식적인 슬라이딩표에 의해 자동적으로 결정되었고, 일정한 척도가 채택되지 않은 중간 시기에도 위원회 자체가 8개의 다른 경우에 조정인을 전혀 고뇌시키지 않고 임금의 인상이나 감소에 동의할 수 있었다는 것은 놀라운 일이 아니다. 임금은 물가에 따라야 한다는 전제를 고용인과 노동자가 함께 승인하는 것이, 노동자나 산업 전체에 이익이 되는지 여부는 이 경우에 논의할 필요가 없다. 그러나 이미 양자가 합의한 협정의 기본 원칙을 해석하고 적용하는 것을 지금 주된 임무로 하는 '영국 북부지방 제철업위원회'에서 중재가 계속 성공을 거두었다고 하여도, 결코 그러한 공통의 기본 원칙을 승인하지 않는 경우, 그리고 당사자의 요구가 각각 그 근거를 상반된 전제에 두고 있는 경우, 다른 직업에 대하여 어떤 지침도 부여하지 않는다는 것은 두말할 필요도 없이 분명하다.[15]

1888).

15) 1872년 이래 간헐적으로 존재한 '중부 지방 철 및 강철 임금위원회'는 영국 북부 위원회라는 모델에 따라 설치되었고 매우 유사했다. 스태퍼드셔와 워스터셔의 노동자 조직이 약했기 때문에 언제나 원활하게 운영되지는 않았으나, 임금의 변동은 거의 언제나 형식적이거나 암묵적으로 인정된 슬라이딩표에 따라 위원회에 의해 수행되는 반면 하나의 상설위원회가 일반 원칙을 '지역 문제'에 적용하고 있다. 1892년의 왕립노동위원회에 대한 힌글리 (지금은 B. 힌글리 경) 씨의 증거 진술 및 앞 장의 인용을 참조하라.

노섬벌랜드와 더럼 사이에서 새로운 협정의 조건에 관한 조정은 계속 행해져 왔으나, 그것이 파업을 방지하는 것에 성공한 것은 소수의 경우에 그친다. '노섬벌랜드 광부 상호 신용조합'은 1873년부터 1877년 사이에 5회의 조정을 했다. 그러나 1878년 탄광주는 조정을 무시하고 임금 인하를 강행했고, 그 결과 9주간의 파업이 이어졌다. 1879년부터 1886년 사이, 임금의 표준은 슬라이딩제에 의해 자동적으로 규제되었다. 1887년 고용인은 특별한 임

그러나 '영국 북부 지방 제철업 위원회'가 성공하고 중부 지방의 제철업과 노섬벌랜드 및 더럼의 광산업에서 같은 종류의 심판소에서 더 좋은 성과를 올린 것이, 조정을 파업에 대응한 영약이라고 주장함에 대해 어떤 진실의 근거도 부여하지 못했지만, 그러한 성공 사례는 언뜻 적용 문제나 해석 문제의 해결의 조정을 위한 새로운 용도를 개척한 것으로 생각된다. 특수한 경우에 대한 이러한 해석이나 적용의 문제는, 심지어 가장 잘 규율된 직업에서도 언제나 발생하고 있고, 따라서 이러한 종류의 문제를 평화롭고 확정적으로 결정하기 위한 기관을 설치하는 것은 매우 중요하다. 여기에는 양 당사자에 의한 동일한 전제가 있을 뿐 아니라, 쌍방이 구속에 동의한 것에 의한 하나의 정확한 교섭이 있다. 불행히도 조정의 채택이 실제로 가장 어려운 것임을 발견하는 것은, 그것이 자연스러운 편의로 보이는 바로 이러한 문제에서였다. 일반적 협정을 특정 개인의 소득이나 특정 견본 또는 특정 공정의 기술적 세목에 적용하는 것은, 너무나도 복잡함과 동시에 금전적으로 보아도 너무나도 경미하여 그것을 위해 외부의 조정인을 부르기가 불가능하기 때문이다.[16] 하나의 직업을 예로 들어 말하면, 제화

금 인하를 주장했고, 그 결과 17주간의 비참한 파업이 이어졌다. 그 뒤로 임금 표준의 변경은 조정에 의하지 않고 공동의 '임금위원회'에 의해 상호 간에 협정하게 되었다. '더럼 광부 노동조합'(1869년 설립)은 1874년부터 1876년까지 4회의 조정을 했고, 1877년부터 1889년까지는 슬라이딩제에 의해 노동했다. 그럼에도 불구하고 1879년에는 6주간의 파업이 생겼고, 이는 다른 조정에 의해 끝났다. 1889년부터 1892년 사이에 임금의 변동은 서로 합의된 것이었으나, 1892년에는 당해 산업에서 그전에는 없었던 최장기의 가장 치열한 파업이 발생했다.

16) 그래서 1891년, '서부 컴블랜드 철 및 철강회사'와 그 노동자 사이의 조정에서, 조정인(스펜서 왓슨 박사)이 개별 노동자에 대해 실제 임금률을 확정하도록 의뢰받았을 때, 그는 그런 일은 조정인이 할 수 없다고 하여 거부했다. 그는 다음과 같이 말했다. "내가 지금까지 취급한 모든 조정에서 언제나 생긴 것은 무엇인가? 퍼센트라고 문제가 있어왔다. … 사물의 원칙은 조정에 맡겨야 할 문제이다. 그것이 무엇에 대해 어떤 작용을 하는지에 대한 상세

업의 지방위원회를 당황하게 만든 어려운 문제는 오로지 몇 실링에 관련된 것이고, 오로지 한두 노동자에 관한 것인 경우가 종종 있다. 그러한 문제에 대해서는 사랑 때문이든 돈 때문이든 간에, 고용인과 노동자 전체의 존경을 받기에 충분한 우수한 인물의 봉사를 확보하기란 명백하게 불가능하다. 매우 많은 노동자의 소득 표준이나 중대한 산업투쟁의 방지와 같은 문제가 있는 경우, 제임스 경이나 스펜서 왓슨 박사와 같은 뛰어난 인물도 공공 정신으로 인해 급료도 보수도 없이 조정을 위해 많은 시간을 바치게 할 것이다. 막대한 금액에 관련된 상사 조정에서는, 여러 경우의 복잡하고 미세한 사항을 해석하기 위하여 탁월한 법률가에게 의뢰하고 높은 수고료를 지급한다. 그러나 그런 종류의 조정인에게는 너무나도 많은 비용이 들어 오로지 일반 임금 계약을 개개의 경우에 적용하기 위해 이용할 수는 없고, 정치인이나 사회 봉사자가 그런 사소한 일을 하기 위해 시간을 낼 수도 없다. 반면, 가령 제화업에서와 같이, 당해 산업에 종사하는 어떤 인물을 조정인으로 의뢰하는 경우, 계급적 편견이라는 의혹을 떨쳐버리기 어렵다. 보통 다른 지방의 저명한 고용인을 부르는 경우, 그들이 노동자를 만족시키리라고 기대하기 어렵다. 반면 노동자의 결정에 의해 구속되는 경우 고용인이 동의하지 않을 것이다.

다행스럽게도 고용인과 노동자는 이러한 딜레마에 빠질 필요가 없다. 이 모든 종류의 해석 문제에 해당할 비유를 상사 세계에서 가져온다면, 그

한 문제는 조정에 맡겨질 수 없다. … 이미 이 사건에 대해 나는 그 서류를 열람하고 그것을 여러 가지 방법으로 정리하고자 시도하기 위해 며칠 밤을 보냈다. 그러나 슬프게도 나에게는 지식이 없고 여러분도 나에게 그 지식을 줄 수 없다. … 개개인의 임금 문제는 분명히 공장 지배인이나 노동자가 스스로 해결해야 할 문제이지 제3자가 취급해야 할 문제가 아니다." —의사록 원고. 우리는 스펜서 왓슨 박사가 여러 종류의 서류를 읽게 해주고 많은 유익한 암시와 비판을 준 점에 감사한다.

것은 많은 비용을 들여 정교한 조정을 의뢰하는 것이 아니라, 구매나 임대에 관련되는 계약에 관하여 목록을 작성하는 간단한 일이다. 쌍방이 숙지하고 신뢰할 정도의 탁월한 외부의 대가를 초빙하는 대신, 각 당사자는 그것에 관한 특수한 계산에 일상적으로 종사하는 염가의 전문가에 의해 대표되고 있다. 2명의 전문가 동료가 동일한 판정에 합치되기 어려운 경우는 거의 없다. 이것이야말로 랭커셔 면공업에서 그러한 성공과 함께 이용되고 있는 장치에 해당하는 것이다. 어떤 해석 문제가 발생한 공장을 방문하는 고용인협회 및 노동조합의 서기 2명은 가구가 딸린 주택의 소유주와 그 임차인에 의해 각각 고용된 두 명의 주택 소개업자와 모든 중요한 점에서 합치된다. 임금 계약의 해석에는 목록 작성에서보다도, 이러한 방법을 좋다고 하는 더 많은 이유가 있다. 양쪽에 대한 주택 소개업자의 목적은, 그의 의뢰인을 위하여 최선의 조건을 확보하는 것이다. 그러나 노동자나 고용인으로부터의 호소에 응하여 공장을 방문하는 직업적 전문가는 직접 관련되는 당사자 중 어느 쪽에 의해 고용되지도 않고 어느 쪽에 대해서도 책임을 지지 않는다. 그리고 그 한 사람은 고용인협회를, 다른 한 사람은 노동단체를 대표함에 틀림없지만, 양자는 함께 동일한 목적, 즉 각 공장 사이의 절대적 획일성을 확보하기 위하여 위탁되어 일하고 급여를 지급받고 있다. 그러므로 문제의 범위가 고용인과 노동자 사이의 기존의 일반 계약을 각각의 경우에 적용함에 머무는 한 조정은 불가능하지 않지만, 그것이 졸렬한 방법임에는 틀림없다. 그러한 기술적 업무에 대한 유능한 심판인을 확보하는 유일한 방법은, 명성이 높은 직업적 전문가를 상임자로 고용하여, 그 사무에 전념시키는 것이다. 그러나 직접적으로 어떤 산업에서 유능한 유급 심판인을 두는 비용을 충당할 정도로 노동조합 조직이 발달된다면, 그 산업은 어떤 조정이 주어지기보다도 훨씬 신속하고 저렴하며 일률적인 해석 문제 해결 방법을 채택할 수 있다. 즉 쌍방의 유급 전문가들로 구성되는 연합위원회가 그것이다.[17]

지금 독자는 조정이 파업이나 직장폐쇄에 대해 과연 영약으로 도움이 될 것인가, 또는 가장 잘 조직된 단체교섭 장치의 항구적 요소가 되는 것은 무엇인가를 판단할 수 있는 지위에 있다. 참으로 긴박한 경우, 즉 새로운 협정의 체결에 관하여 상습의 임의적인 심판인에게 의뢰하는 것은, 임금의 적당한 기본 원칙에 관하여 자본가와 노동자가 동일한 전제에 서는, 매우 드문 경우에만 기대될 수 있는 것에 불과하다고 우리는 생각한다. 우리는 영국 북부의 교육 수준이 높은 노동자들이 1870년에서 1885년 사이에 임금은 생산물의 가격에 따라 변하는 것이 당연하다고 하는 자본가의 전제를, 어떻게 완전히 승인했는지를 설명했다. 20년 동안 남부 웨일스의 광부들도 마찬가지로 승인했다. 지금 만일 그러한 견해가 다른 산업에서도 승인되게 되었다고 가정한다면, 조정은 그런 산업에서 더욱 인기를 얻으리라고 추측된다. 반면 노동자들 사이에는 가정 및 시민으로서의 건강한 생활을 위한 필요를 기본으로 하여 일정한 최저 생활 표준을 정하고, 이를 국가 산업에 대한 제일의 부담으로 간주해야 한다고 하는 강렬한 감정이 나타나고 있다. 만일 자본가들이 이러한 견해를 수용한다면 조정은 보편적인 것이 되겠지만, 모든 경우에서 명확한 부탁 사항은 다양한 생산자 계급이 문명적 생활을 할 수 있도록 하기 위해 당해 산업에서 어떤 조

---

17) 2명의 주택 소개업자가 일치할 수 없는 드문 경우, 그들이 실제로 채택하는 방법은 그 사건을 어떤 다른 전문가에게 개인적으로 위탁하고, 그 결정을 그들 자신의 것으로 채택하는 것이라고 우리는 이해한다. 랭커셔 면공업에서 노동자 측과 고용인 측의 지방 서기들은 해석 문제에 대해 일치하지 않는 경우, 실제로 그것은 중앙 서기의 연합 결의에 맡겨진다. 그러나 그러한 사실 문제에 대해서는 동일한 원칙이 쌍방에 의해 완전히 승인되는 이상, 직업적 전문가 사이에서 조화가 불가능한 의견의 차이가 생기는 경우는 거의 없다.

건이 필요한가라는 문제가 된다. 그러나 근본적 전제에 대한 그러한 일치가 지금은 보이지 않는다. 따라서 우리는 장래의 노동조건에 관한 분쟁의 방지 수단으로서의 심판인의 재정에 대해 유감스럽게도 큰 기대를 걸 수 없다. 또한 기존의 일반 협정을 개별 경우에 적용하는 경우, 우리는 조정의 실제적 가치를 높이 평가할 수 없다. 신속함, 기술적 능력, 비용의 저렴함에 있어서 '중립의 제3자'는 쌍방의 유급 서기들로 구성되는 연합회의에 미칠 수 없다.

그러나 비록 조정이 단체교섭을 대신하거나 수시의 교섭 파열을 방지할 수는 없지만, 노동조합 조직이 충분히 발달된 경우를 제외한 모든 산업에서, 교섭 자체를 조장하는 수단으로 매우 편리한 것이다. 유효한 단체교섭의 제일 요건은 당사자가 서로 얼굴을 마주 보면서 만나 우호적으로 서로의 요구를 토의하는 것이다. 그러나 이 최초의 제1보가 종종 어려움의 하나가 된다. 우리는 면공이나 보일러공, 노섬벌랜드와 더럼의 광부처럼 고도의 노동조합 조직을 갖는 산업에서 규칙적인 교섭을 보면서, 자본가와 노동자가 대등한 입장에서 만나 서로의 대표로서의 자격을 승인하고, 어떤 조건에 근거하여 고용인이 '그 자신의 손'[18]을 고용해야 하는지를 동일한 좋은 기분과 전문적 지식과 논의의 재능으로 토의하는 것이 지금은 아무리 새롭고 신기한 것이라고 해도 망각하는 경향이 있다. 심지어 지금은 대다수 산업에서 고용인이 노동조합의 지도자들과 대등하게 상의하는 것을 스스로 존엄성을 깎는 것이라고 생각할 수도 있다. 그리고 노동자들에 대해서는 그 손익 계산은 물론이고 그 생산물의 매매 가격으로 타개한다는 것은 터무니없는 것으로 분개할 것이다. 그러나 그들이 임금의 삭감을

---

18) 노동자를 말한다. (옮긴이 주)

주장하거나 그 이상을 거부하는 경우 이러한 사실을 근거로 하는 것이다, 반면, 노동자는, 특히 그러한 조직화가 반에 이른 직업의 노동자는 편견, 사실의 오해, 그리고 공상적인 희망으로 가득 차 있다. 그러한 사정하에서는 설령 고용인이 노동자와 만나는 것에 동의한다고 해도, 거기에는 솔직한 의견 교환이나 각자의 지위에 대한 참된 이해가 있을 수 없다. 요컨대 효과적인 교섭이 있을 수 없다. 이러한 어려움을 벗어나기 위한 하나의 방법이 공정한 심판인에게 의뢰하는 것이다. 실질적으로 재판관의 임무를 수행하는 저명한 법률가나 정치가 앞에 출두하는 것은 고용인의 권위를 손상시키는 것이 아니다. 각 당사자가 주장의 기초로 삼는 통계 사실을 조정인이 묻는 것은, 자연스러운 일일 뿐이라고 간주된다. 당사자 각각이 대질을 하여도 지지할 수 있는 방법으로, 적확한 언어를 통해 신청해야 한다는 단순한 사실은, 이미 대단한 성과이다. 그러나 만일 조정인이 세련되고 경험이 풍부하다면, 양자를 일치시키기 위해 더 많은 일을 할 수가 있다. 그는 친절한 신문에 의해 각 당사자가 가장 중요하게 생각하는 것이 무엇인지를 발견하고, 과거 분쟁에서 성가신 장애가 되었던 것이나, 그 사건에 직접 관계가 없는 추상론을 당사자가 납득할 수 있도록 제거한다. 각 당사자와 차례로 우호적인 대화를 하면서, 양측의 참으로 강력한 논의를 도출하고, 그것들을 가장 유력한 형태로 다시 서술하며, 점차적으로 가장 화해적인 말을 통해 반대 측의 주의에 대해 그들에게 인상을 준다. 이처럼 노련한 조정인인 스펜서 왓슨 박사와 같은 사람 앞에서 진행되는 의사록을 읽는 사람들은 심판인으로서의 그의 놀라운 성공이 그 판정의 정확함보다도 그런 화해 기술에 의한 것임을 우리와 함께 느낄 것으로 확신할 것이다. 순차적으로 사건을 보면서 언제나 우리가 놀라워하는 것은, 논의가 끝나기 훨씬 전에 문제의 대부분이 이미 해결되었고, 문제가 되는 나머지 논점들도 상호 주장의 상호 승인에 의해 좁게 축소되고, 결국 판정이 내려질 때에는 각 당사자가 이미 그것을 불가피한 것으로 승인하게 된다.

이처럼 끈기 있는 화해 업무에 조정 절차의 참된 가치가 있다. 파업이나 직장폐쇄의 구제책으로서의 조정인의 재정에는 어떤 마술도 없다. 만일 양 당사자가 가장 작은 점을 적게 양보하기보다도 전투를 택하려고 한다면, 즉 고용인이나 노동자의 한쪽의 힘이 압도적으로 강한 경우, 조정에 대한 요구는 생기지 않을 것이다. 만일 당사자 쌍방이 교섭을 원하고 교섭을 할 수 있을 정도로 충분히 잘 조직되어 있으며 훌륭한 교육을 받았다면, 외부의 간섭은 불필요할 것이다. 그러나 조직이 시작되었지만 아직 고도의 단계에 이르지 않았으며, 고용인이 노동조합의 힘을 인정하지 않을 수 없게 되었지만 참으로 평등한 상태로 그 임원을 만나지 않았으며, 노동조합은 파업을 할 정도로 강하지만 경험 있는 교섭자의 서비스를 아직 받지 못하고 있는 산업에서는 탁월한 제3자의 간섭이 최고의 가치를 가지게 될 것이다. 그의 간섭의 형태가 '조정'이냐 '화해'냐 하는 것, 즉 그가 심판인으로서 스스로 판정을 내리는 것에 의해 토론을 끝내는 권한을 부여받을 것인가, 아니면 그가 의장의 자격으로 기초한 '협정'에 서명하는 것을 양 당사자에게 납득시킬 때까지 그가 기다려야 하는가는 그다지 중요하지 않다. 어느 경우에나 그의 참된 일은 단체교섭 절차를 대신하는 것이 아니라 그것을 조장하는 것이다. 나아가 만일 우리가 임금의 적당한 기초에 관한 보편적인 전제 위에서 의견 일치를 보는 것이 보통은 불가능하다는 사실을 보고, 또 두뇌 노동자의 교양에 대한 노동자의 의문과 선거운동상의 고려에 대한 고용인의 의문[19]을 염두에 두고, 또 결과에 대한 전반적인 일

---

19) 가령 타인 강변의 유력한 고용인 중 몇 사람이 세운 '공장장 구제 조합'(Foreman's Benefit

치를 확보하는 것의 중요성을 고려한다면 우리는 '탁월한 제3자'의 간섭이, 만일 그가 처음부터 공공연히 오로지 '화해인'으로 행동한다면, 당사자를 수용하기 쉽고 성공할 가능성도 많다는 것이 하나의 법칙이라는 것을 믿지 않을 수 없다.[20]

이상의 추론은 최근 몇 년간의 사건들에 의해 지지를 받아왔다. 중대한 산업 분쟁을 해결하기 위하여 세 가지 중요한 경우에 외부 간섭이 초래되었다. 1893년에는 로즈베리(Rosebery) 경이 내각의 명백한 희망에 의해 16주간 영국 중부 지방의 광산업을 정지시킨 분쟁을 해결했다. 1895년에는 상공부 상임 차관인 코트니 보일(Courtnay Boyle) 경이 제화업의 대파업을 종결시킨 협정을 기초했다. 그리고 당시의 보수당 내각의 저명한 의원인 제임스 경이 1896년 1월, 오랜 절충 끝에 클라이드 및 벨파스트 조선업자와 그 기계공 사이의 분쟁을 해결했다. 그러나 이러한 사람들은 그처럼 높은 공적 지위에 있음에도 불구하고, 그들이 어떤 경우에도 심판인이나 조정인의 선고적 판결로 일도양단적인 재결을 하는 것을 요구받지 않고, 그

Society)의 규약 초안 중에는 조합과 조합원 사이의 분쟁은 모두 조정인에게 부탁한다는 규정이 있다. 그 규약 초안에는 다음과 같은 의미 깊은 단서가 부가되어 있다. "아래 사람은 조정인에 선임될 수 없다. 1. 투표에 의해 확보되는 정치적 · 지방자치체적, 또는 기타의 지위에 대한 후보자. 2. 목사."

20) "화해에서는 분쟁자가 서로 상대방을 설득하고자 노력하고, 조정에서는 제3자를 설득하고자 노력한다. 첫째의 경우에는, 양자 모두 당해 사건에 대해 동등한 지식을 가지기 때문에 그들은 그 사건의 유력한 점을, 그리고 그것만을 분명하게 보여주려고 노력해야 한다. 단순한 변호의 시도는 효과가 없다. 논거가 되는 바는 승인된 사실이어야 한다. 그러나 둘째의 경우, 변호는 필요하다. 동시에 그것을 위한 모든 기술 —분명히 옳은 것은 물론이고 바람직하지 않은 것도— 이 필요하다. 전후 일관된 적대감이 있다. 조정은 파업이나 직장폐쇄에 비해 우수하지만 화해에는 미치지 못한다. 어떤 형식인지에 관계없이 산업적 평화는 산업적 투쟁보다 우수하다." —R. 스펜서 왓슨, 「강제적 또는 임의적 화해」, 〈철공 저널〉, 1895년 6월호.

들 자신도 감히 이를 시도하지 않는다. 분쟁 사건의 공과를 추구하는 것은 그들의 임무가 아니었다. 그들은 고용인이나 노동자가 정당한지를 판단하기 위해 초청되지 않았다. 그들은 당사자가 각각 각자 요구의 근거로 삼고 있는 대립되는 경제적 가정 중 어느 것을 선택하지도 않았다. 그들의 직무는 쌍방의 대표자를 설득하여 그들이 일치할 수 있는 근거를 발견할 수 있도록 교섭을 계속 하는 점에 있다.

이러한 화해 업무는 우리나라의 노동 분쟁에서 앞으로 오랫동안 해마다 더욱 중요한 역할을 할 운명이라고 우리는 믿는다. 현재의 여론 상태에서 외부의 '화해인'의 간섭은, 노동조합이 완전하게 조직되지 않은 직업의 경우 규칙적인 단체교섭의 선구이다. 많은 산업에서 고용인 자신이 어떤 조직도 갖지 않거나, 다른 많은 산업에서 그들은 여전히 오만하게 그들의 노동자와 교섭하고자 하지 않고 있다. 이제 오랜 분쟁에서 여론은 당사자를 강요하여 교섭을 재개하도록 하고 있다. 그리고 탁월한 국외자의 간섭은 단체교섭을 위한 최선의 수단이라는 것이 분명하게 되었다. 그의 사회적 지위나 공공적 지위는 심지어 격분한 사람들 사이에서도 일정한 위엄과 질서, 그리고 상호 감정에 대한 고려를 의사를 위해 확보함과 동시에, 이는 조급한 파열이나 철퇴를 방지한다. 로즈베리 경이 계속 출석하는 것을 즐기는 동안, 탄광주도 광부들도 실제로 토의를 중지할 수 없었다. 그러나 토의가 아무리 길어져도 당사자가 서로 좋게 토의하고 우호적인 분위기를 유지하지 못한다면 합의에 이를 수는 없다. 이처럼 좋은 기분의 분위기가 조성되고 유지되도록 주의하는 것이 화해인의 일이다. 로즈베리 경이 탄광주인과 노동자를 위해 마련한 멋진 점심은, '생활 임금'에 관한 가장 유력한 논의보다도 필경 조화의 창조에 더욱 효과적이라고 생각한다. 그러나 이 모든 것은 참된 사업의 서막에 불과하다. 우리는 이미 노련한 조정인이

행한 중요한 역할을 서술했다. 즉 각각의 당사자가 진술한 가운데 최선의 여러 가지를 끌어내어 그것을 가장 납득이 가는 형태로 다시 말하고, 신경을 쓰게 하는 모든 불필요한 원인이나 중요하지 않은 의견의 상위를 논의에서 제외했다. 이상적인 화해인은 여기에 여러 가지 해결 방법을 고안하는 가운데 행복한 암시와 풍요를 더한다. 토론을 통하여 그는 각 당사자가 참으로 중요성을 두는 특별한 점을 본다. 그는 당사자가 수용할 수 있는 타협의 조건을 결코 간과하지 않는다. 쌍방이 점차 토의에 권태를 느끼기 시작하는 올바른 심리적 순간에 그는 하나의 문장 형태를 마련하게 된다. 이것이 바로 의사 진행의 위기이다. 만일 당사자가 육체적으로도 정신적으로도 피곤해지고 스스로 만족하게 되어 서로에 대해 더 이상 분노하지 않게 되면, 조정인이 그 초안의 작성에 교묘한 능력을 발휘하고, 지엽적인 점에서는 서로 양보함과 동시에 각자 다툼이 있는 대부분을 포함하는, 만일 적어도 각 당사자의 경우 포함한다고 생각하는 양식을 발견한다면, 결의는 만장일치에 의해서는 아니라고 해도, 여하튼 어느 정도의 체면을 유지하기 위한 두세 가지 미세한 수정 뒤에는 동의하게 될 것이다. 그리고 몇명의 둔감한 대표자가 그 타협의 모든 의의를 이해하는 시간을 갖는 동안이미 협정은 조인되고 평화는 확립된다.

따라서 우리는 임금 분쟁에서 외부의 간섭이 최고로 가치 있는 것일 수도 있음을 알게 된다. 그리고 우리는 그것이 장래의 몇 년간, 가장 잘 조직된 직업 이외의 모든 직업에서 위대한, 심지어 해가 지나면서 더욱 큰 역할을 할 것임을 기대한다. 그러나 그 직능은 본래적 의미의 '조정'의 그것이 아니라 '화해'의 그것이고, 단지 그것은 앞으로도 여전히 때로는 조정이라는 이름으로 행해질 것이다. 단체교섭을 대체하는 것을 목적으로 하는 대신, 화해인은 그것을 조장하는 것을 더욱더 의식적으로 추구할 것이다. 실제로 공정한 제3자에게 분쟁 해결을 위탁하는 것은, 산업적 조직의 극치가 아니라, 도리어 그 불완전한 징후이다. 조정은 불완전하게 조직된 산업에서는 일시적 방편이고, 면공이나 보일러공과 같이 높은 단계에 이르게 되면, 순차적으로 이러한 산업에서도 포기되어야 할 운명에 있다. 따라서 1869년 정부가 제출한 조정법안을 축소하여 근사한 '화해법'으로 만든 것은 잘한 일이었다. 많은 기대를 받은 1867년 및 1872년의 거창한 입법은 지금 완전히 철폐되었다. 이 법에 의하면 상공부는 산업 분쟁의 경우, '논점의 원인과 사정을 조사하는' 권한을 갖는다. 상공부는 당사자를 설득하는 평화의 사도로 개입하여 합의에 이를 수 있게 된다. 만일 화해인이 요망되는 경우, 상공부는 화해인을 선임할 수 있다. 마지막으로 만일 당사자 쌍방이, 해결 절차가 조정의 형식을 빌려 행해져야 한다고 일치하여 희망하고, 그들을 위해 상공부가 조정인을 선임해줄 것을 바란다면, 상공부는 법률이 전혀 없어도 할 수 있는 것처럼 그들의 의뢰에 응할 수 있다![21]

조정을 단체교섭의 종속적이고 일시적인 부속물이 아니라 산업 정지를 위한 영약으로 보는 사람들은 이러한 결론에 실망할 것이다. 조정의 인기에는 깊은 뿌리가 있다. 모든 파업이나 직장폐쇄의 종결에 대한 공공의 확고한 요구 뒤에는 모든 사회의 이익을 위하여, 고용인도 노동자도 그들이 종사하는 산업을 마비시켜서는 안 된다고 하는 감정이 숨어 있다. 만일 당

---

21) 1897년 6월, 의회에 제출된 이 법률의 시행 1년의 성적 보고에 의하면, 35개의 신청이 상공부에 들어왔다. 그중 7건에 대해 상공부는 간섭을 거절했다. 나머지 28건 중 18건은 다소간 형식적인 화해에 의해, 5건은 조정에 의해 해결되었다. 그중 1건은 상이한 노동단체 사이의 경계 분쟁이고, 나머지 4건은 소규모의 지방 분쟁이었으며, 어느 것이나 과거에 조직이 불충분한 산업이나 지역에서 생겨났다. 펜린(Penrhyn) 경의 석판갱(石板坑; Slate Quarries)에서 벌어진 유명한 파업과 노위치의 제화공 파업을 포함한 3건의 경우, 고용인에 의해 2회, 당사자 쌍방에 의해 1회 조정이 거부되어서 해결 불능으로 끝났다.

사자 한쪽이나 다른 쪽이 계속 고집한다면 '강제적 중재', 즉 국가 권력의 간섭을 요망하게 된다. 우리는 '국가조정위원회'나 상공부에 의한 직권적 간섭, 또는 판정 위반 시에 법률상 몰수해야 할 금전의 당사자 쌍방에 의한 공탁을 주장하는 수많은 제안을 상세히 논의할 필요는 없다. 그러한 제안을 했던 사람들은 언제나 반드시 딜레마에 빠지지 않을 수 없다. 만일 그러한 종류의 조정에 호소하는 것이 지금도 여전히 당사자의 임의에 의한다고 하면, 고용인이나 노동자를 이끌어 그 함정에 빠뜨리고자 설득하도록 형벌이나 소송의 위험성이 의도된다고는 생각되지 않는다.[22] 반면 만일 그것이 강제된다면, 그것은 결국 새로운 종류의 법률 제정에 이르게 될 것이다. 공공복지의 보호를 위하여 사회는 당연히 사건에 간여하고, 이에 따라 노동자는 노동을 하고 자본가는 그들을 고용하는 조건을 결정하는 권능을 갖는다고 하는 주장은 당연히 성립한다. 그러한 경우, 공공의 결정은 아마도, 국가의 모든 위엄을 부여받은 공정한 조정심판소의 판정에 가장 잘 체현될 수 있을 것이다. 그러나 이러한 경우, 우리는 본래적 의미의 '조정' 영역을 벗어나게 된다. 그러면 문제는 더 이상 자본가와 노동자 사이

---

22) '방적공장직공 합동 노동조합'과 같이 경험이 많고 박식한 노동조합으로부터의 최근 보고 서로부터 다음 발췌는 매우 중요하다. "화해위원회—많은 의안은 끊임없이 이 문제에 대해 제출되고 있지만, 여러분의 평의회는 그것들이 법률이 됨에 의해 어떤 도움이 된다고 생각하지 않는다. 이 모든 제안이 근거하는 가정은 … 수익이 낮아지면 노동의 임금과 자본의 이윤도 함께 저하해야 한다는 것이다. … 심판인은 결코 노동자가 아니고 언제나 상류 계급의 일원이며 그의 공감과 이익은 임금을 저하시키는 쪽에 있다. … 여러분의 평의회는 지금 제안된 의안이 노동자의 임금 일부를 갖고자 하는 수많은 함정을 뜻한다고 믿고, 따라서 이러한 의안에 철저히 반대했다."(〈'방적공장직공 합동 노동조합' 입법평의회 보고〉, 1893~1894, 14쪽) 또한 1896년 광부 연합회와 중요 탄광주 사이에서 벌어진 여러 차례의 협상 보고서를 참조하라. 그런 협상에서 노동자 대표는 그들이 되풀이한 소위 "우리가 우리 자신 사이에서 해결할 수 없었던 사정을 타인이 들어와 해결한다"는 조정 계획에 철저히 반대했다.

의 투쟁을 미봉하는 것이 아니라, 어떤 산업적 행동의 실행 조건을 사회에 의해 신중하게 결정하는 것이 된다. 그러한 판정은 그 사람의 고집이 그것을 필요로 하는 당사자에 대해 강행되어야 할 것이다. 종종 노동자는 군대에 의해 공장에 행진해 들어가게 되거나, 경찰은 완고한 자본가의 문(과 금고)을 열게 된다고 되지만 이것은 그렇지 않다. 판정은, 만일 자본가가 특정한 산업에서 종사하고자 희망한다면, 그들은 특정의 조건에 근거해서만 그렇게 해야 한다고 명령하는 것으로 충분하다. 이러한 조건의 강행은 실질적으로 국법의 위반에 대한 형벌을 수반하는 공공 감독의 문제가 될 것이다. 여기서 우리는 파업과 직장폐쇄에 대한 유효한 영약을 발견하게 된다. 비록 산업의 역사가 다양한 고용조건의 법정에 대한 찬반운동의 다수를 기록하고 있지만, 새로운 공장법이나 실물임금금지법에 대해 직장폐쇄나 파업이 행해진 경우는 없었다. 그러나 그것은 단체교섭을 수반하는 교섭이 종종 파열되는 것을 피하기 위한 수단임에도 불구하고, 만일 우리가 그 방법을 채택한다면, 우리는 단체교섭을 전적으로 배제하게 될 것이다. 고용조건은 더 이상 고용인과 노동자 사이의 흥정에 맡겨지지 않겠지만, 조정인에 의해 대표되는 사회가 가장 편리하다고 생각하는 방법으로, 당사자의 동의를 얻지 않고 직권적으로 결정하게 된다. '강제적 조정'은 사실상 법률에 의한 임금의 결정을 뜻한다.[23)]

---

23) 이러한 종류의 강제 조정은 빅토리아 식민지의 1896년 공장법 제15조에 다음과 같이 규정되어 있다. "공장이나 작업장 안팎에서 의복이나 장신구나 가구 종류에 속하는, 또는 제빵 제조의 목적을 위한 여러 물건 가운데 하나 또는 그 이상을, 전부나 일부로, 준비하거나 제조하는 것에 대해 지불해야 할 최저의 가격이나 비율을 결정하기 위하여 총독은 적절하다고 생각하는 경우 종종 임시특별위원회를 임명할 수 있다." 단 그 위원회는 반수를 고용인의 대표, 반수는 피고용인의 대표에 의해 구성해야 한다. 그 위원회는 임명 시에, 가내 업무에 대해서는 도급제, 공장 업무에 대해서는 시급제 및 도급제에 의해 특정 물건에

대해 지불해야 할 최저율을 지정할 수 있다. 그렇게 결정되는 최저율 이하를 지불하는 고용인은 벌금에 처해지고, 세 번째 위반 시에는 그의 공장이나 작업장(그곳이 아니라면 사업을 할 수 없는)의 등록은 "이러한 법률 이상 또는 그 외의 어떤 권한에 의하지 않고 즉시 무효가 되는 것으로" 한다. 실제로 최저임금의 결정이 되는 이 법률의 실적은 경제학자들이 흥미롭게 살펴볼 만한 것이다. 런던의 식민지 총감독인 W. P. 리브스(Reeves) 씨에 의해 통과된 1894년 뉴질랜드 법에 의하면, 노동조합이 관련된 노동분쟁은 먼저 공공화해위원회에 회부되고, 그것이 실패하면 다시 2명의 보좌관과 함께 대법원 판사 1명으로 조직되는 조정심판소에 부탁할 수 있다. 이러한 심판소는 편리하게 법정 절차에 의해 그 판정을 강제할 수 있다. 이 법률에 대한 더욱 상세한 해설은 이 책의 마지막 장에 있다. 뉴 사우스 웨일스(1892년)와 호주 남부(1894년)의 화해 및 조정법은 실제로 성공하지 못했다. 안톤 버트람(Anton Bertram), 「호주의 국가적 화해제도의 경험(Quelques expériences de la Conciliation par l'État en Australasie)」, 〈경제학잡지(Revue d'Économie Politique)〉, 1897년 7월호.

4장
법률 제정의 방법

·

　『노동조합운동의 역사』를 읽은 독자는 이미 의회 법률이 모든 시대에 영국 노동조합 운동가에 의해 그들의 목적을 달성하고자 시도한 수단의 하나를 형성해왔음을 잘 알고 있을 것이다. 이 특수한 방법에 대한 그들 믿음의 열기와 그들이 그것을 이용할 수 있었던 범위는, 당시의 정치적 사정에 따라 다양하게 변화되어왔다. 18세기 도시 수공업자의 견고한 직업 클럽과 널리 보급된 '양모공 노동조합'은, 주로 법률에 의해 그들의 직업을 규제해왔다. 그들이 어떤 법률에 의존했는지는 18세기 노동조합운동에 대한 가장 유명한 연구자로 하여금, 법률 위반자에 대한 '소추'가 그러한 여러 단체의 중요 목적이라는 것,[1] 그리고 실제로 영국 노동조합운동은 임금

---

1)　브렌타노(Brentano), 『길드와 노동조합(*Gilds and Trade Unions*)』(London, 1870), 서문, 174쪽(또는 재판 110쪽).

을 정해 도제 기간을 규율하는 성문법의 '비준수에 기원되었다'고 단언하게 하기에 이른 정도이다. 브렌타노 교수가 말하듯이 그 근본 목적은 "현존의 법률 및 관습상의 직업 규제를 유지하는 것이었다. 국가가 질서 유지를 포기함과 동시에 노동조합은 바로 그것을 대신한다."[2] 그 뒤의 연구는 질병 클럽이나 격렬한 파업에서 비롯되고, 법률 제정과 대립하는 상호보험 및 단체교섭의 방법에 의한 고대의 노동조합을 규명한 것이 사실이다. 그러나 18세기 노동조합의 목적과 수단에 관한 브렌타노 박사의 일반화는, 대체로 그 뒤에 더욱더 확인되고 강화되어왔다. 실제로 노동조합으로 하여금 이러한 방향으로 가게 하지 못하게 했다면 이상했을 것이다. 모든 노동자의 단결에 반대한 1799년의 잔혹한 입법 이전에도 단체교섭이라고 할 수 있는 생각 자체가 고용인에 의해 배척되고 여론에 의해 강력하게 경멸되었다. 반면 교육을 받은 지배적 계급은 노동조건이 법률에 의해 규제되어야 한다는 것이 유일하게 합리적인 것이라고 생각했다. 따라서 그들의 종래 생활을 위협하는 혁신에 반대하는 노동자들이 확신을 가지고 사계법원(Quarter Sessions),[3] 의회, 추밀원(Privy Council)[4]에다가 그들의 새로운 고용인을 고발하게 되었다. 노동조합은 법률을 이행하기 위해 위원회를 조직하고, 법정에서 그들의 소송을 다투기 위해 변호사를 고용하며, 치안판사에 의해 강제되어야 할 임금표 준비를 위해 많은 돈을 쓰고, 그러한 표를 지지하기 위해 증거를 사계법원에 제시하며, 새로운 입법을 구하거나 고용인의 의안에 반대하기 위해 상원과 하원의 위원회에 법률 고문을 보

---

2) 같은 책, 서문, 177쪽(또는 재판, 113쪽).
3) 1년에 4회만 열리는 영국의 지방법원. (옮긴이 주)
4) 영국의 국왕 정부에 대한 자문기관. (옮긴이 주)

내고, 마지막으로 무수한 청원, 거리의 시위운동, 의회 로비 활동, 그리고 때로는 조합원이 공민으로 적법한 선거권을 갖는 경우 선거운동을 하기도 한다.[5]

의회와 법원에 의한 '자유방임'주의의 채택과 함께, 이 모든 것은 중단되었다. 조만간 청원의 조직, 대표자와 증인의 파견, 변호사와 법률 고문에 대한 비용 지급은 모두 돈의 낭비가 되었고, 그 결과는 사건에 대한 시비와 맞닥뜨리기를 추상적인 논리로 무조건 거부하는 것이기 때문이다. 1800년 이후, 모든 하원 위원회도 마찬가지로 보고하고 있다. "그들은 산업의 자유에 대한 어떤 입법의 간섭도, 또는 자신의 이익에 가장 알맞다고 판단할 수 있는 방법 및 조건에 의해 자신의 시간과 자신의 노동을 처분할 수 있는 모든 개인의 완전한 자유에 대한 어떤 입법의 간섭도 그 어떤 것이든 간에, 사회의 번영과 행복에 가장 중요한 일반 원칙을 침해하지 않고, 또 가장 유해한 선례를 만들지 않으며, 심지어 지극히 짧은 시간 뒤에 일반적 곤궁의 압박을 증가시키지 않고, 그 곤궁에 대항하는 장애물을 영원히 제거하지 않고서는 있을 수 없다고 하는 의견을 가지고 있다."[6] 공공연한 단체교섭으로부터도 법률 제정으로부터도 똑같이 저지된 19세기 최초의 25년간 노동조합은 상호보험이라는 방법을 채택하고 비밀의 강제를 사용하여 크게 단련되었다. '직업의 이익에 반하여' 노동하기를 거부한 사람들은 열광적인 관용으로 지지된 한편, '파업 파괴자'(Knobsticks)는 거부되고, 심지어 폭력화되었다. 고용인이 형법상의 소추나 노동조합원 해고를

---

5) 18세기 노동조합 활동의 이 모든 형태의 사례에 대해서는 『노동조합운동의 역사』, 27쪽, 33~34쪽, 40~54쪽에서 볼 수 있다.
6) 〈수공업자에 관한 위원회의 보고〉, 1811년 6월 13일, 『노동조합운동의 역사』, 54쪽.

통해 보복한 경우에 노동자는 기계 파괴와 폭행을 수반한 참담한 파업이나 처절한 폭동을 폭발시켰다. 지주들의 의회로 하여금 결사금지법을 철폐하게 하기에 이르고, 그 결과 처음으로 노동조합으로 하여금 그들의 고용인과 공공연히 교섭할 수 있게 한 것은 주로, 그 잠재적 반란 상태를 종식시키고자 하는 희망이었다.

그 다음 25년을 통하여 노동조합의 활동은 주로 단체교섭 기관의 설립으로 향했다.[7] 그 이유는 쉽게 설명할 수 있다. 철학적 급진주의자들, 그리고 실제로 그 세대의 교육받은 여론의 대부분은 노동조합에 의한 단체교섭이라는 방법의 채택을 확장하고 옹호하는 데에 노동조합과 함께 일했고, 보통 노동자의 노동조건을 법으로 규제한다는 생각은 중산 계급의 선거민들에 의해 확실한 것으로 간주되었다. 당시 (박애주의자들의 주의나 특수한 폐해의 존재에 의해) 특별 입법을 확보하는 어떤 기회가 존재한 산업에서, 노동자는 여전히 그들의 공통규칙을 법률 제정이라는 방법에 의해 강행하고자 노력했다. 『노동조합운동의 역사』를 읽은 독자는 방직공의 여러 노동조합이 1830년부터 1850년 사이에 로버트 오언(Robert Owen)[8]과

---

7) 노동 계급의 여러 단체가 경제학계와 언론계로부터 주목된 것이 바로 이 시대였다. 노동조합운동은 '파업'이라는 부수물이 있는 단체교섭만으로 구성된다는 일반의 생각은 주로 이 사실에 기인한다. 1824년부터 1869년 사이에 노동조합에 대한 실제적인 모든 비판과 비난은 단체교섭이 무익하다는 것과 파업이 나쁘다고 하는 점에 대한 설교의 형태를 취했다. 심지어 경제학자들도 그들이 비판하고 있는 단결의 역사에 대해 몰랐고, 그것들의 목적과 방법의 기원과 다양성에 대해서도 전혀 몰랐다. 노동조합의 목적과 방법에 대한 이러한 종류의 편견은 지금도 여전히 신문 사설이나 통속적인 경제학 교과서에 남아 있다.

8) 로버트 오언(1771~1858)은 영국의 사상가·사회주의자로 자신의 사상을 최초로 '사회주의'(Socialism)라고 불렀다. 스코틀랜드에 신식 방직 공장을 짓고 노동자 관리와 노동자 교육 등에 힘써 25년 만에 대기업을 이루었다. 처음에는 협동조합을 만들고 임금과 노동조건을 좋게 고쳐 노동자에게 의욕을 북돋는 운동을 벌여 대성공을 거뒀다. 1827년 오언은 이미 모든 시도를 해본 뉴래너크 공장에 흥미를 잃고 주식을 판 다음 아들 넷과 딸 하나를 데리

섀프츠베리(Shaftesbury) 경이 옹호한 다양한 '10시간' 법안을 얼마나 활발하고 유효하게 지지했는지를 기억할 것이다. 나아가 그 요구의 근거를 지하 생활의 미지의 공포에 두었던 광부의 단체는, 1843년 이래 누차의 탄광규제법을 요구하는 데에 더욱 완강했다. 수직기공(手織機工; Hand-Loom Weaver)과 양말직기공(織機工; Stocking-Frame Worker)은 오랫동안 법정 임금률이 좋다고 하는 구식의 논의를 열심히 주장했다. 반면 모든 종류의 단결 노동자들은 '실물 임금'의 유효한 금지에 의해 그들의 소득에 대한 법률상의 보호를 얻고자 간헐적으로 노력했다. 그러나 고용인들에 의해 지배되고 있는 하원에 대해서는, 성년 남자만을 고용하고 예외적 폐해가 없는 산업의 노동자들은 대체로 그들의 전통적인 방법을 포기하기에 이르렀다.

1867년의 도시 수공업자들과 1885년의 지방 노동자와 광부들의 참정권 확보와 함께, 우리는 세 가지 방법 사이의 선택이 다시 문제되는 것을 볼 수 있다. 가령 성년 남성의 노동시간을 법률로 제한해야 한다는 주장은, 9시간법안을 위해 행해진 면사방적공 운동의 최초에 명백히 나타났다. 1871년 그들의 공적 선언에서는 다음과 같이 서술되었다. "사람들은 우리에게 성년 남성의 노동에 대한 법적 간섭은 경제적으로 오류라고 하고, 나아가 노동자의 노동은 그의 유일한 자본이므로 그는 그것의 사용이나 적용

고 미국으로 건너가 자신의 거의 전 재산을 들여 인디애나주 뉴하모니에 부동산을 구입하여 이른바 뉴하모니 실험을 했다. 즉 자신이 꿈꾼 '커뮤니티'(Community)라고 부른 신공동체를 시작했으나 이 실험은 결국 참담한 실패로 끝났다. 그는 마르크스와 엥겔스가 주장한 '노동자에 의한 독재'는 귀족과 자본가에 의한 독재와 절대 다르지 않고, 동시에 노동자는 자신들을 직접 관리할 수 없는 존재이라서 자기와 같은 사람이 노동자들을 가르쳐야 한다고 주장했다. 그래서 1848년 공산당선언에서 오언은 부르주아이자 '유토피안 사회주의자'라고 매도당했다. 영국 최초의 사회주의자로서 생시몽, 푸리에와 함께 3대 공상적 사회주의자로 불린다. 저서로 『사회에 관한 새로운 의견(A New View of Society)』 등이 있다. 전 세계 협동조합 설립운동의 아버지로 불린다.

에 구속되어서는 안 된다고 설득하고 있다. … 그런데 그런 주장은 ―만일 그것을 주장이라고 볼 수 있다면― 참으로 그럴 듯하게 보이지만, 그 말에는 교묘한 방법으로 입법부와 노동 계급의 관계를 잘못된 위치에 두고자 하는 더욱 위험한 허위가 포함되어 있다. … 인간사의 필연적인 불완전함에 있어서, 계약이나 계약의 당사자가 대등한 입장에 서지 않고, 일방이 타방을 압박하거나 오도하는 부당한 힘을 갖는 경우, 약한 쪽을 돕기 위해 법률이 간섭해야 한다는 것은, 2천 년 이상의 지혜에 의해 확립된 일반의 정당한 원칙이다. … 우리는 노동자로서 현재의 공장제도가 갖는 부당한 점을 탐구하고, 나아가 만일 필요하다면 입법부에 우리를 위해 간섭할 것을 … 공장 노동의 시간 단축을 확보하기 위해 의회에 청원할 시기는 아직 오지 않았지만 … 요청해야 한다. 만일 우리가 뽑은 의회 의원 중 어떤 사람들이 노동자에 관한 범위에 대해 입법적 직무를 사퇴하려는 의향을 보인다면, 우리는 그들에게 그들의 사퇴가 승인되어야 할 선거일이 다시 돌아오는 것을 반성하는 것이 좋을 것이다."[9]

이러한 정치적 사정의 변화에 의해 우리는 새로운 공장법 및 광업법, 철도 및 상선 규정의 추가, 그리고 사고 및 실물 임금의 방지에 대한 점진적 요구를 설명할 수 있을 뿐 아니라, 1868년 이후 '방적공장직공 연합 노동조합'과 같이 순수하게 정치적인 노동조합 조직, 그리고 '영국 광부 연합회'와 같이 주로 정치적인 노동조합의 발생과 노동조합평의회(Trades Councils), 노동조합대회, 의회위원회(Parliamentary Committee) 등, 노동조

---

9) 1871년 12월 11일 위원회'의 이름으로' 면사방적공 합동 노동조합'의 위원장이 서명한 회람. 『노동조합운동의 역사』, 295~296쪽. 이 노동조합이 언제나 오직 남자만으로 구성된 것을 상기할 수 있을 것이다. 『노동조합운동의 역사』에서 우리는 9시간 노동운동이 어떻게 '여성 뒤에서' 결국 성공했는지를 지적했다.

합 세계를 관통하는 전반적인 정치기구의 형성을 설명할 수 있다.

노동조합의 역사에 정통하지 않은 사람이라면 누구라도 필경, 노동조합이 종래 의회의 법률에 의해 실시하고자 시도한 직업 규제가 어떻게 다수를 형성하고 다양하게 되었는지를 정확하게 추측할 수도 없을 것이다. 18세기의 노동조합은 그들의 희망을, 최저임금률의 확정, 도제 기간의 요구, 그리고 직인에 대한 도제의 적정한 비율 결정에 한정한 듯하다. 대규모 공업의 도래와 함께, 우리는 공장 노동자와 광부가 위생 및 고도 밀집, 산업재해로부터의 안전, 1일 노동시간의 길이를 문제로 삼아왔음을 본다. 고용인에게 사고에 대한 책임을 지게 하고, 임금으로부터의 모든 공제를 금지하고자 하는 전반적인 요구 외에, 노동조합의 큰 부문들은 8시간제, 초과노동의 금지, 정기휴일의 특정을 요구하고, 다른 사람은 임금의 매주 지급, 도급제 임금의 표준인 '세부 사항'의 공개, 종류와 무관한 모든 벌금 및 임금 공제의 폐지를 요구한다. '제화공 전국 노동조합'은 외국 이민의 배척과 고용인에 대한 공장 설비의 강제를 요구하는 한편, '봉제공 합동 노동조합'은 법률에 의한 가사 업무의 폐지에 가까운 것을 주장할 것이다. 짐마차 마부들은 한 사람에게 두 대를 취급하게 해서는 안 된다고 하는 그들의 규약에 강제력을 부여하는 의회 법률을 매년 요구하고, 보일러공, 기관사, 배관공은 면허를 가진 숙련공 이외의 사람에게 일정한 지위를 부여해야 하는 것을 청구하고, 방직공은 방적공장 및 직물공장의 온도와 습도를 규정하도록 요구하는 반면, 해원(海員; Seamen)은 해상보험법의 개정에서 선내 요리사의 자격에 이르기까지, 원양 취항선의 개조부터 사전 지불 허용액의 증가까지, 승무원 배치 규정의 제정부터 선박의 약품 창고 검사까지 그들 자신의 긴 법전을 가지고 있다. 노동조합의 요구는 이상의 목록에 그치지 않는다. 의회 개회마다 고용조건의 새로운 규제는 거창한 노동법

전에 부가됨과 함께, 노동조합대회의 개회는 언제나 새로운 요구의 수확을 낳고 있다.[10] 선하든 악하든 간에, 임금 노동자가 점차 정치 생활에 관여하고, 그들의 단결이 점점 더 세력을 증가시켜온 결과, 법률 제정의 방법이 점점 더 많아진 것이 불가피하다고 생각된다.

그러나 노동조합의 목적을 달성하는 수단으로서 법률에 의한 것은, 노동자의 견지에서 보면 상당한 불이익을 포함한다. 그 중요한 결점은 새로운 규제를 확보하고자 할 때마다 장기간의 불확실한 투쟁이 필요하다는 점이다. 노동조합이 하나의 공통규칙을 국법으로 강제하기 위해서는, 그 전에 먼저 당해 규제가 국가 전체에 이익이 되고, 소비자에게 부당한 부담이 되지 않는다는 것을 사회 전체에 반드시 확신시켜야 한다. 따라서 노동자의 불만은 세상에 공표되어야 하고, 공공 집회에서 토론되어야 하며, 신문에 의해 비평을 받아야 한다. 의회 구성원이 그것을 다루도록 설득해야 하고, 그들이 장관에게 요청하거나 의회에서 문제로 삼게 된 경우, 주장의 정당성을 그들에게 믿도록 해야 한다. 그사이에 왕립위원회가 임명되어 증거를 청취하며 통계를 수집하고 보고서를 작성한다. 이어 새로운 공장법안이나 광업법안이 내무부장관에 의해 기초되고, 정부 감독관, 의학 전문가, 동정적인 고용인, 그리고 아마도 몇몇 노동자 대표의 종합적인 충고에

---

10) 여러 노동조합대회, 특히 1885년 이후의 그 보고서를 보라. 여기서 주의해야 할 것은, 이처럼 영국의 노동조합 운동가들에 의해 희망된 법률의 대다수, 그리고 이미 실시된 입법의 대부분이 미국 헌법하에서는 헌법상의 계약 자유의 권리를 침해한 것으로서 무효가 된다고 하는 점이다. 이러한 이유에 의해 이미 법원에서 각하된 미국의 성문법 중에는 실물임금금지법, 매주 또는 격주의 지불을 명하는 법률, 석탄에만 근거한 임금의 톤당 비율을 계량하는 것을 탄광주에게 금지하는 법률, 단지 노동조합원이라는 이유에만 의해 노동자를 해고하는 것을 고용인에게 금지하는 법률, 성년 여성의 노동시간에 제한을 가하는 공장법이 있다. F. J. 스팀슨(Stimson), 『미국 노동법 핸드북(Handbook to the Labor Law of the United States)』(New York, 1896).

따라 어떤 종류가 포함되지만, 그것은 보통 노동조합이 요구하는 것이 아니라, 모든 증거에 비추어볼 때, 가장 심각한 폐해를 피하기 위해서는 어쩔 수 없다고 생각되는 최소한도를 실현하는 것에 불과하다. 하원의 위원회 단계에서 그 조항은 한편으로는 고용인 측 대표에 의해, 다른 한편으로는 노동자 측 대표에 의해 분해된다. 그러나 의원의 대다수는 장관 자신과 마찬가지로, 어느 측에 대해서도 직접적인 이해관계를 갖지 않고, 그 일부를 위하여 특수한 이익을 확보하고자 생각하기보다도, '국가의 산업을 유지하고' 저렴한 물가를 촉구하는 소비자로 구성된 일반 공중의 이익을 대표한다. 그리하여 한 걸음씩 설득의 절차에 의해 나아갔다. 첫째로 선거민, 이어 의회 의원, 다음에는 내각 각료, 그리고 가장 어려운 업무를 담당하는 상임의 직업적 전문가를 설득하기 위하여, 한편으로는 노동조합 임원의 경우 다분히 정치가로서의 자격을 필요로 함과 동시에, 일반 조합원의 경우에는 총명한 절제, 불굴의 정신, 지도자에 대한 불변의 충실, 그리고 보통 민중운동의 특징이 아닌 타협의 '미묘한 분별심'을 겸비할 필요가 있다. 가장 순조롭게 행해져도 그 진행은 늦어진다. 가령 랭커셔 '9시간제 운동'은 아마도 공장법에 대한 다른 어떤 운동보다도 신속하고 완전한 성공을 거두었을 것이다. 그러나 전혀 마음 내켜 하지 않는 입법부로부터 노동시간 단축 법안을 통과시키기까지 '면사방적공 노동조합'은 4년간 엄청난 비용과 어려운 일들을 필요로 했다.[11] 이에 반하여 기계공 노동조합의 '9시간제'는 고용인과 교섭을 개시한 지 6개월 만에 얻어졌다.[12] 뿐만 아니라, 입법에 의한 승리는 결코 완전한 것이 아니다. 의회가 결국 제정하는 것

---

11) 『노동조합운동의 역사』, 295~298쪽.
12) 같은 책, 299~302쪽.

은 요구된 전부가 결코 아니다. 가령 '면공 노동조합'은 그들이 제안한 9시간제를 얻지 못하고, 1주 56시간반제를 얻은 것에 불과하다. 반면 단체교섭의 방법에 의해, 전략적으로 유리한 시기에 노동조합이 고용인으로부터 그들 요구의 전부만이 아니라, 그것을 입법적으로 제안하여 그것들을 결코 구체화하지 않았으리라고 하는 정도의 예외적인 조건도 얻은 예는 희소하지 않다. 우리는 아래에서 '보일러 제작공 및 철조선공 연합 노동조합'과 같은 강력한 노동조합이, '업무의 경계'나 '도제 제한'과 같은 미해결 문제 —이에 대해서는 사회 전체에 의해 그들에게 허용되기보다도 더욱 유리한 조건을 스스로의 힘에 의해 확보할 수 있다고 느끼는 문제— 에 대해 의회에 호소하는 것을 이상의 생각이 어떻게 방해하는지를 보게 될 것이다. 그러나 오로지 노동시간만을 예로 든다면, 의회가 광부에 대해서도 1일 8시간제를 아직 채택하지 않고 있는 동안, 노섬벌랜드와 더럼의 광부들은 이미 단체교섭의 방법에 의해 1일 7시간 이하의 노동시간과 1주 37시간제를 넘지 않는 노동시간을 확보했다.

언뜻 보기에, 이러한 어려움과 불이익이 있음에도 불구하고, 노동조합이 그렇게도 집요하게, 계속 열심히 각 산업의 입법적 규제를 요구한 것은 이상하게 생각될지 모른다. 그것을 확보하는 과정이 아무리 더디고 어렵다고 해도, 일단 공통규칙이 하나의 의회 입법으로 구체화된다면, 그것은 다른 어떤 방법보다도 더욱 완전하게, 규제의 영구성 및 보편성을 목적으로 하는 노동조합의 열망을 만족시키기 때문이다. 이미 서술했듯이, 노동조합이 단체교섭의 방법에 의해 전국에 통하는 일률적인 조건에 가까운 것을 확립한 보기는 아직 거의 없다. 가령 '기계공 합동 노동조합'과 '목수 합동 노동조합'과 같이 탁월하고 부유한 노동조합도 도시가 다르면 노동시간이 전자의 경우 1주 48시간에서 57시간, 후자의 경우 41시간에서 60

시간까지 다른 것을 인정하지 않을 수 없게 된다.[13]

그러나 전국적 또는 지역적으로 어떤 노동조합 규약이 존재하는 경우에도 앞에서 우리가 설명했듯이, 그 규약이 전적으로 인정되지 않거나, 그것을 계획적으로 회피하는 몇 개의 광범한 지역들과 중요한 공장들이 있다. 의회의 법률은 이에 반해 노동조합이 견고하든 장래에 존재하지 않든 간에 모든 지방에 통일적으로 적용되고, 또 고용인이 고용인협회에 속하는가 여부에 관계없이 모든 고용인에게 일률적으로 적용된다. 사실상 그것은 이상적인 단체교섭 형태, 즉 당해 직업에 종사하는 모든 노동자를 망라하는 노동조합과, 모든 공장을 포함하는 고용인협회 사이에 체결되는 전국적 협약과 합치하는 것이다. 그러한 협약과 마찬가지로, 그것은 개별 노동자나 개별 공장의 급박함만이 아니라, 개별 지방의 급박함도 임금 계약에 미치는 영향에서 배제한다. 그러나 그것은 이러한 방향으로 더욱 나아간다. 전국적 협약은 그것이 아무리 견고한 것이라고 해도, 현대 산업을 특징짓는 호경기와 불경기가 계속 발생할 때마다 고용인과 피고용인의 상대적 힘에 따라 언제나 변경되는 경향이 있다. 가령 예외적으로 견고한 전국적 협정에 의해 표준소득을 결정하는 면사방적공도 최근 25년 동안 임금 인상 5회, 임금 인하 7회, 합계 12회의 이러한 표준의 변경에 동의했다.

13) 가령 '기계공 합동 노동조합'의 '그레이스 및 울위치 병기창(Grays and Woolwich Arsenal) 지부'는 48시간에 의하는 반면, '베일 오브 레번(Vale of Leven) 지부'는 41시간 반이다. 목수들 사이에서는 한겨울에 미들턴(Middleton) 지부는 41시간 반, 베리(Bury) 지부는 43시간 반, 프레스트위치 및 래드클리프(Prestwich and Radcliffe) 지부는 44시간인 반면, 야머스(Yarmouth), 요빌(Yeovil), 기타 다수의 아일랜드 지부는 여전히 60시간이다. 1895년 '기계공 합동 노동조합'에서 출판한 『임금률 통계(*Statistics of Rates of Wages*)』, 1894년의 『목수 합동 노동조합 연보(*Annual Report of the Amalgamated Society of Carpenters*)』를 보라. 또 상공부에서 출판한 『임금 및 노동시간 보고(*Reports on the Wages and Hours of Labour*)』, C. 7567, 1894와 비교하라.

그러나 고용조건의 어떤 부분이 법률에 의해 규제되는 것이 사회에 대해 중요하다고 일단 인정된 이상은, 가장 격렬한 공황의 영향에도 초연하게 된다. 다수의 면공업자가 파산에 이르게 되고, 노동자도 임금의 20퍼센트를 삭감당한 1879년의 극단적 암흑기에도, 공장의 위생이나 위험한 기계 차단에 관한, 고가의 법적 요구를 완화해야 한다고 제의한 사람은 한 사람도 없었다. 우리는 『노동조합운동의 역사』에서 단체교섭에 의해 확보된 기계 제작업 및 건축업의 9시간제가, 조직적인 초과노동의 실행에 의해 그 당시 얼마나 중대한 무효가 되었는지를 서술해두었다.[14] 그러나 공장법이 규정하는 면사방적공의 표준 노동시간의 길이는, 1874년 이래 호경기에 의해서도 불경기에 의해서도 어떤 변화를 입지 않았다. 따라서 노동조합의 입장에서 본다면, 의회 법률로 구체화된 공통규칙은 불경기의 최악 시기에 급박한 영향조차 초월하는 막대한 이익을 갖는다. 그리고 만일 우리가 과거 50년 역사로 판단한다면, 그러한 규약은 '미끄러져 내리기'보다도 '미끄러져 오르는' 경향을 갖는다. 규제가 일단 채택되면, 그것을 폐기하는 것이 실제로 불가능한 반면, 여론, 특히 교육, 위생, 안전, 노동시간 단축과 같은 문제에 관한 여론의 추이는 처음부터 끝까지 표준생활 정도의 향상이라는 방향으로 움직여왔다.[15] 법률 제정이라는 방법이 갖는 이러한 특징은 다음의 여러 장에서 설명하듯이, 노동조합 운동가가 그 특수한 방법에 의해 강제하고자 하는 규제의 종류에 대하여 중대한 관계를 갖는다. 그러나 우리는 규약 그 자체를 고찰하기에 앞서, 먼저 그 방법을 행사하기 위한

---

14) 『노동조합운동의 역사』, 333쪽.

15) 그러나 이러한 '편향'은 법률 제정이라는 방법이 본질적인 속성이 아니다. 우리는 최근 수십 년 동안의 그 존재가 경쟁의 모든 제한에 반대하는 유산 계급에 의해, 여전히 규제를 믿어온 임금 노동자에게 정치적 권력이 옮겨간 것에 기인한다고 본다.

노동조합 기관의 성질과 범위에 대해 설명해야 한다.

　노동조합은 법률 제정이라는 방법의 적용을 위하여 그들이 단체교섭을 위해 갖는 정도의 형식적 기관을 아직 발달시키지는 못하고 있다. 그러한 미발달의 원인은 주로 그 일의 어려움에 있다. 우리가 이미 서술했듯이 노동조합 역사의 대세는 전국을 통하여 직업을 조직 단위로 삼는 것이다. 그러나 입법부에 대하여 어떤 유력한 제안을 한다는 것, 즉 의회 의원을 설득하여 그 사건을 다루게 하기 위해서 노동조합 임원은, 그들 자신의 산업에서 행해지고 있는 모든 장소의 고용인과 노동자가 아니라, 어떤 직업에 속하는가에 관계없이 특정한 선거구의 선거민으로 하여금 자기와 같은 견해를 갖도록 해야 한다. 따라서 직업별 조직 위에 다시 지역별 조직이 만들어져야 한다.

　면직업과 광산업이라고 하는 양대 산업은 이러한 어려움을 극복하고, 그 둘만이 유력한 정치기구를 발달시켜왔다. 가령 13만 2000명의 조합원 중 4분의 3이 볼턴(Bolton)에서 20마일 내에 있는 10개 선거구에 거주하고 있는 유력한 면공의 여러 노동조합은 과거 25년간, 그들이 바라는 입법 규정을 확보하고 이행하기 위해 특수한 단체를 구성했다. 즉 방적공, 직공, 소기공, 권취공, 감독노동자의 5개 노동조합은 '방적공장 노동자 연합 노동조합'으로 합쳐졌다. 그 노동조합은 단체교섭도 하지 않고 보험과도 무관한 반면, 오로지 '의회나 정부의 간섭을 필요로 하는 … 불만의 제거'를 목적으로 한다.[16] 100개의 지방 지부에서 온 200명의 대의원으로 구성된 연합 노동조합의 대의원회[17]는 그들의 공통된 정치적 목적을 위해 면공의

---

16)　1890년 규약.
17)　'일반평의회'라고 한다.

모든 부문을 연합하여 하나의 견고한 노동조합으로 만들었다. 그러나 각 직업의 의회 정책을 통솔하고 그 정치적 세력을 조직하는 것은 그 대의원 회에 의해 매년 선임되는 연합 집행부이다.[18] 주로 각 노동조합의 유급 임원들로 조직되는 이 회의는 오로지 정치적 업무를 위해 매년 정기적으로 열린다. 맨체스터 음식점의 객실에서 열리는 이러한 사적인 회의에서는 수사적이고 형식적인 것은 모두 배제되고, 선거민들의 불만은 냉소적인 비판과 함께 논의된다. 만일 그러한 불만이 입법적이거나 행정적으로 구제될 수 있다고 생각되면, 의장과 서기 —그것은 언제나 방적공(Spinner)과 방직공(Weaver)의 수뇌 임원이지만— 는 그 일을 다루도록 명한다. 이러한 임원들은 전문가의 보좌를 구한다. 대부분의 경우 랭커셔 선거구를 대표하는 우수한 법률가가 있고, 그는 그러한 유력한 단체를 위해 즐겨 무료로 그의 지혜를 제공한다. 그들은 법률 조항이나 법안을 기초한 뒤에 내무부와 교섭을 개시한다. 그러한 제안의 기술적 정확성과 행정적 가능성을 확신하는 이상, 연합 집행부는 맹렬한 정치운동을 개시한다. 공공 집회가 조직되거나, 의회의 지방 의원이나, 그들이 없는 경우에는 반대파 후보가 의사 진행을 공정하게 의뢰받는다. 이러한 회합에 의해 면직 공장의 안팎에 고용된 30만 명만이 아니라, 기타의 선거권자나 의원 후보 자신들이 끈기 있게 교육을 받는다. 면공이 사실상 그들 자신의 기관인 신문을 갖고, 게다가 그들의 주된 임원이 지방신문 중의 '노동 기사'의 대부분을 집필하는 것은, 그 과정에서 적지 않은 도움이 된다. 의회의 회기가 시작되면 투쟁은 의회 로비로 옮겨진다. 방적공의 현 사무장은 보수당에 속함과 동시에, 방직공의 사무장은 종종 열렬한 자유당원인 것은 필경 유리한 요행이

18) '입법평의회'라고 한다.

라고 할 수 있을 것이다. 면공업 구역에서 선출된 의원은 그들이 어떤 정당에 속하든 간에, 압박을 면할 수 없다. 그동안 그들은 입법 확보의 편의를 위해, 면공업 전체로서 정부를 압박할 수 있듯이, 공통의 정책에 도달하는 목적으로 고용인에게 접근할 것이다. 가령 그들은 공장주에 대해 통과의 우려가 있는 인도 수입세의 저지에 협력하거나, '은의 복귀'에 협동하여 노력하는 대신, 공장 규제의 증가에 반대하지 않도록 설득할 것이다. 총선거가 가까워지면 그들은 13만 2000명의 조합원에 대해 긴급 호소를 하여 소속 정당에 관계없이 면공업의 강령을 지지한다고 서약하는 후보자에게만 투표하도록 촉구한다. 수많은 회람, 고용인과 의회 의원의 협의 의사록, 공공 집회의 보고서, 공장 감독관의 초대, 내무부에 대한 의원의 파견과 보고, '면공장 시보'(Cotton Factory Times) 속의 사설, 랭커셔 선거구의 의원 '후보자에 대한 질문'을 읽은 사람들은, 면공이 매우 유효한 정치 기관을 어떻게 구성해야 하는지를 아는 것을 인정하지 않을 수 없을 것이다. 그 결과 면공업의 입법적 규제가 다른 어떤 산업보다도 훨씬 더 나아가게 되고, 법률이 다른 지역에서는 볼 수 없을 정도로 엄격하게 실시된다.[19]

면공의 경우, 면밀한 관찰자는 정치적 기관이 그것을 구성하는 소재보다도 우수함을 알게 될 것이다. 종교운동이나 협동조합운동에 몰두하여 개인적 절약에 의해 임금노동 계급에서 부상하기를 열망하고, 언제나 지역의 공장주와 지주의 의견에 따르는 습관이 있는 면공은 하나의 계급으로서 정치적 능력이 뛰어나다고는 할 수 없다. 공적인 문제에 대해 그들이 갖는 흥미 차원에서, 그들은 영국의 북부와 중부 지방의 광부에 미치지 못

---

19) '방적공장 노동자 연합 노동조합'은 1896년 일시 중지되었다. 임원의 변명에 의하면 공장 입법의 확장에는 시간이 소급되지 않았다고 한다.

한다. 이러한 지하 노동자 사이에서 민주적 정치에 대한 본능은 매우 날카롭다. 그래서 그들은 25년 이상, 그들을 대표하기 위해 그들 자신의 임원을 하원에 보냈다. 면공과 마찬가지로 그들도 특별한 정치적 기회를 가지고 있다. 즉 모든 조합원의 5분의 4는 비교적 소수의 의회 선거구 내에 군집하고 있다. 그러나 이러한 장점은 그들이 정치적 목적을 위해 두 개의 서로 대립하는 당파, 즉 한쪽에는 '광부 연합 노동조합', 다른 한쪽에는 노섬벌랜드와 더럼의 2개 주 노동조합으로 분열한 사실에 의해 대부분 상계되고 있다.

노섬벌랜드와 더럼의 광부들은 1세대 이상, 광산의 노동조건에 대한 법률적 규제운동의 개척자이자 열성적인 지도자였다. 우리는 1843년부터 1887년까지의 활발한 법률적 및 의회적 운동의 기구를 되풀이하여 서술할 필요는 없다. '광부 검찰총장'의 선임으로부터 알렉산더 맥도널드(Alexander MacDonald)[20]의 죽음에 이르기까지 여러 번의 광산규제법 주도자들은 그 가장 유력한 지지를 위 2개 주에서 얻었다. 우리는 다른 책[21]에서 그들 직업의 법률적 규제와 관련하여 노섬벌랜드와 더럼, 두 노동조합을 막은 산업 사정과 경제이론의 기묘한 결합을 설명했다. 그 노동조합들은 '전국 광부 노동조합'[22]이라는 이름 아래, 지금도 명목상으로는 하나의 독립된 정치 기관을 가지고 있다. 그러나 이러한 2개 주 광부들이 실제로

---

20) 알렉산더 맥도널드(1821~1881)는 스코클랜드의 광부이자 교사, 노동조합 운동가, 자유당-노동당 정치인이었다.
21) 『노동조합운동의 역사』, 284~292쪽, 377~380쪽.
22) 알렉산더 맥도널드에 의해 오직 의회적 목적을 위해 만들어진 이 연합 노동조합은 사실상 영국 내의 모든 광부 노동조합을 포함하고, 그 당시에는 노동조합 세계에서 세력이 가장 큰 정치적 단체였다. 오늘날 그것은 노섬벌랜드와 더럼의 양 노동조합에 국한되고, 단지 모양만 독립적인 것에 불과하다.

갖는 정치적 영향력은 지금 주로 하원에 의석을 갖는 그들의 3명의 임원에 의해 나타나고 있다. 그 3명의 의원은 노섬벌랜드와 더럼의 양 노동조합의 중심인 지방 임원과 협동하여 법률적 규제의 확장에 이의를 제기하거나 8시간법안에 적극적으로 반대한다.

그러나 광부의 대부분은 법률 제정이라는 방법에 대한 그들의 신념을 견지해왔고, 오늘날에는 그 적용의 확장을 요구함에 있어서 그들의 앞 세대보다도 더욱 완강하다. 우리는 이 책의 '지배의 단위'라는 장에서 설명했듯이 '영국 광부 연합 노동조합'(1887년에 설립되어 지금 20만 명의 회원을 두고 있다)은 본질적으로 정치적 단체이다. 전국적인 협약처럼 보이는 것이 문제가 되는 한, 그것은 또한 단체교섭에 해당되는 것이 사실이다. 그러나 상호보험과 단체교섭이라는 일상 업무는 모두 각 주의 노동조합에 의해 수행되고, 연합적 업무의 10중 9는 '방직공장 직공 연합 노동조합'과 같이 입법이나 정부의 간섭을 필요로 하는 사건에 관한 것이다. 또 면공과 같이 '광부 연합 노동조합'도 대의원회, 그리고 연합 노동조합에 속하는 노동조합의 유급 임원의 회의체인 집행부를 통해 행동한다. 이러한 조직이 거대한 정치적 힘을 발휘하는 것은 상식적인 것이고, 이는 의회적 영향력에 있어서 '방직공장 직공 연합 노동조합'을 제외하면 첫째가 된다, 심지어 한 가지 점에서 그것은 더욱 강력하다. 지도자에 대한 광부들의 충성과 그들의 민주적 열정으로 인하여 탄광업 여러 선거구의 의회 및 지방자치 의회의 선거는 모두 '광부 노동조합'에 의해 좌우된다고 할 수 있다. 그들의 강령을 지지하지 않는 후보자는 선출될 수 없다. '광부 노동조합'이 '면공 노동조합'에 뒤떨어지는 것은, 하원에서 양 정당을 조종하는 것이다. '광부 연합 노동조합'은 먼저 노섬벌랜드와 더럼 양대 조합의 강력한 적대감에 의해 나타나는 매우 중대한 장애와 싸워야 한다. 1892년부터 1895년까지 의회에서 만일 피커드(Pickard) 씨와 우드(Wood) 씨가 광부 연합 노동조합이 희망하는 어떤 법안을 제안했다고 한다면, 그들은 아마 고용인이 아니라 북부 지방의 2개 주 광부를 대표하는 버트(Burt) 씨나 펜윅(Fenwick) 씨의 반대를 받았을 것이다. 하원의 광부 대표가 같은 정당의 충실한 지지자라는 사실 또한 어느 정도로는 당해 정당 및 반대 정당에 대한 그들의 영향력을 저해한다. 그리고 이처럼 거대한 연합 노동조합은 그 임원 중에 유능하고 숙달되며 청렴한 사람을 다수 얻을 수 있지만, 우리는 그들 사이의 기술적 및 경제적 지식의 일반적 수준이, 경쟁시험에 의해 등용되는 '면공 노동조합' 임원들의 그것에 비견될 수 있는지 의심하게 되는 경향이 있다. '광부 노동조합'의 임원이 그들의 심의에서 전문가의 법률적 및 의회적 고문의 필요를 아직도 깨닫지 못하고, 면공에 비하여 국외의 원조를 이용하는 것이 훨씬 적은 것은, 아마도 이 사실에 기인할 것이다. 그들은 정부의 광산 감독관과 어떤 교섭도 하지 않고, 면공과 달리 고용인협회의 유급 임원과 가볍게 대등의 자격으로 끊임없이 만나는 이익을 누리지도 않는다. 나아가 그들은 자신의 기관지를 갖지도 않고, 다른 신문에 기고하는 경우도 거의 없다. 그들의 수와 그들의 집중적인 선거상의 영향력이 거대함에도 불구하고, 광부 등은 실제로 지금까지는 그 고립으로 인해 고통을 받아왔다. 그러나 이 모든 결점에도 불구하고, 유력한 자본가 적을 앞에 두고서 광산규제법규가 점진적으로 개선되고, 차차 완성되어간다는 사실은 광부의 정치조직이 과거와 현재에 가진 유효성을 훌륭하게 보여주는 증거이다.

면공 및 탄광과 관련된 것을 제외한 어떤 노동조합도 그 조합원이 요구하는 법률적 규제의 확보를 위한 어떤 유효한 기관도 발달시키지 못하고 있다. 이 사실은 어떤 경우, 일반 조합원 사이에서 의회의 특수 법률에 대한 어떤 간절한 욕구가 없는 탓으로 보아야 한다. '보일러 제작공 연합 노동조합'과 같이 유력한 노동조합은 도제의 수에 엄격한 제한을 가하지만, 그들이 바라는 노동조건 확보 수단으로서의 법률에 대해서는 비교적 냉담하다. 그러나 그들이 정당한 고용조건이라고 생각하는 것을 확보하기 위해서는 법률 제정이라는 방법에 의존하는 것이 유일하게 유효한 방법이라는 것을 면공이나 광부보다도 더욱 강하게 느끼는 직업도 있다. 주로 입법적 목적을 갖는 가스공과 해원의 노동조합 같은 현대적 노동조합은 말할 것도 없이, 우리는 '재봉사 합동 노동조합', 셰필드 칼제조공의 여러 노동조합, 미들랜드 여러 주의 '메리야스공 노동조합'과 같이 오래전에 창립된 여러 노동조합이 모두 가사 노동의 법률적 규제와 위선적인 '실물 임금'의 금지 위에 그들이 지망하는 기초를 두고 있음을 본다. 주철공, 석공, 기계공과 같은 전형적인 '구식 노동조합'은 그 작업장의 위생 설비 개선, 재해 예방 시설의 증가, 태만에 의한 피해자의 강제적 보상, 모든 공적 계약의 표준 임금률 채택, 그리고 마지막으로 —그러나 최근에는 앞의 것들에 못지않은 정도인— 초과노동의 억제 및 법정 노동시간의 유지를 규정하는 과감한 법률 제정에 호의적인 대다수에 의해 계속 가결하고 있다. 그럼에도 불구하고, 이 모든 점에 관하여 여러 조직 노동조합은 수십만 명의 선거권자를 포함하고 있음에도, 오늘날 하원에 대하여 실제로 어떤 특별한 영향력도 행사하지 못하고, 또 면공이나 광부와 달리, 동정적인 박애주의자들의 노력을 보완하는 것도, 호의적인 정치가를 후원하는 것도 아직 배우고 있지 못하다고 해도 과언이 아니다. 직업별 조직 위에 다시 지역별 조직을 두는 문제는, 노동조합의 정치적 수완에는 너무나도 복잡한 문제라는 것이 사실상 증명되었다.

우리는 먼저, 어떤 직업도 단독으로는 정치적 영향력을 확보하기 어려운 이유를 고찰하고, 이어 그러한 곤란을 극복하기 위해서는 어떤 조직이 적당한지를 연구함으로써 그 실패를 가장 잘 이해할 수 있을 것이다. 수많은 전형적인 노동조합의 조합원은 작은 집단들로 분산되어 있고, 그 집단의 각각은 선거구민의 작은 부분을 구성하는 것에 불과하다. 올덤(Oldham)의 성년 남성 면공은 실제로 지방 선거구민을 압도하지만, 올덤의 배관공은 겨우 69명, 올덤의 목수는 겨우 152명 —그들의 의견을 하원의 의원 후보자에게 인상 짓기에는 너무나도 적은 비율— 에 불과하다. 모페드(Morpeth)에서도 광부는 20년 이상, 그들 자신의 임원 1명을 실제로 의원으로 선출할 수 있었으나, 모페드의 재봉사는 겨우 5명이어서 실제로 단독으로는 무력한 상태이다. '재봉사 합동 노동조합'이 재봉직 가운데 그 조합에 속하는 숙련 부문을 지배하고 있는 런던에서도, 거기에 속한 2000명의 조합원은 60개 이상의 선거구에 산재되어 있다. 건축이나 재봉과 같이 널리 산재되어 있는 산업에 종사하는 노동자들이, 그들의 불만을 무지한 공중이나 냉담한 의회에 강요할 수 있는 유일한 방법은 각 선거구의 여러 가지 직업 사이의 일치된 행동뿐이라는 것이 분명하다. 어떤 중심지에서는 다수집단인 기계공도, 그들이 부문 부문의 여러 노동조합으로 나누어져 있기 때문에 그들 자신의 요새에서도 정치적 힘이 약화된다. 나아가 다수의 지부나 다수의 조합원 총수라는 보완을 갖지 못하는 소규모의 지역 직업의 다수 조합원의 경우에도 합동 행동은 더욱 명백하게 필요하다. 그렇다면 면공의 오랜 다양한 경험과, 그 정도가 아니라고 해도 광부의 그 것은, 정치적 연합을 성공시키기 위해서는 다음 세 가지 조건이 절대적으로 필요하다는 것을 증명한다. 첫째, 모든 절차의 완전한 지휘를 위탁받는 강력한 중앙집행부가 있어야 한다. 둘째, 그 중앙집행부와 유효한 연결을 확보하고, 언제라도 즉각 지도자의 명령에 복종하며, 중요한 목적에 대해 다른 이익을 종속시키는 지방 조직들이 여러 선거구에 있어야 한다. 셋째, 중앙집행부는 임원으로 유능한 사람들의 적절한 스태프를 그 지휘하에 둘 필요가 있을 뿐 아니라, 법률, 의회 절차, 행정 및 일반 정치에서 노련한 전문가의 충고를 그들의 동정심에 호소하든, 보수로 유혹하든 간에, 어떻게 제공받을지를 알고 그것을 이용할 의사가 있어야 한다.

언뜻 보아, 매년의 노동조합대회(TUC), 의회위원회, 지방의 노동조합 평의회에서 노동조합 세계는 이러한 근본적 조건을 충족하는 정치 기관을 갖는다고 생각할 수 있다. 거의 모든 조직 직업이 대리인을 파견하는 대의원회를 갖고 있다. 그 회의는 상호보험이나 단체교섭과는 아무런 관계가 없고, 오로지 노동조합 세계의 정치적 이익을 목적으로 한다. 그것은 13명으로 구성되는 내각을 선거하고, 그 내각에는 노동조합운동 중에서 가장 유능한 유급 직원들이 취임한다. 이러한 '의회위원회'의 임무는 '노동 문제에 직접 관련된 모든 입법 행위를 감시하고, TUC가 명하는 입법적 행동을 불러일으키며, TUC를 위하여 의사 일정을 준비하는 것'[23]임이 분명하게 정해져 있다. 마지막으로 하원의 3분의 1을 선거하는 100개 이상의 도시에서는 '의회 안팎에서 노동의 일반적 이익 —정치적 및 사회적— 을 감시하기 위하여'[24] 구성되는, 각 지방별 노동조합 지부의 연합위원회가 있다. 그러나 이러한 조직의 구성과 운용을 조금이라도 검토하면, 그것이 유력한 정

---

23) 1894년 11월 의회위원회에 의해 기초된 수정 조례.

24) 1895년 수정된 런던 노동조합평의회 규약. 맨체스터와 샐퍼드(Salford)의 노동조합평의회 (1866년 설립)는 그 목적이 "정당 정치적 성질을 갖지 않는, 지역적 내지 전국적·사회적 및 정치적인 노동의 권리와 이익을 감시하는 것이다. 그 임무는 인민의 복지와 행복을 증가시킨다고 생각되는 방법을 조장하고 지지하는 목적을 위해, 소속 노동조합이 갖는 힘과 영향력을 지도하고, 노동조합 설립의 본래 목적을 확보하기 위해 일반적인 원조를 부여하는 것"이라고 명언하고 있다(1890년 보고).

치 기관에 어떤 외견상의 유사성을 갖는다고 해도, 그것은 유효하고 성공
적인 모든 근본 조건을 결여하는 것이 분명하다고 생각된다.

우리는 '의회위원회'부터 시작하도록 하자. 이는 '면공 노동조합'의 예
에 따른다면, 노동조합의 전국적 강령을 만들고, '노동조합대회'의 심의
를 지도하며, 여러 선거구를 통하여 필요한 정치운동을 지휘하고, 마지막
으로는 요망되는 의안의 의회 통과를 계획하는 등의 의무를 부담해야 하
는 것이다. 그러나 '의회위원회'는 최근 20년간, 이러한 직무를 충족할 충
분한 수단을 사실상 조금도 갖지 못했다. 직업적 불만과 제안의 책임 있는
진술을 부여할 수 있는 유일한 원천인 각 노동조합의 중앙집행부가 그들
의 요구를 '의회위원회'에 통고하는 것은 전혀 상상될 수 없었다. 이는 그
러한 제안이 종종 도래하는 경우 처리할 수 있는 중앙 임원이 없어서 생긴
당연한 결과이다.[25] 노동조합 세계 전체의 의회 관련 사무 등을 위해서는,
단 한 사람의 서기가 있을 뿐인데, 그 서기는 보통 하원의 '노동 대표'이므
로 그 자신의 선거구민에게 봉사해야 할 선행적 의무를 갖는다. 최근 5년
간 그 지위를 가진 자는, 그 자신의 노동조합의 특수 부문적 이익에 몰두
하는 노동조합의 유급 직원이었다. '의회위원회'는 분명히 그가 시간과 주
의를 사용하는 것에 대해 보수를 지급하는 것에 그쳐, 월급 200파운드[26]의
대부분은 사실상 그의 빈번한 런던 부재중에 일상적 업무를 행하는 자녀
와 친구에게 돌아갔다. 따라서 불만을 심사하고 기술적 제안에 대한 독립
의 판단을 형성하는 것은 의회위원회의 경우 불가능하다. 이 위원회의 위
원은 물론 1인 1인으로서는 그들 자신의 직업에 대해 충분한 능력이 있음

---

25) 『노동조합운동의 역사』, 356~358쪽, 470~474쪽.
26) 1896년에 300파운드로 인상되었다.

에 틀림없지만, 만일 전체로서의 위원회가 이 전제에 근거하여 행동한다면 그 필연적 결과로 위원 1인에 의해 제출된 기술적 제안은 사실상 모두 이를 승인하게 될 것이다. 대다수의 대표되지 않는 직업에 관련하여 위원회는 불만이 과연 무엇인지를 확정하는 수단이나, 장래 어떤 대책이 실행 가능한지를 확정하는 수단을 절대로 갖지 않는다. 뿐만 아니라 의회위원회는 아직까지 전문적이거나 직업적인 충고를 구하는 것에 의해 그 결점을 보완하고자 생각하지도 않았고, 노동조합대회는 지금까지 한 번도 이 목적을 위하여 자금의 공급을 청구한 적이 없다. 노동조합 운동가가 외부 고문의 유치를 기피하는 감정이 얼마나 완강한지를 유산 계급의 독자에게는 도저히 이해하게 할 수 없다. 철도회사의 이사회나 시의회는 그들이 기사나 변호사에게 상담을 하거나, 보험회계사나 의회 초안 기초자를 고용하는 경우, 그것으로 인해 그들의 독립을 희생하게 되거나 그들의 위엄을 해친다고는 상상하지 않는다. 그들은 그들 자신 노동조합원들이 말하는 소위 '실무가'임에도 불구하고, 그들은 스스로 제안을 하여 비판적으로 검사를 받고 적당한 형태를 갖추기 위해 반드시 직업적인 전문가에게 위탁한다. 그러나 우리는 완강한 독립심과 소박한 자기만족, 그리고 지극히 협소한 사물 인식의 결합에 의해, 의회위원회는 대다수의 노동조합 단체와 마찬가지로, 그들 자신을 그들 자신의 변호사, 그들 자신의 보험회계사, 심지어 그들 자신의 의회 초안 기초자의 충분한 자격이 있다고 명백하게 간주한다고 믿는다.[27] 어떤 자격에서도 그들이 명성을 얻은 것은 두말할 필

---

27) 우리는 이미 '면사방적공 합동 노동조합'이 이러한 결점을 갖지 않는 점에서 노동조합 가운데 명예롭게 특이하다고 설명했다. 소비조합 및 공제조합이라는 두 가지 운동도 상당한 정도로 같은 교훈을 배웠다.

요도 없다.

노동조합계의 지적인 지도자라고 하는 생각은, 이상의 원인에 의해 이미 오래전부터 의회위원회에 의해 포기되었다. 그리고 이러한 포기는 노동조합대회의 타락을 초래했다. 영국 내의 모든 직업과 모든 지방에서 참가한 400~500명의 의원은 대부분 서로 알지 못하고, 그들의 임무에 대한 무경험자들이다. 대리인은 모두 그의 전문적인 사고와 입법안을 회의에 제출한다. 그러한 대의원회를 하나의 유용한 민주적 기관으로 삼기 위해서 무엇보다도 먼저 필요한 것은, 스스로 이미 확고하게 일관된 정책에 도달한, 책임 있는 지도자의 견고한 '선구적 전열'(Front Bench)이다. 그러나 앞에서 말했듯이 이는 정보, 임원 및 전문적 고문을 결여한 현재 상태에서는 의회위원회의 능력을 벗어나는 것이다. 그래서 노동조합대회의 실정은, 약간의 결의안이 위원회의 위원들에 의해 제출되지만, 대회 기간의 10분의 9는 일반 조합원에 의해 수시로 제출된 멋대로의 제안에 의해 소비된다. 이러한 종류의 제안은 의회위원회에 의해 심사되지도 않고 보고되지도 않으며, 심지어 그 목적을 위해 선출된 특별위원회에 회부되지도 않는다. 이러한 의안은 단지 전체로서 열린 대회의 회의 사항 중에 무질서하게 게재되고, 그 토론의 순서는 추첨으로 정해진다.[28] 사무실이나 광산의 현장에서 막 나온 거친 대리인들은, 특정한 직업에 관한 성문법의 지극히 기술적인 수정을 포함하거나, 사회 개량에 대한 경건한 열망에 그치거나, 국가의 경제적 및 정치적 구성에 대한 엄청난 변혁을 포함하는 150가지의 다양한 제안을 다루어야 하기 때문이다. 이 모든 제안은 동등한 자격으로 대회에 제출되

---

28) 최근 1년간 몇 가지 개선이 이루어졌다. 즉 동의의 게재는 오늘날, 그 내용에 따라 분류되고 있다.

고, 5분간의 연설로 설명되는데, 그중 5분의 4는 질문이나 차별도 없이 가결된다.[29] 노동조합대회는 현재, 주의 깊게 심사된 뒤 책임 있는 내각에 의해 준비된 강령을 거부하거나 승인하는 심의적 회의가 아니라, 일관되거나 실제적인 정책을 수립하는 능력을 전적으로 결여한 비조직적인 공공 집회이다.

유력한 중앙집행부도 없고 일정한 강령도 없다면, 각 선거구에서 활동해야 할 연합위원회가 무능하고 기관의 다른 부서와 아무런 연락도 갖지 못한다고 하는 것은 심각한 문제가 아니다. 우리는 노동조합 평의회의 행동에 대한 상세한 설명을 되풀이할 필요는 없다.[30] 이러한 종류의 평의회가 선거구에서 조금이라도 세력을 갖게 하도록 하자면, 그들은 각 직업의 중앙집행부의 신뢰와 지지를 받아야 하고, 그 모든 정치적 활동을 의회위원회의 그것과 엄격하게 협조해야 한다. 그러나 우리가 이미 다른 곳에서 설명한 이유로 인해, 전국적 노동조합의 중앙집행부는 그들이 감독권을 갖지 않는 지방위원회의 존재 자체를 의심과 질투의 눈으로 바라본다. 이러한 감독권을 행사해야 할 지위에 있는 의회위원회는 참된 강령도 없고, 임원이라고 할 수 있는 사람들도 없기 때문에, 유효한 선거운동을 수행할 수 있는 유일한 기관인 이 단체를 지휘하려는 시도나, 그것을 움직이고자 하는 시도를 하는 것이, 과거부터 전적으로 포기되어왔다. 지휘자도 없고 공식적 강령도 없으며 일정한 임무조차 없어서 노동조합 평의회는 사실상 비조직적인 공공 집회의 모든 결점을 수반하는, 지극히 작은 규모의 노동조합대회가 되기에 이르렀다. 그들의 난폭하고 일관성이 없는 결의는 당연

29) 『노동조합운동의 역사』, 467~470쪽.
30) 같은 책, 440~444쪽, 466~467쪽.

히 중앙집행부와 의회위원회를 지배하는 유급 직원들의 반감을 증대시켜
왔다. 1895년 이후 그들은 노동조합대회 참가에서 배제되었다. 그리하여
지금은 중앙위원회와 각 선거구 단체 사이에 아무런 실질적 관계가 없다.

따라서 우리는 전체로서의 노동조합 세계는, 그 정치적 영향력의 요란
한 행사에도 불구하고, 사실상 법률 제정의 방법을 행사하기 위한 어떤 조
직적 기관도 갖지 못한다는 것을 알 수 있다. 이러한 30년간의 노력의 결
과를 보면, 모든 노동조합 세계의 정치적 사무를 위해 유효한 기관을 구성
하는 것이 가능한지를 의심하게 되는 것이 지극히 당연하다. 어떤 사람들
은 면공이나 광부의 노동조합 경험이 산업의 거대한 부류마다 각각의 정
치 기관이 발달하는 경향을 보여준다고 말할지 모른다. 이러한 전제에 선
다면, 기계공 노동조합이나 조선업 노동조합, 다양한 직물업 노동조합, 건
축 노동조합과 가구 노동조합, 그리고 아마도 운송 노동조합과 일반 노동
조합의 정치적 연합이 만들어져야 한다. 그러나 법률 제정의 방법을 행사
하기 위한 기관이 노동조합 세계 전체를 포함하든 간에, 또는 특정한 여러
부문에 한정되든 간에, 그러한 기관은 형식적인 변혁의 필요가 아니라고
해도, 적어도 정신적으로 근본적인 변혁이 행해지지 않는 한, 면공과 광부
에 의해 초래될 수 있었던 성공조차 확보하기가 불가능하다. 노동조합 세
계의 의회적 목적을 위한 조직의 활동 범위가 좁은 것이 분명하게 인정되
지 않는 한, 그리고 중앙 연합 집행부, 대의원회, 지방평의회 각각의 권한
이 명확하게 이해되고 서로 협조관계에 있지 않는 한, 결코 정치적 능력을
발휘할 수 없음을 충분히 예언할 수 있다.

우리는 먼저, 그러한 정치적 세력의 행사에 좁은 한계를 인정하는 것이
얼마나 중요한지부터 살펴보자. 이는 '노동조합 간의 관계' 장에서 분명하
게 다루었듯이, 모든 공동적 행동의 기초가 되어야 할 원칙의 특수한 적용

이다. 확고한 연합의 필요조건은 이미 설명했듯이, 여러 구성 단체가 그것들이 이해관계를 하나로 갖는 범위 내에서만 결합되어야 하고, 기타 모든 사항에 대해서는 그들이 그 독립성을 보유해야 한다는 것이다. 노동조합 대회는 일반적인 사회 개량을 목적으로 삼는 것이 아니라, 여러 참가 노동 조합이 요망하는 특정한 정책[31]을 의회적 행동에 의해 확보하는 것을 목적으로 삼는 연합이다. 그러한 노동조합들은 모두 그 자체의 특수 직업에 한정된 법률적 규제 정책을 요망하며, 그러한 한계가 지켜지는 한, 그것들은 기꺼이 서로 다른 노동조합의 요구를 후원한다. 단결의 자유, 재해에 대한 배상, 실물 임금, 위생, '특별 조항', 임금의 매주 지급, 징계적 벌금 폐지와 같은 수많은 중요 사항에 대해 그것들은 대부분 정책적으로 일치한다. 그러나 적어도 노동조합대회가 그 좁은 노동조합 직능에서 벗어나 일반적인 사회 개량에 대해서나 정당 정책에 대해 어떤 의견이라도 발표할 때에는, 반드시 그 소속 단체의 전부로부터 떠나야 한다. 노동조합이 노동조합 대회에 가입하는 목적은 단지 다수에 의해서가 아니라, 그들 모두에 의해 요망되는 의회적 정책을 조성하기 위해서이다. 따라서 모든 사람이 기여하는 그러한 창조를 향해, 정치적 세력을 특수한 정당의 목적을 위하여 행사하는 것은, 그들 사이의 묵계를 위반하는 것이다. 노섬벌랜드와 더럼의 노동조합원은 거의 모두가 자유당원이다. 반면 랭커셔의 노동조합원은 대부분 보수당원이다. 요크셔와 런던의 노동조합원은 사회주의에 깊게 물들어 있다. 따라서 만일 노동조합대회가 특정한 정강을 선택하거나, 노동조합

31) 뒤에 나오는 노동조합 규제 자체에 대한 해설 부분, 그리고 이 책의 결론에서 우리는 노동 조합 세계를 위한 강령을 발견할 것이다. '노동조합운동의 경제적 특징' 및 '노동조합운동 과 민주주의'라는 2개 장을 참조하라.

관계 이외의 문제에 대해 지금 영국 노동자들이 나누어 지지하는 3개 정당 중 어느 하나의 일반적 정책을 지지한다면, 그 세력은 일거에 파괴될 것임에 틀림없다. 노동조합대회의 최근 20년 역사는, 이 견해를 강하게 확증한다. 그것이 (1878~1885년과 같은) 자유당에 의한 '점령'이든, (1893~1894년과 같은) 사회주의자에 의한 '점령'이든 간에, 또는 소작인 보호제나 토지 국유제를 신봉하든 간에, 또는 그것이 복본위제(Bimetalism)에 찬성하든, '생산과 분배와 교환 수단의 국유제'에 찬성하든 간에, 무엇을 하건 간에 똑같이 그것은 그 본래 기능의 수행을 위한 능력을 파괴하고, 그 정치적 세력을 무효화하는 반동을 유발한다.

이러한 한계가 일단 이해되고 확실하게 인식된다면, 현존 노동조합 조직의 분리된 부분들을 접합하여 상당히 세력 있는 정치 기관이 될 수도 있다. 첫째로 필요한 것은, 우리가 제시한 일정한 정치적 목적만을 위하여 모이는 '중앙 연합 위원회'일 것이다. 이 '의회위원회'에 대하여 각각의 전국적 직업의 중앙집행부는, '면사방적공 합동 노동조합'의 집행부가 '방적공장 노동자 연합 노동조합'에 대해, 과도한 습도에 대한 그들의 반대와 이러한 관행의 폐지를 위한 그들의 제안을 제출하는 것과 마찬가지로, 자신의 특별한 불만과 이에 대한 구제책을 제기한다. 어떤 제안도 미리 당해 직업의 중앙집행부의 정식 보증을 거치지 않으면 결코 의회위원회에 의해 채택될 수 없다. 이 원칙을 조금이라도 위배하면 연합위원회가 그 실제의 구성 분자와 충돌하게 하고, 그 제안이 그것과 가장 밀접한 관계가 있는 조합원 대다수의 승인을 거쳤다고 하는 모든 보증을 뺏을 것이다. 그러나 이러한 보증은 그 자체로서 충분하지 않을 것이다. 의회위원회는 당해 직업의 임원과 제휴하여 불만의 범위, 제안된 구제책의 실행 가능성, 그 실천을 위한 최선의 형식에 대해 전문가의 충고를 구할 필요가 있을 것이다. 그러한 경우, 승인된 여러 직업의 입법안은 막연한 욕구나 수식적인 헛소리를 모두 제거한, 정확하고 일관된 의회의 강령에 포함될 수 있을 것이다. 그해의 강령이 주의 깊은 심사와 고려를 거친 뒤에 만들어진다면, 그것은 모든 직업의 대의원회에 제출되어야 할 것이다. 현재의 노동조합대회 관행과는 전혀 반대로 다음 사항이 기본적 규약이 되어야 한다. 즉 정치적 행동에 대한 어떤 제안도, 미리 의회위원회의 심사나 보고를 거치지 않으면 대의원에 제출되어서는 안 된다는 것이다. 그러한 규약이 만들어진다면, 모든 직업으로부터의 대리인은 그들의 집행부가 보낸 제안이 가장 적절한 언어로 쓰이고, 당해 산업의 임원과 의회위원회 자체의 숙달된 정치 임원, 그리고 상담을 위한 법률 전문가나 행정 전문가의 합동적 권위에 의해 다른 직업의 대리인에게 추천되는 것을 보게 될 것이다. 이 단계에 오게 되면, 모든 직업에 의한 토론은 이익이나 정책의 모든 은폐된 상위를 폭로하는 데에 도움이 될 것이다. 그러한 상위는 강령이 아무리 교묘하게 고안된 것이라고 해도 그 선거상의 성공을 방해할 것이다. 그러나 이러한 종류의 회의는 단지 공식의 강령을 수정하고 비준하는 것보다도, 훨씬 중요한 목적을 충족시킬 것이다. 그것은 임원으로 하여금 여러 항목을 설명할 수 있게 하고, 그것들이 필요하며 적절하고 모든 조합원의 공통 이익과 조화되는 것임을 노동조합 세계 전체에 보여줄 수 있을 것이다.

일단 강령으로 채택되면, 정치적 운동이 시작될 것이다. 여기서 의회위원회는 각 선거구의 지방적 연합에 의해 보완되어야 한다. 이러한 지방적 단체는 당연히 현재의 조합평의회와 마찬가지로 각 지방 선거구나 각 도시의 모든 노동조합 지부의 대표자로 구성될 것이다. 그것이 효력을 발휘하고 성공을 거두기 위해서는, 각 직업의 중앙집행부가 그 구성원을 그들에게 전국적인 중요성을 갖는 것이라고 인정하고, 그들의 지부를 촉진하여 그 지부 중 가장 책임 있는 조합원을 선거하며, 그들에게 할당된 지방적 경비의 일부를 노동조합의 기금 중에서 거출하는 것에 모든 장려를 부여하는 것이 절대적인 요건이다. 이러한 지방평의회가 적어도 노동조합대회와 마찬가지로 엄격해야 하고, 어떤 하나의 정당에도 편중되지 않으며, 스스로 노동조합의 목적에 국한되어야 한다는 것은 말할 필요도 없다. 그러나 그들의 회의는 더욱 좁은 범위에 한정되어야 한다. 현재의 조합평의회와 달리, 그들은 그 소속 지부 전부가 일치하는 사항에 대해서도 의회적 강령을 작성하는 것이 결코 그들의 임무에 속하지 않음을 알아야 한다. 이는 여러 직업이 전국적 단위로 취급되어야 한다고 말하는 사실의 당연한 결과이다. 기계공이나 재봉사의 노동조합이 그들의 직업에 관한 법률의 개정을 확보하기 위해서는, 영국 내의 모든 지부가 미리 일치된 요구를 후원하도록 준비해야 하고, 나아가 요구는 장관들과 행정 전문가들에게 압력을 가할 수 있는 형식으로 정비되어야 한다. 그러한 일치와 정확성은 집중적 행동에 의해서만 확보할 수 있다. 따라서 지방의 조합평의회 업무는 의회적 행동과 관련되는 한, 집행적 사무에 국한되어야 한다. 각 직업의 중앙집행부부터 신용을 얻기 위해서도, 정치 기관의 일부로서 적당하게 직무를 수행하기 위해서도 지방평의회는 공식의 노동조합 강령을 촉진하는 것에 스스로를 엄격하게 국한시켜야 한다. 만일 그 구성원 중 누군가 그 강령을 변경하고 싶다고 생각한다면, 그는 그의 제안을 자신이 속하는 노동조합의 지방 지부에 제출하고, 그것을 동료 조합원의 투표에 부친 뒤에 그것을 자신의 중앙집행부에 보낼 수가 있을 것이다. 만일 그의 제안이 그 자신의 노동조합의 동의를 얻지 못하게 되면 그것은 노동조합연합회가 채택하기에 적절하지 않은 것으로 거의 확정될 것이다. 지방의 조합평의회는 일반 정책에 관여하지 않아도, 그 지방의 노동조합 소속 선거권자를 통제하고 교육하면서, 의회위원회의 노련한 정치 임원으로부터 빈번히 도래하는 훈령을 실행하면서, 어떤 당파에 속하든 간에 그 지방 선거구의 의회 의원 행동을 감시하고 비판하면서, 광산, 공장, 위생감독관의 지방적 행동을 보충하고 감독하면서, 기타 적당하다고 생각하는 경우마다 지방 선거구를 지휘하면서 많은 일을 발견할 것이다. 지방 단체의 모든 선거에 대해서는 물론 그 자신의 강령을 작성할 수 있다. 여기서 그것은 자신의 대의원회로 행동해야 할 것이다. 노동조합대회와 마찬가지로 지방의 조합평의회는 책임 있는 내각을 선거하고 신임하며, 그 권한을 일반적인 정치적 강령과는 달리 노동조합적 강령에 국한하고, 그 업무에 적절한 임원과 기금으로 그것을 지원하고, 모든 행동에 앞서서 미리 조사와 전문가 및 당해 직업인의 충고를 거쳐야 하고, 무엇보다도 먼저 어떤 특정한 정당의 이익을 위해 행동한다는 의혹을 회피해야 한다고 주장해야 할 것이다.

따라서 우리는 어느 정도의 조직에서도 결국, 지적인 지도자가 최고로 필요하다는 것에 귀착하기에 이른다. 여러 직업 사이의 협조적인 연합 행동 없이는, 법률 제정이라는 방법의 사용에 대한 그들의 희망을 실행하는 데에 어떤 진보도 실현될 수 없다. 지방평의회의 행동을 참되게 지휘하고 집중하는 중앙위원회 없이는, 어떤 선거운동도 결코 유효할 수 없다. 책임 있는 지도자의 '선례' 없이는 어떤 대의원회도 일관된 강령을 작성하거나 공공 집회의 위엄 이상으로 나가기가 불가능하다. 중요한 직업들의 거물 임원들은, 그들의 의무가 그 자신들의 지부를 고무하고, 지부 스스로 요구하는 특정한 법률 개정을 위해 허약하고 변덕스러운 선동을 더 이상 야기하지 않고, 연합적 조직 —이에 따라 그러한 요구도 비로소 성취될 수 있을 것이다— 의 구성을 도모하는 것도 그들의 임무에 속한다는 것을 깨달아야 한다. 이러한 연합적 조직에서 그들은 자신의 중요한 지도 부문을 확보해야 한다. 그들은 재능과 정력을 가지고 있지만, 지금은 대체로 그 업무에 적합하지 않다. 그들은 모두 그 자신의 직업과 그 자신의 노동조합의 희망을 알고 있지만, 모두들 다른 직업의 필요나 희망에 대해서는 무지함과 동시에 냉담하다. 그들이 일정하고 일관된 정책을 갖는 내각이라고 말할 수 있는 것을 만들기 위해서는, 각 직업에 의해 요망되는 특정한 입법적 규제를 포함함과 동시에 어떤 정당의 '구호'도 회피하는 정확하고 상세한 강령을 어떻게 작성해야 하는지 배워야 한다. 이는 불가능한 몽상이 아니다. 우리가 이미 다른 곳에서 말했듯이[32] 노동조합 세계는 '준타[33]'나 그 직접의 후계자를 통해 노동조합대회를 통솔함과 동시에 조합평의회의 행동을 지휘한 지극히 유능한 내각을 가진 적이 있었다. 강력한 직업들의 집행부와 밀접하게 관련되고, 전문적인 고문을 충분히 이용함에 의해 이 준타는 합리적이고 실행 가능한 강령을 준비하고, 그것을 대표적 회의에 설명하여 승인을 받고, 그 강령을 지지하기 위한 조직적 선거전에 조합평의회를 동원했다. 그 결과는 1871년과 1875년, 기념할 만한 의회적 승리로 나타났다. 준타의 소멸, 그리고 의회위원회와 무급 고문들 사이의 불화와 함께, 이 유효한 지도는 부지불식간에 끝났다. 만일 다시 유효한 기관을 만들고자 희망한다면, 의회위원회는 그 의무가 노동조합대회 및 조합평의회를 모두 지도하고, 그 자체의 강령을 확립하며, 적절한 유급 임원을 배치하고, 무엇보다도 먼저 직업적 전문가를 충분히 이용하는 것임을 깨달아야 한다. 강력하게 집중되고, 완전하게 조직을 정비하며 그 직능을 오로지 노동조합 목적에 국한하는 정치적 연합이 생겨난다면, 노동조합은 그

---

32) 『노동조합운동의 역사』, 215~283쪽.
33) Junta는 스페인이나 이탈리아의 내각 또는 혁명 이후의 평의회를 뜻한다. (옮긴이 주)

들의 노동조건의 상세한 법률적 규제에서 광부와 면공과 같은 '의회의 노장(老將)'에 의해 확보된 것과 같은 정도의 성공을 거두는 것은 결코 이른 꿈이 아닐 것이다. 이와 동시에 후자의 노동조합은 모든 노동조합 세계의 유력한 지지에 의해, 그들 자신의 직업에서 앞으로 더욱더 나아간 규제를 획득하기 위해 그들의 힘이 무한히 증가하는 것을 발견할 것이다.[34]

34) 모든 정치 기관의 타락은 최근 수년 간, 노동조합의 지도자들에 대해 참으로 명백하고 발작적인 개혁의 시도를 하도록 만들었다. 우리는 분석을 목적으로 하는 이 책에서, 1895년의 의회위원회가 어떻게 그 의장의 결정투표에 의해 완전히 새로운 회칙을 노동조합대회에 강요했는지에 대해 상세히 언급할 수 없다. 우리는 독자들에게 새로운 의사규약 —채택에 앞서서 카디프 대회를 좌우하는 것이라고 간주된— 에 의해 의회위원회가 세 가지 중요한 혁신을 초래했음을 환기시키는 것으로 충분하다. 그것에 의하면 노동조합원은 누구라도, 자기 노동조합의 유급 임원이었거나, 현재 그 원래의 직업에 종사하고 있지 않는 한 대리인으로 선출될 수 없다. 조합평의회는 노동조합대회에서 모든 대표나 참가에서 제외되었다. 그리고 가장 중요한 것은, 노동조합대회의 투표 방법이 대의원회의 일반적 관행으로부터, 직업에 의한 투표제도로 변경되었다는 점이다. 이러한 변경은 우리가 제시한 바와 분명히 일치하지 않는다. 의회위원회의 효력을 증가시키고, 그 임원 세력을 강화시키고자 하는 제안, 또는 정치 기관의 각 부분을 협조시키고자 하는 제안은 전혀 존재하지 않는다. 지적인 지도자 기관을 설정하는 대신, 우리는 단지 불평분자를 침묵시키고 배제하는 것에 불과한 시도를 보고 있다. 우리는 이러한 세 가지 변경의 첫째에 대해 상세하게 설명할 필요는 없다. 그 목표는 단지 권세가 있는 임원들이 한두 명의 세력 있는 대리인을 배제하고자 하는 것에 불과하기 때문이다. 27년 전에 노동조합대회를 사실상 창설하고 그 후 끊임없이 그것을 위해 분투해온 조합평의회를 갑자기 추방함으로써 의회위원회는 선거구에서 모든 유효한 노동조합의 싸움의 초석을 놓는 중요한 단체를 상실하기에 이르렀다. 그리고 노동조합 세계에서 '파문당한' 조합평의회는 이제 귀중한 후원자이자 맹우 대신, 거대한 직업의 유급 직원에 대한 격렬한 적대 세력의 중심이 되었고, 알력과 정치적 박약의 원천이 되었다. 그러나 가장 중대하고, 우리의 생각으로 가장 유해한 변경은 투표 방법에 관한 것이다. 1885년 이전에는 여러 노동조합이 그 조합원 수와, 노동조합대회의 기금에 대한 기여도에 비례하여 대리인을 보내었으나, 각 대리인은 단일한 표결권을 가졌고 대리 투표는 허용되지 않았다. 이 방법으로는 거대한 노동조합이, 만일 그들이 그 대리인 전원을 파견하는 길을 선택한다면, 그들에게 할당된 표결력의 비율을 행사할 수 있었다. 그러나 약간의 유력한 노동조합 임원이 이 제도의 불편함을 알게 되었다. 어떤 경우에는 그들의 노동조합이 3~4인 이상의 대리인을 파견하는 비용에 불만을 갖게 되어서 비율에 따른

세력을 확보할 수 없게 되었다. 다른 경우에는 대리인 전원이 파견되었을 때, 그중 누군가가 독립적 판단을 하겠다고 주장했고, 그 자신의 정치적 소신에 따르거나, 소규모 노동조합의 호소에 응하여 투표했다. 전체적으로 노동조합대회를 지도한 자들이 없었던 결과, 독립성은 타락하여 무정부 상태가 되었다. 탄광업과 면업의 실제 임원들에게는, 노동조합대회의 경망하고 무책임한 행동이, 그들 자신의 노동조합이 의회 통과에 노력한 특정한 기술적 의안의 성공을 위험하게 할 우려가 있는 것으로 생각되었다. 그리고 그들은 그들 스스로 이 사업을 위해 노력하는 것, 노동조합 세계 전체를 위해 일관된 정책을 작성하는 노동조합대회의 내각으로 되는 것, 그리고 모든 정책의 실행상의 요건인 신뢰와 금전적 원조를 위해 대담하게 호소하는 것이 그들의 의무라고는 생각하지 않은 듯하다. 여러 노동조합이 필요로 하는 것을 연구하고 조화시키는 것은, 종종 하는 유쾌한 런던 여행 대신에 많은 고뇌와, 각종 전문가와의 지루한 상담을 필요로 하는 것이다. 그들의 직업에 유해할 수 있는 모든 결의안의 통과를 기계적으로 저지하는 지위에 안주하는 것은 이에 비해 쉬운 일이다. 따라서 위원회의 탄광업 및 면업의 대표자 4명은, 광부연합회가 그 자체의 대회에서 사용한 소위 '대리투표'의 채택을 주장했다. 이 제도하에서는 전체로서의 직업이 각각 갖는 조합원 수에 따라 투표수를 부여하지만, 1명 이상의 대리인을 파견하는 것이 요구되지는 않는다. 만일 1명 이상이 파견된 경우, 그들은 자신들 사이에서 그 직업의 표결을 어떻게 할지 결정할 수 있을 뿐 아니라, 그들의 투표용지를 그들 중 1명에게 위탁하고 대회를 떠날 수도 있다. 이러한 기계적 투표제도는 모든 권력을 임원의 손에 집중하는 경향이 있음이 분명하다. 지금 1895년 대회에서 45표를 갖는 어느 노동조합이 그 대표로 위원장만을 파견했다. 그리고 이 경제적인 방법은 노동조합의 표결력에는 어떤 해도 주지 않았으므로 이는 반드시 다른 노동조합에 의해서도 채택될 것이다. 이 제도에 의해 거대한 노동조합의 임원들은 의회위원회에서 그들 자신의 영구적인 재선을 확보하고, 소규모 직업의 필요를 적당하게 고려해야 하는 '참기 어려운 노고'나, 노동조합대회 전체의 지적 지도력이라는 성가심도 없이, 노동조합대회에 제출된 어떤 제안도 거부하는 힘을 지금보다도 앞으로는 더욱 필요로 하지 않게 될 것이다. 앞으로 노동조합대회에서 우리는 거물 임원들이 그들 자신의 노동조합에 부여된 투표용지 다발을 쥐고, 소규모 직업의 토론에 대해 경멸의 귀를 기울이고, 그들의 감정을 해치는 모든 제안을 묵묵히 부결시키는 것을 보게 될 것이다. 그 조짐은 카디프에서 이미 충분히 나타났다.

그러나 새로운 의사규칙의 폐해는 심의적 회의로서의 노동조합대회의 가치를 파괴하고, 의회위원회의 정책과 강령을 노동조합 세계에 설명해야 할 대표적 회의로서의 직능을 앞으로는 더욱더 빼앗게 될 것이다. 새로운 투표제도는 우리가 '노동조합 간의 관계' 장에서 연합적 노동조합의 본질에서 연역한 대표 원칙에 가장 악랄한 방법으로 위배되고, 따라서 노동조합대회의 견고함에 대한 가장 중대한 위험을 포함하고 있다. 노동조합대회는 다수의 상이한 이익, 심지어 상반되는 이익을 포함하는 것이므로, 이러한 종류의 부분이 참으로 공통적으로 갖는 한정된 목적을 위한 느슨한 연합 이상일 수가 없다. 따라서 그 결의의 방법은 단순히 다수결에 의할 수 없고, '**최대의 공통 방책**'을 발견할 목적으로 행해지는 각 부문 간의 상의에 의해야만 한다. 그러나 현재의 제도하에서는 '광부연합회'와 '면사방적공 합동 노동조합'을 합하면 노동조합대회를 대표하는 조합원 수의 3분의 1을 헤아려, 그들이 '기계공 및 목수 합동 노동조합'과 '제화공 전국 노동조합'과 행동을 같이하는 한, 그들은 어떤 경우에도 노동조합대회의 절대 다수를 구성하는 것이다. 다섯 개의 직업에 그 나머지 전체의 합동 세력 위에 절대 다수를 주는 것은, 만일 그것이 유지된다고 한다면, 다른 것들에 의해 강력한 정치적 협동의 모든 기회를 절멸시키거나, 아니면 반드시 이러한 것들로 하여금 그 자신의 새로운 연합을 만들어야 하게 된다.

옮긴이 해설

1. 『산업민주주의』

이 책은 비어트리스 웹(Beatrice Webb)과 시드니 웹(Sidney Webb)의 *Industrial Democracy*(Longmans, Green and Co., 1897)의 번역이다. 무려 120년 전의 책이다. 웹 부부의 『산업민주주의』는 노동운동의 '성전'(아마도 '고전'보다 더 높은 가치가 있다는 것이리라)으로 불릴 만큼 유명하다고 하지만, 철학이나 종교나 문학 등 소위 인문 분야가 아닌 사회과학 분야의 120년 전 책이 과연 얼마만큼 현재적 가치를 가질 수 있을까? 아마도 그래서 지난 120년 동안 우리말로 번역되지 못했을 것이다. 게다가 우리와는 노동조합 구조가 매우 다르고 복잡하기 짝이 없는 영국의 19세기 이야기이다. 또 그 제목이 산업민주주의이지만, 오늘날 노동조합이 자본주의 사회에 구조적으로 편입되어 있음을 인정하고 제한적으로나마 노동자의 발언권이나 경영 참가권을 강화하려는 현대 산업민주주의와도 그 내용이 상당히 다르다.

그러나 이 책은 노동운동을 정치적 민주화의 기본이자 산업 민주화의 연장이고, 경영자 독재를 극복하고자 하는 경영 민주화의 일면으로 본 점에서 19세기 말 노동조합을 통한 민주주의 문제만이 아니라 21세기 초의 한국에서도 중요한 시사점을 줄 것으로 믿고 이 책을 번역한다. 즉 이 책의 주장대로 노동조합운동을 노동자들이 교섭에 참가하도록 함으로써 노동자들의 자유를 강화하고, 생활 수준 및 작업 환경을 스스로 개선하게 해야 한다는 것이다. 노동자들이 교섭력을 상실하게 되면, 자유롭고 평등한 사회의 기본적 규칙이 깨져, 종속적이고 노예적인 상황에 처하게 된다고 우려하면서, 노동운동은 정치적 민주화뿐 아니라, 산업사회의 민주화를 이루는 데에 필수적이라는 이론적 근거를 제시한 이 책은 지금 우리에게도 중요한 시사점을 준다.

『산업민주의』는 한마디로 노동조합의 운영에 대한 책이다. 즉 1부에서는 노동자가 어떻게 서서히 고통 속에서 운영상의 효율을 조합원에 의한 통제와 조화시키는 기술을 확보해왔는가를 분석한다. 이어 2부에서는 상호보험, (두 사람이 처음 사용한 말인) 단체교섭, 입법 조치, 그리고 지금은 일방적이거나 자주적인 직무 규제라고 부르는 다양한 제한이나 틀이라는 운동 방법을 특정하고 설명하면서, 노동조합이 어떻게 기능하는지에 대한 매우 상세한 해설을 제공한다. 그리고 3부에서는 여러 가지 운동 방법이 갖는 경제학적 의미를 평가하고 특히 노동조합운동이 민주주의에 필수적인 것이라고 주장하며 결론을 맺는다.

그러나 나는 이 책을 번역하기 전 오랫동안 이 책을 읽어오면서 많은 의문점을 가졌다. 그중 하나가 웹 부부가 1910년 한국이 일본에 합병되고 2

년 뒤인 1912년 한반도를 1주일간 방문하여 당시 한반도 최고급 호텔의 하나였던 손탁 호텔에 머물면서 한반도 사람들을 세계 최하의 문화 수준을 가진 미개인으로 묘사했다는 사실이었다.

2. 웹 부부는 어떤 사람들인가

브리태니커에 의하면 웹 부부는 "페이비언협회의 초기 회원으로 런던정치경제대학교를 공동으로 설립했다. 시드니 웹은 런던 대학교를 교육기관의 연합체로 재조직하는 일에 참여했으며, 노동당원으로 정부에 봉사했다. 탁월한 역사가일 뿐만 아니라 사회경제 개혁의 선구자인 웹 부부는 영국의 사회사상과 제도에 깊은 영향을 미쳤다"고 요약되어 있다.

웹 부부 중 더 유명한 사람은 비어트리스 웹일지 모른다. 그녀의 전기는 여러 권이 나왔는데 그중에서 마거릿 콜(Margaret Cole)이 쓴 『비어트리스 웹의 생애와 사상』[1]이 20여 년 전에 번역되었고, 그녀의 30대 자서전의 일부라고도 할 수 있는 『나의 도제시대』[2]도 번역되었다. 웹 부부가 쓴 『노동조합운동의 역사』(번역서는 『영국 노동조합운동사』)는 이미 1990년에 번역 출간되었고, 그 책은 노동운동에 대해서는 가장 고전적인 책으로 소개되어 왔다. 그 밖에도 협동조합 사상의 선구자[3]나 복지국가 사상의 최초 선구자[4]로도 언급되었다.

---

1) 박광준 옮김, 대학출판사, 1993.
2) 조애리 · 윤교찬 옮김, 한길사, 2008.
3) 윤형근, 『협동조합의 오래된 미래 선구자들』, 그물코, 2013, 135~139쪽. 비어트리스 웹은 1890년 7개월간 연구하여 출판한 『영국 협동조합운동』을 통해 소비자 협동조합과 노동조합의 제휴가 산업민주주의의 핵심이라고 주장했다.
4) 이창곤, 『복지국가를 만든 사람들: 영국편』, 인간과복지, 2014, 12~51쪽. 웹 부부는 〈비버

먼저 비어트리스 포터는 그녀의 표현을 빌리자면 '습관적으로 명령하는' 계급의 가정에서 1858년에 태어났다. 그녀는 부유한 철도 사업가인 아버지와 대상인의 딸인 어머니 사이의 8번째 딸이었다. 비어트리스는 다소 외롭고 병약한 소녀로 성장했으며, 광범한 독서와 아버지의 방문객과의 토론을 통해 독학했다. 아버지의 방문객들 중에서는 철학자인 허버트 스펜서가 그녀에게 지적으로 가장 많은 영향을 끼쳤다. 1886년 그녀는 선박 소유주이자 사회개혁가인 사촌 찰스 부스(Charles Booth)의 기념비적인 대저서 『런던 인민의 삶과 노동(*The Life and Labour of the People in London*)』의 집필을 도와주면서 하층 계급 생활의 현실을 보다 많이 알게 되었다. 1891년에는 랭커셔에서 겪었던 자신의 경험을 토대로 〈영국의 협동조합운동 (The Cooperative Movement in Great Britain)〉이라는 팸플릿을 출판했다. 이어 빈곤 문제에 대한 어떤 해결책을 찾기 위해서는 노동 계급이 자기 자신을 위해 만든 조직, 즉 노동조합에 대해 보다 많이 배워야 한다는 것을 곧 깨닫고 시드니 웹을 1890년에 만났다.

한편 시드니 제임스 웹은 1859년 런던의 중하층 가정에서 태어났다. 아버지는 자유계약직 회계사였고, 어머니는 상점 점원이었다. 아버지는 존 스튜어트 밀을 지지한 급진주의자여서 아들에게 영향을 미쳤다. 시드니는 16세가 되기 전에 학교를 그만두었지만 야간학교에 계속 다녀 1878년 공무원이 될 수 있는 자격을 얻었고, 3년 후인 1884년에는 변호사 자격시험에 합격했다. 1885년 친구인 버나드 쇼의 권유로 사회주의자 단체인 페이비언협회에 가입한 뒤 1887년 웹은 협회를 위해 〈사회주의자들을 위한 사

리지 보고서〉의 선구인 〈소수파 보고서(Minority Report)〉를 만들었고 『산업민주주의』에서 내셔널 미니멈(National Minimum)이라는 개념을 처음 제시했다.

실들(Facts for Socialists)〉이라는 소책자를 출판했고 1889년 『페이비언 사회주의』의 '역사' 부분을 집필했다. 그 글에 감동한 비어트리스 포터와 그는 1892년에 결혼했다.

이후 그들은 런던에서 사회 연구와 정치적인 활동에 보다 많은 시간을 쏟기 위해 시드니는 공직을 그만두고 비어트리스의 유산과 그들이 저술 활동을 통해서 벌어들이는 돈으로 생활했다. 공동 연구의 최초 결실인 2권의 대작 『노동조합운동의 역사(The History of Trade Unionism)』(1894)와 『산업민주주의(Industrial Democracy)』(1897) 이후 그들은 역사적 · 사회적 연구, 교육적 · 정치적 개혁, 언론 부문에까지 활동영역을 넓혔다. 특히 17~20세기 영국 지방정부의 역사를 25년에 걸쳐 출판한 저작으로 웹 부부는 일류 역사연구가로서의 위상을 차지했다.

그 뒤 시드니는 1892~1910년 런던 시의회에서 활동했다. 특히 중등공립학교 체제와 초등학교 학생을 위한 장학제도를 창설했다. 또한 런던에 기술교육과 사회교육 기관을 설립하는 데 기여했다. 동시에 비어트리스, 자유당 정치인인 R. B. 홀데인과 함께 런던경제정치대학교(London School of Economics and Political Sciences)를 설립했다. 시드니는 런던 대학교(London University)를 교육기관들의 연합체로 재조직하고, 교육가 로버트 모랜트와 함께 다음 세대를 위한 영국 공립교육의 성격을 결정지은 교육법의 청사진을 1902~1903년에 제출했다. 이 과정에서 시드니와 비어트리스는 '침투'라고 알려진 전술, 즉 그들의 정치적인 지향과는 상관없이 권력과 영향력을 가진 사람들의 입장을 변화시켜 페이비언 정책 또는 그 정책의 일부를 관철시키려는 전술을 사용했다. 그때부터 정책에 대한 지지를 얻기 위한 방법으로 보수당 총리인 밸푸어 경과 그의 자유당 경쟁자인 로즈베리 경에게 접근했다. 1906년에 거대한 자유 여당의 출현으로 이러한 전략이 실효성을 잃게 되자 웹은 막 창당된 노동당에 '침투'해야만 했다. 그러나 그전에 비어트리스는 1905~1909년 구빈법(救貧法)에 관한 왕립조사위원회의 위원으로서, 전반적인 사회보험제도를 주장한 '베버리지 보고서'보다 35년 전에 복지국가의 개요를 명확하게 묘사한 '소수파 보고서'를 작성했다. 웹 부부가 사회보장을 위해 조직한 전국적 차원의 운동은 1911년 수혜자가 보험료를 분담하는 보험 계획에 관한 로이드 조지의 성급하고 즉흥적 발상에 의해 무산되었다.

1914년 말 웹 부부가 노동당원이 된 후에 그들은 노동당의 자문위원으로 급속하게 자신들의 입지를 강화시켜나갔다. 페이비언협회에 있어서의 그들의 지도력은 반대파들에 의해 약화되었는데 처음에는 H. G. 웰스, 이후에는 역사가이자 경제학자인 G. D. H. 콜이 이끄는, 산업에 있어서의 자치를 주장하는 길드 사회주의자들과 좌익 반대파들에 의해서였다. 그동안 그들은 〈뉴 스테이츠먼(New Statesman)〉이라는 독자적인 잡지를 창간하여 그들 자신을 위한 새로운 논단을 만들었다. 당의 전시(戰時) 지도자였던 아서 헨더슨의 우정과 사심 없는 충고에 의해 시드니는 집행위원회의 일원이 되었고, 최초이자 오랜 기간 동안의 당의 가장 중요한 정책보고서가 된 〈노동 계급과 새로운 사회질서(Labour and the New Social Order)〉(1918)의 초안을 작성했다. 그 직후인 1919년 그는 석탄 탄광에 관한 생키 위원회의 위원이 되기 위해 광부연맹이 선출한 전문가의 한 사람이 됨으로써 자신의 지위를 공고히 했다. 위원회에서의 활동의 결과로 1922년 선거에서 그는 더럼의 시엄하버 선거구에서 압도적인 승리를 거두었고, 이를 통해서 패스필드 남작으로서 상원에 자리를 확보했다. 아울러 1924년 노동당 내각에서 상무부장관을 지냈으며, 1929년 역시 노동당 내각에서 식민장관을 지냈다.

비어트리스는 시드니의 이 모든 활동에 성심껏 협력했다. 그러나 사실상 그는 다소 늦게 정치에 투신했고 그다지 큰 성공을 거두지는 못했다. 특히 식민장관 시절에는 팔레스타인 정세로 곤란을 겪었다. 1932년 그와 비어트리스는 영국 노동 계급의 전망에 심한 환멸을 느끼고 소련으로 건너가, 그들의 말을 빌리자면 자신이 그곳에서 발견한 것과 '사랑에 빠졌다.' 그 후 3년에 걸쳐 그들은 최후의 대작인 『소비에트 공산주의: 새로운 문명인가?(*Soviet Communism : A New Civilization?*)』(1935)를 집필했다. 이 책에서 그들은 점진적인 사회적 · 정치적 발전에 대한 자신들의 믿음을 포기한 것처럼 보인다. 그들은 1928년부터 햄프셔에 있는 집에서 살다가 비어트리스는 1943년에, 시드니는 1947년에 그곳에서 죽었다.[5]

3. 『노동조합운동의 역사』

웹 부부의 업적 가운데 우리가 특히 주목하고자 하는 점은 1891년부터 1899년 사이에 두 사람이 노동사의 기초를 세우고 노동자 조직과 노사관계에 대해 체계적 연구의 길을 열었다고 하는 점이다. 웹 부부가 그러한 연구를 하기 전에 엥겔스를 비롯한 몇몇 국내외 학자들의 연구가 있었다. 그러나 가령 엥겔스(Friedrich Engels, 1820~1895)의 『1844년 영국 노동자 계급의 상태(*Die Lage der arbeitenden Klasse in England*)』(1845)가 사회주의 문헌으로서 갖는 가치에도 불구하고, 노동자의 조직에 관한 한 거의 아무것

---

5) 웹 부부의 생애에 대한 가장 최근 문헌으로는 Royden J. Harrison, 『시드니 웹과 비어트리스 웹의 생애와 시대: 형성기 1858~1905(*The Life and Times of Sidney and Beatrice Webb: 1858-1905, The Formative Years*)』(Macmillan, 2000)를 참조하라.

도 언급하지 않았다는 한계를 갖듯이 그 연구에는 문제가 많았다. 그래서 웹 부부가 노동조합의 역사에 대한 조사를 시작했을 때 그들이 참고할 만한 자료는 지극히 한정되었다.

따라서 『노동조합운동의 역사』와 『산업민주주의』가 그 경제주의적 성격을 이유로 많은 비판을 받아왔음에도 불구하고, 영국의 노동조합운동에 대한 저술로서는 가장 선구적이고 탁월한 것임을 인정해야 한다. 그 후 지금까지 그 분야에서 그 두 권에 필적할 만큼 독창적이고 포괄적인 연구는 없다고 할 정도로 높이 평가되기도 하기 때문이다. 가령 우리나라에도 널리 알려진 사회주의 역사가인 에릭 홉스봄(Eric Hobsbawm, 1917~2012)은 『산업민주주의』를 "영국 노동조합에 대해 쓰인 최고의 책"[6]이라고 했다. 사실상, 그들이 두 권의 책에서 처음 사용한 개념과 용어와 범주, 그리고 시대 구분을 포함한 체계화의 구조는 지금까지도 그대로 사용되고 있을 정도이다.

그러나 1세기 이상 제기된 여러 가지 비판도 무시할 수는 없다. 가령 에드워드 P. 톰슨(Edward P. Thompson, 1924~1993)이 『영국 노동자 계급 형성(The Making of English Working Class)』(1963)에서 자신의 목적이 "가난한 양말 제조공, 러다이트 운동에 가담한 가난한 농부(Cropper), 시대착오적인 수직공(Hand-loom Weaver), '유토피아주의자' 직인, 그리고 설령 조애나 사우스콧(Joanna Southcott)[7]에게 매혹된 신도들까지 후세의 지나친 경멸로부터 구제하는 것"[8]이라고 한 것은 웹 부부가 소위 안정된 조직의 성

---

6) E. J. Hobsbawm, *Labouring Men*, 1964, 255쪽.
7) 조애나 사우스콧(1750~1814)은 자칭 종교예언가로 값싸게 14만 명 이상의 운명을 정해주었다고 한다.
8) E. P. Thompson, *The Making of English Working Class*, Victor Gollancz, 1963, 12쪽.

공한 조직 노동자를 중심으로 다루고 비교적 미조직의 단명하고 돌발적인 저항 반란운동을 무시하거나 모멸한 것에 대한 비판에서 나온 것이었다. 사실 웹 부부의 책에서 러다이트 운동은 중요하게 언급되지 않았다. 이러한 웹 부부에 대한 비판은 톰슨만이 아니라 홉스봄[9]을 비롯한 많은 역사가들에 의해서도 제기되었다. 오언주의자나 차티스트 운동에 대해서도 웹 부부는 대단히 비판적이었다. 웹 부부는 사회주의 이행이나 미래의 사회주의 성격에 대한 통설에도 도전했다. 그들은 노동자 계급이 자발적으로 직업적 노동조합 의식으로부터 사회주의적 계급의식으로 이행한다는 통설에도 반대했다.

이러한 인식의 계기가 된 사건은 1889년 런던 부두 노동자들의 대규모 파업이었다. 그전에는 페이비언을 비롯한 사회주의자들에게 노동조합은 관심의 대상이 되지 못했다. 노동조합에 처음으로 관심을 보인 것은 비어트리스였다. 그녀는 협동조합 연구를 통해 노동조합에 관심을 갖게 되었다. 그러나 그것은 우호적인 것이 아니었다. 임금이나 노동조건을 둘러싼 다툼이 생기고, 일하는 남녀에 의한 두 가지 자발적 운동을 상호보완적이라기보다도 적대자이자 경쟁자를 다루는 경향이 쌍방에 있었다. 비어트리스는 1891년 노동조합운동의 연구에 착수했다. 식민부의 공직을 사직한 시드니도 그 뒤에 합류하여 그 책을 완성했다.

『노동조합운동의 역사』가 19세기 말에 집필되었다는 점은 그 책이 당대의 영웅사관 내지 지도자 중심 사관의 영향에 있었음을 말해준다. 그 단적인 보기로 우리는 토머스 칼라일(Thomas Carlyle, 1795~1881)의 『영웅 숭배론(On Heroes, Hero-Worship, and the Heroic in History)』(1841)을 들 수 있다.

9) E. J. Hobsbawm, *Labouring Men*, 1964, 5~22쪽.

칼라일은 그 책에서 성실하고 용기 있는 영웅적 지도자가 필요하다고 역설했다. 웹 부부도 가령 1824년 단결금지법을 철폐시킨 프랜시스 플레이스를 높이 평가한다.

그러나 『노동조합운동의 역사』는 영웅적인 개인의 역사를 모은 것이 아니라 영국 노동자 계급의 생성 과정에 최초로 주목한 책임을 알아야 한다. 웹 부부는 숙련공과 비숙련공 사이에 노동조합운동이 상당히 다른 것을 알았으나 그 차이에 대해 숙고하지는 못했다. 위에서 말했듯이 E. P. 톰슨 같은 역사가들이 비숙련공이나 주변 노동자들에 주목한 것은 웹 부부의 결점을 보완하는 것이지만, 웹 부부에게는 그 책이 영국 정치사의 일부로 의식된 점을 주목해야 한다.

흔히들 『노동조합운동의 역사』는 제도사에 치중했다는 비판을 받지만, 19세기 말의 수준에서는 도리어 루조 브렌타노(Lujo Brentano, 1844~1931) 등의 제도 중심 사관에 도전한 것이었음도 주목해야 한다. 브렌타노는 『길드의 역사와 발전 및 노동조합의 기원에 대하여(*Die Arbeitergilden der Gegenwart.* 2 vols., 1871~72, Leipzig: Duncker und Humblot. English: *On the History and Development of Gilds and the Origins of Trade Unions*)』(1870) 에서 길드와 노동조합이 연속한다고 주장했으나 웹 부부는 이를 부정했다.[10]

노동조합의 기원을 논의한 뒤 웹 부부는 노동조합의 역사를 생존을 위한 투쟁(1799~1825), 혁명적 시대(1829~1842), 새로운 정신과 새로운 유형의 노동조합(1843~1875), 그리고 1880년대 말의 새로운 노동조합주의의 대두로 구분했다. 그러한 시대 구분이나 각 시대의 내용에 대해서는 지금

---

10) Sidney and Beatrice Webb, *The History of Trade Unionism*, 1920, 12쪽.

까지 수많은 비판과 수정이 가해졌다.

4. 민주주의와 자유

『산업민주주의』에서 저자들은 산업민주주의가 무엇인지 정의를 내리는 것으로부터 시작하지 않았다. 그것은 그 책의 첫 부분에서는 단순히 노동조합 운영의 절차와 제도를 의미한다. 반면 다른 곳에서는 공적인 통제와 소유를 경제 생활의 여러 분야에 점차 확대하고, 그렇게 하여 시민이 정치에서 행사해야 한다고 여겨지는 것과 같은 통제를 산업 문제에서도 행사하는 의미로 사용한다. 저자들은 링컨의 민주주의에 대한 정의인 인민의, 인민에 의한, 인민을 위한 정치를 받아들이지만, 그것이 모든 사람의 평등한 발언권에 의한 결정을 뜻한다면 필연적으로 붕괴한다고 본다. 따라서 그들은 영국의 초기 노동조합에서 원시적 민주주의를 시도하여 모든 결정에 모든 구성원의 평등한 발언권을 주어야 한다고 주장한 것이 결과적으로, 노동조합의 운영을 총회에서 하고, 의장, 서기, 회계 등으로 구성되는 임원회는 윤번제로 운영되었다. 그러나 이는 적대적인 고용인이나 억압적인 공권력에 대응할 수 없었고, 조직의 성장에도 장애가 되었다. 결국 노동조합의 업무 증대는 특정인이 전적으로 책임을 지는 체제를 요구했으나 노동조합 세계에는 아직도 민주주의적 요소가 남아 있다는 점을 웹 부부는 비판했다.

웹 부부의 대안은 대의원 체제이다. 그리고 그 대의원은 단순히 의견을 기계적으로 전달하는 매개에 그치지 않는다. 이러한 대의원회의 설립을 웹 부부는 '잔인한 아이러니'라고 한다.

동료에 의해 선출된 노동자는 그 천부의 능력 여하에 불구하고, 전문 임원을 유효하게 감독하고 지휘하는 것이 유일한 조건인 특수한 숙련과 일반적 지식을 갖지 못한다. 그가 감독해야 할 노련한 임원과 평등해질 수 있기 위해서는 그전에, 새로운 임무를 위해 그의 모든 시간과 생각을 바칠 필요가 있고, 따라서 그의 이전 직업을 포기해야 한다. 불행히도 이는 그의 생활 태도, 사고방식을 바꾸게 되고, 또한 보통은 지적 분위기를 변화시켜, 그가 반드시 표현해야 할, 선반이나 화로에서 일하는 육체노동자들의 감정을 생생하게 알지 못하게 한다. 이는 확실히 잔인한 아이러니로서, 세계 전역에서 임금 노동자가 무의식적으로 대의제를 혐오하게 되는 이유의 하나를 여기서 발견할 수 있다고 우리는 생각한다. 노동자 대표에게 그의 임무의 절반을 수행하게 한다면, 바로 그 절반에 필요한 자격을 상실하게 된다.[11]

여기서 웹 부부는 미헬스와 같은 과두제가 아니라 방적공이나 광부 노동조합의 연합 대회에서 나타난 평조합원과 대의원이라는 이중의 대표제를 제기한다. 그들에게 민주주의란 합의와 능률이 서로 보완하는 대의적 정체, 즉 '보편적인 전문화와 대표제'[12]를 뜻했다. 이는 '민주제의 구조 자체에까지 분업이 철저하게 되는 것'[13]이었다.

정치적 민주주의든, 산업민주주의든 간에, 선거인이나 소비자로서 마지막 명령을 내리는 것은 시민이지만, 그 명령을 어떻게 해야 하는지를 조언하는 것은

---

11) Beatrice Webb, Sidney Webb, *Industrial Democracy*, Longmans, Green and Co. 1897, 59~60쪽.
12) 같은 책, 848쪽.
13) 같은 책, 843쪽.

전문가인 임원이다.[14]

이처럼 직업적 전문가를 강조하는 웹 부부는 자유에 대해서도 특이한 정의를 내린다. 즉 "생래의, 즉 불가 양도의 권리라는 것이 아니라, 실제로 개개인의 능력을 최대한 발전시키는 사회의 생존 조건을 뜻한다"[15]고 한다. 이는 웹 부부가 존경한 J. S. 밀이 자유를 '바라는 대로 행동하는 것'이라고 정의하고 민주주의가 자유에 적대적일 수 있음을 두려워한 것에 반해, 웹 부부는 자유를 최대한 확보할 수 있는 유일한 방법이 민주주의라고 생각한 것을 뜻한다. 그래서 웹 부부는 "자유란 실제로 그것이 올바르게 실현되는 한, 적재적소를 얻는 것을 뜻한다"는 말을 인용한다.[16]

이상의 고찰로부터 웹 부부가 민주주의자가 아니라거나 자유주의자가 아니라고 보는 점에는 문제가 있다. 우리는 밀과 같은 자유주의자가, 부자나 강자가 빈자와 약자의 권리를 침해하는 것을 용인한 점을 알고 있다. 웹 부부도 그런 점을 충분히 알고 있다.

어떤 개인이나 단체나 계급이 보통 '계약의 자유'나 '결사의 자유' 또는 '기업의 자유'라는 말에 의해 뜻하는 것은, 우연히 그들이 얻게 된 힘을 사용하는 기회의 자유이다. 즉 더욱 무력한 다른 사람들로 하여금 그들이 말하는 바에 따르게 하는 것이다. 이러한 종류의 개인적 자유는 불평등한 단위로 구성되는 사회에서 강제와 구별되지 않는다.[17]

---

14) 같은 책, 845쪽.
15) 같은 책, 847쪽.
16) 같은 책, 847쪽. 주.
17) 같은 책, 847쪽.

밀은 상당히 교양 있고 재산도 있는 자들의 자유를 말한다. 그리고 그런 자들이 국가나 조직적인 여론과 같은 집단에 의해 부과되는 제약에 직면하는 점을 밀은 가장 심각한 자유의 침해라고 보고, 최소한의 국가를 주장한다. 즉 국가의 힘이 증가함은 자유의 감소로 직결된다고 한다. 그러나 이는 가령 현물급여금지법과 같이 국가의 권한을 확대하고 고용인을 제약하는 것이 노동자들의 자유를 확대한 것과 모순된다. 나아가 자유는 유일한 선이 아니라 복지나 생활 보장의 평등보다 우선해서는 안 되는 상황도 얼마든지 있을 수 있다.

웹 부부는 '사회민주주의'라는 말을 사용하지 않았으나, 그들의 주장은 사회민주주의하에서만 노동조합이 충분히 발달하고 최대의 유용성을 확보한다고 보았다. 즉 정치가가 정치 권력을 시민의 능률과 복지의 증진을 위해 적극적으로 이용하고, 정기적이고 평화적으로 시민에 의해 정권에서 물러날 수 있는 국가여야 노동조합의 발전이 가능하다. 반면 밀 유(類)의 자유주의에 근거한 중산 계급적 공화주의 정체는 노동조합이 그 목표를 확보할 가능성을 믿지 않고 노동조합의 활동 방법을 기피할 것이다. 전제 정치는 두말할 필요가 없다.

웹 부부는 노동조합운동을 민주주의 국가의 기관으로 보았지만 그렇다고 해서 노동조합이 그 독립성을 상실하고 자주적 단체로서의 성격 없이 고용인과의 단체교섭에만 매몰되어서는 안 된다고 보았다. 특히 민주화 과정에서 거대한 트러스트의 사회적 압력에 대한 보루이자, 착취적 공장이나 소규모 생산이라는 산업에 대한 기생적 존재를 박멸하기 위한 사회적 세력으로 존속해야 한다고 주장했다. 나아가 사회주의하에서도 산업 관리자가 염가와 생산 비용의 저하에 노력할 것이므로 그러한 태도는 노동조합에 의해 끊임없이 점검되어야 한다고 했다. 특히 정신노동자들인 산업의 경영자나 감독자는 육체노동자의 상황에 당사자로서의 강한 관심을 보일 수 없으므로 노동조합은 여론의 주목을 환기하고 필요하다면 파업을 할 정도로 강력해야 한다고 주장했다.

5. 『산업민주의』의 경제학

웹 부부에 대해 여러 비판이 있지만 적어도 당대에서는 가장 진보적인 입장의 하나였음을 주목할 필요가 있다. 물론 두 사람은 일찍부터 마르크스에 대해서는 비판적이었지만 당대의 여타 경제이론이나 사회이론, 특히 우익의 그것에 대해서는 더욱 비판적이었음을 주의할 필요가 있다. 가령 리카도의 임금기금설이나 맬서스의 인구론은 노동조합의 존재가 긍정적인 역할을 수행할 가능성을 철저히 거부했다. 시드니가 제번스의 한계효용학설 및 한계생산력설을 채택함으로써 비어트리스는 리카도 경제학을 비현실적 개념 규정으로부터의 연역에 의한 것이라는 이유에서 거부함으로써 임금기금설을 거부했다. 그들은 그 정당성을 확인하기 위해 『산업민주의』 3부 1장 '경제학자의 판단'에서 19세기 후반의 경제학설이 더 이상 리카도의 비관론을 채택할 수 없다고 밝혔다.

웹 부부에 의하면 임금기금설은 다음의 이유로 부당하다. 임금기금설의 중심적 주장은 임금 상승이 이윤율을 저하시키고, 저축을 삭감하게 하여 자본 축적을 저해하고 고용을 감소시킨다는 것이다.[18] 그러나 웹 부부에 의하면, 중산 계급의 저축 지향은 불경기에 수반한 이윤과 이자의 저하에 의해 약해지지 않고, 도리어 강해지는 경향을 보였다. 왜냐하면 그들에게

---

18) 이러한 학설은 현대 한국에서도 널리 유포되고 있다.

저축이란 이자만을 위한 것이 아니라 자신과 가족의 장래에 대한 대비이기 때문이다. 또 지방자치체의 경우, 저금리 시기가 대규모 공공사업을 하기에 적기이고, 그 결과 사회자본을 충실하게 하게 된다. 또 신기술의 개발과 도입에도 저금리는 유리한 조건을 제공하기 때문에, 고임금에 의한 이윤율과 이자율의 저하는 국가 경제 전체에는 도리어 환영받을 수 있다. 또 임금 인상이 수출 경쟁력을 삭감하고 자본의 해외 유출을 촉진한다는 고임금 비판에 대해서도, 해외 투자는 상대국의 정치적 안정을 필수적 요건으로 하므로 그것이 보장되는 영국에서의 자본 유출은 거의 없다는 반론이 제기된다.

이러한 웹 부부의 주장은 케인스 이후의 경제학이 주장하듯이 저금리가 언제나 투자를 유발하지는 않는다는 것이 상식인 지금은 너무나도 낙관적으로 보이지만, 웹 부부는 구빈법에 관한 왕립위원회를 위해 쓴 〈소수파 보고서〉에서도 공공사업에 의한 불황 대책을 주장했다. 여하튼 국가 재정에 의한 적극적인 경기 부양책을 주장한 그 보고서는 영국 사회정책의 역사에서 가장 획기적인 업적으로 평가된다.

이상 임금기금설과 함께 노동조합 무효론을 주장한 것이 맬서스의 인구론이었다. 이에 대해 웹 부부는, 노동조합이 수행하는 역할에는 임금 이외의 노동조건 개선도 포함되는데, 노동환경이나 노동시간 개선이 출생률에 미치는 영향에 대해 맬서스주의자는 침묵하지만, 소득이 많은 노동자일수록 자녀수가 적다는 것이 통계로 확인된다고 주장했다.

웹 부부는 이상과 같이 임금기금설과 인구론을 비판한 뒤 제번스를 따라 임금이 고용된 노동자들의 한계생산력과 같은 수준으로 결정된다고 주장했으나 이에 대해서는 현대 경제학에서 볼 때 많은 비판이 있을 수 있다. 그러나 여기서 우리는 웹 부부가 노동자와 자본가의 계급 대립과 계급 투쟁의 존재를 부인하지 않았음을 주목할 필요가 있다. 특히 『노동조합운동의 역사』는 산업혁명 이래 노동자가 자본의 압박에 저항하여 단결하고 투쟁해온 역사를 기록한 책으로서 1894년 당시로서는 가장 진보적인 입장의 책이었다. 이는 『산업민주주의』의 다음과 같은 문장에서도 확인된다.

따라서 우리는 민주적 국가에서 임금소득자는 자신들의 노동조합에 속하는 것으로, 또는 경제적 계급의 상위에 근거한 더욱 광범한 그 어떤 조직에 속하는 것으로 만족하지는 않는다고 추론할 수 있다. 그들은 그 임금소득자와 육체노동자로서 갖는 특별한 이해관계와 의견 외에, 모든 종류, 모든 직업의 사람들과 공통의 것을 갖고 있다.

물론 웹 부부는 마르크스주의자가 주장하듯이 계급 투쟁이 사회주의를 낳는 원동력이라는 의미의 정치 투쟁을 인정하지는 않았다. 그러나 여러 계급 사이에 이해관계를 둘러싼 계급 투쟁이 있다는 것은 웹 부부는 물론 그들이 인도한 페이비언들에게 당연히 인정되었다.

6. 내셔널 미니멈

이 책의 서문 후반부에 이 책의 연구 방법에 대한 언급이 나오지만, 웹 부부의 사회 연구 방법론은 눈여겨볼 필요가 있다. 웹 부부가 노동조합운동만이 아니라 소비자협동조합, 지방통치기구 및 자치행정, 사회보장 및 실업구제제도 등에 대한 방대한 실증 연구를 했고, 그 연구의 방법론까지 남겼기 때문이다. 그 총괄적인 저서가 1931년에 나온 『사회 연구의 방법(*Methods of Social Study*)』이다. 즉 이 책은 시드니가 76세, 비어트리스가 77

세에 쓴 책으로 평생 종사한 사회 연구의 방법론을 총괄한 책이다. 그러나 이 책의 더욱 중요한 의미는 종래의 사회 연구가 극단적인 두 가지에 치우쳐 있는 것을 조화시키거나 극복하는 데 기여하기 때문이다.

종래 두 가지 연구 방법 중 하나는 독일 철학에서 비롯된 지극히 난해한 인식론에 입각한 것으로 현실 인식보다도 서재에서의 이론적 추구에 치중하는 것이고, 또 하나는 미국의 행동과학에서 비롯되는 것으로 통계나 컴퓨터 등을 사용한 조사 기법에 치중하는 것이다. 웹 부부의 사회 조사는 이 두 가지 중 어느 것에 치우치지 않고 그 두 가지 모두를 조화롭게 사용하는 것이라고 할 수 있다.

이러한 연구 방법에 의한 웹 부부의 연구는 직업생활, 소비생활, 지역생활이라는 세 가지 생활 영역의 자치제도 형성과 행정 권력의 간섭에 의한 사회 혁신을 중심으로 사회의 거의 모든 영역에 미쳤다. 그래서 그들의 저작은 440여 종에 이른다. 그중에서도 여전히 중요한 것은 복지사회론이다. 그 핵심을 형성하는 '소수파 보고서'의 핵심 개념인 '내셔널 미니멈'(National Minimum)은 『산업민주주의』에서 처음 나온 것이다. 이는 사회보장과 관련하여 국가가 보장해야 할 최저한의 소득을 뜻하는 말로 널리 사용되고 있다.

'내셔널 미니멈'이란 노동력 상품의 판매 가격과 판매 조건의 최저한을 법률로 정하는 것을 말한다. 즉 노동력 상품시장에 대한 국가 간섭을 주장한 것으로, 조직화가 늦거나 불가능한 노동자는 공권력이 노동조합을 대신해야 하고, 나아가 비노동력 인구에게는 생활 보장을 해야 사회가 진보한다는 것이다. 그런데 그 진보는 계급 투쟁이 아니라 사회구성원 모두에 의해 추진되어야 한다.

7. 왜 이 책을 번역하는가

앞에서 말했듯이 이 책은 원래 120년 전의 영어책이다. 120년 전 우리 나라의 한문 책은 물론이고 한글 책을 읽는 것보다는 훨씬 쉽지만, 그래도 현대 영어와는 상당히 다른 영어여서 읽기에 반드시 쉽다고는 할 수 없다. 이런 점을 보아도 우리의 최근 변화가 얼마나 급속한 것이었는지를 알 수 있지만, 그것을 마냥 좋은 것이라고만 말할 수는 없을 것이다.

나는 1999년 영국에 머물렀고 그 뒤 몇 번이나 방문하면서 그곳이 얼마 나 보수적인 곳인지를 실감했다. 앞에서 본 그룹스카야가 1902년 영국을 방문했을 때 "영국인은 폐쇄적인 민족이다"[19]라고 한 것과 조금도 변함이 없었다. 사회주의자를 비롯하여 아무리 진보적인 사람들도 영국 여왕을 비롯한 전통에 대해서는 엄청난 자부심과 존경심을 갖는 것을 도저히 이해 할 수 없었던 나는 결국 박사학위과정 공부를 포기하고 한국에 돌아왔는 데, 그 뒤로도 영국의 책을 읽을 때에 그런 전통적 요소 때문에 화를 내곤 했다. 웹 부부의 이 책을 번역하면서도 마찬가지였다. 독자들은 이 책의 처음부터 노동조합마저도 그런 전통적 요소에 지배되고 있음을 읽고서 지 루해진 나머지 이 책을 집어던질지도 모른다는 걱정이 든다. 이 책을 처음 읽는 독자는 영국 노동조합운동이 대단히 복잡다단하다는 것을 알고, 그 것이 우리와 너무나 다르기 때문에 우리에게는 아무런 도움이 될 수 없다 고 판단하여 당장 책을 덮을지도 모른다는 걱정이 든다.

1897년에 나온 『산업민주주의』를 2017년, 즉 120년 만에 우리말로 세상 에 내어놓게 되어 개인적으로 참으로 기쁘다는 말을 하지 않을 수 없지만,

---

19) 그룹스카야, 앞의 책, 89쪽.

이 책이 우리 사회에 어떤 의미를 가질지 계속 의문을 가졌다. 그동안 강산이 변해도 12번이나 변했고 세대가 바뀌어도 6번이나 바뀌었다. 이를 두고 우리의 산업민주주의가 이제 막 시작한다거나, 영국의 그것보다 최소한 120년이나 뒤졌다고 말한다면 지나치다고 할 수 있을지 모르지만, 나로서는 아직 우리의 산업민주주의는 시작도 되지 않았고, 따라서 영국의 그것보다 120년 이상 더욱더 뒤져 있다고 생각하기도 한다는 점을 솔직히 말하지 않을 수 없다. 지난 반세기 동안 노동 문제에 관심을 가져온 나로서는 참으로 개탄스럽고 유감스러운 일이 아닐 수 없다. 아니, 1897년 당시에 이미 우리의 초기 노동자들이 최초의 노동조합을 만들었는데도 그 120년이 지난 지금도 산업민주주의라는 것이 없다니 도대체 어떻게 된 일인가?

내가 1971년 봄, 법과대학에 들어가기 몇 달 전 전태일이 근로기준법 해설서를 품에 안고 분신자살을 했다. 그때부터 지금까지 나는 노동법 공부에 열중했고, 1979년부터 2016년 퇴직할 때까지 37년간 대학에서 노동법을 연구하고 강의했다. 그동안 노동법이 많이 변했고, 내가 노동법 공부를 시작할 때와는 달리 노동법을 공부하는 사람들도 많이 늘었다. 그러나 본질이 변했을까 의심스럽다. 노동법을 전문적으로 다룬다는 노무사라는 직업이 생겨났지만 노동법 공부는 그 자격시험을 위한 수험 차원에 머물러 있고, 노동법 등의 노동 문제를 둘러싼 사회는 근본적으로 변하지 않았다.

그동안 고전이나 교양에 대한 글을 많이 쓴 이유도 노동법 문제 이전에 우리 사회나 문화에 근본적인 문제가 있다고 생각한 탓이다. 그렇다고 해서 인문학 유행 따위를 추종한 것이 아니라, 도리어 지적 허영으로 타락한 그런 경향을 비판하고 진정한 인문학을 수립하고자 노력했다. 특히 유교를 비롯한 한국의 전통문화를 비판했다. 최근 유교를 민주주의니 하며 미화하는 경향이 너무나도 뚜렷하게 나타나고 있기 때문이다. 2009년부터 법학과가 법과대학원으로 변할 때 교양학부에 속하면서 학부에서는 '법과 예술', 법과대학원에서는 '교육과 법', '유교와 법', '법문화론', '법인류학'을 주로 강의했는데, 이는 법 이전에 더욱 근본적인 문제가 많다고 생각했기 때문이다.

나의 노동법 공부도 법규나 판례를 중심으로 한 해석법학이 아니라, 정치, 경제, 사회 문제 전반과 함께 보는 법정치학 내지 법사회학적 방법에 입각한 것이었다. 특히 나는 대학원 시절부터 노동운동사에 깊이 천착하여 1992년 펠링의 『영국 노동운동의 역사』를 번역하고 래스키 등에 대한 논문도 썼다. 당시 노동법 공부를 하면서 노동운동사를 비롯하여 경제학과 사회학 등의 문헌을 읽었고, 특히 이 책을 열심히 읽었다. 그 후 20여 년이 지난 이제 웹 부부의 『산업민주주의』를 번역함은 나 개인의 연구사에서는 대학원 시절로 거슬러 올라가 공부를 다시 시작하고, 처음 공부에 뜻을 둔 시절과 지금을 연결시키는 것을 의미한다. 이를 퇴직 3년 전부터 시작하여 퇴직 직전에 출판한다는 것은 노동법 연구 37년을 나름으로 정리한다는 의미까지 나에게 있다.

사실 나이 60을 넘어 2년간 매일매일, 거의 1000쪽에 이르는 깨알 같은 19세기 영어 문장을 하루 종일 읽으며 번역하기란 중노동 중에서도 중노동이었다. 게다가 우리의 노동운동과는 너무나도 차이가 많아서 이해하기 쉽지도 않았고, 이 책을 번역하는 것이 우리 노동운동의 발전에 어떤 도움이 될지 알 수 없었다는 것이 번역을 하는 데 가장 힘든 일이었다. 번역을 학문적 가치로 인정해주지도 않는 이 천박한 나라에서 노동운동과 산업민주주의에 대한 고전이라고 하는 점에서 가치를 부여하고 정년까지의 열정을 불태웠다. 전태일을 비롯한 수많은 희생자들을 생각하며 이 책을 번역했기에 그들에게 이 책을 바친다.

지은이

:: **비어트리스 웹**(1858~1943) · **시드니 웹**(1859~1947)

영국의 사회주의 경제학자이자 활동가 부부로서 페이비언협회와 영국 노동당의
지도자였고, 런던정치경제대학교를 설립했다. 시드니 웹은 런던대학교를 교육 기
관의 연합체로 재조직하는 일에 참여했으며, 노동당 정부의 각료로도 봉사했다.
1909년 빈곤구제법에 관한 위원회의 소수파보고서를 작성하여 최저임금, 노동시
간규제, 안전위생, 의무교육 등 노동자의 최저노동과 생활조건을 국가가 규제하
는 내셔널 미니멈(national minimum)을 제창한 그들은 포괄적인 사회보장제도와 복
지국가의 토대를 구축했다. 탁월한 역사가일 뿐만 아니라 사회경제 개혁의 선구
자인 웹 부부는 영국의 사회사상과 제도에 깊은 영향을 미쳤다.

옮긴이

:: **박홍규**

국내외 여러 대학에서 노동법과 예술사회사 등을 가르치고, 『노동법』과 『사회보
장법』 등을 저술하고 펠링의 『영국노동운동사』, 일리치의 『그림자노동』 등을 번역
했다. 『법은 무죄인가』로 백상출판문화상을, 『독서독인』으로 한국출판평론상을
받았다. 일본에서 법학 박사학위를 받고 미국, 영국, 독일의 여러 대학에서 연구
했으며, 민주주의 법학회 및 한국아나키즘 학회의 회장과 한일노동법포럼 한국
대표를 지냈다.

한국연구재단총서 학술명저번역 서양편 **605**

산업민주주의 1

1판 1쇄 찍음 | 2018년 1월 5일
1판 1쇄 펴냄 | 2018년 1월 15일

지은이 | 비어트리스 웹·시드니 웹
옮긴이 | 박홍규
펴낸이 | 김정호
펴낸곳 | 아카넷

출판등록 2000년 1월 24일(제406-2000-000012호)
10881 경기도 파주시 회동길 445-3
전화 | 031-955-9510(편집)·031-955-9514(주문)
팩시밀리 | 031-955-9519
책임편집 | 이하심
www.acanet.co.kr

ⓒ 한국연구재단, 2018

Printed in Seoul, Korea.

ISBN 978-89-5733-576-5 94330
ISBN 978-89-5733-214-6 (세트)

이 도서의 국립중앙도서관 출판시도서목록(CIP)은
서지정보유통지원시스템 홈페이지(http://seoji.nl.go.kr)와
국가자료공공목록시스템(http://www.nl.go.kr/kolisnet)에서 이용하실 수 있습니다.
(CIP 제어번호: CIP2017030336)